10,—

WALTER, Viktorianische Ausschweifungen.

WALTER, Viktorianische Ausschweifungen.

Aus dem Englischen
von Reinhard KAISER.

Mit einem Essay
von Steven MARCUS.

Eichborn Verlag,
Frankfurt am Main.

Den Essay von Steven Marcus haben
Angela Praesent und Ann Anders aus dem
Amerikanischen übersetzt.

Essay von Steven Marcus aus
»Umkehrung der Moral. Sexualität und Pornographie im
viktorianischen England.«

In der Übersetzung von Angela Praesent und Ann Anders.

Satz: Greno, Nördlingen.
Druck und Bindung: Wiener Verlag, Himberg bei Wien.
ISBN 3-8218-4411-6

Steven MARCUS, My Secret Life.

I.

Über das Werk, dem dieser Essay gewidmet ist, haben, soweit ich mich dessen vergewissern konnte, ausschließlich Autoren geschrieben, die es nicht kannten. Zur Einführung möchte ich einige dieser gedruckten Kommentare erörtern.

Das fragliche Werk ist *My Secret Life*, und das einzige Faktum, über das sich alle einig sind, ist seine extreme Seltenheit. Der erste Kommentar, den ich zitieren werde, ist Ralph Ginzburgs *An Unhurried View of Erotica* entnommen, einem Werk von fleckenloser Ignoranz.[1] Der Kommentar erscheint, deplaziert, aber typisch, in einem Kapitel über »Nachschlagewerke«. Nachdem Ginzburg die Seltenheit des Buchs hervorgehoben hat, beschreibt er es als »eine elfbändige Enzyklopädie des sexuellen Wissens, von der nur ein Exemplar in den Vereinigten Staaten bekannt ist. Der Titel lautet *My Secret Life*. Das Viertausend-Seiten-Werk wurde von einem anonymen, aber sehr wohlhabenden Engländer kompiliert und 1888 in einer Auflage von nur sechs Exemplaren gedruckt. Es beschreibt jede bekannte Form sexueller Perversion, von lesbischer Liebe, Päderastie und Flagellomanie bis zu Sodomie, Inzest und Unzucht mit Tieren. Wie ausführlich die Darstellung ist, läßt sich daran erkennen, daß im Index unter dem Stichwort ›Fucking‹ 223 Unterpunkte aufgeführt sind.

Als das einzige bekannte amerikanische Exemplar vor etwa sechsundzwanzig Jahren den Besitzer wechselte, soll der Preis 7000 Dollar betragen haben. Der Autor der Enzyklopädie behauptet, alle darin beschriebenen sexuellen Verirrungen selbst ausprobiert zu haben, was mit erklären mag, warum sich das Werk eher wie eine Folge hastig

[1] Mit einer Mischung aus Trauer und Bestürzung nimmt man zur Kenntnis, daß die Einleitung zu diesem skandalös schlechten Buch von Th. Reik stammt, der es als »mutiges Buch, das ein wertvolles Stück gewissenhafter Forschung repräsentiert«, bezeichnet. *Quis custodiet ipsos custodes?*

niedergeschriebener Notizen liest und nicht etwa wie die Encyclopaedia Britannica.«

Diese Beschreibung enthält etwa so wenig Richtiges, wie sich mit den Wahrscheinlichkeitsgesetzen vereinbaren läßt. Die Hauptquelle für Ginzburgs Fehlinformation ist, glaube ich, ein Buch mit dem Titel *Sex Life in England Illustrated*, das 1934 von einem kurzlebigen Unternehmen, Falstaff Press, publiziert wurde. Das Buch täuscht vor, eine Übersetzung von Iwan Blochs *Das Geschlechtsleben in England* zu sein, einer dreibändigen Darstellung, die erstmals 1901 veröffentlicht wurde. Doch schon Blochs Werk war ein schlampiges Sammelsurium aus zweiter Hand. Er scheint sich mit dem Sammler und Bibliographen erotischer Literatur Henry Spencer Ashbee angefreundet zu haben und konnte offenbar dessen Bibliothek benutzen; aber große Teile von *Das Geschlechtsleben in England* sind ohne Quellenangabe aus Ashbees dreibändiger Bibliographie abgeschrieben. Die englisch-sprachige Fassung von Blochs Werk aus dem Jahr 1934 nun ist unbeschreiblich verstümmelt; sie ist zum Teil Übersetzung, zum Teil eine Art Abriß, zum Teil eine völlig neue Kreation — als Urheber dieses Konglomerats firmiert ein Richard Deniston. Bis 1936 scheint die Geschichte des Textes so undurchsichtig geworden zu sein, daß ein zwölfseitiges »erläuterndes Vorwort« gedruckt und als Broschüre in die frühere Fassung eingeheftet wurde. Dieses Vorwort ist als »analytischer Vergleich der ursprünglichen deutschen Ausgabe mit dem vervollständigten, auf den neuesten Stand gebrachten, illustrierten, überprüften und revidierten« Machwerk aus Betrug und Diebstahl konzipiert, das Deniston 1934 produziert hatte. Die Seiten 209–210 bestehen aus einer Beschreibung von *My Secret Life:* sie sind offenbar Denistons Schöpfung und finden sich nicht in den authentischen drei Bänden von Bloch. Sie bilden auch die Hauptquelle für Ginzburgs Angaben — die 7000 Dollar jedoch erscheinen in dem später hinzugefügten »erläuternden Vorwort«. Aber Deniston hatte *My Secret Life* selbst nicht gelesen, und seine zwei Seiten umfassenden Hinweise sind wörtliche Plagiate von Stellen aus *Forbidden Books*, einem ausführlichen Katalog, den Charles Carrington 1902 herausbrachte. Carrington, ein Verleger von Pornographie mit Geschäftssitz in Paris, hatte eine ungenannte kleine Anzahl von kompletten Exemplaren des Werks in seinem Besitz und versuchte sie zu Preisen zwischen 60 und 75 Pfund »je nach Zustand« abzustoßen.[2] Carringtons Geschichte lautet so:

»Um das Jahr 1888 wurde ein bekannter Buchhändler und Verleger aus Amsterdam, der sich auf die Literatur der Leidenschaften spezialisiert hatte, von einem seiner Kunden nach England gerufen, einem reichen, alten Engländer, der zu seinem eigenen Vergnügen ein gewaltiges Manuskript privat drucken zu lassen wünschte; es enthielt in allen Details die geheimen venerischen Gedanken seines Lebens. Er übernahm die gesamten Druckkosten unter der Bedingung, daß nicht mehr als sechs Exemplare hergestellt würden. Wenige Jahre danach streifte dieser exzentrische Liebhaber die sterbliche Hülle ab, und ein paar Exemplare des außerordentlichen Werks gelangten in aller Stille auf den Markt. [. . .] Es ist offensichtlich, daß viel mehr als das vereinbarte halbe Dutzend Exemplare gedruckt worden sein müssen — sagen wir, etwa fünfundzwanzig —, da ich nicht selten eine komplette Folge davon gesehen habe. Ich möchte behaupten, daß das Buch zu dem Zeitpunkt, da ich dies schreibe, bei sorgfältiger Suche erhältlich ist.«

Carrington kommt dann zu seinem eigentlichen Thema. Er bemerkt, der ursprüngliche Verleger oder Drucker habe 1894 zur Probe, »offenbar, um die Neugier von Sammlern zu wecken«, einen Band mit der Einleitung und den Vorworten zum ersten Band, dem Kapitelverzeichnis für alle Bände und dem alphabetischen Index aus dem elften Band aufgelegt. (Und 1901 hatte Carrington selbst, zum Teil als Vorankündigung, die ersten sechs Kapitel

[2] Ein wenig früher bot Carrington in einem gedruckten Rundschreiben drei Folgen dieses Werks für je 100 Pfund an und deutete an, eine vierte sei bereits verkauft worden. Dieses Rundschreiben ist in der *Bibliotheca Carringtoniensis* enthalten, einer einzigartigen Sammlung, in der Carringtons Werbezettel, Prospekte und Kataloge zusammengebunden sind. Sie befindet sich im Besitz des Institute for Sex Research.

von Band 1 unter dem Titel *The Dawn of Sensuality* veröffentlicht.) Carrington macht einige zusätzliche beschreibende Anmerkungen zu dem Werk, die weitgehend falsch sind, und beschließt seinen Bericht mit einem Auszug aus dem alphabetischen Index von Band 11 und einem längeren Zitatbeispiel. Der Index-Auszug enthält die über zweihundert Punkte (ich habe mich geweigert, sie genau zu zählen), die im Original unter dem Stichwort »Ficken/Vögeln« aufgeführt sind, welches Carrington jedoch züchtig durch »Kopulieren« ersetzt. Das lange Zitat besteht aus zwei aneinander gehängten Kapiteln — dem letzten Kapitel aus Band 6 und dem ersten aus Band 7 —, nämlich dem Bericht, den eine Frau, mit der der Autor von *My Secret Life* eine Affäre hat, diesem über den Vorabend der Schlacht von Solferino gibt, als sie und ihre Schwester von einer Meute österreichischer Soldaten vergewaltigt wurden. Diese Stellen aus den *Forbidden Books* von 1902 sind somit anscheinend die letzte Quelle für das, was in der Folgezeit an Informationen und Fehlinformationen über *My Secret Life* veröffentlicht wurde.

Carrington war ein Spitzbube, und es gibt keinerlei Gründe, irgend etwas, das er gesagt oder geschrieben hat, zu glauben, ausgenommen einen einzigen Punkt. Wie die meisten Verleger war er hauptsächlich daran interessiert, Geld zu verdienen, und er hätte wohl nicht eine derart aufwendige Reklame betrieben, wenn nicht wenigstens ein paar komplette Exemplare in seinem Besitz gewesen wären. Im übrigen scheint eine Bemerkung im Text von *My Secret Life* Carringtons Bericht zu bestätigen. Gegen Ende von Band 11 hält der Autor ein letztes Mal inne, um auf seine Arbeit zurückzublicken. Die weitaus größten Teile davon sind bereits im Druck, und der Autor spricht, in gesperrter Schrift, von seinem Werk als von »elf Bänden, von denen nur sechs Exemplare gedruckt wurden, wonach der Satz aufgebrochen wurde«. Carringtons erster Rundbrief entspricht dieser Geschichte, aber seine zweite Ankündigung, die in *Forbidden Books* erschien, impliziert, daß der Autor von seinem Drucker-Verleger überlistet oder betrogen wurde, der eindeutig mehr Exemplare gedruckt hatte, als vertraglich vereinbart waren. Im Lichte der spärlichen Indizien neige ich dazu, Carringtons zweite Darstellung zu akzeptieren, obwohl ich die Anzahl der gedruckten Exemplare niedriger ansetzen würde als fünfundzwanzig, auf die sich Carrington flott festlegt.

Die wenigen Stationen in der weiteren Publikationsgeschichte dieses Werks sind schnell zusammengefaßt. 1923 erschienen zwei Bände unter dem Titel *Ma Vie Secrète*, eine rund 350 Seiten zählende Auswahl aus den Bänden 1 und 2, in französischer Übersetzung. Sie wurden 1930 in drei Bänden nachgedruckt, nun mit Illustrationen. In den frühen dreißiger Jahren erschien dann in New York ein Nachdruck der ersten drei Bände des englischen Originals. Eine Polizei-Intervention auf Veranlassung der New York Society for the Suppression of Vice unterbrach das Projekt an diesem Punkt, doch anscheinend konnte irgend jemand einen Polizisten bestechen, Band 5 herauszuschmuggeln, denn 1934 wurde dieser Band unter dem Titel *Marital Frolics* publiziert, wobei rund dreißig Seiten des Originals fortblieben. Dies sind sämtliche relevanten äußeren Fakten und Umstände, die ich zu *My Secret Life* ermitteln konnte.[3]

[3] Es gibt eine weitere Tatsache: gegenwärtig weiß man definitiv von der Existenz dreier Exemplare dieses Werks.

Die Quellen für bibliographische Informationen zu *My Secret Life* sind: Rolf S. Reade (Pseudonym für Alfred Rose), *Registrum Librorum Eroticorum* (London, 1936), II, p. 233, 352, Louis Perceau, *Bibliographie du Roman Erotique au XIX e Siècle*, II, pp. 151–155, und unkatalogisiertes Material des Institute for Sex Research. In den letzten Jahren hat G. Legman eine bibliographische Einführung zu einem Nachdruck von Ashbees drei Bänden publiziert, in dem viel von diesem Material aufgeführt ist. (Diese Einführung wurde wieder abgedruckt in *The Horn Book, Studies in Erotic Folklore and Bibliography* [New Hyde Park, 1964]). In seinem Essay stellt Legman schlau und gewitzt die Vermutung an, Ashbee sei auch der Autor von *My Secret Life*. Legman belegt diesen kühnen Vorstoß ins Dunkle mit einer Reihe von Fakten, und es ist möglich, daß er recht hat; es gibt jedoch meines Erachtens mehr Fakten, die seiner These widersprechen. Zudem ist Legmans Essay durch wissenschaftliche Flüchtigkeitsfehler beeinträchtigt, besonders aber durch die Tatsache, daß er über *My Secret Life* schreibt, ohne anscheinend mehr als drei oder vier Bände gelesen zu haben.

II.

My Secret Life besteht aus elf gleichen Bänden, insgesamt über 4200 Seiten, in kleinem Oktavformat, auf handgeschöpftem, geripptem Papier gedruckt. Die Titelseiten jedes Bandes tragen den Aufdruck »Amsterdam. Nicht zur Veröffentlichung«. Die Jahresangabe fehlt, aber wir können mit einiger Sicherheit annehmen, daß der Druck in einer Zeitspanne stattfand, deren Mitte das Jahr 1890 bildet. Der Druck ist ziemlich schlecht; Orthographie-, Syntax- und Interpunktionsfehler sind zahlreich und von einer Art, aus der sich mit hoher Wahrscheinlichkeit schließen läßt, daß Französisch — nicht Holländisch — die Muttersprache des Setzers war. Die Bände sind weder vom Autor noch in der Druckerei Korrektur gelesen worden. Eingangs des dritten Bandes erwähnt der Autor zum Beispiel, daß die beiden ersten Bände bereits gedruckt seien, daß er sie überflogen und die typographischen und orthographischen Fehler bemerkt habe. Es dauerte zumindest einige Jahre, bis das ganze Werk gedruckt vorlag (in seiner ersten Ankündigung sagt Carrington: sieben Jahre), und der Autor, damals ein Mittsechziger, war unverkennbar ungeduldig, das Ganze abzuschließen und »den Zeitpunkt der Fertigstellung nicht hinauszuzögern«.

Der Autor von *My Secret Life* war ehrlich daran interessiert, wenn auch nicht ängstlich darum besorgt, seine Identität geheimzuhalten. Zu diesem Zweck unterdrückt er Daten, ändert Namen und Schauplätze; aber er tut dies so zufällig und inkonsequent, daß es keine Schwierigkeiten bereitet, die Daten und Orte der beschriebenen Ereignisse zu rekonstruieren. (Wir können als selbstverständlich voraussetzen, daß er, hätte er wirklich alles geheimhalten wollen, dieses Werk nicht hätte drucken lassen, noch auch nur das Manuskript verfaßt hätte.) In der kurzen Einleitung zu Band I versucht er, sich hinter sich selbst zu verstecken. Er behauptet dort, er sei lediglich der Herausgeber des Manuskripts, und »ein großes, sorgfältig verschnürtes und versiegeltes Paket« sei ihm von einem Freund, der damals krank gewesen sei, mit der Weisung anvertraut worden, es zu verbrennen, sollte die Krankheit zum Tode führen. Er habe das Paket einige Jahre vergessen und dann ganz zufällig wiederentdeckt. Er habe es gelesen, einige weitere Jahre über die Anweisung seines Freundes nachgedacht und schließlich beschlossen, es mit veränderten Namen, Daten usw. der lesenden Öffentlichkeit zu unterbreiten. ». . . weil ich es für Sünde hielt, eine solche Geschichte zu vernichten, schrieb ich das Manuskript ab und vernichtete das Original.« Dieser Kunstgriff soll freilich niemanden überzeugen (nicht einmal den Autor, denn er macht keinen weiteren Gebrauch davon); er gemahnt jedoch auf schwächliche Weise an die Einleitung zu Walter Scotts *Waverley* und an die Rahmenhandlung von Thomas Carlyles *Sartor Resartus* und stellt eine Art witzloser Parodie auf diese dar, so wie die Erscheinungsweise in Fortsetzungen unbeabsichtigt den Roman des 19. Jahrhunderts parodiert.

Die elf Bände von *My Secret Life* sind ein einzigartiges Dokument. Vor uns haben wir die sexuellen Memoiren eines viktorianischen Gentleman, der mit seinen Aufzeichnungen in jugendlichem Alter anfing und sie über mehr als vierzig Jahre fortsetzte. Nach der Darstellung des Autors — die in Randbemerkungen über alle elf Bände verstreut erscheint — hatte er, wie viele andere Engländer seiner Zeit, »eine Art Tagebuch« geführt, seit seiner Jugend. Irgendwann zwischen seinem dreiundzwanzigsten und fünfundzwanzigsten Lebensjahr jedoch begann er, Memoiren zu schreiben, ausführliche Protokolle seiner sexuellen Abenteuer oder Erlebnisse. Er hielt eine Reihe von Jahren an dieser Art zu schreiben fest, dann wurde er ihrer »müde und legte sie beiseite«. Etwa fünfunddreißigjährig lernte er eine Frau kennen, »mit der (und denen, die sie mir zuführte) ich wohl fast alles tat, sagte, sah und hörte, was Mann und Frau mit ihren Geschlechtsteilen tun können.« Unter dem Eindruck dieser Erfahrung entschloß er sich, »diese Begebenheiten, solange sie mir noch in frischer Erinnerung waren, nachzuerzählen, eine große Zahl verschiedenartiger Erlebnisse, die sich über vier Jahre oder mehr erstreckten.« Danach trennte er sich von dieser Frau und ging daran, »die Begebenheiten der dazwischenliegenden Jahre meiner Jugend und der frühen Jahre meines Erwachsenenlebens zu beschreiben.« Etwa um diese Zeit befiel ihn die erste von zwei Krankheiten, auf die er ziemlich ambivalent reagierte. Er war ans Haus gefesselt, und während dieser erzwungenen Muße, schreibt er, »amüsierte ich mich mit dem Lesen, Ordnen und Sortieren dieser Memoiren. Ich verglich sie mit den Daten in meinem Tagebuch und konnte sie weitgehend vervollständigen. Ich pflegte mich den ganzen Tag über in meinem Zimmer einzuschließen, mit der Begründung, ich schriebe ein Buch.« Zugleich erschreckte ihn die Krankheit offenbar so sehr, daß er »ernsthaft erwägte, das ganze zu verbrennen«. Er konnte sich dazu jedoch nicht durchringen und legte das Manuskript »erneut für einige Jahre beiseite«. Dann erfaßte ihn die zweite Krankheit, und während der Rekonvaleszenz, »einer langen Zeit ungestörter Muße«, wandte er sich erneut dem Manuskript zu, überlas es und »trug einige Vorfälle nach, die ich vergessen hatte, nun aber mit Hilfe meines Tagebuches an der richtigen Stelle einordnen konnte«. In dieser Phase kam ihm zum ersten Mal der Gedanke, »ich könnte mein Werk, das ich vor mehr als zwanzig Jahren begonnen hatte, drucken lassen«. Zunächst scheute er jedoch davor zurück. Er war jetzt etwa fünfundvierzig Jahre alt, und es kam, wie er sagt, »der ausschweifendste Abschnitt meines Lebens«. Diese Phase sollte sich über nahezu weitere zwanzig Jahre erstrecken: »Die Begebenheiten standen zusammenhanglos und bruchstückhaft da, und es war mir ein Vergnügen, sie sofort, nachdem sie sich zugetragen hatten, niederzuschreiben. Meist schon am nächsten Tag schrieb ich alles mit großer Weitschweifigkeit auf; seither habe ich vieles gekürzt.«

Es läßt sich also sagen, daß der Autor etwa in der Mitte seiner Laufbahn als Memoirenschreiber die Grundelemente einer Kompositionsmethode entwickelt hatte. Sie ging aus einem komplizierten, unregelmäßigen Wechsel von Tagebuchnotizen, Notizen in Gestalt umfangreicher

Gedächtnisprotokolle und voll ausformulierten Episoden hervor und ließe sich wie folgt charakterisieren: Der Autor hatte ein sexuelles Erlebnis, das er in einer Tagebucheintragung festhielt. Bald danach, in der Regel im Laufe der folgenden Tage, formulierte er die Episode so detailliert, wie er es vermochte. So sammelten sich allmählich große Manuskriptmengen an, und zu nicht festgelegten, aber immer häufiger werdenden Zeitpunkten überlas, sortierte, revidierte, kürzte, redigierte, kommentierte und ordnete der Autor die Teile des stetig wachsenden Konvoluts neu. Als er zu dem Entschluß gelangt war, damit in Druck zu gehen, nahm er sich das Manuskript noch einmal zur Durchsicht und Korrektur vor. Bei diesem Durchgang begann er, Namen zu ändern sowie Zeit- und Ortsangaben zu unterdrücken, das Erzähltempus zu vereinheitlichen — das heißt, das Präsens, in dem ein Großteil des Originalmanuskripts geschrieben war, durch das Perfekt zu ersetzen. Im Verlauf seiner Revisionen fügte er kritische oder ideologische Reflexionen über die geschilderten Episoden, über seine eigene Einstellung und über Veränderungen hinzu, die sich seither in ihm vollzogen hatten. Und im Zuge der Schlußredaktion kommentierte er bisweilen die Kommentare noch einmal. In manchen Fällen fügte er diese Kommentare in eckigen Klammern ein; an andern Stellen schrieb er einen ganzen Abschnitt um. Hier ein typisches Beispiel aus Band 6:

»Während dieser Zeit reiste ich allein, und da niemand mich unterbrach oder Ansprüche auf meine Gesellschaft erhob, konnte ich meine erotischen Absichten im voraus arrangieren und sicher ausführen. Zwischen den Zeiten, die ich mit Gefährtinnen genoß, vergnügte ich mich mit der Niederschrift von Notizen oder mit dem Ausformulieren der Erzählung. [Bei flüchtiger Durchsicht noch unbearbeiteter Manuskripte entdecke ich darin eine Frische, die einigen jener revidierten Teile abgeht, die, wie ich bereits an anderer Stelle gesagt zu haben glaube, nach Gedächtnisaufzeichnungen (sehr umfangreichen Gedächtnisaufzeichnungen allerdings) viele Jahre später endgültig formuliert wurden.] Nach zwei Jahren besaß ich eine große Masse von Manuskripten, die sich vorzüglich auf meine Lustbarkeiten mit den erklärten Priesterinnen der Liebe bezogen. Diese kürzte ich bald danach stark, was ich noch weiter zu tun gedenke. Den folgenden Abschnitt aber lasse ich genau so, wie ich ihn damals schrieb.«

Vier oder fünf Kompositionsstadien lassen sich hier ausmachen. Der Text des Abschnitts selbst entstand zu der Zeit, als der Autor den Manuskriptteil, von dem er spricht, zum ersten Mal revidierte. Der Satz in Klammern wurde während der abschließenden Redaktion (und vielleicht Abschrift) eingefügt, bevor das Manuskript zum Drucker ging. Dahinter liegen wenigstens zwei weitere Stadien. Das erste gehört in die Periode der sexuellen Erlebnisse und steht für die Niederschrift von Notizen sowie erzählenden Stücken; das zweite liegt zwei Jahre später und umschließt die kürzende Überarbeitung des inzwischen Geschriebenen. Und zwischen dieser und der ersten Schlußphase redaktioneller Durchsicht mögen noch weitere Gedächtnisprotokolle in die Form einer zusammenhängenden Erzählung gebracht worden sein.

Hier ein leicht differierendes Beispiel:

»Ich sagte Amelia, ich hätte nichts dagegen einzuwenden, wenn sich Frauen nach ihrem Belieben sexuell miteinander vergnügten, doch sie schützte Widerwillen vor — oder empfand ihn wirklich. Empfand sie ihn wirklich? Diese Gedanken kommen mir erst jetzt, da ich darüber nachdenke und diese Schilderung schreibe [und erst recht jetzt, da ich sie nach vielen Jahren revidiere].«

In diesem Probestück sind deutlich drei Stadien oder Schichten erkennbar: der abschließende Kommentar in Klammern; die Reflexion aus der Zeit der Erzählfassung; und das Gedächtnisprotokoll, von dem die erzählende Fassung abgeschrieben oder nach dem sie erstellt wurde.

In gewisser Weise hat der Text von *My Secret Life* die Qualität eines Palimpsests — zumal der Autor sich nicht immer die Mühe machte, seine Revisionen anzuzeigen. Es sollte jedoch betont werden, daß der Autor bei den Revisionen keineswegs zielorientiert oder aufgrund einer ordnenden Vorstellung verfuhr. Er zögerte nicht, Teile in Rohfassung, unzusammenhängende Vermerke und Wiederholungen von Episoden oder Abenteuern zu drucken.

Auf die innere Dichte des Textes legte er wenig Wert, auf dessen formale Struktur gar keinen. Sowenig wie Ashbees Bibliographie *Index librorum Prohibitorum* läßt sich *My Secret Life* primär als Triumph des Intellekts — von Disziplin und Methode geformter Erkenntnis — über tabuisiertes, widerspenstiges Material verstehen. Aber dieses Werk ist deshalb nicht weniger interessant, denn es enthüllt uns die Arbeitsweise und das Grübeln eines Mannes, der sein Leben lang von einem einzigen Thema besessen war. Es enthüllt uns weiter, wie der von diesem Interesse besessene Verstand und Mensch von dieser Obsession geprägt wurde; wie der besessene Verstand mit den Mächten, von denen er besessen war, fertig zu werden versuchte; und wie während der viktorianischen Zeit ein Mann, der auf den Umgang mit den »Dämonen« der Sexualität erpicht war, lebte, empfand und dachte. Das ist, wie wir sehen werden, Triumph genug.

Die äußere Lebensgeschichte dieses Mannes, der so viel Zeit dem widmete, was er sein »inneres« oder »geheimes« Leben nennt, das heißt, seinem sexuellen Leben, läßt sich unschwer nachzeichnen, da seine Bemühungen, sie in Dunkel zu hüllen, gänzlich unzulänglich und oft überaus naiv sind. Er scheint zwischen 1820 und 1825 geboren zu sein. Als er einundzwanzig Jahre alt ist, so berichtet er uns, lernt er eine französische Prostituierte kennen; er fügt hinzu, es habe im London jener Tage sehr wenige französische Huren gegeben, weil die Eisenbahnlinie nach Paris noch nicht eröffnet war, ihre Eröffnung habe jedoch bevorgestanden. Die Linie zwischen Paris und Rouen wurde 1843 eröffnet; also dürfte der Autor um 1822 geboren sein. Gewisse andere Details von innerer Evidenz erlauben es uns, Daten mit relativer Sicherheit zu bestimmen. In der frühen Adoleszenz notiert er zum Beispiel über eine Dienerin, die den Haushalt verlassen hatte: »Vielleicht ist sie mit einem Bobby gegangen«, und setzt hinzu: »Das war ein gängiger Witz damals, denn Polizisten waren noch nicht lange erfunden.« Nun wurden die Bobbies durch den *Metropolitan Police Act* von 1828 »erfunden«, und obwohl es keinen Beleg für den literarischen Gebrauch dieses Ausdrucks vor 1851 gibt, war er lange vorher in Umlauf.[4] Wenn wir einen Punkt in der Mitte zwischen diesen beiden Daten als möglichen Zeitpunkt annehmen, an dem die Bemerkung gefallen sein könnte, kommen wir wieder auf ein Geburtsdatum zwischen 1820 und 1825. — Über das Todesdatum des Autors wissen wir einiges aus der Druckgeschichte von *My Secret Life*. Dem wäre hinzuzufügen, daß der Autor in der Mitte von Band 10 den Ausdruck »Tommy Atkins« gebraucht, was darauf hinweist, daß er 1882 noch mit dem Schreiben der Erzählfassung beschäftigt war, in dem Jahr also, als dieser Ausdruck in der Folge des Ägypten-Feldzugs gebräuchlich wurde.[5]

Es gibt jedoch eine interessante Verwechslung, die mit der Datierung von *My Secret Life* in Beziehung steht. In Band 4 lesen wir den folgenden Satz: »Nun sollte ich im Jahre 18—, einem Jahr von nationaler Bedeutung, in dem Fremde aus allen Gegenden der Welt nach London kamen, erneut eine Französin besitzen.« Das kann nur 1851 gewesen sein, das Jahr der »Great Exhibition«, so daß der Autor also nach den bisherigen Berechnungen zwischen fünfundzwanzig und dreißig gewesen wäre; andere Textbelege machen es jedoch wahrscheinlich, daß er damals mehrere Jahre älter gewesen ist. Zwei Bände später berichtet er von einem Ereignis, das »zwei Jahre nach der Schlacht von Solferino« stattfand, und merkt an, er sei damals »in mittleren Jahren angelangt«. Damit ist die Episode auf 1861 zu datieren und unsere Annahme vom Geburtsdatum des Autors bestätigt, wenn man davon ausgeht, daß dieser das fünfunddreißigste Jahr als Anfang des mittleren Lebensabschnitts betrachtete. Es finden sich jedoch zahlreiche Belege — einschließlich der Tatsache, daß er seine »Reife« im Alter von fünfundvierzig beginnen läßt —, die uns Grund geben zu glauben, daß er zu diesem

[4] Vgl. John S. Farmer und W. E. Henley, *Slang and Its Analogues* (London, 1890–1904), I, p. 270, und Eric Partridge, *A Dictionary of Slang and Unconventional English* (London, 1949), p. 73.

[5] In einer formalen Weise war der Ausdruck seit 1815 bekannt. Vgl. dazu Robert Graves, *The Search of Thomas Atkins*, in: *Occupation; Wuta* (London 1951), pp. 197–201. Ich danke Mr. Ruthren Todd für diese Information.

Zeitpunkt mindestens fünf Jahre älter gewesen ist. Derlei Diskrepanzen sprechen nicht unbedingt dafür, daß der Autor systematisch täuschen wollte, noch beweisen sie die Schwäche seines Gedächtnisses. Sie resultieren vielmehr aus dem Umstand, daß er die Zeit nach anderen, flexibleren Einheiten als denen des Kalenders mißt — er lebt nach der ›sexuellen Zeit‹ und ist, soweit ich weiß, der erste, der dies jemals zu Protokoll gegeben hat. Beispielsweise bezeichnet er einen Zeitpunkt in seiner Jugend mit der Bemerkung: »Wie lange danach sich das Folgende ereignete, kann ich nicht sagen, aber mein Schwanz war größer. Diesen Eindruck habe ich sehr deutlich.« Ähnlich läßt er den Beginn der Reife mit dem Zeitpunkt beginnen, da sein Sexualleben an Komplexität zunimmt, und der Übergang zum Alter ist in seinem Bewußtsein eindeutig mit dem Schwinden der Fähigkeit zu wiederholten Orgasmen verknüpft. Und wie die oben zitierte Stelle zum Jahr 1851 zeigt, war das wirklich Bedeutsame an diesem Jahr, daß der Autor mit einer zweiten Französin sexuell Bekanntschaft schloß, während die »Great Exhibition« ihm ein eher zufälliges, beiläufiges Ereignis zu sein schien. Seine Zeitrechnung ist die seiner individuellen Sexualerfahrungen.

Dennoch ist alles, was wir über die äußeren Umstände im Leben dieses Autors erfahren, von hohem Belang, nicht nur deshalb, weil er diesen Aspekt seiner Entwicklung zu kaschieren wünscht, sondern auch, weil sie den unentbehrlichen Kontext bilden, innerhalb dessen er sein »inneres« oder »geheimes« Leben führte. Er wurde in eine wohlhabende Familie der oberen Mittelklasse hineingeboren und war, wie er uns verrät, eines von mehreren Kindern — er verzeichnet den Tod von zwei Brüdern und einer Schwester und berichtet von zwei weiteren Schwestern sowie einem dritten Bruder, die mit ihm überlebten. Bis zu seinem zwölften Jahr ist er »nie zur Schule gegangen, wir hatten eine Gouvernante im Haus, die mich und die anderen Kinder unterrichtete; mein Vater war fast immer daheim«. Eine stattliche Anzahl weiblicher Dienstboten umgab und umhegte die Kinder; der Autor erwähnt, daß er »von den Pferdeknechten und den anderen männlichen Hausangestellten«, die in einem abgelegenen Flügel des Hauses untergebracht waren, sorgfältig ferngehalten wurde.

Da der Autor von Kindheit an »für die Laufbahn in der Armee bestimmt war«, war er wohl nicht der älteste Sohn. Es ist schwierig zu rekonstruieren, ob er durch den Tod von zwei Brüdern zum Erben wurde. Jedenfalls geriet sein Vater, kurz nachdem der Knabe auf die Schule geschickt worden war, »in Schwierigkeiten, wir zogen in ein kleineres Haus [. . .], ich wurde auf eine andere Schule geschickt«. Der Vater reiste nach Übersee, »wo er sich um irgendwelche Plantagen kümmern mußte«. Nach einem Jahr Abwesenheit kam der Vater nach Hause, »als gebrochener Mann [. . .] und krank. Wenig später behielten wir nur zwei Dienstmädchen, einen Mann, der nicht im Haus wohnte, und einen Gärtner.« Dem Vater wurde empfohlen, sich am Meer zu erholen; die Mutter begleitete ihn, der junge Sohn blieb zu Hause, um zur Schule zu gehen, auf eine Public School, und der Autor war, wie er sagt, »nur Tagesschüler«, was ihm gelegen kam, denn er war als Junge »schüchtern und zurückhaltend«. Obwohl er den »unzüchtigen Reden« der anderen Jungen »begierig lauschte«, war er doch erleichtert, mit ihnen nicht eine erzwungene Intimität teilen zu müssen. Die Krankheit seines Vaters scheint zwei oder drei Jahre gedauert zu haben und endete mit seinem Tod. Jetzt stellte sich heraus, daß er beinahe bankrott war.

Der Autor war damals etwa sechzehn Jare alt, und er berichtet: »Nach Vaters Tod lebten wir in noch beengteren Verhältnissen. [. . .] wir bewohnten ein kleines Haus in der Nähe von London; eine meiner Schwestern besuchte ein Pensionat, eine Tante (ich hatte ihrer viele) nahm eine zweite Schwester zu sich, ich ging auf eine höhere Schule in der Nachbarschaft, ein College, wie es genannt wurde«, ein jüngerer Bruder blieb zu Hause. Diese Einschränkung war offenbar weder sehr drastisch noch anhaltend, denn seinem Bericht zufolge starb kurz nach dem Vater auch der Pate, der sich in der Abwesenheit des Vaters und später, als sich beide Eltern an der See aufhielten, um den Jungen gekümmert hatte: »er hinterließ mir ein Vermögen«. Der Autor bereitete sich weiter auf die Armee vor und scheint für kurze Zeit eine obskure Stellung angenommen zu haben. Als er jedoch mündig wurde und »zu meinem Besitz kam«, fällte er eine Entscheidung, die bei seiner Mutter und in der Familie »großen Schrecken« auslöste.

»Ich gab Stellung [. . .] und vorgesehene Laufbahn auf und beschloß, mein Leben zu genießen. Ich sollte zu einem Regiment versetzt werden; dies lehnte ich ab, obwohl ich es die ganze Jugend hindurch ersehnt hatte. Ich habe dadurch viel Geld verloren.«

Mit einundzwanzig Jahren also, entschlossen, sich seines Lebens in einer Weise zu erfreuen, die seinem Bild von sich selbst entsprach, ging er »regelmäßig in die Stadt«. Die nächste Lebensphase des Autors umfaßt etwa fünf Jahre. Während dieser Zeit hatte er zahlreiche Abenteuer, viele davon auf dem Land, wo verschiedene Mitglieder seiner großen Familie lebten. »Die meisten meiner Verwandten lebten in den Provinzen«, schreibt er, »und waren wohlhabend«. Viele der Abenteuer unternahm er in Gesellschaft eines zügellosen, lasterhaften, ungefähr gleichaltrigen Cousins. Von Anfang an scheint sich der Autor die Mißbilligung seiner Familie zugezogen zu haben; sein einziger »verbliebener Vormund und meine Mutter [. . .] bedrängten mich immer mit Ratschlägen, die ich allesamt in den Wind schlug. Ich verschleuderte Geld in alle Himmelsrichtungen. Hätte ich es nur für Frauen ausgegeben, hätte es viele Jahre länger gereicht.« So war denn bald von dem Geld, das er von seinem Paten geerbt hatte, nichts mehr übrig; er wurde

»beinahe wieder von meiner Mutter abhängig, die mir immerzu nur Vorwürfe machte; meine Hoffnungen konzentrierten sich auf meinen alten Verwandten, der versprochen hatte, mich zum Erben einzusetzen. Er war nicht mehr so gnädig zu mir wie früher; er murrte über meine Verschwendungssucht und glaubte, alles Geld, das ich in Händen hätte, würde im selben Ausguß verschwinden, womit er Frauen meinte. Er starb plötzlich, als sein Zorn auf mich gerade am größten war, und hinterließ mir nichts.«

Seiner Hoffnung beraubt, fand der Autor Trost bei Frauen und bei »einer Tante in London, kinderlos und reich«, die ihm bestimmte Summen schenkte und später noch mehr Geld vermachte.

Er verbrachte ein Jahr in »Armut und Unzufriedenheit« und beging dann in seinem sechsundzwanzigsten Lebensjahr »einen weit schlimmeren Fehler, als ein Vermögen zu verjubeln«. Er heiratete, fraglos des Geldes wegen, und wurde »gänzlich unglücklich.« Sein Leben, so schreibt er nun, hatte sich

»verändert; ich war recht arm mit einem jährlichen Einkommen (und nicht einmal einem eigenen), das nicht höher war, als was ich gewöhnlich in einem Monat, manchmal in vierzehn Tagen ausgegeben hatte. Ich mußte jeden Shilling umdrehen, ging meilenweit, wo ich früher gefahren war. [. . .] Ich versuchte, das beste aus meinem Leben zu machen, und konnte, wenn ich allein war, fröhlich sein, selbst wenn ich der vergangenen Freuden gedachte. Aber da war nun etwas um mich herum, das mir Kummer bereitete. Sobald ich sie sah, verwies sie mir das Lächeln, verhöhnte meine Vergangenheit, jammerte über meine Zukunft, war mir ein Alptraum, ein wahres Schreckgespenst.«

Er fährt mit dem folgenden Geständnis fort, dem ersten der zahlreichen bemerkenswerten Aussagen in *My Secret Life*, die ich zu zitieren Gelegenheit nehmen werde:

»Ich versuchte, sie zu mögen, zu lieben. Am Tage verhaßt, war sie mir im Bett abscheulich. Lange bemühte ich mich, meine Pflicht zu tun und treu zu sein, doch mein Widerwillen wuchs mit der Zeit so sehr, daß ich nächtens, an ihrer Seite liegend, feuchte Träume hatte, statt mich in ihr zu erleichtern. Ich habe mich auf der Straße gewichst, bevor ich mein Haus betrat, um nicht sie vögeln zu müssen. Bei all meiner Liebe zu Frauen, und obwohl ich bereit war, freundlich und liebevoll zu ihr zu sein, mußte ich sie meiden wie eine Leiche. Ich bin einer Frau meilenweit mit einem Ständer gefolgt und doch unbefleckt in mein armseliges Haus zurückgekehrt, weil ich gelobt hatte, keusch zu bleiben. Mein Herz verzehrte sich nach dem zärtlichen Kuß, dem wollüstigen Seufzen einer Frau, und doch vermied ich, es mir zu verschaffen. Meine Gesundheit schwand; schlaflose Nächte, kummervolle Tage legten mir den Gedanken an Selbstmord nahe.«

Dies ist eine der ganz seltenen Stellen in den elf Bänden, in denen Selbstmitleid zum Vorschein kommt; doch die gewaltige, direkte Emotionalität gleicht das Selbstmitleid fast wieder aus. Der Text erinnert an ein präraffaelitisches Gemälde, auf dem die Details ausnahmsweise einmal mitabgebildet sind.

Schließlich beging der Autor weder Selbstmord noch blieb er keusch, sondern er nahm seine Laufbahn als Hurenjäger wieder auf, wodurch sich seine emotionale Lage stabilisierte. Er faßt diese Zeit der »schmalsten Mittel« in der Feststellung zusammen:

»In dieser Zeit muß ich die Geschlechtsorgane von fünfzig Frauen gesehen und mit beinahe ebensovielen verkehrt haben. Wären nicht die Vergnügungen mit ihnen gewesen, wie grob sie auch waren, ich hätte mich sicher umgebracht, so unglücklich war ich.«

Und er räumt ein, daß er wohl zusammengebrochen wäre,

»wenn die Huren mich nicht davor bewahrt hätten. Die Fotze wurde mir zur Rettung und schenkte mir allein Vergessen, eine weit bessere Erleichterung als Spielen oder Trinken, die einzigen Alternativen, zu denen ich hätte Zuflucht nehmen können.«

Die Phase der äußersten Einschränkung

»ging zu Ende, als ein Teil meines früheren Vermögens, um den ein Rechtsstreit geführt wurde, mir zugesprochen wurde und ich über ein wenig Bargeld verfügte. Unverzüglich hörte ich auf, die armseligen Dirnen zu frequentieren [. . .] und begab mich zu solchen einer höheren Klasse in einer besseren Wohngegend. Bald war mein Geld wieder zerronnen, denn ich mußte davon unter anderem Schulden begleichen.«

Dennoch beweisen sich die unschätzbaren Privilegien erneut, die damit verbunden sind, daß man ein englischer Gentleman ist und vom englischen Erbschaftssystem profitieren kann; wenig später erbt er »durch den Tod eines Verwandten ein ordentliches Einkommen. Es war klein, machte aber für mich einen großen Unterschied aus. Ich gab es ganz für mich aus, das heißt für Mösen.« Der Leser wird bereits bemerkt haben, daß eines der wichtigen Nebenthemen dieses Werks — untrennbar von dem zentralen Thema Sexualität — das Geld ist.

Der Autor bleibt verheiratet. Auf die Frage einer Bekannten, »warum ich mich nicht von meiner Frau trennte«, antwortet er offen: »Ohne ihr Geld bin ich nur noch ein Bettler.« — »Was spielt das für eine Rolle«, fragt sie, »wenn du unglücklich bist?« Und er erwidert: »Ich hoffe auf glücklichere Tage, hoffe, hoffe, hoffe.« In Wirklichkeit hoffte er auf den Tod seiner Frau und darauf, ihr Vermögen zu erben. Im übrigen liefert ihm seine erbärmliche Ehe einen weiteren Grund, sein Verhalten zu rationalisieren und die zwanghafte Promiskuität für sich selbst akzeptabel zu machen. Eines Abends ereignet sich eine charakteristische Episode. Als er sich spät durch dunkle Straßen nach Hause begibt, wird er in eine Dreiecksgeschichte mit einer Straßendirne und einem betrunkenen Matrosen verwickelt. Ein paar Minuten später schließt er seine Haustür auf.

»Da erfaßte mich Furcht. Ich hatte eine gewöhnliche Straßennymphe gefickt, in das Sperma eines gewöhnlichen Seemanns hinein, beide mochten Syphilis haben — was war wahrscheinlicher? Ich spürte das feuchte, klebrige Sperma um meinen Schwanz, auf meinen Eiern. Ich hatte mir damals angewöhnt, in meinem Ankleidezimmer zu schlafen. Ich glaubte, meine Frau sei, wie üblich, schon vor einer Stunde zu Bett gegangen. Als ich das Zimmer betrat, saß sie da mit einem Buch, was sehr ungewöhnlich war. Ich setzte mich und wünschte, sie würde das Zimmer verlassen, denn ich wollte mich waschen. Ich fragte mich, was sie wohl sagen würde, wenn sie mich zu dieser nächtlichen Stunde meinen Schwanz waschen sähe oder mich plätschern hörte.«

Er zieht sich zum Waschen auf die Toilette zurück und geht dann wieder auf sein Zimmer:

»Die Furcht vor Syphilis hielt mich eine Weile wach. Dann erregte mich die Szene, die ich erlebt hatte, so leidenschaftlich, daß mein Schwanz wieder stahlhart wurde.

[. . .] Ich dachte daran, zu wichsen, aber ein nicht zu unterdrückendes Verlangen nach Möse, Möse und nichts als Möse ließ mich meine Furcht, die Abneigung gegen meine Frau, unseren Streit und alles übrige vergessen — ich sprang aus dem Bett und ging in ihr Zimmer.

›Ich lasse dich nicht — warum weckst du mich und kommst hier hereingestürzt, nachdem du monatelang nicht bei mir gewesen bist? — Ich will nicht — du sollst nicht — du wirst ja wohl wissen, wo du hingehen kannst.‹

Doch ich sprang ins Bett, zwang sie auf den Rücken und steckte ihn ihr hinein. Er muß steif gewesen sein und ich sehr heftig, denn sie schrie auf, ich täte ihr weh. ›Nicht so fest — was hast du vor?‹ Mir kam es so vor, als könne ich sie mit meinem Schwanz ermorden, ich stieß und stieß und ergoß mich fluchend in sie. Während ich sie vögelte, haßte ich sie — sie war nur mein Ventil. ›Hinaus mit dir, du hast es geschafft — und deine Sprache ist höchst widerwärtig.‹ So ging ich für die Nacht in mein Schlafzimmer zurück.«

Wie immer man diesen Mann beurteilen mag, seine Darstellung dieser Szene klingt zweifellos authentisch. Es beeinträchtigt oder verzerrt keine Phantasie oder Idealvorstellung seine Beobachtungskraft, und es fehlen die Übertreibung und die Selbstverherrlichung, welche derlei Memoiren in der Regel peinlich und fragwürdig machen — zum Beispiel die Autobiographie von Frank Harris. Zudem ist der Zusammenhang solcher Szenen mit der viktorianischen Literatur, wie wir noch sehen werden, überaus aufschlußreich.

Seine Ehe dauert noch mehrere Jahre, seine außerehelichen Vergnügungen ebenfalls. Zu seinem Glück — und in erstaunlicher Abweichung von der viktorianischen Norm — scheint er niemals ein Kind von seiner Frau gehabt zu haben, obwohl er darauf hinweist, daß er mehrere Frauen schwängerte — Dienstmädchen, ehrbare Frauen, mit denen er Affären hatte, Kurtisanen, die er sich kurze Zeit hielt. Einige davon brachten die Kinder zur Welt, die meisten unterzogen sich einer Abtreibung, die sich damals in England offenbar leicht arrangieren ließ (er berichtet nicht in Einzelheiten darüber). Seine Familie zerstreut sich, seine Mutter stirbt, »eine Schwester war verheiratet und kein großer Trost für mich; die andere lebte weit entfernt, mein Bruder war nicht zu erreichen«. Wie in zahllosen viktorianischen Romanen fällt ihm just da eine weitere Erbschaft zu und verändert den Lauf seines Lebens: »Ein entfernter Verwandter hinterließ mir eine größere Geldsumme«, lautet seine charakteristische Formel dafür.[6] Unser Autor ist jedoch nicht der Held eines viktorianischen Romans, und sein Verfahren im Umgang mit dem Glück besteht darin, es geheim zu halten:

»[...] kaum einer meiner Freunde wußte davon, zu Hause niemand, und überhaupt keiner, bevor ich nicht einen Gutteil des Geldes ausgegeben hatte. Ich behielt den Vorfall für mich, bis ich alles so geregelt hatte, daß ich ein paar tausend Pfund auf ein Konto bekam und mich in aller Stille mit Kleidung ausstatten konnte. Eines Tages schickte ich neue Portmanteaus nach Hause und packte noch am selben Tag meine Sachen. ›Ich gehe ins Ausland‹, sagte ich. ›Wann?‹ — ›Heute abend.‹ — ›Wohin?‹ — ›Ich weiß noch nicht — das ist meine Sache.‹ — ›Wann kommst du zurück?‹ — ›Vielleicht in einer Woche, vielleicht in einem Jahr.‹ — Und ich kam lange nicht zurück. Während der ganzen Zeit schrieb ich nicht nach England, außer an meine Rechtsanwälte und Bankiers, die wußten und wissen mußten, wo ich mich jeweils aufhielt.«

Damit beginnt eine neue Phase seiner sexuellen Laufbahn. Er geht nach Europa, unternimmt eine erotische Tour durch den Kontinent. Er reist in die großen Städte und Badeorte und schreibt von seinen Abenteuern mit englischen, amerikanischen und europäischen Reisenden, mit Dienstmädchen und, natürlich, mit Prostituierten. Er sucht

[6] Ob ein solches Ereignis auf Tatsachen oder Phantasie beruht, ist in diesem Zusammenhang nicht entscheidend. Wenn es auf Tatsachen beruht, müssen wir diese unserem Wissen von Leben und Literatur in der viktorianischen Zeit eingliedern. Beruht es auf Phantasie, so ist es signifikant, daß er von allen möglichen Weisen, in denen eine Befreiung vorstellbar war, ausgerechnet diese altersgraue Konvention der viktorianischen Romanphantasie — die Erbschaft — wählt.

die Bordelle auf, wo immer er sich befindet, und schreibt über seine Erfahrungen dort. Kurz, er schildert Europa aus dem Blickwinkel des Beischlafs und der Begierde.

In Band 6 ist er etwa fünfunddreißig Jahre alt und unterwegs auf dem Kontinent; »ein Bote holte mich ein und brachte mir Neuigkeiten. Ich hatte einige *poste-restante*-Briefe nicht bekommen. Der Tod hatte endlich sein Werk getan. Hurra! Endlich war ich frei. Ich begab mich nach Hause, regelte in Eile meine Angelegenheiten, gab Anwälten und Agenten *carte blanche* und ging fröhlicheren Herzens als jemals zuvor wieder ins Ausland.« Er ist nun reich, lebt und reist »unter veränderten gesellschaftlichen Bedingungen [. . .], frei von Sorge [. . .]. Es war insgesamt eine glückliche Zeit. Ich hastete zwei oder drei Monate lang durch Europa und wechselte ständig die Umgebung.« Sein neuer Wohlstand erlaubt ihm, seine sexuellen Exzesse und Kulte weiter zu verfeinern, seine Phantasien auszuleben; in den Bordellen Europas (zumeist in Paris) und in Gesellschaft teurer Londoner Kurtisanen erweitert er seine Vergnügungen in einer einzigen eskalierenden Kurve, wie die pornographische Literatur sie als Muster vorzeichnet. Nach vier oder fünf Jahren ergibt sich eine weitere Veränderung. Er verliebt sich, heiratet offenbar erneut und führt fünfzehn Monate lang ein »keusches«, das heißt treues Leben. Es ist eine einzige Qual, wie die Gedächtnisprotokolle, die er zu jener Zeit verfaßt hat, belegen:

»Es ist ein volles Vierteljahrhundert her, seit mein Schwanz zum ersten Mal in die Möse einer Frau eindrang. Meine gesellschaftliche Lage hat sich nun entscheidend gewandelt, und fünfzehn volle Monate sind verstrichen, in denen ich keusch war. Ich finde keine einzige Notiz oder Niederschrift über unerlaubte Amouren, wie man sie nennt. Ja, ich kann schwören, daß ich keine gehabt habe und daß meine ganze sexuelle Verehrung *einer* Frau galt. Nie zuvor oder seitdem bin ich so treu gewesen, aber *sie* verdiente es. Dann änderte sich etwas. Sehr genau erinnere ich mich an den Rückfall in meine früheren sinnlichen Gewohnheiten, trotz der Kämpfe, die ich mit mir selbst ausfocht, um ihn zu vermeiden.

Fünfzehn Monate lang habe ich mich mit einer Frau zufriedengegeben. Ich liebe sie hingebungsvoll. Ich hätte sterben mögen, um sie glücklich zu machen. Doch mein sinnliches Temperament ist so groß, meine Liebe zu Frauen so stark, daß es mir nicht gelingt, so sehr ich mich auch zu beherrschen trachte, ihr treu zu bleiben, ihr allein zu gehören. Ich habe diese Schwäche beweint, ich habe mich selbst mit Geldstrafen belegt, indem ich das Geld, das an andere Frauen gegangen wäre, für wohltätige Zwecke spendete. Ich habe gewichst, um mich daran zu hindern, eine Frau zu erobern, deren Schönheit meine Lust in Versuchung geführt hatte. Wollte ich gerade eine schwache Schöne anreden, so sprang ich in eine Droschke und wichste, wobei ich allerdings der Reize gedachte, die ich nicht gesehen hatte. Ich mied Argyll und Cremorne und alle die anderen von den Huren besuchten Orte, um nicht in Versuchung zu geraten. Ich habe zu Hause wild und häufig gefickt, um kein Sperma übrigzulassen, das meinen Schwanz hätte versteifen können, wenn ich außer Hause war, so viel gefickt, daß mein Arzt mir erklärte, es schade mir ebenso wie ihr.

Alles ist vergebens. Die Begierde nach Abwechslung scheint unüberwindlich. [. . .] Ich bin krank vor Begierde, sehne mich nach unerblickten, unbekannten Mösen. Mein Leben ist unerträglich vor unbefriedigter Lust. Diese Lust ist ständig in mir, deprimiert mich, und ich muß ihr nachgeben.«

Und in Klammern, in einer später geschriebenen Überlegung, merkt er an:

»Ich liebte tief, wahrhaft, ja, ich werde trotz meine Untreue bis in meine Todesstunde lieben und hätte jederzeit eher eine meiner Geliebten umgebracht, als ihr Schmerz zuzufügen. Warum ich bei diesem Gefühl die Liebespriesterinnen, Halbweltdamen, Dirnen und Metzen aufsuchte, vermag ich ebensowenig zu erklären wie meine geistige Verfassung, die mich zu ausschweifenden Streunereien, Verirrungen, Lustbarkeiten verleitete, von denen noch zu berichten sein wird.«

Er erzählt uns nichts von dieser Frau, erwähnt sie so gut wie nicht mehr. Und so wie es durchaus authentisch klingt, daß er behauptet, Geld für wohltätige Zwecke ausgegeben zu haben, weil er nicht untreu werden wollte, so scheint auch glaubhaft, daß die einzige Frau, die er liebt und »respektiert«, nicht Teil seines »geheimen Lebens« ist.

Nachdem seine Versuche, treu zu bleiben, abermals gescheitert sind, geht er wieder seinen Neigungen nach und führt bis zum Ende seines Werks ein Leben stabiler Promiskuität. Sein Hunger nach Frauen läßt niemals nach. Zufallserlebnisse wechseln mit befristeten Affären, insbesondere mit Londoner Kurtisanen, ab. Die Experimente mit Perversionen setzt er ebenfalls fort. Doch mit fortschreitendem Alter lassen seine Kräfte allmählich nach. Als er Band 11 abschließt, hat er die Sechzig überschritten.

III.

Da *My Secret Life* das wichtigste Dokument seiner Art über das viktorianische England ist, können wir an ihm die These überprüfen, derlei Texte seien von einzigartigem Wert als Quellen der Sozialgeschichtsschreibung. In andern Worten: Welche einschlägigen sozialgeschichtlichen Indizien und Informationen lassen sich diesem Werk entnehmen? Enthält es Fakten und Hinweise von allgemeiner Bedeutung, die von den Historikern unterdrückt, übersehen oder vergessen wurden? Zunächst einmal liefert ein Werk von über 4000 Seiten, das sich rigide und erbarmungslos auf ein einziges Bild konzentriert, auf das des menschlichen Körpers — seiner Organe, Funktionen und Verrichtungen —, Details darüber, wie mit diesem Bild oder Körper umgegangen wird, wie seine Biologie aufgefaßt wird. In *My Secret Life* finden wir zahlreiche Daten zur Hygiene im viktorianischen England. Wir erfahren zum Beispiel, daß es vor der Mitte des Jahrhunderts an öffentlichen Vergnügungsorten wie Hampton Court Park keine Toiletten gab. Männer und Frauen schlugen sich in die Büsche, suchten eine »freie Stelle

[auf], wo Laub und Kehricht deponiert wurden«, um sich zu erleichtern. Frauen wischten sich ab, indem sie ihr Hemd zwischen die Schenkel klemmten. Wir erfahren ferner, daß Frauen, »sogar Damen«, in der Frühzeit der Epoche keine Unterhosen trugen; erst nach der Jahrhundertmitte kam der Gebrauch von Unterhosen in Mode, ein Wandel, den der Autor nicht gutheißt: »Mehr und mehr scheint sich die Mode, Unterhosen zu tragen, auszubreiten«, klagt er in Band 9. »Früher trug keine Frau sie, jetzt tragen sie alle, ob Dame, Dienerin oder Hure. Ich finde, sie behindern jene bequemen gelegentlichen Berührungen von Hintern und Möse, die ich so oft genossen habe.« Und er fährt fort:

»Der Winkel der Straße, die auf den Strand führt, war nachts dunkel und bei den Dirnen beliebt, ihre Blase zu erleichtern. Die Polizei nahm davon keine Notiz, solange es nicht in der größeren Durchgangsstraße geschah (obgleich ich nachts Frauen gesehen habe, die es offen am Rinnstein des Strand taten). In dieser Straße habe ich sie häufig pinkeln gesehen; meist erledigten sie es zu zweit, wobei die eine jeweils als Schirm diente und stehen blieb, bis die andere fertig war; dann kam sie an die Reihe. Tatsächlich wurde in den Seitenstraßen des Strand fortwährend gepinkelt. Die Zahl der leichten Mädchen scheint damals doppelt so groß gewesen zu sein wie heute.«

Derlei Hinweise sind in *My Secret Life* häufig — nützliche Erinnerungen an das Sprichwort, Kulturen seien auf Müllhaufen errichtet. Da der Autor Hunderte von Erlebnissen mit Prostituierten beschreibt, versorgt uns *My Secret Life* mit einer Menge Informationen darüber, wie diese Zone des sexuellen Lebens im viktorianischen England organisiert oder institutionalisiert war.[7] Wenn

[7] Eine dem Autor entgegengesetzte Figur war William Ewart Gladstone. Auch er streifte regelmäßig bei Nacht durch die Straßen von London, sprach Prostituierte an und versuchte, ihnen zu helfen — ihnen Hilfe anzubieten oder sie zum Tee mit nach Hause zu nehmen. Man kann sich ein Treffen dieser beiden Viktorianer lebhaft ausmalen — welche Kluft würde sich zwischen diesen zwei Repräsentanten einer einzigen Kultur aufgetan haben. Vgl. Philip Magnus, *Gladstone: A Biography* (New York, 1954), passim.

wir seine Berichte über Londoner Straßen und Parks bei Nacht lesen, wird sozusagen greifbar, daß jedenfalls in diesem Punkt das London von 1850 der Stadt in Boswells *Londoner Tagebuch* glich. Wollte man eine Prostituierte — oder überhaupt eine Frau — auf ein Zimmer mitnehmen, ging man in eines der »accomodation houses«, die es in unterschiedlichen Preisklassen in allen Bezirken Londons gab und deren Interieur der Autor folgendermaßen beschrieben hat: »Es war ein vornehmes Haus, obwohl das Zimmer nur fünf Shilling kostete: rote Vorhänge, Spiegel, Wachskerzen, sauberes Bettzeug, ein großer Sessel, ein breites Bett und ein Drehspiegel, so groß, daß sich auch das dickste Paar darin spiegeln konnte.« In den sechziger und siebziger Jahren stand außerdem »jedes Kaffeehaus mit dem Wort ›Betten‹ auf den Fenstern« sexuellen Abenteurern zur Verfügung. Der Autor kennt sich vorzüglich in der Ökonomie der englischen Sexualität seiner Epoche aus und ist in seinen Notierungen nicht weniger genau als in seinen physiologischen Erläuterungen. Eines Tages schließt er Bekanntschaft mit der Geschäftsführerin einer Pension, hilft ihr bei der Buchführung und entdeckt zufällig, daß sie nicht schreiben kann:

»Die Einnahmen wurden von den Stubenmädchen auf Zetteln verzeichnet. Durch irgendein besonderes Verfahren, das sie nicht erklären konnte, übte sie eine grobe Kontrolle aus, so daß die Mädchen sie nicht betrogen. Sie hatte der Besitzerin des Hauses Rechenschaft abzulegen — wie ihr das gelang, weiß nur sie allein. Sicher ist (sie gab es einmal zu), daß sie von den Einnahmen ein Pfund täglich in die eigene Tasche steckte. Ob sie die Besitzerin damit betrog oder ob dies ihr vereinbarter Anteil war, habe ich nie herausgefunden. Sie war gut gekleidet, aß ausgezeichnet, gab ihrem Gardesoldaten und dem Ehemann ihrer Schwester Geld, und auch anderen, glaube ich. Selbst wenn sie ihre drei- oder vierhundert Pfund im Jahr abgezweigt hatte, verblieb der Besitzerin ein stattliches Einkommen. Das Haus hatte nur acht Zimmer und zwei Kammern, die an Pärchen vermietet wurden. Die Einnahmen betrugen oft zwanzig Pfund am Tag, manchmal mehr.«

In solchen Schilderungen bewährt sich der Autor. Sein Ton ist genau der richtige; er gemahnt an Mayhew, doch der Verfasser von *My Secret Life* ist ein besserer Experte und bekundet mehr distanzierte Sympathie als Mayhew und die frühen deskriptiven Soziologen. Ein direktes und moralisch nicht schockiertes Interesse verbindet sich bei ihm mit einer belustigten Verwunderung über unrationelle Geschäftspraktiken. Der viktorianische Gentleman mit seinem Respekt vor Ordnung, Buchführung, Profit und Methode erwartet selbstverständlich, daß diese Tugenden auch in der Sphäre der Sexualität gelten. Er selbst notiert peinlich genau, wieviel er den Frauen zahlt, und addiert buchhalterisch präzise die Kosten seiner Abenteuer. Er überschlägt die Einkünfte der verschiedenen Klassen von Prostituierten und beschreibt ihren jeweiligen Lebensstil. Eine vornehme Kurtisane, Mrs. Eliza F—m—g (Fleming?), die er in den Argyll Rooms kennenlernt und mit der er eine kurze Affäre hat, wird von Lord E—t—r (Exeter?) ausgehalten. Der Autor erkennt rasch, »wie hoch ihre Ausgaben waren. Sie hatte mehrere Bedienstete und unterhielt einen Brougham. [. . .] Ich fand heraus, daß sie zwischen fünfzig und siebzig Pfund pro Woche einnahm.« Diese Frau erklärt ihm ihre Zuneigung und gibt dem Wunsch Ausdruck, er möge sie aushalten; doch fügt sie offen hinzu: »Aber ich würde dich nur in Schulden stürzen, denn es gelingt mir nicht, mit dem Geld, das ich habe, auszukommen.«

Von solchen Informationen einmal abgesehen, belegt *My Secret Life*, daß inmitten der englischen viktorianischen Welt, wie wir sie kennen — und wie sie sich selbst darzustellen pflegte —, eine geheime Kultur blühte, eine Untergrundgesellschaft bestand: das Nachtleben der Sexualität. Und obwohl die Viktorianer darüber Bescheid wußten, brachten sie es fast niemals zur Sprache. Die Sozialgeschichte ihrer eigenen sexuellen Erfahrungen fand keinen Eingang in das offizielle Bewußtsein der Viktorianer von sich selbst oder von ihrer Gesellschaft. Ein Beispiel mag das zeigen.[8]

[8] Der Leser sollte sich vergegenwärtigen, daß die ein oder zwei Beispiele, die zur Illustration eines Arguments zitiert

Als er zwischen zwanzig und dreißig ist, besucht der Autor eines Tages seine Mutter, die in einem Dorf auf dem Land wohnt. Er streift durch die Umgebung und kommt zu einem »großen Friedhof, zur Hälfte noch freies Feld; am einen Ende wurden die Reichen begraben, Grüfte und Grabmäler waren dort errichtet. Die restliche Fläche war nur zum Teil mit Grabsteinen bedeckt. Als ich eintrat, gingen zwei Frauen an mir vorbei; sie waren groß, kräftig und staubig, trugen kurze Röcke und grobe, genagelte Schuhe, dunkelblaue Kleider; über den Rücken flatterten kleine, schwarze Schals, wenig größer als Taschentücher. Große, schwarze Hauben saßen auf ihren Köpfen. Es schienen Frauen zu sein, die außerhalb des Hauses arbeiteten, Mägde vielleicht oder Frauen von Schiffern, denn durch das Dorf verlief ein Kanal. Sie hatten den kraftvollen, gleichmäßigen Gang und den aus den Hüften balancierten Körper, die man von Frauen kennt, die im Freien beschäftigt sind. Vielleicht trugen sie Erdbeeren in den Körben auf dem Kopf zum Markt nach London, jedenfalls schritten sie aufrecht wie Soldaten.

Sie gingen an mir vorbei zu den Grabmälern, beide blickten mich an und beschleunigten dann ihren Schritt. Ich starb vor Begierde. Sie gehen pinkeln, dachte ich. Ich kannte die Stelle. Als Kinder und als junge Männer hatten wir dort auf der Lauer gelegen, bis Kindermädchen und ihre Schützlinge zwischen den Grüften auftauchten, um sich zu erleichtern. Also blieb ich stehen und sah ihnen nach.«

Er nutzt das Privileg seiner gesellschaftlichen Stellung und spricht die beiden Frauen an; sie antworten. Man tauscht Neckereien aus. Die beiden Frauen wissen sofort, worauf er aus ist. Er bietet ihnen Geld an. Nach längeren Verhandlungen nimmt die eine das Angebot an:

»Ich zog mein Jackett aus, rollte es zusammen und legte es unter den Kopf. ›Komm, komm‹, sagte ich und zog sie nieder. Sie leistete keinen Widerstand. Ich sah

werden, jeweils als repräsentativ aus einer Vielzahl möglicher Stellen ausgewählt wurden. Bei der Erörterung von *My Secret Life* setzt einen der Überfluß an Belegmaterial geradezu in Verlegenheit.

weiße Schenkel, einen weißen Bauch, schwarzes Haar über ihrem Hügel. Im nächsten Moment ergoß ich mich. ›Stoß weiter‹, sagte sie, ›ich bin gleich so weit.‹ Sie wand sich und hob sich weiter. Damals konnte ich nach dem Erguß noch stoßen; mein Glied blieb noch Minuten danach steif. Also stieß ich. Zugleich hoffte ich, sie ein zweites Mal zu nehmen. Aber sie kam, es schüttelte sie, und mit dem üblichen Krümmen und Stöhnen war es für sie vorbei. Wir lagen vereint zwischen den Toten um uns herum. Ein neues Lebewesen könnte in diesem Augenblick gezeugt worden sein, das nun seinerseits essen, trinken, ficken, sterben, begraben werden und verfaulen würde.«

Der Kommentar à la Sweeney entspricht durchaus dem blanken Erstaunen und der animalischen Bestürzung des Autors über die Situation. Kurz danach nimmt er auch die zweite Frau, bezahlt sie beide, wechselt noch einige Worte mit ihnen, dann trennen sie sich.

»Ich sah ihnen nach, wie sie mit ihren gleichmäßigen Schritten davongingen; wer hätte aus ihrem Aussehen und ihrem Gebaren schließen können, daß sie beide es gerade getrieben hatten? Wer kann sagen, in welchem Zustand die Möse einer Frau ist, die man irgendwo trifft?

Was waren das für Frauen? Sicherlich keine Dirnen. Trieben sie es mit mir zu ihrem Vergnügen, aus Geilheit oder des Geldes wegen? Ich habe oft darüber nachgedacht und bin zu dem Schluß gekommen, daß sie beide lüstern waren, daß meine schlüpfrigen Vorschläge sie erregten, daß das Geld zwar den Ausschlag gab, aber daß sie vor allem genommen werden wollten.«

Der Autor ist sich bewußt, daß seine »Erklärung« der Begebenheit dieser nicht wirklich angemessen ist, daß ihre Bedeutung, falls sie eine besitzt, ihm entgangen ist. In einem späteren Band schreibt er nach einer ähnlichen Episode:

»Die merkwürdigsten Zwischenfälle, davon bin ich überzeugt, ereignen sich zwischen Männern und Frauen, die heimlich vögeln, vögeln wollen oder gevögelt haben, wovon die Welt aber nichts wissen darf. Ich glaube, daß das Risiko unsere Lust steigert. Diesen Schluß ziehe ich nach fast einem Vierteljahrhundert, in dessen Verlauf ich Frauen aller Klassen verführt und besessen habe, von der Marquise bis zur Bettlerin.«

Der Autor von *My Secret Life* ist der Sozialhistoriker dieser Welt. Er zeichnet die »Fakten« und seine Phantasien darüber auf, aber er stellt sie nicht in einen allgemeinen Bedeutungszusammenhang. Er wäre, selbst wenn er es gewollt hätte, dazu auch gar nicht imstande gewesen, da damals weder eine entsprechende Terminologie noch hinreichende Interpretationstechniken zur Verfügung standen. Mit dieser Einschränkung sind die Fakten und Details in *My Secret Life* aussagekräftig und nützlich, und fraglos sollten wir sie beachten. Sie schärfen unser Gefühl für die viktorianische Realität. Für sich genommen, verhelfen uns die Informationen und Enthüllungen in *My Secret Life* jedoch nicht zu neuen Erkenntnissen oder gar solchen, die sich verallgemeinern ließen. Man muß sie ›traktieren‹, damit ihre Bedeutung zum Vorschein kommt.

So gesehen, erscheint es sinnvoll, *My Secret Life* im Zusammenhang mit dem viktorianischen Roman zu betrachten. Das in diesem Werk versammelte Material berührt direkt die Programmatik der großen viktorianischen Romanciers und ihren Vorsatz, diese Programmatik zu verwirklichen. Einige Beispiele mögen dies verdeutlichen.

An einer Stelle beschreibt der Autor einen Ausflug in Begleitung eines Freundes zu einem der Londoner Docks:

»Als wir nach draußen gingen, sah ich eine Anzahl kräftiger, vulgär aussehender, grell gekleideter Frauen ohne Hauben, manche in Paaren, manche allein, manche mit Matrosen, die auf den öffentlichen Straßen ungeniert schlüpfrige Reden führten. Dies war für mich eine ganz neue Phase meines Londoner Lebens. [. . .]

Mein Freund kannte die Bedürfnisse und Sitten von Seeleuten und die ihrer weiblichen Landbekanntschaften, er war Reeder. [. . .] Um mich zu amüsieren und meine Neugier zu befriedigen, dinierten wir wenige Tage später gemeinsam und besuchten anschließend einige der Gasthäuser. Um möglichen Aggressionen gegen uns zu entgehen, kleideten wir uns so schäbig wie möglich, und mit unseren Mützen, die wir in der Nähe der Docks gekauft hatten — solchen, wie sie die Arbeiter in der Gegend tragen —, gefielen wir uns in dem Gedanken, wir sähen aus wie die Männer, die Fässer über die Straße rollen.

So kostümiert, verbrachten wir den Abend in den Kneipen unter Matrosen, Huren und Arbeitern — in stickiger, von Tabakrauch, Schweiß und Gas gesättigter Atmosphäre. Wir bestellten Schnäpse, die wir, wenn wir unbeobachtet waren, unter den Tisch kippten oder verschütteten. Wir luden ein paar leichte Mädchen ein und hatten alles in allem einen unterhaltsamen Abend. Es war schwer, die Rolle, die uns unsere Verkleidung vorschrieb, zu spielen. Ich hatte eine Hure auf den Knien, mein Freund ebenfalls. Wir baten die Frauen, zu wetten, wer von uns den größeren Schwanz hätte, und sie fühlten ganz unverhohlen nach. Es gab allerdings kaum etwas, was die Leute hier schockiert hätte. Lüsternes Gerede gab es viel, aber keine groben Unanständigkeiten. Die Männer hinter der Theke oder die Bierkellner oder der Wirt behielten alles im Auge. — ›Du Sally, das gibt es nicht; sonst fliegst du raus!‹ — ›Jetzt nimm dich zusammen, Weib!‹ Derlei Sätze hörten wir vom Wirt oder den Bediensteten, wenn die Situation zu heiß wurde. Aus einem der Häuser warfen sie eine Frau und einen Seemann, die zu laut und ziemlich betrunken waren, gewaltsam hinaus. ›Komm, wir gehen ficken, Tom‹, sagte die Frau, die bereitwilliger ging als der Mann.«

Die Szene erinnert an Miss Pottersons Kneipe »Six Jolly Fellowship-Porters« in *Our Mutual Friend.* Die Unterschiede und die Ähnlichkeiten in den Darstellungen sind gleichermaßen instruktiv. Beide schildern die absolute Autorität, welche die Eigentümer der Lokale über die Kunden ausüben. »Miss Potterson, Alleineigentümerin und Geschäftsführerin der Fellowships-Porters, regierte souverän von ihrem Thron, der Bar, aus, und nur ein stockbetrunkener Mann konnte annehmen, er könne eine Auseinandersetzung mit ihr gewinnen«, schreibt Dickens, nennt sie dann »Abbey die Großartige« und vergleicht sie mit einer Lehrerin und die Hafenleute mit ihren Schülern. Sie befiehlt ihnen, wann sie nach Hause gehen sollen, und sie gehorchen: »›Es war hart, hier Ordnung einzuführen‹, sagt sie, ›und die Fellowships zu dem zu machen, was sie sind. Es erfordert Tag und Nacht harte Arbeit. Die Fellowships dürfen keinen Makel abbekommen, ein übler Ruf wäre ihr Ende.‹«

Selbstverständlich unterdrückt Dickens jede Anspielung auf Prostituierte und zensiert seinen Bericht über die Sprache in den Docks. Was wir also aus den Beschreibungen in *My Secret Life* erfahren ist das, was keinen Eingang in den viktorianischen Roman fand, was, da es der Konvention zuwiderlief, ausgelassen oder verdrängt wurde. Doch hat diese Auslassung nicht lediglich verzerrend gewirkt; in Dickens' phantasievoller Abstraktion und Rekonstruktion werden die Werte der viktorianischen Gesellschaft und ein Stück ihrer menschlichen Hoffnungen sichtbar. Und die abertausend Seiten von *My Secret Life* liefern uns dazu die Ergänzung. Erst die vergleichende Lektüre erschließt uns die komplexe Wirklichkeit des viktorianischen England.

Wie aufschlußreich die Beziehung zwischen den beiden Darstellungsformen ist, mag ein anderes Beispiel beleuchten. Der Autor von *My Secret Life* berichtet ausgiebig vom Umgang mit armen Mädchen, billigen Huren und Dienstmädchen. Eines Tages konzentrieren sich seine »erotischen Phantasien auf junge Mädchen. [...] Ich kannte mich in den Sitten und Gewohnheiten der Kleinen nicht aus, und als ich mich des Nachts umsah, fand ich keine. Ich sprach in meinem Club darüber und hörte, sie seien meist bei Tage unterwegs, also hielt ich auf dem Strand am hellichten Tag Ausschau nach dem, was ich suchte.« Schließlich findet er zwei junge Mädchen. »Sie waren nicht auffällig herausgeputzt, sondern sahen aus wie die Kinder biederer Handwerker.« Er nähert sich ihnen, macht sich erbötig, ihnen Süßigkeiten zu kaufen, und sagt dann: »Kommt mit, ich gebe euch Geld.« Sein Angebot beträgt dreieinhalb Shilling für jede. Die Mädchen beraten sich, werden sich nicht einig, streiten; schließlich ist eine von ihnen bereit, ihm zu folgen. Er nimmt sie in ein öffentliches Haus mit. Nachdem alles vorüber ist, hält er einen längeren Schwatz mit dem

Mädchen, das »Freizügigkeit, Offenheit und Frische besaß [...], die mich entzückten«. Sie ist fünfzehn Jahre alt, und er fragt sie aus.

»›Wie lang bist du auf dem Strich?‹ — ›Ich bin nicht auf dem Strich‹, antwortete sie erstaunt. — ›Doch.‹ — ›Bin ich nicht.‹ — ›Du läßt dich doch mit Männern ein.‹ — ›Ja, aber auf dem Strich bin ich nicht.‹ — ›Was nennst du dann 'auf dem Strich'?‹ — ›Na, die Mädchen, die nachts aufgeputzt herunterkommen und sich den Unterhalt damit verdienen.‹ Ich war belustigt. ›Du tust das nicht?‹ — ›Nein, Mutter ernährt mich.‹ — ›Was ist dein Vater?‹ — ›Hab keinen, er ist seit drei Monaten tot — Mutter schafft für uns. Sie ist Putzfrau und nimmt Gelegenheitsarbeit an.‹ — ›Arbeitest du nicht?‹ — ›Jetzt nicht‹, sagte sie verworren, ›Mutter will es nicht; ich sorge für die anderen.‹ — ›Welche anderen?‹ — ›Die Kleinen.‹ — ›Wie viele?‹ — ›Zwei — ein Mädchen und einen Jungen.‹ — ›Wie alt sind die?‹ — ›Die Schwester ist sechs und der Bruder fast acht — aber warum fragen Sie mich das alles?‹ — ›Nur zum Spaß. Trägst du um deinen Vater Trauer?‹ — ›Ja, es ist schäbig, nicht? Ich wünschte, ich hätte schöne Kleider. Ich habe schöne Stiefel, nicht?‹ — sie zeigt ein Bein — ›Eine Dame hat sie mir gegeben, als Vater starb — es sind meine besten.‹

›Bist du oft auf dem Strand?‹ — ›Wenn ich da spazierengeh und die Läden anseh — ich tu's, wenn Mutter tagsüber aus ist.‹ — ›Weiß sie, daß du aus bist?‹ Das Mädchen, das auf dem Rücken gelegen und mich dabei voll angesehen hatte, kicherte und antwortete vertraulich: ›Du meine Güte, nein — sie würde mich schlagen, wenn sie es wüßte. Wenn sie aus ist, schließ ich die Kleinen ein und nehm den Schlüssel mit, und dann gehe ich wieder zurück zu ihnen — ich hab den Schlüssel in der Tasche und bin früher zu Hause als Mutter — sie ist den ganzen Tag aus.‹ — ›Sie legen vielleicht einen Brand‹, sagte ich. — ›Es gibt kein Feuer; nach dem Frühstück mach ich's aus und zünd es wieder an, wenn Mutter abends warmes Wasser will.‹

›Was machst du den ganzen Tag?‹ — ›Ich wasche die beiden, ich geb ihnen zu essen, wenn wir was haben, dann putz ich den Boden und so, und dann wasch ich mich selbst. Dann guck' ich aus dem Fenster.‹ — ›Du wäschst dich?‹ — ›Ja, ich wasch mich von Kopf bis Fuß, alles.‹ — ›Habt ihr einen Bottich?‹ — ›Nein, wir haben nur eine Schüssel und einen Eimer, aber ich bin schön sauber — Mutter erzählt jedem, ich bin das sauberste Mädchen, das eine Mutter haben kann. Ich wasche alles. Mutter ist zu müde. Manchmal gehen wir alle spazieren, aber nur abends; manchmal liege ich fast den ganzen Tag im Bett.‹«

Der Autor zeigt sich von dem Charme und der Unverblümtheit des Mädchens ehrlich eingenommen und trifft sich häufiger mit ihm.

»Ich befragte sie viele Male«, bemerkt er, »und fügte anschließend zusammen, was sie gesagt hatte. Es gefiel ihr ebensosehr wie mir, darüber zu plaudern.« Außerdem, behauptet er, »freute sie sich, mir alles erzählen zu können, es schien für sie eine Erleichterung zu sein. Sie hatte noch nie mit jemandem darüber geredet. Und obwohl ich sie oft dasselbe fragte, änderte sie ihren Bericht niemals. Ich glaubte ihr, und deshalb erzähle ich hier davon.«

Die Erzählung erstreckt sich über sechzig Textseiten und enthält sowohl eine Darstellung der sexuellen Handlungen des Autors mit diesem Mädchen, das Kitty heißt, als auch Kittys eigenen Lebensbericht. Im folgenden Passus ist die Rede davon, warum sie sich prostituiert:

»Sie sagte: ›Ich kaufe Sachen zum Essen; ich kann nicht essen, was Mutter uns gibt. Sie ist arm und arbeitet sehr hart; sie würde uns mehr geben, aber sie kann nicht; darum kaufe ich Essen und gebe den anderen, was Mutter mir gibt. Sie kennen es nicht anders — wenn Mutter da ist, eß ich etwas; manchmal haben wir nur Grütze und Salz; wenn wir Feuer haben, toasten wir das Brot, aber ich kann es nicht essen, wenn ich nicht furchtbar hungrig bin.‹ — ›Was ißt du gern?‹ — ›Pasteten und Wurstbrötchen‹, antwortete das Mädchen, schmatzte mit den Lippen und lachte. ›Oh! Meine Güte, sind die toll — oh!‹ — ›Dafür gehst du auf den Strich?‹ — ›Ich geh nicht auf den Strich‹, erwiderte sie schmollend. ›Also, dafür läßt du Männer an dich ran?‹ — ›Ja.‹ — ›Für Wurstbrötchen?‹ — ›Ja, für Fleischpasteten und Gebäck auch.‹«

Was an diesen Texten auffällt, sind das Beobachtungsvermögen und die Authentizität, aber auch der Stil — es ist ein Zeitstil, der uns später in den Blaubüchern des englischen Parlaments begegnet, jenen unvergänglichen Dokumenten des damaligen Alltagslebens. Diesen Stil gab es nicht vor der Mitte des 19. Jahrhunderts, ja, es konnte ihn nicht früher geben, da die Interessen, die ihn hervorgetrieben haben, damals noch nicht wirksam waren. Und einen vorzüglichen Hinweis dafür, wie eine Kultur ›funktioniert‹ — ihre Besonderheit und ihre Entwicklung verdichten sich ja allemal in Stilen — und wie weit sich ihr Einfluß verzweigen kann, sehe ich darin, daß ein Werk wie *My Secret Life*, das wahrhaft aus dem Unterleib der viktorianischen Welt stammt und auf ganz andere Impulse zurückgeht als auf jene, die den Blaubüchern zugrunde lagen, dennoch das Siegel einer der großen Leistungen des Zeitalters trägt.

Die zitierten Stellen haben indes auch ein unmittelbares Gegenstück im zeitgenössischen Roman: in Kapitel XV von Charles Dickens' *Bleak House*. Esther Summerson, Mr. Jarndyce und andere begeben sich dort auf die Suche nach den verwaisten Kindern von Neckett, dem Grafschaftsbeamten, mit dem sie einigen Kontakt hatten. Sie finden sie. Die Elemente der Romanszene sind mit denen in *My Secret Life* fast identisch. Die beiden jüngeren Kinder werden tagsüber von ihrer älteren Schwester eingeschlossen; es gibt kein Feuer im Zimmer; es herrscht lähmende Armut; die einzige Erwerbsquelle, die sich bietet, ist anderer Leute Wäsche zu waschen, eine Arbeit, welche die ältere Schwester denn auch tatsächlich annimmt. Der Hauptunterschied der beiden Episoden besteht darin, daß Charley, die ältere Schwester in *Bleak House*, eine andere Wahl trifft als Kitty in *My Secret Life*. Charley beschließt, sich um ihre jüngeren Geschwister zu kümmern und sie zu ernähren, indem sie fremden Leuten die Wäsche wäscht, während Kitty Nahrung durch Prostitution herbeischafft. (Später wird Kitty eine richtige Prostituierte und ernährt auch noch »ihre Mutter, die das rheumatische Fieber arbeitsunfähig gemacht hatte«.) Es besteht kein Zweifel, daß beide Entscheidungen im viktorianischen England häufig waren. Gleichwohl ist Kittys Handlungsweise von anderer Struktur als die Charleys in *Bleak House*. Der Unterschied ist einer des Bewußtseins nicht der Figuren, sondern ihrer Urheber bzw. ihrer Beobachter. Dickens läßt Mr. Jarndyce, der die drei Kinder und ihre Umgebung betrachtet, sagen: »Ist es möglich [. . .], daß dieses Kind für die übrigen arbeitet? Schaut euch das an! Um Gotteswillen, schaut euch das an!« Und Esther fährt fort: »Es war etwas, das man anschauen mußte. Die drei Kinder so nah beieinander, und die beiden, die sich auf das dritte verließen, und das dritte so jung und doch mit einem Anflug von Reife und Beharrlichkeit, der so seltsam zu der kindlichen Gestalt paßte.« Die Szene bei Dickens führt dem Leser vor Augen, daß diese Kinder Teile von uns, daß wir ihre Gesellschaft sind. Er findet sich nicht ab mit einer Welt, in der gelitten werden muß, um leben zu können, die für Menschlichkeit Kosten und Preise (in des Wortes krudester Bedeutung) festsetzt. Dickens liebt seine Geschöpfe. Der Autor von *My Secret Life* dagegen — und auch diese Einstellung ist repräsentativ für das Zeitalter — betrachtet Kitty mit Interesse, Amüsement und Vergnügen. Sie ist ein Objekt, von geringerem Rang als er selbst. Er erblickt nichts Degradierendes oder Entwürdigendes darin, daß sie sich verkauft.

Das Beispiel mag wenigstens angedeutet haben, daß es sehr wohl zum Verständnis des viktorianischen Romans beiträgt, wenn wir ihn vor der Folie von Szenen, wie sie in *My Secret Life* geschildert sind, lesen; wenn wir begreifen, daß die viktorianischen Romanciers sich solcher Szenen bewußt waren und daß sie, in ihrer Weise, auf sie geantwortet haben: auf Zustände, die sie ebenso gut kannten wie der Autor von *My Secret Life*.

Zweifellos haben die viktorianischen Zensurgepflogenheiten den Roman in seiner Reichweite deutlich eingeschränkt. Da jedoch die Schriftsteller die Zensur im Hinblick auf ausdrücklich sexuelle Sachverhalte akzeptiert hatten, mußten sie Mittel und Wege finden, um die sexuellen Komponenten der von ihnen dargestellten Situationen zu verschlüsseln — jeder, der mit der Literatur jener Epoche vertraut ist, weiß, daß solche Chiffrierungen gebräuchlich waren.

Eines der Mitglieder des Clubs, dem auch der Autor von *My Secret Life* angehört, ist ein verarmter, ausschweifender alter Major. »Lud man ihn zum Essen ein und gab ihm Wein zu trinken, soviel er wollte, dann begann er nach ein oder zwei Stunden unaufgefordert amourösen Rat zu erteilen und von seinen Abenteuern zu erzählen.« Der Autor gibt uns eine Probe davon:

»›Wenn Sie ein Mädchen besteigen wollen‹, pflegte er zu sagen, ›erregen Sie sie niemals, bevor nicht ihr Bauch mit Fleisch und Wein gefüllt ist. Lassen Sie das Futter seine Wirkung tun. Wenn eine Frau das Vögeln wert ist, macht ein gutes Mahl sie mit Sicherheit nach einiger Zeit gefügig. Ist sie noch keine fünfundzwanzig, wird sie geil, sobald ihr Magen voll ist. [. . .] Ist sie dreißig, so lassen Sie ihr eine halbe Stunde. Ist sie fünfunddreißig, so lassen Sie sie eine Stunde in Ruhe verdauen — erst dann fühlt sie die Wärme des Essens in ihrer Möse. Sie wird dann pinkeln wollen. Danach ist sie bereit für Sie, ohne daß sie es selber weiß. Doch erregen sie die Kleine niemals vorzeitig. Führen Sie während des Essens ruhig schmutzige Reden, aber nur so viel, daß sie lacht und an Schlüpfrigkeiten denkt.‹ [. . .] ›Es ist gut‹, pflegte der Major zu empfehlen, ›eine Frau nach dem Essen ein paar Minuten allein im Zimmer zu lassen — vielleicht möchte sie furzen, vielleicht muß sie pinkeln. Sie wird nur besser, wenn sie Wind und Wasser erst einmal losgeworden ist. Eine Frau — das sollten Sie sich merken — wird nicht geil vom Pissen wie der Mann, Frauen sind in diesem Punkt ganz anders als wir, mein Junge. Und vor allem: Zeigen Sie ihr Ihren Schwanz, sobald sich dazu eine Gelegenheit bietet und Sie dazu in der Lage sind — er ist das beste Überredungsmittel. Haben die Frauen ihn erst einmal gesehen, werden sie ihn nicht mehr vergessen — er erobert sozusagen ihr Gedächtnis.‹ [. . .] In dieser Weise belehrte uns der Major, sooft sich dazu ein Anlaß ergab.«

Dieser Major ist eine Parallelfigur zu Major Bagstock in *Dombey and Son*. Und es ist bewundernswürdig, wie Dickens diesen Typus und sein Verhaltensschema zeichnet: präziser und plastischer als der Autor von *My Secret Life* und ohne die Sprache der Sexualität zu gebrauchen. Die Imagination ist genauer als die Deskription, das Protokoll. Gleichwohl sind die strukturellen und typologischen Ähnlichkeiten in beiden Darstellungen nicht zu übersehen. Beiden Figuren ist die Geschwätzigkeit gemeinsam, das Renommier-Gehabe; beide, ungefähr gleich alt, verbinden in sich Eigenschaften, die Ausdruck sowohl ihrer individuellen Entwicklung als auch der Vorurteile der Gesellschaftsschicht sind, aus der sie stammen; beide geben sich als Strategen im Geschlechterkampf; für beide ist das Lotterbett reines Manövergelände; beide leben ungehemmt ihre rohe Aggressivität aus; und beide agieren als ›Ratgeber‹ — Bagstock spielt geradezu den Zuhälter oder Kuppler, zusammen mit Mrs. Skewton. Dickens verwendet eine Vielzahl von Kunstmitteln, um dem Leser die intensive, gestörte, korrumpierte Sexualität des Majors zu vermitteln, angefangen mit dem Namen, in dem ein sexuelles Wortspiel verborgen ist, über die Beschreibung, wie Bagstock trinkt, bis er apoplektisch aufquillt und rot und blau anläuft, bis hin zu der Erwähnung der alten »Bagstock-Brut«: es duldet keinen Zweifel, was Dickens im Sinn hat. Die von der Zensur erzwungene Verschlüsselung, die anspielungsreiche Vermummung der Situation, die verdeckte Genauigkeit haben die Phantasie des Schriftstellers nicht gelähmt, die metaphorische Kraft des Textes nicht geschmälert. Dergleichen war jedoch nicht die Regel. Wenn man beispielsweise in *My Secret Life* die Episoden liest, in denen der Autor seine Abenteuer auf dem Land beschreibt, und diese etwa mit *Adam Bede* oder Hardys Romanen vergleicht, wird man der Grenzen gewahr, innerhalb derer die Romanciers des 19. Jahrhunderts arbeiteten. *My Secret Life* ist also ein zusätzlicher Kontext für das Studium der viktorianischen Literatur. Dies gilt mit dem Zusatz, daß *My Secret Life* selbst ein Stück Literatur ist. Wie ein Roman ist es das Produkt eines einzelnen, und welche Autorität wir ihm auch immer zuschreiben, sie muß im Rahmen dieser Definition zur Wirkung kommen.

IV.

Man kann es auch anders ausdrücken, etwa indem man sagt, daß ein Werk wie *My Secret Life* in den Anwendungsbereich von G. M. Youngs These fällt, daß »das reale, zentrale Thema von Geschichte nicht ist, was geschah, sondern was die Menschen dabei empfunden haben, als es geschah«. Das heißt, *My Secret Life* ist wegen seiner Authentizität bedeutsam, als authentische Dokumentation dessen, was ein Mensch wahrnahm, fühlte, sah, glaubte und glauben wollte. Es ist das Produkt von Subjektivität und ihres geschichtlich geprägten Bewußtseins. Alles, was in ihm ist und was es selbst ist, dringt zu uns durch diesen universalen, alles verzerrenden Filter. Und nichts davon fließt uns auf andere Weise zu.[9]

Das Werk ist authentisch vor allem in seinem Unverständnis für bestimmte Sachverhalte der menschlichen Sexualentwicklung. Diese Blindheit teilt es mit seiner Epoche. In einem typischen viktorianischen Haushalt aufgewachsen, erreicht der Autor die Adoleszenz in einem Zustand der Verwirrung; er hat keinerlei offizielle oder förmliche sexuelle Belehrung empfangen, aber bereits beträchtliche Erfahrungen gesammelt und ist einer Vielzahl sexueller Szenen ausgesetzt gewesen.

»Es schien mir kaum möglich, daß die niedlichen, wohlgekleideten Damen mit ihren sanften Stimmen, die zu uns kamen, Männern gestatten könnten, den Saft in ihre Mösen zu entladen. Jetzt fragte ich mich auch, ob und wie Frauen einen Erguß hatten; welche Lust sie beim Vögeln empfanden und so weiter; [. . .] so sehr hatte mich die seltsame Tatsache in Staunen versetzt, daß das breiige, scharf riechende Sperma in das Loch zwischen den Schenkeln der Frau geschleudert wurde. Oft dachte ich, ich hätte alles nur geträumt.«

[9] Theoretische Erklärungen dazu und zu verwandten Problemen sind zu finden bei Louis Gottschalk, Clyde Kluckhohn, Robert Angel, *The Use of Personal Documents in History, Anthropology, and Sociology* (New York, 1945), und bei Gordon Allport, *The Use of Personal Documents in Psychological Research* (New York, 1942).

Die Authentizität dieser Sätze steht für mich außer Zweifel; sie ist freilich nicht an die viktorianische Ära geknüpft und mit ihr erloschen, vielmehr steht zu vermuten, daß Heranwachsende auch heute noch ähnlich konfus auf Triebregungen reagieren — der Schatten der Vorurteile ist lang. Unser Autor beginnt im üblichen Alter zu masturbieren, hat in der Schulzeit entsprechende Erlebnisse, die er folgendermaßen zusammenfaßt:

»Die beiden Schulkameraden, mit denen ich eng befreundet war, hörten auf zu wichsen; der ältere von ihnen, der eine lange, rote Nase hatte, war mit mir zu dem Schluß gelangt, daß das Wichsen einen verrückt machte, und, was noch schlimmer war, daß es einen später daran hinderte, richtig zu vögeln und eine Familie zu gründen. Fred, mein Lieblingsvetter, kam zu dem gleichen Schluß — auf Grund welcher Überlegungen, weiß ich nicht.«

Diese Äußerung ist in mancherlei Hinsicht und aus mehreren Gründen aufschlußreich. Erstens weist sie darauf hin, wie verbreitet das Vorurteil von den schädlichen Folgen der Masturbation schon damals war, jedenfalls in der Gesellschaftsklasse, zu der unser Autor zählt. Zweitens gibt sie ein eindrucksvolles Beispiel dafür, wie die Triebunterdrückung im Dienste der Kultur funktioniert. Der Autor hat an früheren Stellen seines Buches mehrfach davon gesprochen, daß man ihn von Kindesbeinen an regelmäßig und energisch vor den verhängnisvollen Folgen des Onanierens gewarnt hatte; dennoch können er und seine Altersgefährten in diesem Augenblick glauben, sie seien aus eigener Einsicht und aus freien Stücken zum Verzicht auf Triebbefriedigung fortgeschritten. Indem das Gebot der Enthaltsamkeit internalisiert und die Erinnerung an die eigentliche Ursache verdrängt wird, verstärkt und legitimiert sich zugleich seine hemmende Kraft. Während seiner ganzen Laufbahn gibt unser Autor das Vorurteil von der Schädlichkeit der Onanie nicht preis; gleichwohl hält er an der Praktik fest. Er wird nicht verrückt, beklagt allerdings wiederholt, er leide nach dem Masturbieren unter Depressionen, Schuldgefühlen, Ermüdung und fühle sich geschwächt (dieselben Symptome registriert er nach nächtlichen Pollutionen).

Nach dem Geschlechtsverkehr indes verspürt er diese Symptome nicht, ja, nicht einmal im Gefolge seiner Exzesse. Daß er nach dem Unterschied zwischen diesen Befindlichkeiten gar nicht fragt, daß er sie sich nicht bewußt macht, verweist auf den niedrigen intellektuellen Status, den das Nachdenken über Sexualität in seiner Kultur hatte. Eine andere typische Überzeugung, an der er festhält, hat die magischen Eigenschaften des Samens zum Inhalt. — »Sperma ist die einzige Quelle kopulativer Kraft«, schreibt er gelegentlich. In diesem Zusammenhang kommt abermals ein Glaubenssatz ins Spiel. Er glaubt, daß Frauen ejakulieren. Dies ist fraglos eine weit verbreitete männliche Phantasie, und ihre Funktion ist offensichtlich. Wann und wie der Autor sich diese Vorstellung aneignete, erfahren wir nicht; aber wenn wir am Schluß seiner Beichte, nachdem er mit mehr als tausend Frauen sexuell verkehrt hat, hören, daß er diese Vorstellung noch immer für bare Münze nimmt, dann sind wir gehalten, nicht nur den Wert seiner Erfahrung in Zweifel zu ziehen, sondern das Wesen von Erfahrung überhaupt. Wir begreifen, wie einschneidend sie von unseren Bedürfnissen, davon, wie wir die Erfahrung haben möchten, konditioniert sein kann. Der Autor glaubt nämlich nicht nur an die weibliche Ejakulation, er erlebt sie auch. Immer wieder beschreibt er für sich und für uns, welches Gefühl die Samenausscheidung einer Frau erzeugt, die einen Orgasmus hat. Es gibt noch eine weitere Komplikation: Nicht nur er und andere Männer, sondern auch die Frauen selbst hingen diesem Glauben an, erlebten dieses »Faktum«, schilderten es ihm. Dies wirft eine Reihe von Fragen auf. Es zeigt uns, in welch hohem Grade die männlichen Vorstellungen über die weibliche Anatomie und Sexualität von unbewußten defensiven Einstellungen geformt und kontrolliert werden. Es zeigt uns weiter, daß das Bild der Frauen von ihrer eigenen Sexualität (zumindest in der Mehrzahl der Kulturen) historisch eine Antwort auf das ist, was Männer von der Sexualität wünschen und fordern, und daß die Frauen im allgemeinen jedes Modell ihrer Sexualität akzeptiert haben, das die Männer ihnen angeboten oder aufgezwungen haben.

Mutatis mutandis scheint das auch heute noch der Fall zu sein.[10]

Wie sehr wird die Glaubwürdigkeit der Berichterstattung durch solche Verzerrungen, Phantasien und Projektionen beeinträchtigt? Die Antwort ist klar: Die Glaubwürdigkeit wird nicht geschmälert, sie wird dadurch vielmehr verstärkt. Die Phantasien und Projektionen sind ein wichtiges Moment der Authentizität des Berichts, einer subjektiven, historischen, gründlich konditionierten Authentizität, die weit komplexer und aufschlußreicher als die von »Fakten« ist. Die Phantasien sind, das sollten wir nicht vergessen, durchaus ihrerseits Fakten. Und selbst wenn bewiesen würde, daß alle elf Bände von *My Secret Life* nichts als Phantasieprodukte sind, könnte das in diesem Kontext unsere Einstellung zu ihnen nicht radikal verändern. Wir müssen bei unserer Untersuchung des Textes den Irrtümern und Verfälschungen ebensoviel Respekt zollen wie jenen Teilen des Berichts, die, wie man zu sagen pflegt, sich auf tatsächliche Ereignisse zu gründen scheinen.

My Secret Life ist auf vielfältige Weise authentisch. Es ist authentisch in der Darstellung sexueller Verhaltensmuster, Reaktionen und Szenen. Es besitzt, mit anderen Worten, auch eine faktische Authentizität. Dieser Ton der Wahrheit ist, wie ich meine, in einigen der bereits zitierten Stellen auszumachen, aber sie zieht sich durch das gesamte Werk. Sie tritt vor allem in der Selbstdarstellung des Autors und in den Erläuterungen zu seinen Verhaltensweisen zutage. Ich gebe ein Beispiel.

Unser Autor ist im Begriff, mit einer Prostituierten ins Bett zu gehen; er betrachtet sich im Spiegel.

»Plötzlich überkam mich die Angst, sie könne meinen Schwanz für klein halten; wie ich immer wieder darauf kam, konnte ich nicht sagen; schon in der Schule hatte ich mir eingebildet, meiner sei kleiner als die der anderen Jungen, und die Bemerkung irgendeiner Dirne hatte mich

[10] Vgl. Georg Devereux, *The Significance of the External Female Genitala and of Female Orgasm for the Male*, in: *Journal of the American Psychoanalytic Association*, VI (1958), pp. 278 bis 286.

in diesem Punkt empfindlich gemacht. Immer wieder fragte ich die Frauen, ob mein Schwanz nicht kleiner sei als der anderer Männer. Wenn sie dann sagten, er habe die richtige Größe, sei so groß wie die meisten, dann glaubte ich ihnen nicht und pflegte, wenn ich ihn hervorzog, in entschuldigendem Ton zu sagen: ›Schieben wir ihn rein, viel ist nicht dran.‹ — ›Oh, aber der ist doch wirklich groß genug‹, sagte die eine. ›Ich habe viele gesehen, die kleiner waren‹, sagte die andere. Und dennoch kam ich nicht von dem Gedanken los, daß es kein Schwanz war, auf den man irgendwie hätte stolz sein können — was ein großer Irrtum war. Aber ich glaube, ich habe von dieser Schwäche schon mehrfach berichtet.«

Er hat in der Tat schon mehrfach davon berichtet, und er kommt immer wieder darauf zurück. Dieses Thema ist unter Männern nicht weniger verbreitet als die Kastrationsangst. Der Autor von *My Secret Life* weiß aus Erfahrung, daß den meisten Frauen die Größe des Penis ziemlich gleichgültig ist; er hat auch längst genügend sinnliche Beweise dafür gesammelt, daß sein Glied relativ wohlproportioniert ist. Doch all dies nimmt ihm nicht die Furcht. Und daß er in seinem Buch immer wieder von ihr spricht, läßt den Schluß zu, daß *My Secret Life* nicht lediglich das Monument pornographischer Phantasie und sexueller Selbstverherrlichung ist (im Gegensatz zu den meisten bekannten Autobiographien dieses Genres). Ohne Frage liegen *My Secret Life* sexuelle Absichten und Idolatrien zugrunde; aber es sind in ihm auch andere Intentionen erkennbar. Der Autor war seinen Sexualphantasien nicht derart gnadenlos ausgeliefert, daß er sich gezwungen gesehen hätte, sie zu zensieren oder zu verleugnen. Passagen wie die soeben zitierte — und es gibt viele davon in diesem Buch — sind in sich selbst authentisch; zugleich verleihen sie dem Textumfeld Authentizität.

Ähnlich penibel berichtet der Autor von seiner gelegentlichen Impotenz. Eine dieser Episoden spielt in der Zeit kurz nach seiner ersten Heirat. Er hat irgendeine nebensächliche Arbeit, verbringt jedoch die meiste Zeit unglücklich zu Hause, sitzt »stundenlang mit einem Buch allein, brütend, mich grämend, sogar weinend.« Eines

Nachmittags setzt er sich »auf einen Stuhl am Eßzimmertisch. Ich legte den Kopf auf die Hände und dachte über mein Unglück nach, bis ich bitterlich weinte.« Plötzlich spürte er eine Hand auf seiner Schulter. Eine weibliche Stimme spricht zu ihm: »Nehmen Sie es nicht so schwer, Herr, Sie wissen doch, sie ist es nicht wert. Nur Mut, nehmen Sie es nicht so schwer.« Es ist Mary, eine hübsche, aber stille Hausangestellte seiner Frau; bis zu diesem Augenblick hatte er sie kaum bemerkt. Er fährt erstaunt auf.

»›Ich bitte um Entschuldigung‹, sagt sie und sieht aus, als sei ihr nicht ganz behaglich, ›ich konnte es nicht ertragen, Sie so unglücklich zu sehen.‹ Ihr Interesse ging mir ans Herz; ohne nachzudenken, schlang ich die Arme um sie, drückte ihren Mund auf den meinen, sie wehrte sich nicht. Dann sagte ich zu ihr: ›Mary, du bist wirklich freundlich, du bist ein liebes, gutes Mädchen, ein gutes zärtliches, liebevolles Geschöpf. Ich bin tatsächlich unglücklich, elend, aber woher weißt du das?«

Er küßt sie erneut, und sie sitzen zusammen und »sprachen von meinem Unglück; und doch war mir, soweit ich mich erinnern kann, nicht die geringste Begierde gekommen, sie zu besitzen; es war nur Freude darüber, mein Leid teilen zu können, Freude über die Zuneigung einer freundlichen, sanften, hübschen Frau.« Mary ist bereit, sich ihm hinzugeben, obwohl sie zum Schein ein wenig Widerstand leistet:

»Ich drückte sie sanft auf das Sofa zurück, sie hob die Beine, ich schob ihre Kleider hoch, riß meine Hose auf und warf mich auf sie. Meine Finger berührten einen Augenblick ihre Möse, eine schnelle Probe, und dann mein Schwanz! Mein Gott, er stand nicht, war schlaff, eine ausgelutschte Stachelbeere, ein winziges Stück biegsamen, faltigen Knorpels.

Ich war selten der Liebespflicht nicht gewachsen gewesen, wie schon gesagt. Bisweilen war ich mit Dirnen nach Hause gegangen, und mein Schwanz hatte gestanden, als ich durch die Tür trat; dann war er plötzlich geschrumpft, weil mich irgend etwas an ihnen gestört hatte. Manchmal war es plötzliche Angst vor dem Damenfieber, oder ein wenig appetitlicher Anblick, wenn die Unterröcke gefallen waren, oder ich fürchtete, sie würden meinen Schwanz zu klein finden. Ein andermal wußte ich gar keinen Grund zu nennen. Ich erzählte meinem Arzt davon. Er meinte, es sei Nervosität. Aber das Wissen, daß es mir einmal passiert war, machte mir später noch oft zu schaffen, wenn ich mit Mädchen in ein Haus ging. ›Werde ich es ihr besorgen können?‹ pflegte ich zu denken, ich, der ich schon zweihundert Frauen gevögelt hatte. Aber so war es nun einmal, und die Furcht vor Unfähigkeit brachte Unfähigkeit hervor. Oft kamen mir die Kräfte nach ein paar Minuten wieder, manchmal erst nach Stunden.

In diesem Augenblick nun gab es keinerlei Grund. Ich war seit Wochen mehr oder weniger abstinent gewesen. Vor mir lag eine der erlesensten weiblichen Gestalten, die je ein Mann zu Gesicht bekommen hatte. Und ich mochte diese Frau, war verrückt nach ihr. Doch als mein Bauch den ihren berührte, ich in ihre Lusthöhle eindringen wollte, wurde der Pflock unbrauchbar. Ich stand auf, betrachtete sie, wie sie bewegungslos mit gespreizten Schenkeln dalag; ich war fast rasend, rieb meinen Schwanz, berührte sie und warf mich abermals auf sie, als er mir steif wurde. Doch kaum hatte er ihre schöne Möse erreicht, es war wie verhext, schrumpfte er wieder, ich konnte ihn nicht einmal mit den Fingern hineinbekommen.

Der Schweiß brach mir aus. ›Mein Gott, was wird sie von mir denken?‹ Ich wagte nicht, von ihr herabzusteigen und ihr ins Gesicht zu sehen, so beschämt fühlte ich mich. [. . .] Die Zeit schritt voran, sie bewegte sich nur, um ihre Kleider herunterzustreifen, als ich aufstand und sie entblößte; sie öffnete weder die Augen noch sagte sie ein Wort. ›Mein Gott, was ist mit mir los; ich weiß nicht warum, aber ich kann nicht‹, sagte ich endlich. Da streifte sie still ihre Kleider ganz herab, setzte sich auf dem Sofa auf, gab mir einen Kuß und sagte: ›Ich muß gehen und den Tisch decken‹, und fort war sie.«

Niederlagen leichtzunehmen, ist jedoch nicht die Art unseres Autors. Seitenlang schildert er, wie er Mary im Haus verfolgt, schwitzend vor Zudringlichkeit. An diesem Tag hat er keinen Erfolg, aber am nächsten gelingt ihm, was sich beide wünschen. »Ich habe dich gefickt, siehst du, ich bin ein Mann«, ruft er im Augenblick des Triumphs. Die Authentizität dieser Schilderung gründet nicht nur in dem offenen — und bestürzten — Eingeständnis der Impotenz; sie steckt auch in der akribischen Darstellung seiner Emotionen und in dem Zusammenhang zwischen diesen Emotionen und der Impotenzerfahrung. Mary ertappt den Autor in einem Augenblick, da dieser nicht auf der Hut ist; er ist unter Unglück und Selbstmitleid zusammengebrochen und seiner Schwäche ausgeliefert. Sie reagiert spontan mit Mitleid und Sympathie, direkt und menschlich. Laut *My Secret Life* ist sie die erste Frau, die dem Autor mit offener Zärtlichkeit begegnet. Und der Autor reagiert seinerseits mit Zärtlichkeit; seine Gefühle entsprechen den ihren. Daß er sie küßt, ohne sich sexueller Begierde bewußt zu sein, und daß er sich moralisch von ihr angezogen fühlt, gehört mit zu seiner Reaktion. Als sich dann der Sexualtrieb oder die Begierde meldet, steht die notwendige Aggressivität nicht zu Gebote, eine Aggressivität, die sich gegenüber den zärtlichen Empfindungen verselbständigt; das Ergebnis ist Impotenz. Freud hat diesen Sachverhalt analysiert in seinem Aufsatz *Über die allgemeinste Erniedrigung des Liebeslebens*. Der Autor von *My Secret Life* konnte selbstverständlich nicht wissen, warum er so und nicht anders reagierte. Doch die Authentizität einer solchen Textstelle hängt weithin damit zusammen, daß er imstande war, seine Gefühle getreu aufzuzeichnen — genauer: daß er imstande war, seinem Unbewußten treu zu sein —, obwohl er sie nicht verstehen konnte, und daß wir heute die Bedeutung seiner Gefühle begreifen können. In ihrer Qualität stehen seine Beschreibungen den Texten von Joyce, der Leopold Bloom erfand, viel näher als der traditionellen »Sex-Literatur«.

Der Autor erwähnt wiederholt, daß er in erster Linie »an sich selbst« und weit mehr daran interessiert sei, über sich selbst zu schreiben als über die Frauen, mit denen er Abenteuer erlebt. Gleichwohl kann er diese Strategie nicht konsequent verfolgen, und wie wir gesehen haben, ist seine Aufmerksamkeit bisweilen von bestimmten Frauen so gefesselt, daß er sie und ihr Verhalten ausführlich darstellt und ihre Lebensgeschichten, die er im Gespräch mit ihnen kennengelernt hat, wiedergibt. Dennoch sind die allermeisten Frauen in *My Secret Life* anonym, namenlos, gesichtslos. Das überrascht nicht, wenn wir bedenken, daß er an ihnen hauptsächlich wahrnahm, was ihnen allen gemeinsam ist; seine Aufmerksamkeit entzündete sich an der physiologischen Funktion der weiblichen Körper, nicht an der Individualität der Frauen. Trotz dieser Einschränkung zählen die Darstellungen von Frauen und weiblichem Verhalten zu den authentischen Elementen dieses Werks. Hierbei müssen wir freilich sorgfältig unterscheiden zwischen dem, was wir als genaue oder authentische Beschreibung weiblichen Verhaltens aus der Sicht männlicher Phantasie akzeptieren können, und der inzwischen vertrauten Projektion männlicher Reaktionen auf ein weibliches ›Objekt‹. Zum Beispiel sind die Ausführungen des Autors über Orgasmen von Frauen mit Skepsis aufzunehmen — dies ist ein Thema, für das kein Mann einen guten Zeugen abgibt. Er selbst ist sich dessen mitunter durchaus bewußt und mahnt sich zur Vorsicht. »Manche Frauen, für die das amouröse Spiel noch neu ist und die recht jung sind«, schreibt er etwa, »haben ihren Erguß so still, daß es schwierig ist, festzustellen, ob sie einen Erguß hatten oder nicht — es sei denn ihre Mösen verengen sich sehr stark (manche Mösen tun das nicht).« Bei anderer Gelegenheit schreibt er:

»Beide Schwestern hatten ihren Erguß gleichzeitig mit mir. Mache ich da auch keinen Fehler? So viele Strichmädchen haben mir eine zweite Nummer angeboten, ohne gefragt worden zu sein, daß ich manchmal zweifle, ob sie einen Erguß hatten oder ob sie sich verstellten, um mich zu veranlassen, sie wieder zu besuchen. Heben sie sich die Lust und den Erguß vielleicht für Männer auf, die sie besonders mögen? [Er zitiert sodann die Äußerung einer Frau, die er eine ›Hure bis ins Mark‹ nennt.] ›Ich habe einen Erguß, wenn ich ficken will‹, sagt sie, ›und wenn ich den Mann mag, auch wenn er ein Fremder ist, dann bitte ich ihn, es mir ein zweites Mal zu besorgen, wenn er mir gefällt, warum auch nicht?‹

Spätere Erfahrung lehrte mich, daß Huren im allgemeinen ihren Instinkten und Gelüsten folgen, wenn sie mit Männern zusammen sind, und einen Erguß haben, wenn sie das Bedürfnis danach verspüren.«

Hier sind in der Tat Zweifel am Platze. Die Fähigkeit zu vielfachen Wiederholungen des Orgasmus, die er der Mehrzahl von Frauen aller Klassen, mit denen er Erlebnisse hat, zuschreibt, scheint sich männlichem Wunschdenken zu verdanken. Wollten wir seine These akzeptieren, wären wir zur Revision unserer Vorstellung nicht nur vom viktorianischen England, sondern auch von der modernen Kultur gezwungen. Frigidität ist ihm so gut wie unbekannt. Seine Version von der weiblichen Sexualität ist das genaue Gegenteil der offiziellen Version. Doch sämtliche Belege, die wir aus der viktorianischen Zeit und der unsrigen anführen können, widersprechen einem derart einheitlichen Bild. In *My Secret Life* lassen sich drei Faktoren ausmachen, die zu dieser Täuschung beitragen: die ungenaue Wahrnehmung eines Beobachters, der zugleich Teilnehmer des Geschehens war; die Rolle von Phantasie und Wunscherfüllung in den Beschreibungen; die Projektion der männlichen Sexualitäts-Vorstellung auf Frauen. Behält man diese Faktoren sowie ihre Spuren in den Darstellungen im Auge, so wird man den Verzerrungen und Stilisierungen nicht aufsitzen, die in den Text eingeflossen sind, und wird erkennen, daß die Schilderungen weiblichen Verhaltens, der Handlungen der Frauen, ihrer Art, sich zu kleiden, zu reden, die in *My Secret Life* eingebettet sind, relativ verläßlich und präzise sind. Ein weiteres Beispiel soll verdeutlichen, was ich schon geklärt zu haben hoffe: welchem Zweck der Autor die über viertausend Seiten Text gewidmet hat. In Band 7 spricht er von seinen Erlebnissen mit zwei jungen Prostituierten namens »Nelly L—l—e und Sophy S—h.« Eines Abends geht er den Leicester Square entlang und spricht zwei junge Frauen von etwa siebzehn, achtzehn Jahren an. Nelly und Sophy sind zwei Landmädchen, die erst kürzlich in London eingetroffen sind und unter der Obhut einer deutsch-jüdischen Schneiderin, die »ihre oberen Stockwerke an ruhige Strichmädchen vermietet«, als Prostituierte debütieren. Der Autor geht mit beiden auf ihr Zimmer, nimmt sie gleichzeitig, trifft sie einige Wochen lang regelmäßig und bringt ihre Geschichte in Erfahrung. Sie hatten ihr Dorf verlassen, weil sie »beide beim Ficken ohne Erlaubnis ertappt worden waren«. Beide waren schwanger geworden, hatten mit Hilfe »einer ortsansässigen Schneiderin« eine Abtreibung hinter sich gebracht und waren von ihr an die Londoner Schneiderin verwiesen worden. Die Mädchen fühlten sich »in ihrem Dorf nicht wohl und liefen darum fort«. »Sie wußten, daß sie auf den Strich gehen müßten, obwohl davon nicht die Rede war.« Und er fährt fort: »Beide mochten später das Dirnenleben, aber keine von ihnen zeichnete sich sonderlich aus.«

Nelly ist ein nettes, ruhiges Mädchen; Sophy scheint den Autor erheblich beeindruckt zu haben, er zeichnet ein bemerkenswertes Porträt von ihr:

»Sie war von schöner Gestalt, hatte reizende Brüste und war schneeweiß vom Hals bis zur Fußsohle. Ihre Gesichtszüge waren harmonisch, ihre Augen blau, und doch sah sie wie eine Närrin aus, und wenn sie lachte, wirkte sie wie ein Idiot. Ihr Lachen war ein vulgäres, rauhes, anstößiges Gackern; sie öffnete ihren Mund ganz weit (er war groß, mit herrlichen Zähnen) und ließ ihren Kopf von einer Seite auf die andere rollen. Ihre Hände waren grobschlächtig. [. . .]

Von allen Frauen, die ich je besessen habe, hatte keine eine ähnlich weiche, wollüstige Möse. Sophy zitterte und bebte, doch nicht geräuschvoll, und wogte sanft. Sie glitt auf wundervolle Weise dem Höhepunkt zu, und mit einem sanften Wogen ihres Bauches und Arsches schien sie meinen ganzen Körper in sich aufnehmen zu wollen, mit einem ›Aaah, mein Lieber, aah, ah‹ sank sie hinab. Sie war voller Saft, hatte oft zwei Ergüsse, wo ich einen hatte. [. . .] Bevor noch die erste Woche unserer Bekanntschaft verstrichen war, gab sie ihrer Leidenschaft für mich nach. Sie hatte mich gern, plapperte in ihrer häßlichen, vulgären Manier gleichermaßen schmutzige und liebevolle Wörter. Nelly sah uns zu und fragte: ›Sophy, was hast du bloß vor?‹ Aber das brachte sie nicht zum Schweigen. Nie hatte ich derart wollüstig gefickt, was die Möse als solche anging, aber das war auch alles; ihr Anblick machte mich krank, sobald sich unsere Körper voneinander lösten.

Ich traf beide Mädchen zwei Wochen lang jeden Tag. Sophy empfing meine Samenopfer häufiger als Nelly, doch ich konnte nicht mit ihr sprechen; ihre Sprache war unbeschreiblich ordinär und grob. Ob beim Essen, Trinken, Sprechen, Waschen oder sogar beim Pissen — ihre Vulgarität und Idiotie waren unerträglich. Sie war [. . .] ein herrliches Stück rammelnden Fleisches, nichts sonst.«

Ein oder zwei Jahre lang, schreibt der Autor sodann, trifft er die Mädchen von Zeit zu Zeit. Dann bekommt Sophy mit Nelly Streit, trennt sich von ihr und verschwindet für ein paar Jahre aus seinem Leben. Eines Tages erzählt ihm Nelly, daß Sophy »einen Handwerker heiratete, der damals todkrank war, zwei Kinder von ihm hatte, daß sie ehrbar und still lebten, nun aber alles für den Unterhalt verpfändet worden sei und sie wieder auf die Straße gehe, um zu überleben. Sie hatten nicht mehr in ihrem Zimmer als ein Bett, einen Stuhl, Tisch und Nachttopf und würden gehungert haben, wenn. Nelly ihnen nicht eine Zeitlang Essen geschickt hätte.« Der Bericht reizt den Autor, und er läßt Sophy kommen. Als sie eintrifft, hat »sie nichts an als einen Umhang und ein Kleid; ich streifte ihre Kleider hoch, um nachzusehen.« Er bittet sie, sich zu waschen, bestellt Gin und läßt sich ihre Sorgen berichten, während er sie betrunken macht. Und dann »geht er ans Werk«.

»Nie hat es eine Frau mehr genossen, gestoßen zu werden. ›Oh! Bin seit drei Monaten nicht gevögelt worden, kein einziges verdammtes Mal. Wichsen ist nicht dasselbe wie ficken, mein Lieber, was? Stoß, härter, ich komme.‹ Sie hatte natürlich alle Sittsamkeit aufgegeben, wenn sie je welche gehabt hatte. Sie muß wie ein Schwein aufgewachsen sein. — In den ersten zwei Wochen, nachdem sie in die Stadt gekommen war. sagte Nelly: ›Tu es, steck ihn rein in mein Ding‹ und so weiter. Sophy sprach nur von ›ficken, Fotze, Schwanz‹, um sich verständlich zu machen. Saßen wir alle drei beisammen still am Feuer, sagte sie plötzlich, als denke sie laut: ›Ficken‹. Ich erinnere mich, daß sie sich einmal vor dem Spiegel das Haar bürstete, als Nelly und ich uns setzten, und daß sie in ihrer vulgären Art, rauh krächzend in einen Singsang ausbrach: ›Fickifickifack, oh, fickeficke — fick sie und ihn, fickefackefick.‹ — ›Halt das Maul, du Vieh‹, rief Nelly und warf einen Pantoffel nach ihr. Sie lachte nur und drehte sich herum: ›Tu ich nicht. Ich sag es gern. Was macht es schon? Fickifack, ficken, ficken, ficken.‹«

Schließlich sterben Sophys Mann und ihre beiden Kinder. Sie wird zur »Trinkerin, das Niedrigste vom Niedrigen«. Der Autor begegnet ihr noch ein paar Mal und gibt sie dann — wie alle anderen Frauen auch, die seinen Weg gekreuzt haben — auf.

Das lange Zitat enthält eine Vielzahl von Elementen. Man kann aus prinzipiellen Gründen die Behauptung von Sophys ›Empfänglichkeit‹ bezweifeln, obwohl anzumerken wäre, daß es selbst zweifelhaft ist, aus Prinzip zu zweifeln. Mir erscheint die Wiedergabe von Sophys Rede stichhaltig; alle Lebens- und Literaturerfahrung spricht für die Authentizität der Darstellung. Wer jemals in einer Armee gedient oder in bestimmten Gegenden moderner Großstädte gelebt hat, ist mit der zwanghaften Häufigkeit oder der wahnsinnigen Virtuosität vertraut, mit der das Wort »ficken« gebraucht wird. (In seiner Zeugenaussage im Prozeß um den Roman *Lady Chatterley's Lover* führte Richard Hoggart eine ähnliche Erfahrung an.) Beharren wir gleichwohl auf unseren Bedenken, so bleibt uns nur der Schluß, daß wir bei diesem Buch einen beachtlichen erzählerischen Wurf vor uns haben. Wovon in *My Secret Life* die Rede ist — das muß man sich ständig ins Gedächtnis zurückrufen —, ist das viktorianische England. Und wer sich mit dieser Epoche beschäftigt hat, weiß, daß Ereignisse, Lebensformen und Normverletzungen, wie sie in *My Secret Life* geschildert sind, Bestandteile der Alltagswirklichkeit jener Zeit waren; aber nirgendwo sonst sind sie ähnlich eingehend schriftlich festgehalten worden, kurz: unser Autor hat uns mit ihnen wahrhaft »bekannt« gemacht. Die Wirkung eines solchen Werks muß, wenn wir es in unsere allgemeine Vorstellung von Literatur und Leben im 19. Jahrhundert einlassen, von hoher Brisanz sein.

Ein anderes Moment der Authentizität der zitierten Szenen hat mit der überaus komplexen Einstellung des Autors zu Sophy zu tun. Er ist von ihr gleichermaßen angezogen wie abgestoßen und amüsiert sich obendrein über sie. Was er für sie eindeutig *nicht* empfindet, ist Mitleid. Er identifiziert sich nicht mit ihr, nimmt sie gleichsam aus großer Distanz wahr. Doch erlauben ihm gerade diese Erbarmungslosigkeit und diese Distanz, von Sophy ein ebenso aufrüttelndes wie schockierendes Porträt zu zeichnen. Darin ist nichts von dem unermeßlichen Gefühl menschlicher Solidarität, das Dickens leitete, als er eine sehr ähnliche Figur schuf: Maggy, die Idiotin in *Little Dorrit*. Tatsächlich entspringt die »Objektivität« des Autors von *My Secret Life* Quellen, die mit jenen, aus denen Dickens geschöpft hat, in keiner Hinsicht — und sei es unterirdisch — verbunden sind: *My Secret Life* ist das Produkt einer aggressiven Realitätswahrnehmung. Dennoch eröffnet dieses Werk nicht minder als die Arbeiten des großen Romanciers den Ausblick auf die *condition humaine*.

Noch unter einem anderen Aspekt ist *My Secret Life* authentisch, nämlich in der Aufzeichnung perverser Sexualpraktiken. Es liefert Anschauungsmaterial zum Vergleich mit den Phantasiedarstellungen solcher Praktiken in der Pornographie. Ein Beispiel mag dies belegen. Ziemlich spät in seinem Leben wird der Autor in eine langwierige Affäre mit einer jungen Kurtisane verwickelt, die er Helen Marwood nennt. Es handelt sich um eine energische, kühne und anscheinend überempfängliche Frau mit perversen, experimentellen Neigungen, die dem Temperament des Autors unverkennbar entgegenkommen. Beide agieren ihre Phantasien aus und nehmen an einem bestimmten Punkt ihrer Beziehung die Dienste einer jungen Prostituierten in Anspruch, die bei der Besitzerin eines sadomasochistischen Etablissements angestellt ist. Die Besitzerin, »die Äbtissin« genannt, war einst selbst eine »Expertin im Auspeitschen«. »Junge wie Alte hatten sich vormals ihrer erfahrenen Hand anvertraut.« Das Paar stattet dem Etablissement einen Besuch ab, und die Äbtissin führt sie voller Stolz durch die Räume, weist auf verschiedene Ausrüstungsgegenstände hin und erklärt ihnen, wie das Geschäft geführt wird.

»Sowohl H. als auch ich wünschten den Vorgang zu sehen, und wir hörten, daß manche Männer sich gern von anderen Männern beobachten ließen, während sie ausgepeitscht wurden. Wenn wir an einem bestimmten Tag erschienen, würde ein Gentleman anwesend sein, der Gefallen daran finde, ein Spektakel zu entfesseln und sie werde dafür sorgen, daß wir zuschauen könnten — gegen Barzahlung natürlich.

Wir kamen an dem verabredeten Tag, aber der Mann erschien nicht. [. . .]

Bei unserem nächsten Besuch fand die Auspeitschung statt. Als H., die nur ihr Hemd anhatte, und ich in Hemd und Maske den Raum betraten, kniete ein Mann auf einem großen Sessel am Fuß des Bettes, über das er sich beugte. Über den Sitz und die Lehne des Sessels war ein großes Tuch gebreitet, das seinen Erguß aufnehmen sollte. Er trug ein Frauenkleid, das bis zur Taille hochgerafft war, so daß seine nackten Schenkel und sein Hintern sichtbar waren; seine Füße steckten in Männersocken und Stiefeln. Auf dem Kopf saß eine Kappe, die sorgfältig gebunden war, wohl um seinen Backenbart zu verbergen. Vor seinem Gesicht trug er eine Halbmaske, die den Mund frei ließ. Hinter seinem Rücken stand ein jüngeres Mädchen mit einer Rute; sie war als Ballettänzerin gekleidet, der Rock endete hoch über den Knien und zeigte ihre nackten Schenkel. Ihre Brüste waren nackt und hingen über das Korsett; dunkel behaarte Achselhöhlen waren zu sehen. Neben ihr stand eine wohlgestaltete, aber magere Frau, nackt bis auf Stiefel und Strümpfe, mit knallgelb gefärbtem Haar, während der Flaum auf ihrem Hügel und unter ihren Achseln dunkelbraun glänzte — ein dreistes Weibsbild. [. . .]

Was der Mann vor unserem Eintreten mit den Frauen gemacht hatte, berichtete uns später der Gelbschopf. Er hatte beide nackt ausgezogen und die eine geheißen, sich als Ballettmädchen zu kleiden — sonst nichts. Keine von ihnen hatte seinen Schwanz berührt, noch er ihre Mösen. Als die Tür sich hinter uns geschlossen hatte, flüsterte er der Äbtissin zu, er wolle meinen Schwanz sehen. Entschlossen, das Schauspiel mitzumachen, hob ich mein Hemd und zeigte ihn ihm; er war groß, aber nicht steif. Er wollte ihn befühlen, aber das lehnte ich ab. ›Sei ein guter Junge, oder Miss Gelb (so will ich sie nennen) peitscht dich schlimm‹, sagte die Äbtissin. ›Oh, nein, nein, bitte nicht‹, flüsterte er. [. . .] Er verharrte auf den Knien. Nach weiterem kindischen Geschwätz zwischen ihm und der Äbtissin (er stets im Flüsterton) sagte diese: ›Jetzt wird sie dich peitschen, du böser Junge‹ — und schon fuhr die Rute nieder auf seinen Hintern.

›Oho, ho, ho‹, flüsterte er, als er den stechenden Schmerz fühlte. Ich ging auf die andere Seite, um besser beobachten zu können. Die Rute traf ihn wieder, er wimmerte. [. . .] Der Gelbschopf griff von hinten nach seinem Schwanz. Er legte den Kopf auf das Bettgestell und faßte es fest mit beiden Händen. Sein Rücken rötete sich. Plötzlich schrie er laut auf: ›O ich kann nicht!‹ dann senkte er die Stimme wieder. Gelbschopf befühlte abermals seinen Schwanz, der jetzt härter war, und er griff seitwärts nach ihrer Fotze, blickte sich aber nicht um.

Es gab eine Ruhepause. Man unterhielt sich ein wenig, er stets im Flüsterton. Die Äbtissin behandelte ihn wie ein Kind. [. . .] Dann ergriff der Gelbschopf wieder die Rute, und H. und ich gingen zur anderen Seite des Betts. Wir waren beide stark erregt. [. . .] Ich trat zu ihm hin, sah neugierig seinen Schwanz an, der nicht richtig steif war. ›Laßt *ihn* fühlen‹, flüsterte er etwas lauter als gewöhnlich. Ich packte zu und rieb ihn ein paar Sekunden. Unterdessen sauste die Rute unvermindert kräftig auf ihn nieder. [. . .] Der Gelbschopf bemächtigte sich seines Schwanzes, glitt zwei-, dreimal mit der Hand sanft auf und nieder, und der Samen spritzte hervor. Dann war er still, leblos. [. . .]

Keiner von uns hatte jemals zuvor so etwas gesehen. Wir sprachen lange darüber. [. . .] Später hörten wir mehr über das reiche Opfer, das zwischen fünfzig und sechzig Jahre alt war.«

Diese Schilderung macht deutlich, daß die zeitgenössische Flagellationsliteratur eine gänzlich idealisierte Version des wirklichen Geschehens gibt, enthält indes sämtliche, in jener Literatur synthetisierten Elemente so separat, wie sie tatsächlich in Erscheinung treten. Da ist zunächst die Klassenzugehörigkeit. In England scheint die sexuelle Praktik des Auspeitschens fast ausschließlich auf die Schicht der Gentlemen beschränkt gewesen zu sein, ein Sachverhalt, der sowohl in der zitierten Textstelle — man denke an die Masken — wie auch in der Flagellationsliteratur hervorgehoben ist. Sodann ist da die Konfusion in der sexuellen Identität, die in dieser Szene durch die ›vermischte‹ Kleidung des Mannes, der sich auspeitschen läßt, signalisiert wird; auch in der Flagellationsliteratur gibt es diese Konfusion, aber dort ist sie kaschiert und wird nicht eingestanden. Das hängt mit dem unverkennbar prägenitalen Charakter der Handlungen ebenso zusammen wie mit einer tiefsitzenden Furcht vor den Genitalien und vor schweren Potenzstörungen. Und auch diese Symptome lassen sich in der Flagellationsliteratur ausfindig machen, freilich nur über die Analyse ihrer latenten Tendenzen und Bedeutungen. Schließlich werden in den Schilderungen unseres Autors drei weitere wichtige Bestandteile solcher Szenen sichtbar: die ritualistische Qualität des Verhaltens, die Wiederbelebung von Kindheitserinnerungen, die Atmosphäre von Rollenspiel (als finde ein kleines häusliches Drama statt). All dies gehört ebenfalls zu den Konventionen der Flagellationsliteratur. Doch die Darstellung in *My Secret Life* erreicht etwas, das der Pornographie nicht gelingt: Sie offenbart, wie wahrhaft kindlich ein solches Verhalten ist; sie erfaßt das Pathos der Perversion und ihre strukturelle Melancholie. Perversion ist mehr als Verdammnis; sie bedeutet lebenslange Gefangenschaft. Der Text unseres Autors vermittelt ein durch und durch deprimierendes Bild; kein Witz belebt es; keine Spannung vitalisiert es; alles geht in Zeitlupe vor sich wie in einem Traum. Und selbst die Gewalttätigkeit, das Peitschen (»etwa ein Streich pro Minute«), erscheint reglementiert, gezähmt, freudlos; darin ist nichts von der wilden exzessiven Gewalttätigkeit der schriftlichen Phantasie, wie die Pornographie sie festhält.

Ich habe gesagt, die Szene sei deprimierend. Genauer: sie kommt uns deprimierend vor, denn den Autor deprimiert sie nicht. Und auch dies ist ein Inditz für ihre Authentizität. Der Autor ist an dem Spektakel interessiert, es amüsiert ihn; er erlebt es in Gesellschaft seiner Geliebten und anderer Frauen, und es erregt ihn. Doch es deprimiert ihn keineswegs. Warum nicht? Erstens machte in diesem Kontext Depression für ihn keinerlei Sinn. Zweitens erlaubt ihm auch in dieser Episode seine Distanziertheit, die Szene in brutaler Klarheit wahrzunehmen und ohne Beunruhigung zu erleben. Kurz, die Authentizität dieses Texts — und des gesamten Werks — ist untrennbar von der Authentizität der Aggressivität des Autors. Er ist, im strengen Verstande, ein »inner-directed man« — sein Gyroskop jedoch läuft rückwärts. Es ist merkwürdig, daß gerade darin das Charakterschema des 19. Jahrhunderts aufscheint — merkwürdig, aber nichtsdestoweniger überzeugend.

V.

An *My Secret Life* besticht nicht zuletzt, wie in ihm bestimmte gesellschaftliche Haltungen verkörpert und verdichtet sind. Die bedeutsamsten und aufschlußreichsten dieser Haltungen sind jene, welche die Verbindung von Sexualität, Klasse und Geld herstellen. Sie bilden im Denken des Verfassers eine unauflösliche Grundstruktur und konstituieren, von außen betrachtet, das einheitliche Thema des Dokuments. Die überwiegende Zahl von Affären hat der Autor mit drei Kategorien von Frauen — häuslichen Dienstmädchen, Mädchen aus der Unter- oder Arbeiterklasse und Prostituierten verschiedener Kostspieligkeit. Zwar berichtet er auch von Abenteuern mit Frauen anderer Stände, Position und Nationalität, aber rein statistisch begründen sie nicht die Konsistenz seines Erfahrungszusammenhangs (und was seine Einstellung angeht, so ergeben diese Erlebnisse auch kein anderes Bild als die übrigen). Die meisten Frauen, die er sexuell kennt, entstammen also einer einzigen, ziemlich homogenen Population, denn ohne Zweifel rekrutieren sich Dienstboten und Prostituierte in der Hauptsache aus denselben Gesellschaftsschichten: der ländlichen und städtischen Arbeiterklasse.

Da der Autor in einer wohlhabenden Familie aufwuchs, war er von früher Jugend an mit Dienstboten zusammen und von solchen umgeben.[11] In der frühen Adoleszenz entdeckt er wie die meisten jungen Männer seines Standes, daß »Dienstmädchen eine leichte Beute waren«, und nimmt eine Jagd ohne Ende auf:

»[. . .] bald gab es im ganzen Haus keine mehr, die ich nicht geküßt hatte. Ich besaß eine sanfte Stimme und hatte, so sagte man mir jedenfalls, eine einschmeichelnde Art, war ängstlich, befürchtete, abgewiesen und vor allem erwischt zu werden; aber ich hatte Erfolg. Einigen der Mädchen, die mich zuerst einen dummen Jungen genannt hatten, muß es gefallen haben; denn wenn wir allein waren, blieben sie mit mir auf einem Treppenabsatz oder in einem Zimmer stehen und ließen sich eine Weile von mir küssen.«

Um diese Zeit spricht seine Mutter die konventionelle Warnung aus:

»Damals untersagte mir meine Mutter, mich mit den Dienstboten zu unterhalten, außer wenn ich etwas wollte; dabei hegte sie gewiß nie den Verdacht, ich würde eine von ihnen küssen. Ich heuchelte Gehorsam und holte mir zuweilen sogar eine Rüge, weil ich in allzu herrischem Ton mit ihnen gesprochen hatte. Sie ermahnte mich, respektvoll mit den Dienstboten umzugehen. Trotzdem war ich hinter ihnen her, meine Neugier war unersättlich. Von jeder wußte ich, wann sie zum Umkleiden oder zu anderen Zwecken hinaufging; und wenn ich daheim war, drückte ich mich auf dem Korridor oder in der Nähe der Treppe herum, um ihre Beine zu sehen, wenn sie hinaufstiegen.

[11] Der Leser sollte sich vergegenwärtigen, daß bis in die Mitte der viktorianischen Zeit in England die Zahl der Dienstboten diejenige der Industriearbeiter übertraf.

Ich horchte an ihren Türen, versuchte sie beim Pissen zu belauschen, und fing an, sie durchs Schlüsselloch zu beobachten.«

Die Mutter tut ihre Pflicht und verharrt dann in Ignoranz; sie *will* nicht wissen, was vor sich geht. Der Sohn akzeptiert den Code und verfolgt die »leichte Beute« unbeirrt weiter. Die Dienstmädchen selbst denken nicht im Traum daran, ihn zu verpetzen; damit würden sie nur ihre Stellung, möglicherweise sogar ihre »Ehre« aufs Spiel setzen.

Mit dem Verfall des väterlichen Vermögens und nach dem Tod des Vaters verringert sich der Bestand der Hausangestellten im gleichen Maße, wie sich die Lage der Familie verschlechtert. Auch die Zahl der Familienmitglieder verringert sich, und der Autor hat häufiger Gelegenheit, mit den Dienstmädchen allein zu sein. Er macht davon Gebrauch und bedrängt alsbald eine, die es zu frieden ist. Er wird zärtlich mit ihr, doch noch hält Schüchternheit ihn zurück.

»Sie bot mir viele Chancen, aber meine Schüchternheit hinderte mich, sie zu ergreifen. Eines Tages sagte sie: ›Mit dir ist nicht viel los, obwohl du so groß bist‹ und gab mir einen langen, wilden Kuß, aber weder verstand ich ihre Wünsche noch erkannte ich meine Chancen, obgleich es für mich heute offenkundig ist, daß sie von mir, der ich noch ein Knabe war, bestiegen werden wollte.«

Der letzte Satz wirkt authentisch nicht nur in seinem unverstellten Egozentrismus, sondern auch in der Art, wie er die Reaktion der Frau vorwegnimmt, simplifiziert und sozusagen auf den männlichen Trieb herunterbringt. Der Knabe ist weiterhin hinter der Frau her, und eines Abends, als die Familie außer Haus ist, gelangt er ans Ziel seiner Wünsche. Er geht, ohne sich etwas dabei zu denken, in die Küche und findet sie

»beim Licht einer Kerze über einer Näharbeit . . . Ich unterhielt mich mit ihr, küßte sie, schmeichelte ihr, fing an, ihre Kleider hochzuziehen, und es endete damit, daß sie in der Küche umherlief und ich hinter ihr her; wir lachten beide, und von Zeit zu Zeit hielten wir inne und lauschten, ob meine Tante klopfte.«

Sie sichern Tür und Tor und machen weiter.

»Ich setzte sie mir auf die Knie, ich war jetzt ein großer Kerl und befand mich, obwohl noch recht jung, im Stimmbruch, sie hänselte mich deswegen; dann wanderte meine Hand unter ihren Unterröcken nach oben, und sie zwickte mich so heftig in den Schwanz (von außen, durch den Kleiderstoff), daß ich aufschrie. Immer wenn ich in unserem Liebesgeplänkel die Oberhand gewann, sagte sie: ›Pst, da klopft deine Tante‹, und verscheuchte mich damit, aber schließlich saß sie doch auf meinen Knien, meine Hand strich über ihre Schenkel, und sie streichelte meinen Schwanz, die ganze Gegend drumherum und darunter. ›Du hast kein Haar da‹, meinte sie. Das ärgerte mich, denn gerade begann es ein wenig zu sprießen.«

Sie ziehen sich auf ein Sofa im Salon zurück, wo er zum ersten Mal in seinem Leben die Genitalien einer Frau betastet. Er ist überwältigt von dem Erlebnis und wird von Panik gepackt. Die Dienerin ist ihm jedoch weit voraus, kann seinen Zustand nicht begreifen und drängt ihn weiter. Er kann die Sache nicht fortsetzen und verschiebt die Angst, die er beim Berühren ihrer Genitalien erlebt hat, auf die Angst vor Geschlechtskrankheiten.

»›Weiter, mach weiter‹, stieß sie hervor und hob ihren Bauch. Ich konnte nicht, sagte nichts, setzte mich statt dessen neben sie, sie richtete sich auf: ›Du bist nicht Manns genug‹, meinte sie und griff nach meinem Schwanz. Er war nicht steif, ich ließ eine Hand zwischen ihre Schenkel sinken, und wieder versetzten mich die — wie es mir schien — gewaltigen Ausmaße ihrer Möse in Erstaunen.«

Er unternimmt einen zweiten Versuch, auch er mißlingt, und wieder sagt sie: »Du bist nicht Manns genug.« Die Rückkehr der Familie macht der Initiation ein Ende, und er zieht sich gedemütigt in sein Zimmer zurück: Sein Stolz ist jammervoll verletzt. Drei Tage lang meidet er die Dienerin, denkt über die Vorfälle nach und wäscht sich zwanghaft.

»Als ich mich wieder in die Küche stahl, schämte ich mich, sie anzusehen, und ging gleich wieder hinaus, aber eines Tages streichelte ich sie von neuem. Lachend griff sie mir von außen an die Hose, zwickte leicht meinen

Stengel und küßte mich. ›Komm, wir machen es!‹ sagte ich. — ›Herrje, du bist nicht Manns genug‹ — und wieder schlich ich beschämt davon.«

Entscheidend an den zitierten Textstellen ist, was sie uns über eine Reihe von Voraussetzungen verraten, von denen die Beziehungen zwischen Dienstboten und Herren beherrscht waren. Jedermann, einschließlich der Dienstmädchen, setzt voraus, daß der Herr das Recht hat, zu tun, was er tut; werden beide erwischt, so hat die Folgen allein das Dienstmädchen zu tragen. Ihr einziges Verteidigungsmittel ist, ihn so lange wie möglich hinzuhalten, aber dies muß heimlich geschehen. Andererseits und im Gegensatz zum »Herrn« braucht sie ihre Empfindungen nicht zu verbergen. Diese Szenen und ihre Beschreibungen haben etwas Rohes und Barbarisches; in ihnen kommen nicht nur der sexuelle Kampf und die Rache zum Vorschein, die ein Geschlecht (in aller Regel das männliche) am anderen nimmt, sondern auch etwas von Klassenkampf und Klassenrache.

Der Autor hat mit diesem Dienstmädchen kein Glück, doch wenig später verführt er ein anderes junges Dienstmädchen, wobei beide ihre Unschuld verlieren. Er macht sich dann zu weiteren häuslichen Eroberungen auf, wobei die Konfiguration im wesentlichen dieselbe bleibt. Die Beziehung zwischen Herr und Dienerin gibt ihm Gelegenheit, jene Aggression auszudrücken, die für ihn die zentrale Komponente seiner Potenz ist. »Das brachte mich nicht zum Schweigen«, kommentiert er die Verfolgung einer Dienerin, »denn ich wurde nun wütend und rücksichtslos, sang meine Wünsche laut heraus, brüllte im Hause herum von ihrer Möse . . .« Diese zügellose Aggressivität ist mit einer sexuellen Klassenideologie kombiniert, die, wie er zugibt, von Männern seines Standes vertreten wurde. »Was Dienstboten und Frauen niederer Klasse anbetraf [. . .], nahmen sie es alle still hin und waren stolz darauf, von einem Gentleman gedeckt zu werden. Das war die Ansicht von Männern meiner Klasse und meines Alters. Meine Erlebnisse mit Mutters Dienstmädchen bestätigen dies.« Wieviel Phantasie und Verzerrung wir auch immer in solchen Bemerkungen aufdecken mögen, sie machen jedenfalls evident, daß bestimmte klassenbedingte Gewohnheiten und Attitüden dazu benutzt werden, sexuelle Phantasien zu stützen und zu bestätigen, und umgekehrt. Diese Fusion ist einer der Schlüssel zum Verhalten des Autors.

»Ich hatte so viele lose Frauen gehabt, daß ich nach einer Abwechslung strebte. Ich hatte Gefallen an ihrer Geilheit, an ihren kundigen Umarmungen, ihrem leidenschaftlichen Rammeln, wenn sie es selbst wollten und mich mochten. [. . .] Aber ich war ihrer Lügen und Tricks müde, unzufrieden mit ihrer Geldgier und ihrer bettelnden Art. Ich begann, nach einem netten, frischen Dienstmädchen Ausschau zu halten. Inzwischen habe ich viele Dienstboten gehabt und kenne keine besseren Gefährtinnen für Liebesabenteuer. Selten haben sie alle Scham verloren, ein neuer Liebhaber ist etwas Besonderes und eine neue Erfahrung für sie, sogar wenn sie schon einige hatten, und nur wenige hatten mehrere. Sie haben nur einmal in der Woche Gelegenheit zum Verkehr, sie sind sauber, wohlgenährt, vollblütig, und wenn sie ausgehen, um ihren Freund zu treffen oder sich heimlich einer Zufallsbekanntschaft hinzugeben, sind sie bereit, willfährig, heiß, lüstern und scharf. Ihre Mösen erbeben bei der allerersten Berührung. Sie ergießen sich schnell und ausgiebig. [. . .] Niemand bringt einen Mann mehr in Fahrt und gibt sich selbst so hin wie ein Mädchen, das sagt: ›Ich konnte nicht früher kommen. — Tut mir leid, daß sie warten mußten. — Ich muß um zehn zurück sein.‹ Wie sie still küssen [. . .], welche Freude sie unaufdringlich bekunden, wie sie dich lieben [. . .]. Deshalb sehnte ich mich nach einem Dienstmädchen und fand bald eine Gelegenheit. Ich vermute, alle Männer finden sie, wenn sie eine Frau haben wollen, denn es gibt Tausende von ihnen, die nur darauf warten, gefüttert zu werden, und sich bereitwillig jeder männlichen Zudringlichkeit öffnen.«

Dieses Zitat enthält eine paradoxe Kombination von Ansichten. Einerseits respektiert der Autor gewisse Eigenschaften dieser Frauen: sie sind nicht geldgierig, relativ aufrichtig in ihren Reaktionen und geben sich in einnehmender Großzügigkeit hin. Andererseits beschreibt er sie in der Sprache eines Stalljungen: »ein nettes, frisches Dienstmädchen« ist »sauber, wohlgenährt, vollblütig«, ist nicht benutzt, geritten oder gehetzt worden — und es ist bereit zum Gebrauch. Man muß nur genügend aggressiv, zudringlich, geschickt sein, und »das Tier ist dein«. Abermals können wir beobachten, wie sich die »Verdinglichung« — um einen Marxschen Begriff zu verwenden — der menschlichen Beziehungen mit jenen generellen und pornographischen Phantasien verbindet, in denen Menschen zu Objekten versteinern, deren einziger Sinn und Zweck es ist, unsere eigenen Bedürfnisse zu befriedigen. Die Vorherrschaft der Klasse geht Hand in Hand mit der Macht des Gedankens und ermöglicht der Phantasie, sich in Verhalten umzusetzen. Die Struktur der Sozialbeziehung wirkt mit der Struktur des Unbewußten zusammen — die Analogie ist real —, und wo beider Kräfte sich vereinen, wird den Frauen, von denen im Zitat die Rede ist, nicht nur das Recht auf Würde vorenthalten, sondern auch der Anspruch auf Identität, Geschichte, Entfaltung, Selbständigkeit verweigert. Der Autor stimmt dem Sexualverhalten der Dienstboten zu und hat Freude daran; er billigt es und macht es sich zunutze. Es kommt ihm jedoch nicht in den Sinn, dagegen zu protestieren, daß und wie diese Frauen gedemütigt oder daß und wie sie bestraft wurden, wenn man sie zufällig ertappt hatte. Durch einen Zufall entdeckt seine Frau, daß ein Dienstmädchen »eine sexuelle Vergangenheit« hat. Das Mädchen wird sofort entlassen. Der Kommentar des Autors lautet: »Ich konnte mich natürlich nicht einmischen, ohne das arme Wesen zu verletzen und mich selbst zu kompromittieren — das hätte uns beiden geschadet.« Wenig später wird ein Dienstmädchen einer geringfügigen sexuellen Handlung überführt. »Ein oder zwei Tage später wurde mir mitgeteilt, daß sie entlassen worden sei. Das hatte ich erwartet, denn es war die Angewohnheit der Hausfrau, den armen Teufeln die Tatsachen freundlich aus der Nase zu ziehen und sie dann ohne Gnade hinauszuwerfen. Der kleinste Verdacht der Unehrbarkeit genügte. Ältere verheiratete Frauen sind stets streng zu jungen, wenn es um den Geschlechtsverkehr geht.« Obwohl diese Bemerkungen eine gewisse Sympathie für die Bestraften erkennen lassen, ist diese Sympathie völlig passiv. Eine andere, schwierigere Situation entsteht, als er entdeckt, daß in seinem Haushalt zwei Angestellte sexuelle Beziehungen unterhalten. Lucy, ein Stubenmädchen, wurde ertappt.

»Es ging mir durch den Kopf, daß sie eine entzückende Geliebte sein könnte, aber ich widerstand der aufkommenden Begierde, um durch Vorsicht alle Intrigen in meinem Haushalt zu vermeiden.

Plötzlich wurde dieses Mädchen entlassen, und man verlangte von mir, meinen Kammerdiener fortzuschicken, der seit zwei Jahren in meinen Diensten stand. Er war der beste, den ich je hatte, und zudem ein netter, stattlicher Bursche, fünf Fuß zehn groß, ein erfreulicher Anblick. Er war bei Liebkosungen mit Lucy entdeckt worden, von der man behauptete, sie sei schwanger. Das arme Mädchen hatte dies der Köchin ausgeplaudert, und die Köchin hatte es verraten. James war impertinent und leugnete alles, aber ich glaube, der Fall war bewiesen. Es wäre nicht gut gewesen, über offene Hurerei hinwegzusehen. Hätte ich dies getan, wäre dies im Haus zur Gewohnheit geworden. So kündigte ich ihm widerwillig. Das Mädchen ging still in Tränen weg. [. . .] Mir hat niemals zuvor eine Frau so leid getan, zumal sie, obwohl sie leugnete, sich ihm hingegeben zu haben, immer wieder beteuerte, daß er ihr die Ehe versprochen habe. James, dem ich dies vorhielt, verneinte. Aber ihre Behauptung bestärkte mich in dem Glauben, daß er sie verführt hatte.«

Diese Textstelle ist in mancherlei Hinsicht verräterisch. Erstens: Der Autor ist entweder nicht konsequent, oder er hat es unterlassen, die Wahrheit zu berichten bzw. sich ihrer zu erinnern. Er hat nämlich keineswegs Intrigen in seinem Haushalt vermieden; es schien ihm indes an diesem Punkt sowohl im Interesse seiner Geschichte als auch in seinem eigenen angebracht, dies zu behaupten. Zweitens: Für ihn ist es die »offene Hurerei«, die nicht entschuldigt werden kann. Unzweifelhaft meint er, daß offene Sexualität im Haushalt demoralisierend wirken müsse. Es ist jedoch überaus schwierig, die Stichhaltigkeit und den Grad seiner moralischen Entrüstung zu ermitteln. Deutlich wird immerhin, wie er sich innerhalb eines Moralsystems (oder einer Konvention) bewegt und gleichzeitig taktisch von ihm Gebrauch macht.

Was folgt, ist nicht minder verblüffend. Lucy, so fährt der Autor fort, »konnte keine Stelle bekommen, denn ihre Herrin ließ, nachdem sie ihr ein gutes Zeugnis ausgestellt hatte, allerorten etwas von dem *faux pas* verlauten«. Der Autor beschließt, auf seine eigentümliche Weise zu intervenieren. Er besucht Lucy, verführt sie kurzerhand und hat seinen Spaß an dem hilflosen Mädchen. Dann verschafft er ihm eine Abtreibung, überredet James zur Heirat, arrangiert mit seinen Anwälten, daß ihnen nach der Hochzeit 50 Pfund überreicht werden, und verhilft ihnen zu einer neuen Stelle in einem entlegenen Dorf. Ob diese Episode ein Stück Realität oder ein Phantasieprodukt ist, hat nur sekundäre Bedeutung. Wichtig ist die Darstellung der Begebenheiten. Sie ist ein Beispiel von Mildtätigkeit der einen Klasse gegenüber der anderen, und der Autor erscheint hier in einer neuen Rolle — als ein Mr. Pickwick des Schlafzimmers. Für ihn sind die Konsistenz und die Wirklichkeit seiner Klasse, ihre »Naturgegebenheit«, ebenso selbstverständlich und unantastbar wie seine eigenen sexuellen Triebe[12]: beide sind untrennbar miteinander verbunden, und er erlebt sowohl seine eigene Sexualität als auch die der Frauen in Klassenzusammenhängen. Dies erklärt die fatale Gleichzeitigkeit von Brutalität und Wohltätigkeit, ohne daß dem Autor jemals der Widerspruch zwischen beiden (in seinem Verhalten) bewußt würde. Der gesellschaftliche Antagonismus hinterläßt Spuren selbst in unserem Natur-Begriff; er nistet sich ein in unserem Körper-Bild und prägt die Triebstruktur.

Die Berichte des Autors von seinen Erfahrungen mit Dienstboten sind nur Beispiele eines allgemeinen Falles. Den Kontext konstituiert seine Einstellung zu Sexualität, Klasse und Geld. Die Dreifaltigkeit dieser Faktoren —

[12] Diese Einstellung zeigt sich auch in der Sprache. Er spricht z. B. von seiner »Lebensklasse«. Diese Phrase impliziert, daß die gesellschaftliche Klasse als natürliches Faktum verstanden wurde und daß in seiner Sicht Gesellschaft und Natur kongruent, um nicht zu sagen: identisch, sind.

ihr Zusammenhang untereinander — bildet das eigentliche Netz seiner Sensibilität, und sie ist seinen Erzählungen (seinem Erzählstil) eingeschrieben und in seinen Beobachtungen stets präsent — besonders eklatant in den Beschreibungen seiner Verhältnisse mit Frauen der unteren Gesellschaftsschichten. Auch dazu ein Beispiel von vielen. Als junger Mann besucht der Autor Mitglieder seiner Familie auf deren Farm. Einer der Söhne ist sein Vetter Fred, ein frecher, liederlicher Kerl. Eines Morgens gehen sie an den Feldern entlang und sehen den dort arbeitenden Frauen zu. Der Autor sagt: »Mit einem halben Dutzend der Mädchen auf dem Feld würde ich gern schlafen.« — »Warum nimmst du sie dir nicht?« fragt Fred. — »Ich möchte meinen Ruf nicht aufs Spiel setzen.« — »Vergiß ihn, du kannst immer eine Feldarbeiterin haben. Keinen schert es. Ich hatte selbst ein oder zwei Dutzend.« An der Auskunft des Vetters ist bemerkenswert, daß es »keinen schert«, nicht einmal die Mädchen. Sie gelten ihm als nichts und niemand und scheren sich nicht darum. Sie haben in seinen Augen keine menschliche Identität, ja, nicht einmal einen Anspruch auf sie. Dem Rat seines Vetters folgend sucht sich der Autor eine Fünfzehnjährige aus, folgt ihr, trifft sie allein an, verwickelt sie in ein Gespräch und fängt an, sich ihr zu nähern. Zu seinem Erstaunen wehrt sie sich, was freilich nur seine Begierde schürt. Er überwältigt sie — obwohl sie nicht aufhört, sich zu widersetzen — und begeht das, was eine Vergewaltigung genannt werden muß. Die Szene ist mit den Mitteln eines direkten und brutalen Realismus dargestellt und endet folgendermaßen:

»Sie weinte. Falls ich keine Vergewaltigung begangen hatte, so sah es doch nach einer solchen aus. [. . .]

Ich ließ von ihr ab, sah für einen Moment ihre gespreizten Beine, ihre Möse und die Oberschenkel naß und blutbeschmiert. Sie schluchzte und rieb sich die Augen. Ich war verwirrt. Ich hatte über die Feldarbeiterinnen so viel Loses reden gehört, daß ich erwartet hatte, einen oft benutzten Weg einzuschlagen. Ihr Widerstand und ihr Jammern ärgerten mich, erst recht, als sie sich erhob und sagte: ›Ich werde es meiner Schwester erzählen und zur Polizei gehen und dort sagen, was Sie mir angetan haben.‹

Ich hatte ihr wirklich Gewalt angetan, sah, daß sie es vor der Polizei so darstellen würde, und hielt sie deshalb fest, bat und bettelte und versprach ihr Geld, versprach ihr, daß ich sie lieben, sie vom Feld nehmen würde und anderen Unsinn mehr. Sie hörte auf zu weinen, stand ohne Regung da und flehte mich an, sie ziehen zu lassen. Ich holte mein Portemonnaie aus der Tasche und bot ihr Geld an, das sie aber nicht annehmen wollte; doch sie blickte sehnsüchtig auf die Münzen, die ich in meiner Hand klimpern ließ. Welch eine Versuchung mußten glänzende Sovereigns für ein Mädchen sein, das neun Pennies pro Tag verdiente und häufig ohne Beschäftigung war!«

Schließlich tauchte der alte Smith, der Vorarbeiter der Farm auf, der in seinen Mannesjahren Feudalrechte über die Arbeiterinnen geltend gemacht und ausgeübt hatte. Das Mädchen appelliert an ihn, doch er geht achtlos über ihre Klage hinweg. Der Autor fährt fort:

»›Nimm den Sovereign, ich gebe dir demnächst noch mehr. Es wird für eine Weile reichen. Halte den Mund und keiner erfährt etwas‹, sagte ich. Sie zögerte, schmollte zuckte mit den Schultern und nahm schließlich die Münze. [. . .] Doch sie wollte es ihrer Schwester erzählen. Da mischte sich der Vorarbeiter ein. ›Nichts da, Mädchen. Wenn ich noch etwas davon höre, wirst du weder hier noch sonstwo im Kirchspiel Arbeit bekommen. Ich kenne euch Frauen. Ich weiß, wer deine Schwester auf den Rücken legt. In ihrem Alter sollte sie sich was schämen. Und ich weiß auch einiges über dich. Also paß auf, Mädchen.‹ — ›Ich habe nichts getan, weswegen ich mich schämen muß‹, antwortete die Kleine. — ›Nun hör mal‹, lenkte der Alte ein und senkte die Stimme, ›der Herr wird dir nicht schaden. Ich glaub, du hast Glück, daß er dich mag. Sag nichts, das ist mein Rat.‹ Das Mädchen ging maulend seiner Wege.«

Zwischen dem, wovon dieser Passus handelt, und dem viktorianischen Roman besteht eine Verbindung: *Das* war es, worum es in der großen Epik der Epoche eigentlich ging. *Dies* ist es, dem sich die viktorianischen Schriftsteller nicht entziehen konnten (obwohl ihre direkte Auseinandersetzung damit sehr vorsichtig war) und wogegen sich ihr Werk richtete. Wenn wir den viktorianischen Roman vor dem Hintergrund solcher Szenen lesen, begreifen wir, worauf er und seine Autoren gesetzt haben. Szenen wie die oben zitierte haben das geschaffen, was wir gelegentlich traditionale Zivilisation nennen. Und sie haben sich ohne Frage im viktorianischen England abgespielt. Was sich gewandelt hatte, war das Bewußtsein, mit dem derlei Vorfälle wahrgenommen und gedeutet wurden. Der Hauptagent dieses neuen Bewußtseins war der viktorianische Roman. Zum ersten Mal in der Geschichte konnte öffentlich und vor einem Massenpublikum gesagt werden, daß Mitglieder der niederen Gesellschaftsschichten nicht in ihrer menschlichen Würde beleidigt werden durften, daß die »Natur« des Menschen nicht verletzt werden dürfe, eine Natur, auf die — ebenfalls zum ersten Mal in der Geschichte — die unteren Schichten genauso verpflichtet waren wie die oberen Klassen. Der Autor von *My Secret Life* hat diese Wertvorstellungen zwar nicht gutgeheißen, aber sie haben ihn gleichwohl berührt. Dies bestätigt seine Darstellung des Konflikts, der sich in dem vergewaltigten Mädchen abspielt. Zwei Möglichkeiten oder Rollen liegen miteinander im Widerstreit. Einerseits möchte das Mädchen seine menschliche Existenz und das uneingeschränkte Recht über sich selbst behaupten; andererseits drängen Geld, Gewalt, ein *fait accompli* und der massierte Normendruck des gesellschaftlichen Systems es in die Resignation: in ihre Funktion und in ihr Selbstverständnis als Feldarbeiterin.

Eine Weile nach diesem Vorfall hat der Autor eine Affäre mit einer anderen Frau, die ebenfalls auf der Farm arbeitet. Sie ist in reiferem Alter, unglücklich mit einem greisen Mann verheiratet und verliebt sich in den jungen Herrn. Der Autor schreibt:

»Sie liebte mich, bat mich, sie mitzunehmen, wohin, wie, das sei ihr gänzlich gleichgültig, wenn sie nur wisse, daß ich sie nehmen würde. Sie würde allein leben, wenn ich sie nur einmal im Monat besuchen wollte, sagte sie.

Mir tat das alles leid. Was für mich Zeitvertreib war, würde für sie das Elend bedeuten. Ich bewies ihr, daß ihr Vorschlag nicht zu verwirklichen sei. Sie drohte, ins Wasser zu gehen. Alles in allem war es kein sehr gemütliches Rendezvous, abgesehen von dem Fick, der gut wie immer war, das vermute ich jedenfalls, denn ich habe keine genaue Erinnerung mehr daran.«

Hier wird offenkundig, wie Klassenmentalität und Zerrüttung der Empfindungsfähigkeit aufeinander einwirken und sich gegenseitig verstärken — eine Einsicht, die als erster Dickens in *Dombey and Son* entfaltet hat und die andere viktorianische Erzähler später aufgenommen haben. Daß solche Frauen Gefühle haben, ist vor allem lästig — sowohl für des Autors Bedürfnisbefriedigung als auch für seine gesellschaftliche Position. Die Sprache, in der er seinen Widerwillen vorträgt, ist uns wohlvertraut. Der letzte Satz des Zitats könnte von Trollope stammen, einer Figur wie Dolly Longestaffe paßte er gut auf die Zunge. Er ist Ausdruck einer harten, aggressiven Indifferenz. Erst gegen Ende seines Lebens, in *The Way We Live Now*, erkannte Trollope die Lemurenhaftigkeit seiner gesellschaftlichen Umwelt. Und von dieser Erkenntnis (und Erfahrung) ist es nur ein kurzer Schritt zu Eliot, Kafka u.a. Es verdient jedoch festgehalten zu werden, daß dieses zentrale Thema der modernen Literatur — sozusagen eine ihrer regulativen Ideen — durch Klassenkonflikte hervorgetrieben worden ist und in ihnen ihre inspirierende Materie hat. Wie komplex dieses Thema bereits im viktorianischen England ist, enthüllt eine weitere Episode in *My Secret Life*. Eines Abends flaniert der Autor durch die Straßen eines Londoner Vororts.

»Es geschah in einer ruhigen, breiten Straße, wo die Häuser hinter Gärten liegen. Leichter Nebel kam auf. Auf der anderen Seite sah ich durch den Dunst zwei junge Mädchen, die singend, lachend und laut redend heimwärts gingen. Ein Mann mit einem Korb auf dem Rücken überholte sie, und ich hörte ihn sagen: ›Ich würde euch gern die Beine kitzeln.‹ — ›Kitzel uns doch‹, antwortete die eine mit lauter, frecher Stimme, und dann rannten beide über die Straße und eine Einfahrt hinunter. Ich hörte sie lachen, außer Sichtweite im Nebel, als ob sie der anzügliche Vorschlag erfreute.«

Er folgt ihnen, nähert sich ihnen und fragt nach einem Weg.

»Ich begann, mit ihnen zu reden und sagte, sie seien beide hübsche Mädchen. ›Gebt mir einen Kuß, und ich gebe euch beiden sechs Pennies.‹ Sie lachten, zierten sich, aber in derselben Sekunde gab ich ihnen je einen Kuß und Sixpence. Als ich die größere küßte, flüsterte ich ihr zu: ›Ich gebe dir einen Shilling, wenn du etwas für mich tust und deine Freundin wegschickst.‹ — ›Was?‹ fragte sie vorlaut. — ›Schick sie weg.‹ — ›Nein. Sie würde mich verraten. Aber an der X-Straße geht sie in eine andere Richtung.‹ — ›Komm dann zurück!‹ Ich wußte, wie man mit jungen Mädchen umgehen muß, verfügte auf diesem Gebiet über einige Erfahrung.«

Als sie zurückkommt, zieht er sie ins Gespräch. Sie lacht, ist verlegen und »wollte fortgehen. ›Macht nichts, hier ist dein Shilling.‹ Sie drehte sich um und nahm ihn. ›Wie dumm von dir, wegzugehen. Du könntest mehr Geld kriegen, und niemand, außer dir und mir erfährt jemals davon.‹ — ›Sie reden unanständiges Zeug‹, sagte sie. [. . .]

›Was machst du hier?‹ fragte ich, um das Thema zu wechseln. ›Ich komme von der Arbeit.‹ — ›Was arbeitest du?‹ — ›Samen verpacken in der Baumschule.‹ — ›Wieviel verdienst du am Tag?‹ — ›Neun Pennies. Wir arbeiten beide dort.‹ (Sie meinte das andere Mädchen). ›Du kriegst eine halbe Krone, wenn du tust, was ich will.‹ — ›Ich kann aber nichts.‹ — ›Doch. Du kannst mich anfassen.‹ — ›Sie anfassen, wie geht das?‹ — Ich klimperte mit dem Geld. ›Hier sind zwei und sechs Pence; keiner sieht uns.‹ Wir standen an einer langen Mauer, den Nebel um uns. ›Hier ist das Geld, gib mir Deine Hand.‹ Sie sah an mir herunter. ›Sie gemeiner Kerl, lassen Sie mich los.‹ Sie riß sich von mir los, entfernte sich, aber nur ein paar Schritte. Dann kam sie wieder zurück und meinte: ›Ich muß gehen, oder ich hole mir was.‹ An der Ecke steckte ich ihr eine halbe Krone zu und sagte: ›Jedesmal, wenn du meinen Schwanz anfaßt, gebe ich dir einen Shilling, und ich gebe dir eine halbe Krone, wenn du mich deinen Hintern anfassen läßt.‹ — ›Sie gemeiner Kerl‹, wiederholte sie, als das Geld in ihre Hand fiel. Dann rannte sie wie der Teufel davon.

Am nächsten Abend um dieselbe Zeit war ich zur Stelle, aber sie erschien nicht. Am dritten Abend schließlich sah ich sie, sie war allein. Sie erkannte mich. ›Gehen Sie oder ich lauf weg‹, sagte sie. — ›Ich werde dir nicht wehtun, gib mir einen Kuß, und ich gebe dir einen Shilling.‹ Ich überredete sie. Sie berührte wieder meinen Schwanz. Sogleich entgalt ich ihr den Dienst mit einem weiteren Shilling. Sie hatte es nicht eilig. Ich glaube, sie mochte es. ›Wollen wir uns jeden Abend treffen?‹ fragte ich sie.— ›Ich kann nicht, weil *sie* mit mir nach Hause geht.‹ (Sie meinte das andere Mädchen.) Wie berechnend die jungen Schlampen doch sind. [. . .]

Eines Abends erwischte ich sie allein. Ich war ziemlich erregt und schloß ihre Hand um meinen Schwanz. Sie rieb mich. ›Was ist los, Sir?‹ fragte sie nach einer Weile und sah mir ins Gesicht. Ich hatte zu stöhnen begonnen. Sie schien darüber verwirrt.«

Für mehrere Tage verliert er sie aus den Augen. Doch zwei Wochen später, »durch einen reinen Zufall, kam ich wieder in die vertraute Gegend und erblickte den kleinen Teufel in der Nähe einer Einfahrt, in der Nachbarschaft des Platzes, wo ich sie zum ersten Mal angefaßt hatte. Nachdem ich die Straße überquert hatte und vor ihr stand, flüsterte ich ihr zu: ›Komm mit!‹ Zwei Sekunden später war sie an meiner Seite.

Sie war krank gewesen. Ihre Mutter vermutete, es sei das Fieber. ›Aber ich weiß, was es war — ich habe zu viele Süßigkeiten und zuviel Obst gegessen. Mutter sagte es dem Doktor. Der fragte mich, was ich gegessen habe, und ich antwortete: Nichts.‹ Das ganze Geld, das sie von mir bekommen hatte, hatte sie für Bonbons und Obst und für Busfahrten ausgegeben. Vor ihrer Freundin hatte sie das alles geheimgehalten, ›weil sie sich wundern würde, woher ich das Geld habe. Sie würde plaudern.‹ All das amüsierte mich sehr. Ein Mädchen von fünfzehn, das zu seinem Vergnügen Omnibus fuhr und sich mit Bonbons vollstopfte von dem Geld, das sie dafür bekommen hatte, daß sie auf der Straße einen Mann angefaßt hatte, das war, in der Tat, ebenso merkwürdig wie belustigend.

Ihr fehlte offensichtlich das Geld, und *ihre* Not war *meine* Chance. Ich wollte sie nutzen: ›Ich kann dir nur Geld geben, wenn du mich deinen Hintern befühlen läßt.‹ — ›Nein, nicht das.‹ Sie wehrte sich, ziemlich lautlos, und entwand sich meinen Händen. Doch nach zwei Schritten hielt sie an, und ich ging zu ihr, um ihr das Geld zu geben. Dann verschwand sie. Ich war mir sicher, daß sie an diesem Abend durch diese Straße gegangen war, um mir zu begegnen.«

Er setzt seine Annäherung an einem der folgenden Abende fort. Aus Furcht, mit ihr gesehen und erkannt zu werden, hält er eine Droschke an und befiehlt dem Fahrer, um den Park zu kreisen.

»Sie bekam Angst und wollte aussteigen. Ich beruhigte sie und versprach ihr fünf Shilling statt der kleineren Summe, die ich gewöhnlich gab. [. . .] Sie schob meine Hand fort, setzte sich auf den Sitz gegenüber und zog ihren Rock herunter. Aber bald hatte ich sie wieder an meiner Seite. Unser unanständiges Spielchen gefiel ihr, ich weiß es. Doch sie wollte nach Hause. So wies ich den Kutscher an, zu stoppen, und ließ sie aussteigen. Die Affäre faszinierte mich. Vierzehn Tage lang sah ich sie nicht wieder. Ich vermute, sie mied mich, bis alles Geld, das ich ihr zugesteckt hatte, ausgegeben war. [. . .] Das Ritual blieb sich allemal gleich: Sie wichste mich, kassierte ihren Shilling und ging weg. Alles andere verweigerte sie.«

Perplex, enttäuscht und von Reuegefühlen geplagt, sucht er Rat bei einer Prostituierten.

»Sarah meinte, es sei besser, die Finger davon zu lassen, aber das Mädchen sei reif, genommen zu werden, denn es wisse offensichtlich mehr, als es zugebe. Wahrscheinlich werde einer der jungen Burschen aus der Baumschule sein Glück bei ihm machen. ›Diese kleinen Biester sind verdammt gewieft. Sie wird sowieso auf die schiefe Bahn geraten, egal, ob du es ihr machst oder ein anderer.‹ Das tröstete mich, zugleich befeuerte es mein Begehren. Ich war entschlossen, das Mädchen zu erobern.«

LXXVI

Er trifft sich abermals mit ihr, und wieder nehmen sie eine Droschke.

»Vertrautheit hatte, so fand ich, ihre Angst ausgeräumt. Ich blickte sie an und fragte: ›Weißt du, was ficken ist?‹ Sie antwortete: ›Ich weiß nur das, was du mir erzählt hast.‹ Also setzte ich meine Bemühungen fort, dreister und getrieben von meinem Verlangen. Die Situation war zweifellos unbequem, aber die Geilheit machte mir Spaß. Die Droschke fuhr langsam, schaukelnd, dahin.

Meine Begierde wuchs. ›Ich gebe dir einen halben Sovereign, wenn du tust, was ich will.‹ Ich hörte mit dem Reiben auf. ›Zehn Shilling?‹ fragte sie. ›Ja, zehn Shilling.‹ Sie schien nachzudenken. Meine Spannung war unerträglich geworden. ›Ich gebe dir einen Sovereign, wenn du meinen Schwanz zwischen deine Beine nimmst, nicht in deine Möse, sondern nur zwischen die Schenkel, und dort sollst du ihn halten.‹ — ›Oh, nein, nicht so was‹, wandte sie hastig ein. ›Ich laß Sie so etwas nicht machen.‹ Sie zeigte wieder Angst und begann sich zu wehren. Ich ließ sie reden. Ich öffnete mein Portemonnaie und nahm einen Sovereign heraus. ›Hier ist ein Gold-Sovereign!‹ Ich legte ihn auf meine Handfläche, als wir eine Gaslaterne passierten. ›Du sollst ihn haben, wenn du mich läßt. Wenn du ihn in ein Stück schmutziges Papier einwickelst, verliert er seinen Glanz, und du kannst deiner Mutter sagen, du hättest ihn auf dem Weg gefunden.‹

Sie saß lange ruhig da und blickte mir, wie es schien, aus dem Dunkel ins Gesicht. Dann stieß sie, so als wollte und müßte sie sich selbst überzeugen, hervor: ›Nein, nein, nein!‹ Doch mir war längst klar, daß sie bald nachgeben würde. Sie hatte meinen Schwanz bereits wieder in die Hand genommen.

›Wenn du es nicht tust, will ich dich nicht mehr wiedersehen. Ich kann leicht fünfzig Mädchen kriegen, die es für einen Shilling machen, wenn mir der Sinn danach steht.‹ — ›Hat ein andres Mädchen es je getan? Sie haben mir nichts davon erzählt.‹ — ›Ein Dutzend schon.‹ — ›Oh!‹ Diese Information schien sie zu beschäftigen«.

Da sie nach wie vor zögert, versucht er, sie zu zwingen. Sie wehrt sich. »Nein, ich schreie um Hilfe, Kutscher,

Kutscher! Lassen Sie mich raus!« Sie kämpft, er ebenfalls, und schließlich ejakuliert er, ohne in sie eingedrungen zu sein.

»Der Kutscher, selbst wenn er etwas bemerkt haben sollte, nahm keine Notiz von dem Geschehen. Sie war aber derart wütend, daß ich die Droschke anhielt. Sie stieg aus, rannte weg, wartete nicht einmal ab, bis ich ihr das Geld zugesteckt hatte. Nach einer Sekunde war sie in die Nacht eingetaucht. [...] Niemals sah ich das Mädchen wieder. [...] So wie mein Abenteuer mit dieser kleinen Törin verlaufen war, wird, so vermute ich, alsbald irgendein dreckiger Junge ihre Möse öffnen und ihr dann ein blaues Auge verpassen, wenn sie ihm vorjammert, daß ihr Bauch dick wird. So ist der Lauf der Dinge in der Klasse, der sie angehört. Es sind nicht die Gentlemen, die diesen armen Dingern die Unschuld rauben, sondern die Straßenbengel ihrer eignen Klasse.«

Der abschließende Kommentar des Autors zu diesem »Abenteuer« lautet:

»Ich habe mich zum Preis von ein oder zwei Pfund amüsiert, wie dies bei dergleichen Affären die Regel ist. Sie unterbrechen die Monotonie des ernsten Geschäfts des Fickens. — Aber daß ich all die Mühen auf mich genommen habe für ein schmutziges, kleines Arbeitermädchen, dessen Gesicht ich immer nur im Schein der Straßenlaternen wahrgenommen habe, erstaunt mich jedesmal aufs neue, wenn ich daran zurückdenke.«

Es erstaunt auch den modernen Leser, wenngleich in einem anderen Sinn. Führen wir uns vor Augen, was dieses »Abenteuer« des Autors mit einem »schmutzigen Arbeitermädchen«, wie er es nennt, an relevanten Sachverhalten sichtbar macht. Da ist zunächst die wirtschaftliche Lage des Mädchens. In ein paar Minuten der Ausschweifung kann es fünfmal so viel verdienen wie an einem ganzen Tag voller Plackerei ohne Zukunft. Wer vermöchte einer solchen Verlockung zu widerstehen? Versuchen wir uns vorzustellen, welche Selbstbeherrschung nötig war, um das Angebot auszuschlagen. Und was diese »Törin« für ihre harmlosen Handlungen schließlich als »Lohn« empfängt, darf sie weder nach Hause tragen noch für Dinge ausgeben, an denen ihr Herz hängt — sie würde sich andernfalls sogleich verdächtig machen. (Das mag helfen, uns ins Gedächtnis zu rufen, wie armselig und ungeschützt das Alltagsleben der Unterklassen einmal war.) So gibt sie das Geld für Obst und Süßigkeiten aus. Und das Bild, wie sie kauend und träumend, ziellos in den Bussen durch die Stadt fährt, bis das Geld verbraucht ist und ihr Magen sie schmerzt, ist beredter als jede soziologische Analyse.[13]

Den Autor von *My Secret Life* freilich »amüsiert« dieses Bild. Das hat nicht nur mit Rücksichtslosigkeit und individueller Verblendung zu tun, sondern ebensosehr mit jener emotionalen Distanz, die ein Ausdruck und ein Reflex der gesellschaftlichen Distanz zwischen den Klassen ist. Der Autor ist außerstande, sich in die Lage des Arbeitermädchens zu versetzen oder sich vorzustellen, was

[13] Man kann gegenüber einigen Einzelheiten dieser Episode durchaus skeptisch sein. Ich muß zugeben, daß auch ich einige Vorbehalte hatte, bis ich auf eine Passage bei Dickens stieß, welche die Beschreibungen in *My Secret Life* bestätigt. Die Episode kommt in Kapitel 48 von *David Copperfield* vor und trägt die Überschrift *Häusliches*, eine Darstellung der Nöte der jungen Ehe von David und Dora. Ihr Diener ist ein extrem widerwärtiger Bursche, doch David bringt es nicht über sich, ihn zu feuern. Es heißt dann: »Ich habe niemals erwartet, ihn auf so unglückliche Weise loszuwerden. Er stahl Doras Uhr [. . .], und nachdem er sie in Geld umgesetzt hatte, gab er den Betrag (er war schon immer etwas einfältig) für unzählige Kutschfahrten zwischen London und Uxbridge aus. Er wurde zur Bow Street geführt, wie ich mich zu erinnern glaube, nach Beendigung seiner fünfzehnten Fahrt. Dort wurden fünf Shilling und sechs Pence und eine alte Flöte, die er nicht spielen konnte, bei ihm gefunden.« Es beleuchtet nicht nur die Episode aus *David Copperfield* die Stelle aus *My Secret Life*. Auch das Umgekehrte gilt: die Episode aus *My Secret Life* verändert unsere Einschätzung dessen, was Dickens dargestellt hat. Auf den ersten Blick scheint es sich um ein weiteres Beispiel für Dickens' komische Übertreibungskunst zu handeln. Aber sobald man aufmerksam liest, zeigt sich, daß er keineswegs zu überzeichnen vorhat: er beschreibt Londoner Alltagsexistenz. Während seiner ganzen Tätigkeit als Schriftsteller hat Dickens immer wieder betont, er gebe wieder, was sich in seiner Umgebung abspiele. Ein Dokument wie *My Secret Life* stützt diese These.

in ihm vorgeht. Daran wird übrigens greifbar, daß die gesellschaftlichen Verhältnisse nicht nur auf die Moralen einwirken, sondern ebensosehr auf die Erfahrung von Wirklichkeit selbst. Kurz, die soziale Stellung eines Menschen konditioniert sowohl sein sinnliches Wahrnehmungsvermögen als auch Strukturen seines Bewußtseins. Vielleicht ließen sich anhand dieses Sachverhalts sogar neue epistemologische Modelle konstruieren, die diesen Differenzierungen folgen.[14]

Während wir die zitierte Episode lesen, sind unsere Sympathien auf der Seite des Mädchens. (Dies ist, nebenbei, einer der Unterschiede zwischen diesem Werk und Pornographie. Pornographie erweckt niemals Sympathie für eine der Figuren. Wann immer sie Frauen darstellt, die sich wehren, dient die Darstellung einzig dazu, die aggressiven und sadistischen Phantasien des Lesers zu stimulieren.) Der Leser möchte, daß die Jugendliche nicht nachgibt. Er wünscht, daß sie loskommt, freut sich, wenn sie es schafft. Die erfolgreiche Verweigerung bedeutet einen Triumph (wie begrenzt auch immer) und die Behauptung von Einstellungen und Werten, die dem Autor fremd und seinen Absichten antagonistisch sind.

Man weiß heute, unter welchen Bedingungen der Londoner »Mob« im 18. Jahrhundert litt, und es steht außer Frage, daß die strukturellen Faktoren dieser Lebensform, wenngleich in abgewandelter Gestalt, sich in den städtischen Unterschichten bis ins 19. Jahrhundert erhalten haben. Diese Leute lebten in menschenunwürdigen und oft zerstörerischen Verhältnissen. Alkohol, Gewalttätigkeit, promiskutive Sexualität, Krankheiten prägten sie nicht minder als Armut, endlose Arbeit und ein Alltag ohne Trost oder Hoffnung. Stellt man diese Lage in Rechnung, so erscheinen die typischen viktorianischen Werte und der Viktorianismus selbst in einem anderen Licht. Keuschheit, Bescheidenheit, vor allem Prüderie gelten uns Heutigen nicht mehr als Tugenden; in der Situation der städtischen Unterschicht damals hatten sie

[14] Ein ähnliches Konzept wurde in Karl Mannheims Theorie der »Wissenssoziologie« vorgeschlagen. Vergleiche besonders *Ideologie und Utopie*.

freilich noch einen Sinn. Disziplin, Selbstbeherrschung, »Respektabilität« usw. enthielten ein Stück Verheißung gerade für die Elenden. »Respektabilität« meint ja auch Selbstachtung. Und wenn wir sehen, wie das junge Mädchen dem Glanz von Geld und Klassenprivilegien, ja selbst der Drohung von Gewalt trotzt, ermessen wir vielleicht, welche Kraft von der »Moral der Respektabilität« gerade auf Menschen ausgehen mußte, die unter solch erniedrigenden Umständen zu leben und sich zu behaupten gezwungen waren.[15]

[15] Im Jahre 1883 schrieb der junge Freud an seine zukünftige Frau, daß »es nicht schön und erhebend anzuschauen ist, wie sich das Volk vergnügt, wir wenigstens haben nicht mehr Geschmack dafür [...], es fällt mir ein, was ich bei der Carmenvorstellung gedacht habe: Das Gesindel lebt sich aus und wir entbehren. Wir entbehren, um unsere Integrität zu erhalten, wir sparen mit unserer Gesundheit, unserer Genußfähigkeit, unseren Erregungen, wir heben uns für etwas auf, wissen selbst nicht für was — und diese Gewohnheit der beständigen Unterdrückung natürlicher Triebe gibt uns den Charakter der Verfeinerung [...]; warum betrinken wir uns nicht? [...]; warum verlieben wir uns [nicht] jeden Monat aufs neue? [...] So geht unser Bestreben mehr dahin, Leid von uns abzuhalten, als uns Genuß zu verschaffen, und in der höchsten Potenz sind wir Menschen wie wir beide, die sich mit den Banden von Tod und Leben aneinander ketten, die jahrelang entbehren und sich sehnen, um einander nicht untreu zu werden, die gewiß einen schweren Schicksalsschlag, der uns des Teuersten beraubte, nicht überstehen würden. [...] Unsere ganze Lebensführung hat zur Voraussetzung, daß wir vor dem groben Elend geschützt seien, daß uns die Möglichkeit offenstehe, uns immer mehr von den gesellschaftlichen Übeln frei zu erhalten. Die Armen, das Volk, sie könnten nicht bestehen ohne ihre dicke Haut und ihren leichten Sinn, wozu sollten sie Neigungen so intensiv nehmen, wenn sich alles Unglück, das die Natur und die Gesellschaft im Vorrat hat, gegen ihre Lieben richtet, wozu das augenblickliche Vergnügen verschmähen, wenn sie auf kein anderes warten können? Die Armen sind zu ohnmächtig, zu exponiert, um es uns gleichzutun. Wenn ich das Volk sich gütlich tun sehe mit Hintansetzung aller Besonnenheit, denke ich immer, das ist ihre Abfindung dafür, daß alle Steuern, Epidemien, Krankheiten, Übelstände der sozialen Einrichtungen sie schutzlos treffen.« Sigmund Freud, *Brautbriefe*, Frankfurt, 1968, S. 37f.

Ein Werk wie *My Secret Life* öffnet uns die Augen für die gesellschaftliche Funktion abweichenden Sexualverhaltens, Frigidität eingeschlossen. Dies ist ein überaus komplexer Gegenstand, und ich kann hier lediglich einige wenige Aspekte erörtern. Ich habe oben gesagt, daß des Autors Exkursen über die Empfindungen der Frauen nicht getraut werden kann. Sie sind gründlich von seinen Phantasien geprägt (und entstellt). Als relativ richtige Beobachtung kann man akzeptieren, daß Frauen aus der Unterschicht direkte und minder gebrochene sexuelle Reaktionen zeigen als, beispielsweise, Frauen der Mittelschicht. Sie sind nicht unter einem komplizierten Normensystem aufgewachsen und erzogen worden, wie es für die Herausbildung des sogenannten modernen »Mittelstandscharakters« sowohl kennzeichnend als auch erforderlich ist.[16] Wir können annehmen, daß nicht wenige Angehörige der Arbeiterklasse, unglücklich mit dem Lebenszusammenhang, in den sie hineingeboren worden waren, von sozialem Aufstieg träumten. Wir können ferner annehmen, daß die Werte und der Lebensstil, die sie anstrebten, die des Mittelstandes waren — ein anderes Vorbild stand ihnen nicht vor Augen und war ihrer Erfahrung nicht zugänglich. Wollte man diesem Vorbild nacheifern, den Traum vom Aufstieg verwirklichen, waren eine Änderung überkommener Verhaltensmuster und die Anpassung an die Gewohnheiten der Klasse, in die man aufzusteigen wünschte, unerläßlich.[17] Dies wiederum setzte ein außerordentliches Maß an Selbstdisziplin und Selbstverleugnung, die Fähigkeit zum Befriedigungsaufschub und die Kraft zur Rationalisierung und Systemati-

[16] Siehe Sigmund Freud, *Eine Allgemeine Einführung in die Psychoanalyse*, Kap. 22. In seiner Parabel von der Hausmeisterstochter und der Tochter der Hausbesitzers-Eheleute erläutert Freud, daß die unterschiedlichen Reaktionen der beiden Mädchen auf sexuelle Kindheitserlebnisse ein Resultat der Unterschiede ihrer Erziehung sind und daß diese wiederum unterschiedliche sexuelle Reaktionen im Erwachsenenalter begründen. Siehe auch Robert Waelder, *Basic Theory of Psychoanalysis*, New York, 1960, pp. 41–44.

[17] Siehe Steven Runciman, *Social Science and Political Theory*, New York, 1965, pp. 143–44.

sierung der Alltagshandlungen sowie der Emotionen voraus. Ich glaube, daß die Sexualität und das Sexualverhalten, insbesondere der Frauen, durch diese Anstrengungen verändert wurden. Ich meine damit nicht nur, daß es damals zu einer Unterdrückung der Sexualität kam. Was geschah, war vielmehr eine Art Umstrukturierung der Persönlichkeit, und was herauskam, war ein Charakter, der besser gewappnet und relativ konsistent war, fähig zu ausdauernder Arbeitskraftverausgabung, streng reglementiert und, wahrscheinlich, sexuell verklemmt: eine Charakterstruktur, die der modernen Mittelschicht eigentümlich ist und die unglücklich macht. Es besteht kein Zweifel, daß diese Veränderung tiefe Deformationen ausgelöst hat. Man nennt das ein wenig salopp die Kosten des gesellschaftlichen Fortschritts.

Mit Hilfe von Dokumenten wie *My Secret Life* gewinnen wir ein einigermaßen zulängliches Bild vom Leben der armen Stadtbevölkerung jener Zeit, seinen Spiegelungen in der Meinung der »feinen Leute« ebenso wie in den Köpfen der Armen selbst. Das veranlaßt zur Differenzierung bei der Deutung der *wirklichen* Geschichte: der Geschichte der Alltäglichkeit. Wenn wir die zitierte Episode aus *My Secret Life* als charakteristisch nehmen, liegt es nahe zu folgern, daß das Mädchen in dem Maße, wie es sich dem Autor und anderen Männern verweigert, und in dem Maße, wie es seine eigene Sexualität verleugnet, nicht nur etwas versäumt, sondern auch etwas ergreift: die Chance, seine menschliche Identität wenigstens fragmentarisch zu verwirklichen.[18]

[18] In diesem Abschnitt habe ich versucht, Max Webers großartiges Werk über die Dialektik zwischen den modernen Formen der ökonomischen und gesellschaftlichen Organisation und der sie bedingenden Charakterstruktur um eine Dimension zu ergänzen. Ich habe versucht zu zeigen, daß diese Theorie auch darstellen sollte, wie sexuelle Energien zur gesellschaftlichen Veränderung benutzt werden und damit sich selbst verändern. Viel Mühe wurde an die Untersuchung der Auswirkungen der »religiösen Wiederbelebung« im 18. und 19. Jahrhundert in England auf diese Entwicklung gewendet, und in einem Buch wie E. P. Thompsons *The Making of the English Working Class*, London 1964, ist dazu wichtiges Material versammelt. Siehe auch W. L. Burn,

Am Ende der Episode nimmt der Autor Abschied von der »kleinen Törin« und sagt ihr Schicksal voraus — ein Klassenschicksal, ein erbärmliches obendrein. Und er wird damit im Grunde wohl recht behalten haben.

In diesem Zusammenhang gilt es, einige Gelenkstellen in der Entwicklung des Autors zu beachten. Bis zu seinem dreißigsten Lebensjahr »waren meine Gepflogenheiten mit Frauen in der Lust überaus einfach, alltäglich und einfallslos. Doch dann spürte ich eine allmähliche Veränderung in mir. Mehr und mehr bereitete mir nun Vergnügen, was mich noch vor wenigen Jahren schockiert hätte. Meine Vorurteile waren so gut wie verschwunden. Ich hatte Antipathien überwunden und die Belohnung dafür bekommen, so daß ich jetzt Lustbarkeiten, die meinem reiferen Alter angemessen waren, ungehemmt genießen konnte. [. . .] Kein Vorwurf soll Frauen treffen, die Neigungen schätzen oder ihnen nachgeben, welche von Dummköpfen obszön genannt werden, die aber, genau besehen, nur natürlich sind und wahrscheinlich allerorten praktiziert werden; Neigungen, die nur diejenigen etwas angehen, die ihnen nachgehen und Lust aus ihnen zu ziehen imstande sind. [. . .] Es kann ja wohl nicht unnatürlich sein, was die Natur eingibt. Und wenn andere derlei Neigungen nicht haben oder sie nicht mögen, dann sind sie eben für *sie* nicht natürlich, und niemand sollte sie zwingen, ihnen zu gehorchen.«

Zu einem späteren Zeitpunkt fängt er an, Pornographie zu lesen:

»Diese Literatur ergötzte mich sehr, ebenso die Bilder von phantastischen Kombinationen von Männern und Frauen bei wollüstigem Spiel und bei der Vereinigung. [. . .] Es gibt unendlich viele Variationsmöglichkeiten bei solchen Vergnügungen und keine Grenze der ausgefallensten Einfälle und keinen Schaden bei der Ausübung, weder allein noch mit einer Frau oder einem Mann oder in Gesellschaft derer, die es ebenfalls schätzen. Ein neues

The Age of Equipoise, London, 1964, für weitere nützliche Hinweise. Ein ähnliches methodologisches Problem hat Stanley Elkins in *Slavery: A Problem in American Institutional and Intellectual Life*, Chicago, 1962, behandelt.

Feld wollüstiger Freude schien sich mir zu eröffnen, und ich dachte über die ausgefallensten erotischen Kunststücke nach, die dargestellt waren und die ich selber gelegentlich nachzuahmen hoffte. Ich fing an zu verstehen, wie harmlos sie sind, auch wenn die Welt meint, sie seien unanständig, und durchschaute die Absurdität der konventionellen Meinungen und Vorurteile darüber, wie man Schwanz und Möse lustvoll einsetzen kann.

Warum zum Beispiel ist es einem Mann und einer Frau erlaubt, sich ausgiebig zu erfreuen, aber für zwei Männer und zwei Frauen dasselbe verboten? Warum ist es verwerflich, einem Mann und einer Frau beim Ficken zuzuschauen, da doch jeder, Mann, Frau oder Kind, eben dies tun würde, wenn er die Gelegenheit dazu bekäme? Ist Beischlaf obszön? Wenn nicht, warum ist es dann ungehörig, dabei zuzusehen? — Warum dürfen zwar Männer und Frauen einander unbeanstandet an den Geschlechtsteilen berühren, aber ein Mann nicht das Glied eines anderen Mannes oder eine Frau die Spalte einer anderen? Jeder, gleich welchen Geschlechts, hat im Laufe seines Lebens derlei getan. Warum sollte nicht eine Gruppe von Leuten sich diesen sinnlichen Vergnügungen privat überlassen, wann immer sie wollen? Was ist Entsetzliches daran? Es ist das Vorurteil der Erziehung, das uns dieses Entsetzen lehrt.

Seit einigen Jahren hatte ich mir immer wieder solche Gedanken gemacht, und sie hatten manches meiner Vorurteile erschüttert. Und obwohl ich noch Vorurteile habe, so sehe ich doch nicht ein, was schädlich oder verächtlich daran sein soll, meine Begierden auf eine Art und Weise zu befriedigen, von der die Welt behauptet, sie sei unanständig, die jedoch von Männern und Frauen aus Instinkt und mit Überlegung gewählt wird.«

Diese Sätze stecken voller Rationalisierungen und Rechtfertigungen; doch das macht sie nicht weniger lehrreich. Der Autor hat in der hochviktorianischen Epoche aus seinen Erfahrungen einen Standpunkt entwickelt, der einiges von dem vorwegnimmt, was allgemein für die moderne, freie und befreite Auffassung von Sexualmoral gehalten wird. Zu beachten ist, daß eines der Prinzipien dieser Moral auf der Vorstellung ruht, es sei das Recht eines jeden Gentleman, frei über seine Person zu bestimmen, und daß diese Vorstellung ihrerseits eng mit den Begriffen des *laissez faire* und des Eigentums gekoppelt ist. Fraglos läßt sich innerhalb der viktorianischen Kultur eine subversive Gegenbewegung beobachten: Widerstand gegen die rigide Reglementierung der Empfindungen, der Triebe und des kulturellen Unbewußten, gegen ein Sittlichkeits- und Realitätsprinzip, das auf »systematische Ordnung« angelegt war und das auf »Rationalität« baute — abgespalten von dieser Rationalität bildeten sich eine »geheime Kultur« und eine »andere Moral«, die insbesondere in abweichenden sexuellen Praktiken und ausgreifenden sexuellen Phantasien ihren Ausdruck suchten. Diese Gegenbewegung bediente sich einer Reihe zentraler Wertbilder der offiziellen Kultur. Nicht wenige der Waffen, die am Eingang der Moderne gegen die alte Moral gewendet wurden, entstammten dem Zeughaus der alten Moral und waren an deren Normen geschärft worden. Die Arbeiten Sigmund Freuds und James Joyces sind zwei Paradigmata dieser Entwicklung. Der Autor von *My Secret Life* geht ihnen zeitlich voraus, doch auch er ist im Rahmen seiner Möglichkeiten und seiner Interessen, seiner Wahrnehmungskraft und seiner Erfahrungen in diese Prozesse verstrickt.

Man sollte erwarten, daß der Herausbildung »fortschrittlicher Ansichten« von der Sexualität Veränderungen in anderen Bereichen der Kultur und der Haltungen korrespondieren. In gewissem Maße scheint dies tatsächlich der Fall zu sein. Ich greife, um dies zu zeigen, wiederum einen Text aus *My Secret Life* heraus. Der Autor schildert, wie er mit einem Hausmädchen schäkert, das er zu verführen beabsichtigt:

»Sie zwinkerte und lachte. Ich hatte das Eis gebrochen, hatte mich auf eine Stufe mit ihr gestellt, und sie nutzte das, wie jede andere Frau es ebenfalls getan hätte, aus und begann mein Schäkern und Scherzen zu erwidern. Eine Frau fühlt instinktiv, daß die Neckereien eines Mannes über das Vögeln (und seien sie noch so verhüllt) ohne Risiko zurückgegeben werden können — beide bewegen sich sofort auf gleicher Ebene. Mit einer Frau über das Vögeln reden bedeutet, alle gesellschaftlichen Unterschiede auslöschen.«

Welche Haltung der Autor zu der Situation, die er hier beschreibt, auch immer einnehmen mag, die Konsequenzen sind unausweichlich: Sex und Demokratie entsprechen einander. Genauer: sexuelle Befreiung und Aufhebung gesellschaftlicher Unterschiede scheinen sich auf dieser Stufe der historischen Entwicklung gegenseitig zu bedingen. An anderer Stelle des Buches heißt es: »Ficken macht menschlich.« Dies ist ein Trugbild, obwohl wahrscheinlich viele Menschen an dem einen oder anderen Punkt ihres Lebens ihm Glauben geschenkt haben. Es ist eine Täuschung im allgemeinen, und es stimmt nicht für den Autor von *My Secret Life*. Obschon es keinen Grund gibt, die Ehrlichkeit seiner Notizen anzuzweifeln, muß festgehalten werden, daß sie keinerlei Konsequenzen haben, weder in seinen Einstellungen noch in seinem Verhalten. Seine Befreiung von sexuellenTabus geht nicht einher mit einem Wandel seiner Ideen über Klassen oder Gesellschaft. Bis zum Ende seines Lebens erhält er die Vorstellung aufrecht, daß die Unterschiede zwischen den Gesellschaftsschichten in quasi biologischen Besonderheiten begründet seien. Hier eine typische Bemerkung:

»Sie war eine wohlgebaute, gut aussehende Frau von ungefähr dreiundzwanzig, eine Straßenverkäuferin. Sie sah aus wie eine, die Waren vom Karren oder in einem kleinen Geschäft verkauft. Sie war gewöhnlich, doch bequem gekleidet, vielleicht nicht warm genug für wohlhabende Leute, jedoch ausreichend für ihre Klasse, die die Kälte nicht so empfindet wie wir.«

Sein Glauben an die Dauerhaftigkeit und »Natürlichkeit« der gesellschaftlichen Zustände ist ebenso bedingungslos wie selbstgerecht. Bedenkt man, daß er die meisten seiner sexuellen Erfahrungen mit Frauen der Unterschicht gesammelt hat, so ermißt man, welch heroischer Verdrängungsleistung es bedurfte, um diesen Glauben zu behalten. Man fragt sich, wie er diese Frauen erlebt hat, ja, ob er sie überhaupt erlebt hat. Wir werden auf das Problem zurückkommen.

Ich zitiere noch eine weitere Textpassage, denn der Autor wird nicht müde, dieses Thema abzuhandeln:

»Viele Gespräche mit losen Frauen und meine Erfahrungen lassen mich vermuten [. . .], daß die Mädchen der unteren Schichten in der Regel mit Jungen ihres Alters zu verkehren beginnen, sobald sie ungefähr vierzehn Jahre alt sind. Von den mehr als zehntausend Dirnen Londons hat kaum eine ihre Jungfräulichkeit an einen vornehmen Herrn, an einen jungen oder alten Mann oder überhaupt an einen Mann verloren. Den jungen Burschen ihrer eigenen, niedrigen Klasse haben sie ihre Unschuld geopfert. Das ist sehr bedauerlich, denn Straßenjungen sind außerstande, die Schätze zu würdigen, die sie zerstören. Einem Straßenjungen würde eine Matrone von fünfzig oder sechzig genausoviel, wenn nicht gar mehr Vergnügen bereiten als eine Jungfrau.«

Der Autor von *My Secret Life* hat eine Entwicklung seines Sexualverhaltens durchlaufen, die man ohne Übertreibung revolutionär nennen darf. Doch im Gegensatz zu dem, was man erwarten würde, scheint diese Entwicklung keine Folgen in seinem sozialen Verhalten oder seiner Moral gehabt zu haben. Und eben darin und damit antizipierte er den Gang seiner eigenen und unserer Gesellschaft. Wir waren in unserem eigenen Jahrhundert Zeugen einer sexuellen Revolution, die sich ebenfalls von ihren sozialrevolutionären Impulsen abspaltete. Die Gründe dafür hängen mit der Wirtschaftsstruktur und der Sozialgeschichte zusammen, mit der Wendung, welche die Industrielle Revolution im Westen nahm, mit der Herausbildung der parlamentarischen und sozialen Demokratie, ja, sogar mit der Konfrontation der kommunistischen und kapitalistischen Gesellschaftssysteme. Es steht allerdings fest, daß Struktur und Geschichte der modernen westlichen Gesellschaft die Revolutionierung des Sexualverhaltens, die wir beobachten, sowohl ermöglichten als auch legitimierten. Gleichzeitig — und nicht minder nachhaltig — haben sie die Entfaltungschancen und die Legitimität jener Impulse eingeschränkt, die historisch ihren Ausdruck in sozialradikalen Gedanken und Aktionen fanden. Es besteht kein Anlaß, an der Authentizität der sexuellen Revolution, die nunmehr über sechzig Jahre alt ist, zu zweifeln; es erscheint jedoch geboten, ihre übergreifende Bedeutung in Frage zu stellen. Sicherlich ist es falsch anzunehmen, die sexuelle Revolution habe nur deshalb stattgefunden, weil die soziale Revolution ausblieb, oder daß die eine der Ersatz für die andere sei. Doch hat sich in unserer Gesellschaft gezeigt, daß sexuelle Praktiken und Institutionen für einen radikalen Wandel unbestreitbar anfälliger sind als beispielsweise wirtschaftliche oder gesellschaftliche. Anders ausgedrückt: die Strukturen des ökonomischen und sozialen Verhaltens in unserer Gesellschaft waren resistenter gegenüber grundlegenden Veränderungen als jene Institutionen, die sexuelles Verhalten normieren und verwalten. Der Autor von *My Secret Life*, eine repräsentative Figur der kulturellen Subversion seiner Epoche, hat vorweggenommen, was inzwischen unsere Konformität ist.

Die dritte Komponente, Geld, ist sehr viel leichter zu erschließen. So wie die Klassenzugehörigkeit ist sie mit den sexuellen Reaktionen des Autors innig verwoben. Da er die meisten seiner Erfahrungen mit Prostituierten oder armen Frauen macht, ist Geld allemal mit im Spiel: symblolisch und real. Geld in *My Secret Life* hat dieselbe Bedeutung wie Geld im Roman des 19. Jahrhunderts oder im *Kapital*. Es ist die totale Ware, die die Macht besitzt, alles andere in Waren zu verwandeln, oder in die alles andere verwandelt werden kann. Der Autor ist ungewöhnlich penibel in seinen Abrechnungen und bei der Aufzeichnung der Transaktionen, die zwischen ihm und einer Frau stattgefunden haben. Aus seinen Beschreibungen gewinnen wir, beiläufig, Einblicke in die Sozialgeschichte — zum Beispiel in die Ökonomisierung der Sexualität. In seiner Jugend, erzählt uns der Autor, »konnte man für einen Sovereign eine Frau bekommen, und für zehn Shilling eine so hübsche, wie man wollte. Eine Frau konnte zwei gut möblierte Zimmer in der Nähe des Clubs für fünfzehn bis zwanzig Shilling in der Woche mieten, ein modisches Seidenkleid für fünf bis zehn Pfund kaufen. Mösen waren preiswerter als heute, und ich bekam nette Mädchen für fünf bis zehn Shilling pro Nummer, einige in ihren eigenen Zimmern, zahlte aber manchmal auch eine halbe Krone für ein Zimmer anderswo.«

Er bietet uns sogar Preisvergleiche an und berichtet von einer Prostituierten, die »jung, hübsch, gut gebaut war und im Haymarket jetzt ein bis fünf Pfund verlangen könnte; aber ich hatte sie mehrere Male für drei und vier Shilling.« Geld gegen Ware, Ware gegen Geld. »Doch wenn ich genau darüber nachdenke, gibt es herzlich wenig Unterschiede zwischen einer Frau, die man für fünf Shilling haben kann, und einer, der du fünf Pfund zahlst — ausgenommen die Seide, das Leinen und die Manieren. Beide sind Frauen — und Prostituierte.«

Des Autors Einstellung zum Verhältnis von Geld und Sexus unterscheidet sich nicht von seiner Einstellung zum Verhältnis von Klasse und Sexus. Daß es Geld gibt, akzeptiert er als Teil der Naturordnung und macht zufrieden Gebrauch davon. Mitunter verspürt der den Wunsch, eine Jungfrau zu deflorieren — je jünger, desto besser. Die Szenen dieser Wunscherfüllung gehören zu den brutalsten und abscheulichsten in seinem Werk. Einmal abgesehen von ihrem offenen Sadismus, sind sie vor allem finanzielle Manöver, Akte der Geschäftsstrategie, der Kalkulation, in der die Frau als Rechengröße und Unkostenfaktor figuriert. Ein Beispiel:

»Es war vollbracht; Monate der Vorfreude, Hoffnungen, Ängste und Wünsche waren vorüber. Mein Schwanz war in der Möse einer französischen Jungfrau. Der Preis: zweihundert Pfund. Ein Gefühl der Ruhe erfaßte mich, eine Last war von meinem Herzen gewichen, eine Zukunft der Sinnlichkeit lag vor mir.«

Zweihundert Pfund sind eine enorme Summe, aber der Autor war zu diesem Zeitpunkt jung, »sehr grün«, wie er sagt. Die Frauen, die ihm Mädchen und Kinder »beschafften«, waren vorwiegend Prostituierte, und seine Schilderungen dieser »Transaktionen« stimmen im Detail mit jenen überein, die im Jahre 1885 durch die Veröffentlichungen von W. T. Stead in der *Pall Mall Gazette* über den Handel mit Kindern, der seit Jahren in London im Schwange war, bekannt wurden. Als er einem zehn Jahre alten Mädchen Gewalt angetan hat, unterhält er sich mit der Frau, die ihm das Mädchen verkauft hatte:

»Wir kamen ins Gespräch. Sie war nicht die Mutter, auch nicht die Tante, obwohl das Kind sie so nannte. Das Kind war elternlos. Sie hatte es in ihre Obhut genommen und so verhindert, daß es ins Armenhaus gesteckt wurde. Sie war in Schwierigkeiten, sie mußte leben. Dem Kind würde es eines Tages sowieso angetan werden, warum also nicht ein wenig Profit daraus ziehen? [. . .] In meiner Jugend nannten kleine Mädchen die Frau, bei der sie wohnten, Tante. Ein anderes Mädchen, wenn nicht gar zwei, deren Namen ich vergessen habe, von denen ich aber berichtet habe, nannte ihre Herrin Tante. Ich glaube, viele Tanten der niederen Klassen machen Geld mit der Jungfräulichkeit ihrer Nichten. Sie wissen, daß die Mädchen mit ungefähr vierzehn Jahren ihrer Obhut entfliehen und daß sie defloriert werden, bevor sie sechzehn sind. Tanten meinen, daß Gentlemen das Anzapfen besorgen könnten, und daß sie dafür zahlen sollten — ein Straßenjunge würde es sich eines Tages gratis holen. Dies ist, wie ich glaube, eine durchaus philosophische Art, die Dinge zu betrachten. [. . .] Die Armen, in der Schlichtheit ihrer Gemüter wirklich weise, sehen im Geschlechtsverkehr nichts Schädliches, wie die Bessergestellten es oft behaupten (ob sie es wirklich für schädlich halten, ist eine andere Frage.) [. . .] Alle sagen, daß Frauen der Oberklassen ihre Unschuld so lange versiegelt halten, um einen höheren Preis für sich zu erlangen, entweder in Geld oder in Prestige. Doch manchmal bekommen sie weder das eine noch das andere oder müssen lange warten, jahrelang, und wichsen sich während des Wartens, sehnen sich nach einem Schwanz und nach einer Spermaölung. Ein armes Mädchen dagegen fängt frühzeitig an, hat vielleicht jeden Tag seinen Spaß davon. So sind denn die Freuden des Lebens gleichmäßig und gerecht verteilt. Vielleicht hat die Frau, die ihren Instinkten und also der Natur folgt, das meiste Vergnügen am Leben, und die Frau, die es aufschiebt, verliert viel. [. . .]

Da beide Geschlechter so viel Freude am Anblick ihrer Genitalien haben, hat es mich immer erstaunt, wie sehr sie sich mühen, sie zu verbergen, und daß es für unschicklich gilt, sie ohne gegenseitige Zustimmung zu zeigen. [. . .] Ich kam zu dem Schluß, daß es bei den Frauen das Ergebnis der Erziehung ist, wenn sie alles daran setzen, den Anblick ihrer Geschlechtsteile meistbietend zu verkaufen, und den Mann dazu zu verführen, ihnen dafür einen hohen Preis zu zahlen: den Ehering. Frauen, von der Hure bis zur Prinzessin, können auf dem Markt gekauft werden. Einzig der Preis variiert. Und wer am meisten bietet, ob Geld oder Rang, bekommt die Frau.«

Zweierlei in diesem Zitat ist aufschlußreich. Erstens behauptet der Autor, daß der Konnex zwischen Sexus und Geld normativ sei — ein festgesetzter Wert in allen Klassen im viktorianischen England. Das stimmt mit dem überein, was wir aus der zeitgenössischen Literatur und aus anderen Quellen wissen. Zweitens ist die Einstellung des Autors, obwohl er gedanken- und widerspruchslos diese Norm akzepiert, in sich gebrochen — sie ist gleichzeitig brutal und menschlich. Sie ist brutal durch die Billigung dieses Moralsystems und durch den Zynismus, den diese Billigung bedeutet. Sie ist menschlich durch ihre Sympathie für die Armen. Der Stil, der Brutalität und Menschlichkeit kombiniert, ist charakteristisch für das gesamte Werk und meiner Meinung nach einzigartig. Es liegt auf der Hand, daß ein Werk wie *My Secret Life* nur von einem Mann geschrieben werden konnte, der beide Eigenschaften, beide Verhaltensmerkmale in sich kombinierte. Es ist ferner klar, daß im viktorianischen England ein Mann, der ein Leben unbegrenzter Promiskuität führen wollte, nicht nur Mut und Aggressivität besitzen, sondern beides bis zu dem Punkt treiben mußte, wo sie in Brutalität, Gemeinheit und Gleichgültigkeit umschlagen. Es ist nützlich, daran zu erinnern, daß nicht nur in *politischen* Umwälzungen Verbrechen im Namen der Freiheit geschehen sind und geschehen.

Der Autor versteht sich freilich nicht als Rebell oder Revolutionär. Und tatsächlich ist er weder das eine noch das andere. Mit ganzem Herzen billigt er die bestehenden

Zustände, erfreut sich an dem, was er »geschäftliche Verhandlungen« nennt. Und unbestreitbar bringt er seine Experimente zu ihrem logischen Ende: Er füllt die Vagina einer Frau mit Shillingstücken. Geld und Klasse funktioren im Hinblick auf Sexualität in ähnlicher Weise. Eine der zentralen Komponenten männlicher Sexualität ist der Wille zur Macht, der Wunsch zu dominieren. In modernen Gesellschaften ist Geld eines der zwei oder drei wichtigsten Instrumente individueller Macht und Machtausübung, und die Verknüpfung von Sexualität und Geld durch das Medium der Macht ist unvermeidlich. Das Geld schiebt sich zwischen den Autor und die Frauen, in die er eindringen will, wofür er bezahlt. Geld setzt eine neue Distanz — sowohl im Psychischen als auch im Sozialen — zwischen den beiden Partnern. Es macht die Frauen zu Waren, zu Sachen. Um den klassischen Ausdruck nochmals zu gebrauchen: eine »Verdinglichung« findet statt. Es ist eines der vielen Paradoxa, die diesen Prozeß begleiten, daß ein Individuum die intime Vereinigung mit einem anderen sucht, während es zugleich die größtmögliche Distanz zu ihm herstellt, so daß beide depersonalisiert werden. Das Paradoxon läßt sich entschlüsseln, sobald wir erkennen, daß der Autor im Grunde nicht die Vereinigung mit einer anderen Person anstrebt, sondern gewisse Phantasien ausagieren will. Erfolg oder Mißerfolg eines solchen Vorhabens hängt einzig davon ab, ob es ihm gelingt, seine Sexualpartner zu dominieren oder zu kontrollieren, sie in Objekte zu verwandeln. Bei der Masturbation und in den Phantasien, die sie begleiten, ist diese Beherrschung des anderen gewährleistet. Für einen Mann, der eine »realistischere« Form der Sexualität vorzieht, ist die passive Kooperation von Frauen, die sich entschlossen haben, ihren Körper und ihre Individualität als manipulierbare Objekte zu verstehen, ein angemessener Ersatz.

Um herauszufinden, welche Art von Phantasien hier am Werk sind, müssen wir unsere Perspektive verändern und anderes Material untersuchen. Bislang haben wir sozusagen die Außenschicht von *My Secret Life* betrachtet, den Teil, der die gesellschaftliche Existenz ausstellt.

Nun müssen wir in das Innere dieses Dokuments vordringen und es mit anderen Mitteln und in anderer Absicht prüfen.

VI.

Vor allem und ausdrücklich hat es sich der Autor von *My Secret Life* vorgenommen, aufrichtig zu sein. Er schreibt, es sei seine Absicht gewesen, »mein privates Leben den Tatsachen nach ganz offen zu schildern, und zwar im Geiste der wollüstigen Taten, die ich vollbracht hatte oder deren Zeuge ich geworden war; es ist also vollkommen wahrhaft beschrieben, ohne jede Rücksicht auf das, was die Welt Anstand nennt. Anstand und Sinnlichkeit, wo man sich auf diese ganz einläßt, vertragen sich nicht, das eine macht dem anderen den Garaus.« Ohne Frage bemüht sich der Autor um Ehrlichkeit. Er scheut nicht davor zurück, sich selbst in ungünstigem Licht zu zeigen oder Verwirrung, Enttäuschung und Versagen einzugestehen. Im vorgerückten Alter, als er längst zu der Ansicht gelangt ist, daß in sexuellen Dingen alles erlaubt sei, beschließt er zum Beispiel, sich an einem Experiment mit mehreren Personen zu beteiligen, zu dem auch gehört, daß er selbst sich homosexuell betätigt. Es bereitet ihm Mühe, das Experiment durchzustehen, und er ekelt sich danach vor sich selbst und vor dem anderen Mann. »Es kann nicht unanständig oder unschicklich für Mann oder Frau sein, sich in jeder beliebigen Weise privat zu vergnügen. Bedenken entstehen aus Vorurteilen und Sitten. Gleichwohl war ich froh, als Eugene das Zimmer verlassen hatte. Noch während ich dies schreibe, ist mir der Gedanke, daß ich ihn besaß, widerwärtig — was absurd ist. Wozu taugt denn meine ganze Philosophie, wenn sie mich noch immer so denken läßt?« Bei anderen Gelegenheiten gesteht er ähnliche Konflikte. Die Fähigkeit, die Diskrepanz zwischen Phantasie und Realität, zwischen der eigenen Überzeugung oder Einstellung und der Erfahrung wahrzunehmen, ist die erste Vorbedingung für eine glaubwürdige Beschreibung des eigenen Lebens.

Zum Teil hat diese Ehrlichkeit prinzipiellen Charakter, zum Teil richtet sie sich auch ganz spezifisch gegen den vorherrschenden Moralkodex. Die Darstellung seiner ersten Affäre, bei der es wirklich zum Geschlechtsverkehr kam, beschließt der Autor mit folgenden Sätzen:

»In jeder Hinsicht waren wir so sehr Mann und Frau, wie die Umstände es zuließen. Wir vögelten, wann immer sich eine Gelegenheit bot; wir teilten unser Geld; wenn ich keines hatte, nahm sie das, was sie als Lohn erhielt; und wenn ich welches hatte, bezahlte ich ihr davon Schuhe und Kleider — ein Geschenk im herkömmlichen Sinne des Wortes habe ich ihr nie gemacht; unsere sexuellen Vergnügungen waren einfachster Art, wir machten es auf die altmodische Weise, und alles in allem war es eine natürliche, tugendhafte, heilsame Verbindung, doch die Welt wird mir in diesem Punkt nicht zustimmen.«

Wer im viktorianischen England zu solchen Eröffnungen bereit war, mußte nicht bloß aufrichtig sein, er mußte auch über Mut und Trotz verfügen. Doch obwohl der Autor die Natürlichkeit, ja, die Keuschheit seiner Erfahrung unterstreicht, sind Trauer und Resignation nicht zu überhören. Es klingt, als ob er damals noch nicht wirklich glaubt, was er sagt, oder als ob die Dinge um so verworrener werden, je mehr er auf seine Überzeugungen pocht. Wir vergessen allzu leicht, daß Aufrichtigkeit auch deprimieren kann. Die Literatur des Sexus in all ihren Sparten ist keine sonderlich glückvolle oder glückverheißende; sie ist eher düster und melancholisch. Es scheint, daß ihr Gegenstand seine Beschreibung notwendig mit Trauer schlägt.

Ein anderes Moment des anti-viktorianischen Bemühens um Aufrichtigkeit bekundet sich in dem Vorsatz des Autors, die Heuchelei aufzudecken, die das Alltagsleben seiner Zeit insbesondere in Belangen der Sexualität bestimmte. Diese Absicht liefert ihm eine zusätzliche Rechtfertigung für sein Werk:

». . . was immer die Gesellschaft sagen mag, es ist nur eine Geschichte aus dem menschlichen Leben, vielleicht der Alltag von Tausenden, wenn man deren Geständnis erlangen könnte.« Auch dem Kult der »reinen Liebe«, der damals überaus beliebt war, rückt er zu Leibe. Und obwohl er seine Ablehnung in einer groben, vulgären Diktion vorträgt, trifft sie den Kern der Zustände, vor allem, wenn man den Kontext mitbedenkt, in dem er seinen Einspruch formuliert hat. Gelegentlich hatte er ein an die Geschichte Leopold Blooms erinnerndes Erlebnis — er spioniert defäzierenden und urinierenden Frauen nach. Nachher ist er über sich selbst entsetzt und erwägt beim Wiederlesen der Schilderung, »ob ich nicht die ganze Episode streichen soll«. Doch dann kommt er zu dem Schluß: »In einem geheimen Leben sollte es keine Streichungen geben. Es gibt nichts, dessen ich mich schämen müßte. Es war eine vorübergehende Phase, und schließlich kann man gar nicht genug über die menschliche Natur erfahren.« Wie unreflektiert in ihren Widersprüchen solche Sätze auch immer sein und wie leicht sie für uns als Rationalisierungen durchschaubar sein mögen, sie enthalten den Schimmer der Wahrheit und der Wirklichkeit. Und schließlich wirkte *My Secret Life* damals durch die ausschließliche und besessene Thematisierung des Sexus subversiv — subversiv angesichts der viktorianischen Konvention, ein ganzes Universum der Sexualität und der sexuellen Aktivität zwar stillschweigend anzuerkennen, die Sexualität aber sowohl aus der Sprache wie auch aus dem umfassenderen, öffentlichkeitsorientierten Bewußtsein des Einzelnen und der Gesellschaft auszugrenzen.[19] *My Secret Life* wie auch die Blüte aller Arten von pornographischer Literatur während der viktorianischen Ära hängen mit dieser Spaltung und Ausschließung eng zusammen.

Umgeben von Unwissenheit, inmitten dessen, was er für eine Verschwörung des Schweigens im Hinblick auf die Sexualität hält, fragt sich der Autor oft, ob er etwas Besonderes, ein Einzelfall sei: ». . . ob alle Männer so vorgehen, wie ich es tat, mit Küssen, Schmeicheleien, schlüpfrigen Andeutungen, obszönen Reden, verstohlenen Berührungen, ob alle ihre Finger beriechen, dann zum Angriff übergehen und siegen?« Und: »Verspüren alle

[19] Gladstone z. B. war unfähig, einen Witz zu verstehen, der eine sexuelle Anspielung enthielt.

Männer die seltsamen Gelüste, die mich spät im Leben hingerissen haben, während mich in früheren Jahren der bloße Gedanke an sie empörte? Ich werde es nie erfahren; doch meine Erlebnisse, wenn sie gedruckt werden, können anderen eine Gelegenheit zum Vergleich geben, wie ich sie nie hatte.« Zwar sind auch hier wieder Rationalisierungsmechanismen im Spiel, aber sie fördern unstreitig Realitätsstücke zutage. Der Autor zeichnet nicht nur so genau wie möglich seine Erfahrungen auf, sondern er macht auch Anstrengungen, »die Wahrheit« herauszufinden, zumindest, wie man damals sagte, »die Tatsachen«. Um die Mitte seines Werdegangs versucht er sich an einem Projekt, das ich für die erste Befragung über Sexualverhalten in der Geschichte halte. Wie später das Team von Interviewern, das von Alfred C. Kinsey geleitet wurde, memoriert er seinen Katalog von Fragen, wohl weil er ahnt, daß eine förmliche Befragung nur Widerstand und Hemmungen hervorrufen würde. Er druckt den Fragebogen ab und bekennt freimütig, daß einer der Beweggründe für dieses Unternehmen sexuelle Neugier war: die Befriedigung, alles kennenzulernen und zu wissen, »was Frauen über ihren Körper geheimhielten, Unterschiede zu vergleichen und jede über ihre sexuellen Vorlieben, Empfindungen und Gewohnheiten zu befragen«. Wir sollten uns hier vergegenwärtigen, daß sexuelle Neugier von Neugier allgemein nicht streng unterschieden werden kann; vielmehr ist das Fundament aller Neugier in der sexuellen Neugier der Kindheit gelegt, eine Tatsache, die so bekannt ist, daß sie hier nicht weiter erläutert zu werden braucht. Was wir in *My Secret Life* vor uns haben, ist das ungewöhnliche Dokument der *kulturellen* Transformation dieses Tatbestandes.

Das Buch enthält drei ausführliche, separate Abhandlungen: eine über den Geschlechtsverkehr im allgemeinen und je eine über die männlichen und die weiblichen Genitalien. Der Autor bekennt, daß er »über die Heimlichkeit nachgedacht hat, in welche die Leute ihre Amouren hüllen, über die Scham, die sie lächelnderweise vor jeder direkten Bemerkung über den Geschlechtsverkehr empfinden, obwohl er doch die wichtigste Triebkraft der Menschheit ist, die jeden Tag in irgendeiner Form, in Wort und Tat, ihren Ausdruck findet. Es ist ein Thema, über das sich Frauen und Männer fast täglich Gedanken machen, sofern sie gesund sind.« Obwohl er kein Arzt ist, also nicht mit Sachkenntnis und Genauigkeit über anatomische Einzelheiten sprechen kann, versucht er, »was im Grunde eine allgemeinverständliche Beschreibung genannt werden kann, angemessen für die Unbedarften und für beide Geschlechter, oder, wenn Sie so wollen, eine belehrende Lektüre für die Jugend. Für die Jugend ist dieses Wissen von größter Bedeutung, und doch scheint es das Ziel der Erwachsenen zu sein, jungen Menschen dieses Wissen vorzuenthalten.« Und obwohl die Abhandlung, die nun folgt, Ungenauigkeiten und Fehler aufweist, ist sie das bei weitem offenste, einfachste, nüchternste und redlichste Kompendium des sexuellen Verhaltens, das mir aus jener Epoche bekannt geworden ist. Der Autor beschließt sie mit dem Hinweis, daß sie »vielen jungen Menschen, die die Reife erlangt haben, Schwierigkeiten und Zeit ersparen kann bei der Suche nach Wissen, das alle haben sollten, das aber von einer falschen Moral als unanständig diskriminiert wird.« In seinen Abhandlungen über die Genitalien verfolgt er die gleiche Absicht und liefert eine geradezu rührende Darlegung seiner Bemühungen, die durchschnittlichen Formen und Größen der Organe und die durchschnittliche Dauer, die Bewegungsabläufe und die mechanischen Vorgänge beim Koitus zu ermitteln. Der Wunsch, alles zu beschreiben und zu klassifizieren, ist die erste Stufe jeder empirischen Untersuchung. Er ist freilich keineswegs unvereinbar mit der Abneigung gegen eine Selbstanalyse.

Im Vorwort schreibt der Autor, daß diese »geheime Geschichte auf jeder Seite den Stempel der Wahrheit trägt« und »ein Beitrag zur Psychologie« sei. Dies ist ebenso richtig wie falsch. Was für ein »Beitrag« auch immer sein Werk sein mag, seine Leistung steckt in der Präsentation des Materials, nicht in den Erklärungsversuchen. »Ich könnte meine Handlungsweise«, meint er gelegentlich, »oder warum ich dies tat und jenes sagte, heute nicht erklären, sehr häufig scheint mein Betragen abwegig, töricht und sinnlos, das mancher Frauen ebenso, aber ich kann nur feststellen, was sich wirklich zugetragen hat.« Und an anderer Stelle, wo er seine Verhältnisse mit Frauen, die sehr viel älter als er waren, rekapituliert, heißt es: »Ich kam mir verderbt vor, weil ich in sie eindringen wollte, fast so, als ob ich meine Mutter gevögelt hätte, aber ich will nicht Beweggründe und Gefühle analysieren, ich berichte lediglich Fakten.« Seine Mitteilungen sind sowohl in der Form als auch im Inhalt ambivalent; sie lassen jeweils mehrere Deutungen zu. Er ist nicht willens, über einen bestimmten Punkt hinaus sein Verhalten zu reflektieren. Er vermutet wohl (zu Recht), daß er sich seiner Freuden berauben würde, wenn er ernsthaft über sich selbst nachdächte oder die Motive seiner Handlungen zu erforschen suchte. Die Aufdeckung seines Verhaltens und seiner Phantasien mit Mitteln rationaler Analyse (und Selbstanalyse) würde beide Impulse beschädigen oder gar untergraben. Wir sollten indes beachten, daß er diese Abwehrhaltung mit nahezu der gesamten älteren und zeitgenössischen Literatur des Sexus teilt. So spricht denn vieles dafür, daß diese Einstellung charakteristisch für die letzte vorpsychologische Epoche der modernen Kulturgeschichte ist. Der Autor von *My Secret Life* ist zwar von der Psychologie überzeugt und begreift sein eigenes Werk als einen »Beitrag« dazu; dennoch ist er außerstande, zu »psychologisieren«.

Doch einmal angenommen, er hätte sein Verhalten ergründen, es tatsächlich analysieren wollen: Welche Instrumente oder Mittel hätten ihm überhaupt zur Verfügung gestanden? Er konnte lediglich auf ein moralistisches und halb theologisches Vokabular zurückgreifen, um sein Verhalten zu beschreiben. Sogar die zeitgenössische medizinische Terminologie war tief in moralische und religiöse Vorstellungen verstrickt. In dieser Sprache hätte sich der Autor von *My Secret Life* nur als Monstrum oder Unhold begreifen können, als verrückt, als eine Gefahr für sich und die Gesellschaft. Eine neutrale Sprache, in der er sein Verhalten und seine Neigungen hätte diskutieren können, gab es nicht, keinen Diskurs, der jene Distanzierung von der unmittelbaren Erfahrung ermöglicht hätte, die notwendig ist, um über sie »nachzudenken«. Welche Alternative stand dem Autor unter solchen Umständen offen, wenn er sich nicht der vorherrschenden Meinung unterwerfen wollte? Alles, was er tun konnte, war, die »Fakten« seiner Erfahrung wiederzugeben, so genau er es vermochte und sofern er den Mut dazu aufbrachte. Er selbst war sich der Grenzen, die seinem Unterfangen hieraus erwuchsen, durchaus bewußt. Gegen Ende des Werkes setzt er sich noch einmal damit auseinander: »Wie schon oft gesagt, das Ficken ist immer gleich, allein das Vorspiel variiert.« Und er fährt fort, daß er, obwohl er endlos über »die Rätsel der Liebe« geschrieben habe, »nichts Rätselhaftes an ihr hat entdecken können — außer in der Psychologie«. Dies ist nicht nur eine tiefe Erkenntnis — das Verdienst des Autors besteht auch darin, daß er imstande war, sie festzuhalten. Eingebunden in eine Welt der Physiologie der Organe und des Handelns, hat er sein ganzes Leben so gelebt, als ob dort etwas Rätselhaftes zu finden sei; und doch gelangt er zu der Einsicht, daß es dieses Rätselhafte *anderswo* geben muß. Und er verhilft uns zu einer weiteren Erkenntnis, mit der wir sein Werk eher begreifen können, die uns aber auch verstehen läßt, warum die Pornographie im allgemeinen eine so freudlose, frustrierte, enttäuschte Art von Literatur ist. Wo sie Rätseln nachspürt, gibt es keine. Wo sie etwas zu entdecken sucht, ist nichts zu entdecken. Wonach sie sucht, das kann nicht gefunden werden. Das Rätsel besteht darin, daß es kein Rätsel gibt.

VII.

Wenn Rätsel vorhanden sind, müssen wir dort nach ihnen fahnden, wo die »Fakten« der Sexualgeschichte des Autors sie uns enthüllen. Er erzählt seine Geschichte in chronologischer Folge und sehr detailliert. Die ersten hundert Seiten von Band 1 sind seinen sexuellen Erlebnissen während seiner Kindheit gewidmet. Die Erziehung des Autors scheint für sein Zeitalter und eine Familie in dieser Position normal verlaufen zu sein. Seine frühesten »Erinnerungen an sexuelle Dinge« datieren aus der Zeit, als er ungefähr fünf Jahre alt war, und beziehen sich auf ein Kindermädchen.

»Ich erinnere mich, daß sie manchmal meinen kleinen Schwanz ergriff, wenn ich pinkelte. War das nötig? Ich weiß es nicht. Sie versuchte, meine Vorhaut zurückzuschieben, wann und wie oft, weiß ich nicht mehr. Aber ganz deutlich erinnere ich mich, daß ich die Schwanzspitze sehen konnte, daß es mir wehtat, daß ich aufschrie und sie mich tröstete und daß dies mehr als einmal geschah.«

Er beschreibt ziemlich poetisch eine Reihe von vertrauten und typischen Konstellationen kindlicher Verführung und Masturbation, in denen dieses Kindermädchen eine erhebliche Rolle spielt. Dann bekennt er seine ödipalen Ängste ein, Ängste während der Nacht und vor Männern. Diese Passagen beschwören auch Erlebnisse herauf, die unverkennbar Rekonstruktionen grundlegender Phantasien sind. Das entscheidende Symptom seiner frühen Erfahrungen ist seine Phimose: »Ich konnte bis zu meinem sechzehnten Lebensjahr die Spitze meines Schwanzes nicht ganz entblößen, ohne daß es mir wehtat. [. . .] Mein Kindermädchen, so vermute ich, fand das merkwürdig, sie versuchte diesen Fehler in meiner körperlichen Ausstattung zu beheben und tat mir dabei weh.« Seine Eltern scheinen von dem Defekt nichts gewußt zu haben, die Mutter — die »alles verabscheute, was ihrem Zartgefühl widerstrebte« — leugnete ihn; der Vater reagierte ähnlich, wahrscheinlich aus anderen Gründen. Als er sich während der Schulzeit gemeinsam mit anderen Knaben an der gegenseitigen Erkundung des Körpers beteiligt, wird der Mangel entdeckt: »[. . .] wir alle verglichen unsere Schwänze, und meiner war der einzige, bei dem sich die Haut nicht zurückstreifen ließ, sie hänselten mich, ich brach in Tränen aus und lief weg. Ich glaubte, irgend etwas stimme nicht bei mir, und schämte mich, meinen Schwanz noch einmal zu zeigen, aber ich unternahm jetzt ernsthafte Versuche, die Vorhaut zurückzuschieben, ließ es aus Angst vor dem Schmerz aber bald wieder sein, denn ich war sehr empfindlich.«

Er erinnert sich auch an seine frühen Sexualtheorien. Als Kind beobachtet er, wie ein Hengst eine Stute besteigt, und »wie sein Schwanz direkt in dem verschwand, was ich damals für den Hintern der Stute hielt«. Zwar weiß er, daß er im Laufe seiner Kindheit mehrfach Frauen nackt gesehen hat, er gibt jedoch zu, die Erinnerung daran unterdrückt zu haben, und spricht von seiner Überraschung, als er von einem Vetter über die Beschaffenheit der weiblichen Genitalien aufgeklärt wird. Er neutralisiert dieses Wissen sogar, indem er behauptet, die »Schwänze« der Mädchen seien »flach«. So gibt er den Unterschied zu und leugnet ihn gleichzeitig. Unablässig malt er sich aus, wie Mädchen gebaut sind, »wie das Pipi herauskam, ob sie sich die Beine dabei naß machten, und ob das Loch nahe beim Arschloch lag oder wo sonst«. Wenig später wird ihm ein »unzüchtiges Bild« gezeigt. »Es war koloriert. Ich wunderte mich, daß die Möse eine Art länglicher Schnitt war. Ich hatte sie mir rund vorgestellt, wie ein Arschloch.« Erkundungen an einer kleinen Schwester führen zum selben Ergebnis, doch er und sein Vetter, mit dem gemeinsam er die Untersuchung vornahm, »hielten an der Vorstellung von dem runden Loch fest, wir stritten uns sogar deshalb«. Wir sollten uns in diesem Zusammenhang in Erinnerung rufen, daß nur wenige Jahre, nachdem diese Sätze geschrieben worden sind, Freud seine Forschungen zu diesem Thema begann. Diese Sätze enthüllen, daß der Knabe die anatomischen Unterschiede der Geschlechter zugleich leugnen und erklären will. Zunächst entwickelt er ein anales Bild vom Koitus und wahrscheinlich auch von der Geburt, das jeden Unterschied bestreitet. Dann glaubt er, daß Mädchen, obwohl sie kastriert zu sein scheinen, »irgendwo« einen Penis in sich versteckt haben.

Der Autor wächst heran und hat die »normalen« Erfahrungen und Ängste. Mit einer Ausnahme. Er scheint frühzeitig willens und fähig gewesen zu sein, seine Phantasien auszuleben, Experiment und Spekulation zu verbinden. Seinen ersten Koitus hat er im Alter von siebzehn oder achtzehn. Damit hat er eine neue Stufe der Erfahrung erreicht.

Wir können schließen, daß Kindheit und Jugend des Autors, soweit er sie uns offenbart hat, nicht ungewöhnlich waren. Daß aktive sexuelle Beziehungen zwischen Kindern und Dienstboten bestanden und daß Dienstmädchen und Gleichaltrige eher als Eltern die Quelle sexueller Information waren, ist nichts Außergewöhnliches. Doch einige Elemente in den frühen Erinnerungen des Autors verdienen Beachtung. Außer den Kastrationsängsten und -phantasien, unter denen jeder Junge leidet, scheint er einen ungewöhnlich großen Teil seiner Erlebnisse aktiv und bewußt im Gedächtnis bewahrt zu haben. Zu den Kastrationsängsten kamen die Gefühle und Gedanken über seine Phimose; sie haben die Ängste verschärft und vielleicht eine Störung seines »Körperbildes« hervorgerufen, ein Umstand, auf den ich zurückkommen werde. Schließlich war die Fülle nicht unterdrückter oder verdrängter sexueller Eindrücke mit einem Temperament verbunden, das von Anbeginn durch Aggressivität gekennzeichnet war, durch die Neigung, sich eher in Handlungen als in Überlegungen auszudrücken.

Der Autor berichtet, daß bis zum Alter von dreißig Jahren sein »Geschmack« und seine Bedürfnisse »ziemlich einfach« blieben.

»Obwohl ich alles, was sexuell möglich war, einmal ausprobierte, teils aus Neugier, teils aus einem plötzlichen Impuls, [. . .] war mein Umgang mit Frauen einfach, alltäglich und einfallslos. [. . .] Ich suchte nicht nach ausgefallenen Stellungen und abwechslungsreichen Freuden beim Geschlechtsverkehr oder im Vorspiel, wie sie eine blühende, üppige und poetische Phantasie seitdem zu meiner Befriedigung ersinnt.«

Danach jedoch entwickelt sich sein sexueller Geschmack, und seine Erfahrungen werden sozusagen programmatisch. Er experimentiert mit Stellungen, Organen und anderen Körperteilen; bisweilen gibt er einem Interesse an den Ausscheidungsvorgängen nach; er probiert Perversionen aus; er gibt seinen voyeuristischen und sadistischen Neigungen nach. In anderen Worten, er lebt die sexuellen Phantasien der Menschheit aus. Diese Phantasien sind zwar im sexuellen Kontext seiner Kindheit begründet, sie werden aber in einer sekundären Form ausgedrückt, verändert unter der Vorherrschaft der genitalen Organisierung. Das Ziel ist genitale Lust. Eine der außerordentlichen Eigenschaften des Autors von *My Secret Life* ist, daß, obwohl er ungezwungen mit sexuellen Erfahrungen experimentiert, er niemals verwirft (und niemals in Gefahr gerät, zu verwerfen), was in der ziemlich gefühllosen Terminologie der Psychoanalyse »genitaler Primat« genannt wird. Er ist kein de Sade, bei dem sich die gesamte sexuelle Organisation des Erwachsenen in die Bestandteile der Kindheit auflöst.

Dennoch können wir den Autor nicht für einen »normalen« Menschen halten. Obschon wir der Versuchung widerstanden haben, *My Secret Life* als eine *psychopathia sexualis* aufzufassen, können wir über gewisse Tendenzen und Komponenten im Naturell des Autors nicht einfach hinwegsehen — ob sie pathologisch sind oder nicht, ist für ihre kritische Beschreibung, wie Freud gezeigt hat, irrelevant.

Die erste Tendenz hängt, wie erwähnt mit dem starken Interesse des Autors am eigenen Penis und natürlich an allen anderen auch zusammen. Hinter dieser niemals erlahmenden Fixierung können wir sowohl Kastrationsangst als auch eine instabile Beziehung zum eigenen Körper vermuten, von dessen Intaktheit er sich immer wieder mit geradezu beschwörenden Formeln zu überzeugen sucht. Manches in seinem Verhalten wird nur erklärlich, wenn wir das Zwanghafte solcher Selbstberuhigungsrituale im Gedächtnis behalten. Eine der stereotypen Handlungen im Rahmen von Verführungsstrategien besteht darin, sich in einem relativ frühen Stadium der Annäherung vor der Frau zu entblößen. Er ersinnt sogar eine Theorie zur Legitimierung dieser Gewohnheit, die sich im Grunde auf die Annahme reduziert, daß »der Anblick eines Schwanzes die Frau verführt«. Für »verführt« kann man auch »überwältigt«, »erregt«, »paralysiert« lesen, lauter Ausdrücke, die er mehrfach gebraucht. Läßt man einmal die Frage nach der zweifelhaften Wahrheit einer solchen Vorstellung beiseite, so zeigt sich, daß man den Satz umkehren müßte, daß der Anblick des Penis auf *ihn* magisch wirkt und daß seine Überschätzung der Macht dieses Organs in einem direkten Verhältnis zu seinen Zweifeln und Ängsten steht.

Der Impuls, »zu sehen«, ist überaus stark in ihm. Von Kindheit an ist er erpicht darauf, Ausscheidungsvorgänge zu beobachten, besonders bei Frauen. Diese Neugier behält er auch im Erwachsenenalter, und einige der ungewöhnlichsten Episoden in seinem Buch — bemerkenswert wegen ihrer Offenheit und wegen ihrer Vorwegnahme von Leopold Bloom — sind jene, in denen er seine voyeuristischen Erlebnisse und seine Empfindungen dabei schildert. Eine neue Wendung nimmt dieser Trieb durch seinen Wunsch, anderen beim Geschlechtsverkehr zuzuschauen. Später scheut er weder Mühe noch Geld, um sich solche Schauspiele zu verschaffen. Seine zentrale visuelle Obsession ist allerdings das Bedürfnis, die Genitalien der Frau, mit der er Umgang hat, zu betrachten, zu betasten, zu untersuchen und mit denen anderer Frauen zu vergleichen. Dies, schreibt er, ist »der wichtigste Teil für mich«; »einige Männer — und ich bin einer von ihnen — sind darin unersättlich und könnten eine Möse einen Monat lang anschauen, ohne den Blick davon zu lassen.« Die Gesichter der Frauen interessieren ihn nicht; einzig ihre Körper und insbesondere deren Genitalzone nimmt er wirklich wahr. Aber es muß zu seinen Gunsten gesagt werden, daß das Haupt der Medusa für ihn keine Schrecken birgt; er übertrifft sogar Perseus, denn er braucht weder Schild noch Spiegel, sondern richtet seinen Blick direkt auf dieses Objekt universeller Furcht.

Aber es genügt nicht, auf seinen Mut hinzuweisen, wir müssen erklären, warum er diese Handlungen derart zwanghaft wiederholt. Die Erklärung liegt, wie mir scheint, in seinem exzessiven Bedürfnis nach Abwechslung. Dieser unablässige Drang, die weiblichen Genitalien zu betrachten, läßt uns vermuten, daß er nach etwas sucht, das er nicht finden kann. Entweder er sucht etwas (oder jemanden), das (oder den) er einmal gesehen hat (oder gesehen zu haben glaubt), oder er sucht nach etwas, das es nicht gibt. Beide Impulse sind wahrscheinlich vermischt, wobei der zweite vorherrscht. Was er sucht, ist ein Penis. Unbewußt ist er davon überzeugt, daß Frauen einen Penis bei sich versteckt halten. Während er also ein Ritual praktiziert, das ihm handgreiflich die Unterschiede zwischen den Geschlechtern offenbart, ein Ritual, mittels dessen er seine Männlichkeit feiern kann, leugnet er gleichzeitig diesen Unterschied und beschäftigt sich in Gedanken bereits mit der nächsten Frau, dem nächsten Objekt: auf der Suche nach etwas, das in der Natur nicht zu finden ist.

Der Wunsch, »alles« und »jedes« zu sehen — der Wunsch also, etwas zu sehen, das nicht vorhanden ist —, ist bei unserem Autor oft verbunden mit einer anderen Phantasie: der Vorstellung von einer totalen, umfassenden Lust. »Ich wollte ihre Schenkel sehen, ihre Brüste streicheln. Der Wunsch, jede Stelle an ihr zu sehen, der unwiderstehliche Wunsch, alles anzuschauen, zu betasten und alle Gelüste zu befriedigen, die bei einem Mann aufkommen, der von einer Frau zum ersten Mal in seiner Lust befriedigt wurde, überkam mich.« An einer anderen Stelle beschreibt er eine Phantasie: »Ich wollte vögeln, gewichst werden, gesaugt werden, alles auf einmal. Diese Unentschlossenheit gegenüber dem Akt, der Wunsch, alle sexuellen Freuden auf jede Weise und gleichzeitig zu genießen, berauschte mich mit wollüstigen Gedanken.« In diesem Beispiel stimmt die Kreisbewegung der Beschreibung mit dem *circulus vitiosus* überein, den seine Phantasie beschreibt. Wir können vermuten, daß solche Totalitätswünsche mit Kindheitserlebnissen verbunden sind und den Versuch anzeigen, diesen früheren Zustand wiederherzustellen, die Ängste und Frustrationen zu bewältigen, die unsere Vertreibung aus diesem Zustand signalisieren, kurz, die Ekstasen des Säuglings an der Brust und die polymorphen Freuden der Kindheit wiedereinzufangen. Mitten im 19. Jahrhundert unternahm es der Autor von *My Secret Life*, jenes Vorhaben in seinem Leben zu verwirklichen, das jüngst Norman O. Brown zu der einzigen Hoffnung auf Rettung unserer gesamten Zivilisation deklariert hat. Dem Leser sei es überlassen, zu entscheiden, was von beiden Unternehmungen zu halten ist.

Eine der Hauptschwierigkeiten eines solchen Projekts ist die Durchbrechung der Sperren, die vor der Homosexualität errichtet sind. In seinen mittleren Jahren verstärken sich die homosexuellen Tendenzen unseres Autors. Anders ausgedrückt: Da sich seine Fähigkeit zum Experimentieren erweitert, sucht er homosexuelle Erlebnisse. Er hat sie fast immer im Zusammenwirken mit einer Frau, wobei die Frau als Vermittlerin zwischen ihm und dem anderen Mann fungiert. Seine zentralen homosexuellen Phantasien und Praktiken sind die Umkehrung seiner früheren Abneigung. Er hat den Wunsch, mit einer Frau zu verkehren, die kurz vorher mit einem anderen Mann koitiert hat; manchmal möchte er beiden beim Koitus zuschauen. Solche Erlebnisse bereiten ihm ungeheure Lust. Er organisiert sie mit Prostituierten, und während eines Aufenthalts in Frankreich nimmt er mühevolle Verhandlungen mit den Besitzern eines Bordells auf sich, um seine Begierden ausleben zu können.

Die ödipale Komponente dieses homosexuellen Impulses ist offensichtlich. Tatsächlich lesen sich seine Beschreibungen wie Wiederholungen einer ödipalen Phantasie, die nur wenig unterhalb der Bewußtseinsschwelle liegt. Eine Episode verdeutlicht dies. Sie spielt in einem Pariser Bordell.

»Es ist eigenartig und scheint widersprüchlich, aber ich schreibe, was tatsächlich geschah: daß ich selten dieselbe Erregung, Lust oder auch Begierde auf Frauen hatte, die ich beim Ficken beobachtet hatte, wie ich sie denen gegenüber empfand, die aus anderen Zimmern zu mir kamen. — Häufig steckte ich meinen Schwanz gar nicht in sie hinein. Manchmal sah ich nur ihre Spalten an, ohne die Lippen der Vulva zu spreizen. Doch ich *begehrte stets die, die in anderen Räumen des Hauses gestoßen worden waren.* — Ich stellte mir dann immer vor, das Sperma stamme von einem jungen, gutaussehenden Mann. Und ich schickte sofort jene weg, von denen ich annahm, daß sie von einem älteren Mann gefickt worden seien.«

Die Hervorhebung stammt vom Autor selbst, und er bedient sich nur selten dieses Mittels. Das Haus ist natürlich das Hurenhaus, aber es ist zugleich das andere Haus, das Haus der Kindheit, das Haus, das im Grunde alle unsere anderen Wohnstätten einschließt. Des Autors Abneigung gegen Frauen, denen er beim Koitus zugesehen hat, ist sowohl eine Hemmung als auch eine Maßnahme, um einen Konflikt mit der dominierenden unbewußten Phantasie zu vermeiden. Die Frauen, die aus »anderen Räumen des Hauses« zu ihm kommen, wiederholen Szenen vom Schlafengehen im Kinderzimmer. Der letzte Teil des Zitats scheint eine Verdrängung durch Umkehrung zu sein. Unter dem Vorwand einer Vorliebe für junge Männer weist der Autor jene Frauen zurück, die er verdächtigt, mit älteren Männern zusammen gewesen zu sein. Hier ist die Hemmung besonders deutlich und gestattet der unbewußten Phantasie, im Unbewußten zu bleiben. Der Bewußtseinsstand des Autors gleicht dem der unmittelbaren Vorgänger Freuds. Er ist an derselben Thematik interessiert und beteiligt und macht sich Gedanken darüber. Aber er nimmt das Material als das, was es oberflächlich zu sein scheint; er untersucht nicht die Widersprüche, obwohl er ihrer gewahr wird und sie erwähnt. Er forscht nicht nach der Bedeutung seines Verhaltens. Seine Aufmerksamkeit ist auf die Erfahrung und auf sich selbst innerhalb dieser Erfahrung gerichtet, nicht auf deren Bedeutung.

Diese Konzentration des Interesses ist wichtig zum Verständnis des Autors. In seiner Jugend und gelegentlich noch als Erwachsener leidet er unter Potenzstörungen (vorzeitige Ejakulation). Aber wenn auch seine Potenz gestört war, er selbst war es nicht. Da er imstande war, ziemlich rasch hintereinander zwei- oder dreimal Verkehr zu haben, hielt er sich sogar für potent (er prahlt übrigens nie damit). Die Umstände verraten weiter: eine Vorbedingung für seine Hypersexualität[20] besteht darin, daß sein primäres Objekt er selbst ist. Obwohl er später behauptet, daß die Befriedigung der Frau zunehmend

[20] Hypersexualität bezeichnet natürlich einen psychischen keinen physischen Zustand.

wichtiger für ihn werde, dürfen wir dies nicht wörtlich nehmen. Zweifellos zieht er eine echte Reaktion der Frau einer vorgetäuschten vor, doch die einzige Reaktion, die ihn wirklich interessiert, ist seine eigene.

Dieses Interesse drückt sich seltsamerweise in den ausgesprochen sadistischen Tendenzen aus, die sich frühzeitig bei ihm bemerkbar machen. Am deutlichsten treten sie in den Episoden hervor, in denen er die Defloration junger Mädchen beschreibt, die Prostituierte ihm zugeführt haben. Hier ein Beispiel:

»Ich drückte; ein lautes ›Oh‹; ein stärkerer Stoß; ein schriller Schrei; das Hindernis war in der Tat eng; ich hatte nie zuvor solche Schwierigkeiten gehabt; meine Gier wurde wilder; ihr Schmerzensschrei bereitete mir unaussprechliche Lust; und obwohl ich sagte, ich würde ihr nicht weh tun, wünschte ich, ihr wehzutun, und freute mich daran. Ich stieß mit der ganzen Kraft, die meine Lenden hergaben, bis mein Schwanz sich zu biegen schien und schmerzte.« Mehrfach erklärt er: »Ich empfand nie mehr Lust an Unzüchtigkeiten, als wenn ich ihr wehtat (wer immer das Mädchen sein mochte). Es machte mich sofort scharf, wenn sie sagte, sie sei wund.«

Frauen sind Objekte für ihn, dazu bestimmt, verletzt und mißhandelt zu werden. Das primäre Objekt der Lust ist er sich selbst.

Es wäre freilich falsch, sein Verhalten rundweg als pathologisch anzusehen. Die offen sadistischen Szenen sind bloß der extreme Ausdruck der Neigungen, die sein ganzes Sexualleben prägen. Dieses Leben ist anders als das der meisten von uns. Der Autor begreift seine Sexualität, männliche Sexualität überhaupt, als reine Aggression. In seiner Vorstellung sind Frauen Dinge, die beherrscht werden müssen. Der Mann muß sie dazu zwingen, »beim Geschlechtsverkehr sich seinem Willen zu unterwerfen«. Anfangs sollen sie sich wehren, dann soll der Widerstand durch die Macht des Mannes gebrochen werden, wobei die Lust sich bei ihnen ebenfalls einstellt. Der Autor erfährt seinen eigenen Sexualtrieb als eine dämonische Besessenheit. Sobald seine Begierde ihn überwältigt, ist er außer sich, außer Kontrolle. Ein Mann im

»Zustand der Lust ist bereit, alles zu ficken, seine Schwester ebenso wie seine Großmutter, eine zehn Jahre alte Göre oder eine Frau von sechzig«. Jedes beliebige Objekt genügt ihm, da der Trieb selbst unspezifisch ist und als unspezifisches Gebot erfahren wird. Er hält diese Zustände für »Brunst« und denkt sie mit ihrem biologischen Ursprung zusammen:

»Wenn ich meine brünstige Raserei habe, kann ich nichts anderes denken als Möse, selbst wenn ich vom Vögeln erschöpft bin. Möse, Möse — das ist alles, was ich denken kann. Bei jeder Frau, die ich auf der Straße sehe, überlege ich, was für eine Möse sie hat, groß oder klein, mit braunen Haaren oder schwarzen; ob sie schon gefickt worden oder noch Jungfrau ist. Ich bin verrückt nach Möse — das dauert gewöhnlich zwei oder drei Tage, bis ich völlig leergevögelt bin.«

Um die dämonische Macht seines Sexualtriebes zu zeigen, beichtet der Autor nicht nur seine Schwächen oder seine Verworfenheit. Seine Lust insgesamt »ist stark, unbewußt und unkontrollierbar«. Nach einer Episode, bei der ihn die »einander folgenden wollüstigen Regungen« sehr weit getrieben haben, »erscheint ihm die ganze Angelegenheit als ein psychologisches Phänomen und nichts weiter«. Dies ist seine Art auszudrücken, daß er nicht versteht, was mit ihm geschieht oder was er getan hat, und wir können mit seiner Verwirrung sympathisieren. Denn er verkörpert nicht nur ein »psychologisches Phänomen«, sondern auch ein historisches. Obwohl er im 19. Jahrhundert geboren und aufgewachsen war, entwickelte sich seine Sexualität nach einem archaischen Modell. In einer wichtigen Anmerkung in *Drei Abhandlungen zur Sexualtheorie* schreibt Freud, daß »der eingreifendste Unterschied zwischen dem Liebesleben der Alten und dem unsrigen wohl darin liegt, daß die Antike den Akzent auf den Trieb selbst, wir aber auf dessen Objekt verlegen. Die Alten feierten den Trieb und waren bereit, auch ein minderwertiges Objekt durch ihn zu adeln, während wir die Triebbetätigung an sich geringschätzen und sie durch die Vorzüge des Objekts entschuldigen lassen«.

Dieser Einsicht müssen wir hinzufügen, daß Überbleibsel dieser älteren Sexualität noch im 18. Jahrhundert vorhanden waren. Der Konflikt in einem Roman wie Samuel Richardsons *Pamela* ist vor allem ein Konflikt dieser beiden konkurrierenden Auffassungen von Sexualität. Der Autor von *My Secret Life* verkörpert die ältere Auffassung: er betont und feiert den Trieb und ehrt dadurch auch »minderwertige Objekte«. In seinem Leben und Schreiben — zu einem geringeren Grad auch in der Pornographie — wird nicht nur die Sehnsucht nach dem Glück der Kindheit beschworen, so wie sich das Glück in den Erinnerungen an die Jugend neu organisiert, sondern es wird auch die Kindheit unserer Zivilisation wiederholt. Da aber diese Wiederholung im 19. Jahrhundert stattfindet, als die Zivilisation nicht mehr, wie Hegel es ausdrückt, in der Kindheit ihres Bewußtseins war, wird die Form, die sie annimmt, verzerrt. Diese Verzerrung kann freilich selbst einer der unauflösbaren Widersprüche der menschlichen Sexualität sein, die unter den Bedingungen und Folgen des Bewußtseins, der Zivilisation und ihrer unwiderruflichen Geschichte existiert.

Ein anderer Widerspruch, in den sich der Autor von *My Secret Life* verstrickt, hängt ebenfalls mit seiner aggressiven Potenz zusammen. Zwar vermag sich der Autor seinem Trieb hinzugeben, aber er muß einen Preis für diese Freiheit zahlen. Der Preis besteht in der Einschränkung seiner Gefühle, in der Verkümmerung seiner Reaktionen auf andere Menschen, im Schwund seiner Fähigkeit, Beziehungen zu anderen herzustellen oder aufrechtzuerhalten. Dies wird offenkundig an seinen Selbstwahrnehmungen, nachdem er eine Frau verführt hat:

»Ich war ausgeruht, und sie fühlte sich frisch; ich saß beim Frühstück mit so viel Zufriedenheit und guter Laune, wie ein Mann nur empfinden konnte, aber ich bemerkte, daß ich außer Begierde nichts für sie empfand, und es tat mir sogar leid. Ich kann nicht erklären, warum es so war, aber erinnere mich daran.«

Seine aggressiven Triebe verhindern die Entfaltung von Gefühlen. Diese Behinderung ist andererseits verquickt mit seiner Unfähigkeit, Gefühle zu unterscheiden. So sagt er z. B. von einer Frau, mit der er eine lange Affäre hatte: »Obwohl ich sie mochte und mehr als das, faßte ich doch niemals eine starke Zuneigung zu ihr.« Der entscheidende Punkt ist nicht seine Unfähigkeit, sich auszudrücken, sondern daß Wörter wie »mögen« und »Zuneigung« keine bestimmte und reale Bedeutung für ihn besitzen, da er nicht die Wirklichkeit der Personen erfährt, auf die sich diese Wörter beziehen. Ausdrücke wie »mögen« und »Zuneigung« bezeichnen die Qualität von Gefühlen in *Beziehung* zu anderen Menschen, und genau daran scheitert der Autor. Er schreibt, daß er »froh« war, als eine bestimmte Affäre »zu Ende war, denn sie hatte etwas Fesselndes an sich, das mich erschreckte«. Es ist diese Scheu vor dem »Gefesseltsein« indes nicht nur für unseren Autor charakteristisch, sondern für die Pornographie im allgemeinen. Bevor wir jedoch diesen Wahrnehmungsmodus als flach und unzulänglich kritisieren, sollten wir uns vergegenwärtigen, daß in ihm einer der fundamentalen Widersprüche des menschlichen Sexuallebens hervortritt: der zwischen aggressiver, genitaler Potenz und den komplexen, hochentwickelten Emotionen, die das Erbe unserer Zivilisation sind — und unsere Last. Den klarsten Beweis für deren tragische Spaltung liefert die Tatsache, daß ein Teil unserer Sexualität in die Welt der Phantasie und in den kulturellen Untergrund abgedrängt worden ist, wo er ein kümmerliches Dasein fristet.

Ein weiterer Widerspruch, der alles bisher Erwähnte einbeschließt, steckt in dem zwanghaften Gestus, alles jederzeit wiederholen zu wollen:

»Was mich oft erstaunt, ist mein Wunsch, alles, was ich getan habe, noch einmal zu tun. [...] Ich hatte einen Mann gewichst. Meine Neugier war befriedigt. Nie mehr, sagte ich mir, werde ich einen Mann wichsen. Aber ich möchte es wieder tun. [...]

Ich möchte alles wiederholen. Die früheren Befriedigungen scheinen in meiner Erinnerung verblaßt zu sein. Ich erinnere mich nicht klar genug meiner Gefühle oder der Qualität der Lust, die sie mir verschafften. Ich möchte mein Gedächtnis auffrischen, indem ich alle Liebesabenteuer wiederhole. Es ist nicht meine Lust oder meine Kraft, die durch Abwechslung stimuliert werden soll. Es scheint vielmehr ein starkes, tierisches Verlangen zu sein, das meine Begierde stimuliert und mein Hirn beschäftigt, noch wollüstigere Variationen zu erfinden.«

Und gegen Ende des Buches schreibt er:

»Warum ist, nachdem ich Tausende davon besessen habe, eine neue Möse, weil neu, unbekannt und von mir noch nicht gebraucht, so unwiderstehlich? Warum vereitelt sie meine Vorsätze, unterwirft mich Schwachen ihrem Zauber, [. . .] obwohl ich, wenn ich sie ansehe, weiß, daß sie mir durch Reiben, Zupacken und Saugen nicht mehr Vergnügen bereiten wird als hundert andere vor ihr?«

Eines der wichtigen Kennzeichen der Sexualität des Autors — und der Art von Sexualität, die in der Pornographie gefeiert wird — ist ihre Ausrichtung an abstrakten, strikt quantitativen Verwirklichungsformen: Sexualität als endlose Akkumulation von Erlebnissen. Diese Erlebnisse sind wie die in der Pornographie beschriebenen sowohl voneinander verschieden als auch einander gleich. Der Zwang zur Abwechslung ist selbst wieder monoton und ebenso mechanisch wie trist. Und da die Gründe und Ursachen zwanghafter, sich wiederholender Tätigkeit unbewußt sind, ist es nicht möglich, sie (im Gegensatz zu Handlungen, die zum Bewußtsein gelangen) durch Lernprozesse zu verändern. Solange ihre Beweggründe unaufgehellt sind, so lange wird die monotone Suche nach Abwechslung andauern.

Eine weitere Erklärung für dieses Verhalten liegt, wie Freud dargelegt hat, in der Natur der Triebe selbst: Triebe sind konservativ und üben ihre Herrschaft über uns durch Wiederholung aus. Zugleich steckt in jeder Triebbefriedigung ein unerfüllter Rest: ein offener, uneingelöster Wunsch, der Stachel ungesättigter Verheißung. *My Secret Life* ist dafür ein Beispiel — es redet von Befriedigung und gleichzeitig von der rastlosen Suche nach etwas, das nicht gefunden werden kann. In diesem Grenzbereich zwischen Pathologie und Biologie hat Freud geforscht und schließlich eine neue Triebtheorie entwickelt, jenseits des Lustprinzips. Mir scheint, daß wir nur in diesem Rahmen die Existenz der Literatur der Sexualität und besonders der Pornographie zureichend verstehen können, einer Literatur, deren Ziel zwar die Lust ist, die aber wirkliche Befriedigung ausschließt und deren Totalitätsanspruch Zerstörung bedeutet. Dennoch sind ihre Gewalttätigkeit und ihre Aggressivität mit Kriterien der Pathologie allein nicht zu fassen. Dies gilt jedenfalls ganz bestimmt für *My Secret Life* und seinen Autor.

VIII.

Der moderne Leser wird geneigt sein, die schriftstellerische Tätigkeit des Autors im Lichte der oben erörterten Zwänge zu deuten: als einen Ausweg aus dem Dilemma. Dazu ist anzumerken, daß der Autor einen Ausweg nicht gesucht hat. Gleichwohl ist es legitim, der Funktion nachzuforschen, die das Schreiben für ihn gehabt haben mag. In diesem Zusammenhang gilt unsere erste Frage dem Publikum, das der Autor im Auge hat: Für wen schreibt er? Obwohl er mehrfach versichert, er schreibe einzig für sich selbst, und Bedenken äußert, das Manuskript zu publizieren, darf man derlei Skrupel und Vorbehalte nicht für bare Münze nehmen. Hätte er sie nämlich wirklich ernstgenommen, so hätte er es gar nicht drucken lassen, und ganz gewiß nicht in sechs oder mehr Exemplaren. Wäre ihm ernstlich daran gelgen gewesen, sein »geheimes Leben« geheimzuhalten, dann hätte er nicht zur Feder gegriffen.[21]

Zu fragen, für wen der Autor geschrieben hat, heißt gleichzeitig zu fragen, warum er geschrieben hat. Er bietet mehrere Antworten an. Erstens: »Ich habe zu meiner eigenen Freude geschrieben. Ich habe erzählt, was ich selbst sah und tat, und nichts anderes.« Oder: »Ich schreibe allein zu meinem Vergnügen, und wenn ich es drucken

[21] »Das geschriebene Wort gibt der vergänglichen Phantasie Substanz und ist zur selben Zeit eine Verbindung zur Welt anderer Personen; nichts wurde bisher geschrieben, das nicht die Existenz eines Lesers voraussetzte.« Stanley A. Leavey (Hrsg.), *The Freud Journal of Lou Andreas-Salomé*, New York, 1964, p. 4.

lasse, dann ausschließlich zu meinem Vergnügen.« Diese Auskunft ist nicht sonderlich hilfreich, der letzte Satz enthält überdies einen Widerspruch. Zweitens: Gelegentlich spricht der Autor davon, daß sein Werk ein Aufschrei in der Finsternis sei — er ist sich seiner Isolation bewußt und sucht sie zu ergründen. Kurz, er schreibt zum Zweck der Selbstverständigung. Er wünscht, seine Beobachtungen zu erläutern, sein Verhalten durchsichtig zu machen. Drittens: In Band 3 kommentiert er die ersten beiden Bände, die, wie alle folgenden, bearbeitete und gekürzte Fassungen des ursprünglichen Manuskripts darstellen. Er bedauert, Einzelheiten, Episoden, Überlegungen etc. aus Platzgründen geopfert zu haben. »Diese Einzelheiten waren auch Charakterstudien, besonders Studien meines eigenen Charakters, und wenn ich diese Erzählungen nach so vielen Jahren gedruckt wiederlese, scheinen sie der Erklärung zu bedürfen, nicht zuletzt für mich selbst.« Dieses Eingeständnis bestätigt, daß es eine der Funktionen des Schreibens war, dem Autor eine Identität zu schaffen, seinen prekären Realitätsbezug zu stärken. Viertens: Das Schreiben hat einen therapeutischen Sinn für ihn. Ein Beispiel: »Diese Episode [. . .] beschäftigte mich so sehr, daß ich, obwohl ich es nicht wollte, im nächsten Hotel, wo ich für ein paar Tage Quartier bezog, dies und eine Menge mehr niederschrieb. Ich erinnerte mich an das Gesicht, die Gestalt und das Benehmen jeder Frau, die ich gesehen hatte.« Indem er sie formuliert, bearbeitet er seine Obsessionen.

Fünftens ist das Schreiben Teil seiner sexuellen Erfahrung: eine Art dramatisierter Erinnerung, die der Autor gänzlich sexualisiert hat.

»Wie erfreulich, wenn mir die Episoden wieder einfallen, indem ich das Manuskript lese«, heißt es in Band 5. »Ereignisse, die fast in Vergessenheit geraten waren, stellen sich mir wieder ganz frisch dar. Es ist, als würde ich meine Jugend wiedererleben.«

Und:

»Welchen Spaß hatte ich an den wortreichen Wahrhaftigkeiten, während ich sie niederschrieb, so kindisch, phantastisch, lächerlich mir einige der Taten und Äußerungen heute vorkommen. Wie ganz anders als das, was die Paare in den erotischen Büchern treiben, die ich seitdem gelesen habe; Bücher, die zu keinem anderen Zweck geschrieben wurden, als die Leidenschaften anzustacheln — diesen Zweck verfolge ich nicht bei meinem Schreiben.«

Es mag zwar nicht seine Absicht gewesen sein, die Leidenschaften der anderen zu stimulieren, aber er hat ohne Zweifel seine eigene anzuregen gesucht. Immer wieder unterbricht er die Erzählung mit Bemerkungen wie der folgenden: »Ich glaube, ich spüre meine Empfindungen während ich dies schreibe. [. . .] Ich erfreue mich aller Einzelheiten noch einmal, während ich schreibe.« Die Niederschrift des Erinnerten wird »zu einer Gewohnheit, mit der ich nicht mehr brechen kann«. Einerseits bedeutet Schreiben, in welcher Form auch immer, Verdrängung, Sublimierung. Andererseits ist es eindeutig mit autoerotischen Phantasien besetzt. So wird der Akt des Schreibens für den Autor von *My Secret Life* schließlich genauso wichtig wie die Erfahrungen, die beschrieben werden. In Band 4 erzählt er z. B. von einem Abenteuer, in dessen Verlauf er eine junge Frau verführt. Er nimmt sie in ein Stundenhotel mit, da sie kein Zuhause hat. Sie offenbart ihm ihre Lebensgeschichte. Am zweiten Tag geschieht folgendes:

»Ich gab ihr einen Roman zu lesen — eine Liebesgeschichte. Sie verschlang ihn. Ich nahm Papier zur Hand, um meine glücklichen Erlebnisse festzuhalten. Das machte sie mißtrauisch. [. . .] ›Du schreibst über mich, ich bin sicher.‹ ›Warum meinst du, daß ich über dich schreibe?‹ — ›Weil du mich dauernd ansiehst.‹ Ich war mir dessen nicht bewußt. Ich beruhigte sie mit ein paar handfesten Lügen.«

Sein Wunsch zu schreiben ist inzwischen ebenso stark wie seine Verlangen nach sexueller Aktivität und wird diesem dienstbar gemacht. Er ist sich dessen sogar bewußt: »Schreiben machte meinen Genuß erst vollständig.« Der Kreis schließt sich. Seine letzte Affäre, mit der Kurtisane Helen Marwood, bezeugt es:

»Helen genoß es, von ihren Streichen zu erzählen, davon, was sie getan und gehört hatte. Zurückhaltung kannte weder sie noch ich. Sie nannte meine Karriere eine außerordentliche Liebeslaufbahn, nachdem sie einen großen Teil des Manuskriptes gelesen oder ich es ihr im Bett vorgelesen hatte, während sie meinen Schwanz streichelte. Manchmal las sie vor, und ich hörte zu, während ich ihre Brüste küßte und beschnupperte und ihre Möse streichelte, bis die Laune uns bewog, unsere Körper wieder zu verschmelzen.«

Dies, so meint man, war das vorbestimmte Ende: Seine gesammelten und niedergeschriebenen Phantasien wirken auf die Realität zurück, erfüllen sie mit weiteren Phantasien — ein Rausch, in dem Lesen, Fühlen, Handeln, Vorstellen ineinanderfließen. Und selbst das Schreiben verdichtet und verfestigt sich zum Bestandteil eines Lebens in der Phantasie, in dem die Existenz des Autors dramatisiert ist: »Ich mache keinen Versuch, meine Vorlieben zu reflektieren oder meinen Charakter zu analysieren. Dies ist die Geschichte meines privaten Lebens, und sie handelt nur von Fakten, nicht von Mutmaßungen.«

Wenn wir sagen, daß der Autor so weit und nicht weiter gehen konnte, müssen wir zugleich einräumen, daß zu seiner Zeit auch kein anderer weiter gegangen ist als er. Trotz der unbewußten Trauer, die sein Werk durchzieht, scheint er nicht unglücklich über sich selbst zu sein. Er ist sich sogar des Wiederholungszwangs bewußt und lebt mit ihm. Hat der Autor also aus seinen Erfahrungen gelernt? Was bedeutet Erfahrung für ihn, insbesondere im Hinblick auf sein Werk? Gegen Ende seiner Laufbahn macht er die Rechnung auf. »Ich habe jetzt wahrscheinlich [. . .] zwölfhundert Frauen gevögelt und die Mösen von mindestens dreihundert weiteren gestreichelt, von denen ich hundertfünfzig nackt sah.« Gleichwohl verharrt er in Täuschungen, z. B. glaubt er nach wie vor, daß Frauen ejakulieren. So scheint es denn, als hätten alle seine Erfahrungen einzig dazu gedient, seine Phantasien zu bestätigen. Doch was meinen wir, wenn wir den Ausdruck »aus Erfahrung lernen« gebrauchen? Wir meinen einerseits den Erwerb von Wissen oder die Aneignung von Realität. In diesem Sinne hat der Autor durchaus aus seinen Erfahrungen gelernt. Er hat sich Wissen angeeignet, mehr als die meisten Männer seiner Zeit. Andererseits meinen wir mit Lernen aus Erfahrung, daß man sein Verhalten ändert. Dies freilich setzt voraus, daß man sich verändern will und daß man fähig ist, sich zu ändern. Der Autor von *My Secret Life* war dazu weder willens noch fähig. Doch gemahnt uns *My Secret Life* daran, daß Erfahrung nicht nur ein Mittel zum Zweck, sondern auch Selbstzweck ist. Mit dieser Einstellung steht er an der Schwelle zur Moderne.

IX.

In einem bestimmten Bereich hat der Autor von *My Secret Life* sich allerdings doch verändert: als Schriftsteller. Hier ist eine Entwicklung unverkennbar: die Entfaltung seiner Beobachtungsgabe und seines erzählerischen Talents. Dennoch wirken in seinem Buch zwei Schreibweisen unverbunden nebeneinander. Die eine Schreibweise erinnert an gewisse Formen moderner Prosa, steht quer zum repräsentativen viktorianischen Stil. Die Gründe dafür sind nicht schwer herauszufinden. Weder das Interesse des Autors noch die Sprache, deren er sich bedient hat, um dieses Interesse auszudrücken, haben in der Kultur seiner Epoche einen Rückhalt. Der Diskurs der sexuellen Erfahrung ist dem Viktorianismus fremd. Als der Autor sich für ihn entschied, entschied er sich gleichzeitig für den Ausstieg aus der zeitgenössischen Kultur, die die offizielle Sprache beherrschte; doch vermochte er sich ihr nicht vollständig zu entziehen. So ist *My Secret Life* einerseits ein Dokument der viktorianischen Ära, andererseits ein Gegenentwurf zu ihr. Diese Dialektik zeigt sich deutlich in dem Gegensatz zwischen den Ansichten des Autors über die Sexualität und seinen Ansichten über die Klassenverhältnisse in seiner Gesellschaft. Sie prägt aber auch den Stil, der Handlungen, Personen und Dinge in Bewegung darzustellen, die Welt der Objekte zu erfassen sucht. Und eines dieser Objekte ist der Autor selbst. (In diesem Punkt bestehen gewisse Ähnlichkeiten mit der Schreibweise Hemingways.) Der Abwehrcharakter dieses

Stils ist ebenso offenkundig wie die Restriktion der Erfahrungen und Gefühle, für die er einsteht.

Die zweite Schreibweise, die in *My Secret Life* vorkommt, ist eher blumig zu nennen. Der Autor versucht, literarischen Normen zu genügen. Doch seine Sprache zersplittert, wird fahrig. Seine Obsession setzt sich durch: Er beschreibt nicht Personen, sondern Stücke von Personen, Organe. Abstraktionen mischen sich mit Synekdochen. Der Autor sucht mit rein physischen Ausdrücken, mit Ausdrücken der Größe, Form und Beschaffenheit von Organen, eine geistige oder emotionale Wirklichkeit zu beschwören. Die Folge davon ist die Auslieferung des Diskurses an die Physiologie. Was uns vorgeführt wird, ist eine verkehrte Welt, genauer: die Verkehrung der Welt. Das entbehrt bisweilen nicht der komischen Effekte, ist jedoch toternst gemeint.[22]

Es verdient festgehalten zu werden, daß *My Secret Life* in Stil, Stimmung und Machart Gemeinsamkeiten mit der Pornographie aufweist. *My Secret Life* ist ein authentischer Erfahrungsbericht *und*, in gewisser Weise, pornographisch. Die Verbindungslinien sind leicht zu erkennen. Da ist vor allem die allgegenwärtige Projektion der männlichen sexuellen Phantasien auf die weibliche Reaktions- und Empfindungsfähigkeit. Diese Phantasien konzentrieren sich ausschließlich auf die Genitalien. Die Frauen werden entpersonalisiert. Sowohl in *My Secret Life* als auch in der Pornographie erscheint die Welt als Pornotopia. Hinter dieser kindlichen Megalomanie steht der Wunsch, zu den »Anfängen« zurückzukehren.

My Secret Life gleicht auch darin der Pornographie, daß es eigentlich keinen Schluß hat — eine zentrale Bedingung seiner Existenz ist die Wiederholung. Es gibt keine Erfüllung. Die Idee der Erfüllung trägt unvermeidlich die Vorstellung von Vollendung, von Befriedigung, von einem Ende in sich. Die pornographische Phantasie, die

[22] Die »Komik« erreicht ihren Höhepunkt, wenn der Autor Hinweise auf die Bibel einflicht, so z.B. auf Portias berühmte Rede vor Gericht. Ich bin Andrew Chiappe dankbar, der mich auf diesen Umstand aufmerksam gemacht hat.

solchen Vorstellungen widersteht, ist eben darin antiliterarisch.

Dennoch müssen wir festhalten, daß die Pornographie zumindest in diesem einen Sinne bestimmten existentiellen Realitäten des Lebens näher steht, als dies im allgemeinen für Kunst und Literatur gilt. Denn das Leben als solches endet nicht so, wie ein literarisches Werk endet. Es endet in der Sinnlosigkeit des Nicht-Seins, des Nichts (nur sehr selten kommt es vor, daß man das Ende eines Lebens als Vollendung oder Erfüllung auffassen kann).[23] Und wenn man sich in einem Werk wie *My Secret Life* vom Überbau der sexuellen Phantasien nicht blenden läßt, entdeckt man darin diese Leere der Sinnlosigkeit, die Ahnung, daß das menschliche Leben auf nichts gegründet ist und daß es nichts gibt, woran man sich halten könnte. Wären die Handlungen, von denen hier die Rede ist, nicht zwanghafter Natur, so könnte man versucht sein, sie für auf ihre Weise mutig zu halten — immerhin bedarf es des Mutes, fortwährend am Rande der Sinnlosigkeit zu leben. Und tatsächlich scheint manches von dem, was wir gewöhnlich für freie Willensentscheidungen halten, die Form eines Zwangs anzunehmen; es scheint, daß man dazu getrieben werden kann, sich für bestimmte Handlungsweisen zu entscheiden. Zu den vielen außerordentlichen — und sogar bewundernswerten — Qualitäten des Verfassers von *My Secret Life* gehört auch die, daß er den Mut zu seinem zwanghaften Tun hatte. Die große Leistung dieses Dokuments, wenn nicht gar des Lebens, von dem es berichtet, beruht auf solchen paradoxen Umständen.

Was wir also in *My Secret Life* vor uns haben, ist das Zeugnis eines wirklichen Lebens, in dem die pornographische, sexuelle Phantasie in Handeln umgesetzt wurde. Daß diese Schrift zugleich authentisch und pornographisch ist, sagt etwas darüber aus, welche Stufe die viktorianische Kultur in ihrer intellektuellen und sexuellen Entwicklung erreicht hatte.

[23] Eine überzeugende Diskussion darüber und über verwandte Themen findet man bei K. R. Eissler, *The Psychiatrist and the Dying Patient*, New York, 1955.

WALTER, Viktorianische Ausschweifungen.

Einleitung.

Im Jahre 18.. starb mein ältester Freund. Schule und College hatten wir gemeinsam besucht, und nie hatte unser vertrauter Umgang aufgehört. Nach seinem Tod war ich der Bevollmächtigte seiner Frau und sein Testamentsvollstrecker. Er starb an einer schleichenden Krankheit, in deren Verlauf seine Hoffnung auf Leben in einem fortwährenden Auf und Ab wuchs und wieder verschwand. Zwei Jahre vor seinem Tod übergab er mir ein großes, sorgfältig verschnürtes und versiegeltes Paket. »Hebe es auf, aber öffne es nicht«, sagte er. »Wenn ich gesund werde, gib es mir zurück, wenn ich sterbe, dann sorge dafür, daß kein Mensch außer dir es zu Gesicht bekommt, und verbrenne es.«

Seine Witwe starb ein Jahr nach ihm. Ich hatte das Bündel, das volle drei Jahre bei mir lag, fast vergessen, als ich bei der Suche nach einigen Urkunden zufällig wieder darauf stieß und es, wie es meine Pflicht war, öffnete. Sein Inhalt erstaunte mich. Je mehr ich darin las, desto wunderbarer erschien er mir. Lange dachte ich über den Sinn seiner Anweisungen bei der Übergabe nach und bewahrte das Manuskript einige Jahre lang auf, unschlüssig, was ich damit anfangen sollte.

Endlich kam ich, um seine Empfindlichkeiten wohl wissend, zu dem Schluß, daß er nur fürchtete, es könne jemand dahinterkommen, wer der Verfasser sei; und weil ich es für Sünde hielt, eine solche Geschichte zu vernichten, schrieb ich das Manuskript ab und vernichtete das Original. Er starb, ohne Verwandte zu hinterlassen. Niemand vermag den Verfasser heute noch zu ermitteln; im Buch sind keine Namen erwähnt, wenngleich sie am Rand seines Manuskripts offen genannt wurden; aber nur ich weiß, auf wen sich die Initialen beziehen. Wenn ich, indem ich es drucken ließ, jemandem Unrecht tat, dann jedenfalls nicht ihm, habe ich doch nur seine offenkundige Absicht ausgeführt und einigen wenigen eine geheime Geschichte geschenkt, die auf jeder Seite den Stempel der Wahrheit trägt, einen Beitrag zur Psychologie.

Vorwort.

Ich begann diese Aufzeichnungen, als ich ungefähr fünfundzwanzig Jahre alt war; seit meiner Jugend hatte ich eine Art Tagebuch geführt, und vielleicht brachte mich diese Gewohnheit auf den Gedanken, mein inneres und geheimes Leben festzuhalten.

Als ich damit begann, hatte ich nur wenige lasterhafte Bücher gelesen, und keines schien mir die Wahrheit zu sagen, ausgenommen *Fanny Hill;* dieses allerdings hielt ich damals und halte es noch heute für wahr; die anderen, die von erotischen Extravaganzen oder außerordentlichen kopulativen Fähigkeiten, von den seltsamen Vorlieben, Kniffen und Launen einer gereiften Wollust und einer philosophischen Geilheit berichteten, hielt ich in meiner damals noch recht großen Ahnungslosigkeit für die unglaubwürdigen Ausgeburten einer obszönen Phantasie oder für lügenhafte Erfindungen; heute allerdings weiß ich, daß sie durchaus wahr sein können, so exzentrisch und unwahrscheinlich sie den Uneingeweihten auch anmuten mögen.

Fanny Hills Erfahrungen waren die einer Frau. Aber wo waren die Erfahrungen eines Mannes — vielleicht von einer Frau mit ebensolcher Wahrhaftigkeit beschrieben? In jenem Buch findet sich kein obszönes Wort; aber obszöne Taten verlangen nach einer obszönen Sprache; nach den erotischen, scharf gewürzten Ausdrücken, in denen auch der Züchtigste schwelgt, wenn Lust und Liebe dem höchsten Punkt zudrängen. So beschloß ich, mein privates Leben den Tatsachen nach ganz offen zu schildern, und zwar im Geiste der wollüstigen Taten, die ich vollbracht hatte oder deren Zeuge ich geworden war; es ist also vollkommen wahrhaft beschrieben, ohne jede Rücksicht auf das, was die Welt Anstand nennt. Anstand und Sinnlichkeit, wo man sich auf diese ganz einläßt, vertragen sich nicht, das eine macht dem anderen den Garaus; die Poesie des Beischlafs habe ich nur mit wenigen Frauen erlebt, was aber weder sie noch mich davon abhielt, die Dinge bei ihrem wirklichen Namen zu nennen.

Ich begann damit zu meinem Vergnügen; als ich schon viele Jahre in meiner Chronik aufgezeichnet hatte, wurde ich ihrer müde und legte sie beiseite. Ungefähr zehn Jahre später begegnete ich einer Frau, mit der (und denen, die sie mir zuführte) ich wohl fast alles tat, sagte, sah und hörte, was Mann und Frau mit ihren Geschlechtsteilen tun können, und fing an, diese Begebenheiten, solange sie mir noch in frischer Erinnerung waren, nachzuerzählen, eine große Zahl verschiedenartiger Erlebnisse, die sich über vier Jahre oder mehr erstreckten. Dann verlor ich diese Frau aus den Augen, und meine amourösen Vergnügungen waren eine Zeitlang von einfacherer Art, aber dieser Teil meiner Lebensgeschichte war abgeschlossen.

Kurze Zeit später machte ich mich daran, die Begebenheiten der dazwischenliegenden Jahre meiner Jugend und der frühen Jahre meines Erwachsenenlebens zu beschreiben, in die die meisten meiner heimlichen Liebschaften und galanten Abenteuer von der eher munteren Sorte fielen, nicht aber die ausschweifenderen der späteren Jahre. Eine Krankheit veranlaßte mich, ernsthaft zu erwägen, das ganze zu verbrennen. Aber ich mochte das Ergebnis meiner Mühen nicht zerstören und legte es deshalb erneut für einige Jahre beiseite. Eine zweite Krankheit verschaffte mir dann eine lange Zeit ungestörter Muße; ich überlas noch einmal mein Manuskript und trug einige Vorfälle nach, die ich vergessen hatte, nun aber mit Hilfe meines Tagebuches an der richtigen Stelle einordnen konnte. Das erklärt die Unterschiede im Stil, die mir jetzt an manchen Stellen auffallen; es erklärt auch die ganz und gar unnötige Wiederholung bestimmter wollüstiger Schilderungen, die ich schon einmal niedergeschrieben und dann vergessen hatte; dies allerdings läßt sich nicht völlig vermeiden, denn so vielgestaltig die Umstände sein können, die zum Geschlechtsverkehr führen, er selbst läuft notgedrungen immer wieder auf das gleiche hinaus.

Dann kam mir zum ersten Mal der Gedanke, ich könnte mein Werk, das ich vor mehr als zwanzig Jahren begonnen hatte, drucken lassen, ich zögerte jedoch. Ich hatte damals das Alter der Reife erreicht, es kam der ausschweifendste Abschnitt meines Lebens, die Begebenheiten standen zusammenhanglos und bruchstückhaft da, und es war mir ein Vergnügen, sie sofort, nachdem sie sich zugetragen hatten, niederzuschreiben. Meist schon am nächsten Tag schrieb ich alles mit großer Weitschweifigkeit auf; inzwischen habe ich vieles gekürzt.

Seit jungen Jahren hatte ich ein hervorragendes Gedächtnis, aber in sexuellen Dingen war es geradezu phänomenal. Frauen waren die Freude meines Lebens. Ich liebte die Möse, aber auch die, der sie gehörte; ich mag die Frau, die ich gefickt habe, und nicht bloß die Möse, die ich gefickt habe, und darin liegt ein großer Unterschied. Mit einer Genauigkeit, die mich selbst staunen läßt, erinnere ich mich noch an Gesicht, Hautfarbe, Figur, Schenkel, Hintern und Möse fast jeder Frau, die für mich mehr als eine Gelegenheitsbekanntschaft war, und sogar an einige von diesen. Die Kleider, die sie trugen, die Häuser und Zimmer, in denen ich sie besaß, sah ich im Geiste vor mir, während ich schrieb; wie das Bett und die Möbel standen, auf welcher Zimmerseite die Fenster lagen, daran erinnerte ich mich ganz genau; und alle wichtigen Ereignisse kann ich dadurch zeitlich einigermaßen genau bestimmen, daß ich mein Tagebuch zu Rate ziehe, in dem die äußeren Umstände meines damaligen Lebens verzeichnet sind.

Im ganzen erinnere ich mich auch gut daran, was wir sprachen und trieben, und ganz allgemein an unsere wollüstigen Vergnügungen. Wo ich mich nicht mehr erinnere, dort habe ich auch nichts geschrieben und nicht den Versuch gemacht, der Geschichte durch Einfügung bloßer Mutmaßungen Geschlossenheit zu verleihen. Ich könnte meine Handlungsweise oder warum ich dies tat und jenes sagte, heute nicht erklären; sehr häufig scheint mein Betragen abwegig, töricht und sinnlos, das mancher Frauen ebenso; aber ich kann nur feststellen, was sich wirklich zugetragen hat.

In wenigen Fällen, dort, wo selbst mir etwas höchst seltsam erschien, habe ich Gründe und Ursachen angeführt, aber nur dort, wo die Tatsachen als solche sehr unwahrscheinlich anmuten; ich habe jedoch nicht absichtlich übertrieben. Wenn ich angebe, wie oft ich in jungen Jahren eine Frau gevögelt habe, ist mir vielleicht einmal ein Irrtum unterlaufen; es ist schwierig, in solchen Dingen ganz korrekt zu sein, nachdem einige Zeit verflossen ist. Aber wie gesagt, in vielen Fällen notierte ich die Begebenheiten wenige Wochen und oft wenige Tage, nachdem sie sich zugetragen hatten. Ich versuche nicht, mich hier als Herkules des Beischlafs aufzuspielen; es gibt genug Aufschneider auf diesem Gebiet; viele Unterhaltungen mit Dirnen und Ärzten lassen mich jedoch an den Großtaten beim Geschlechtsverkehr zweifeln, von denen manche Männer berichten.

In einer Hinsicht fürchte ich die Veröffentlichung — insofern nämlich, als ich aus Neugier oder einem plötzlichen Impuls folgend einige Dinge getan habe (zeitweilige Verirrungen), bei denen auch erklärte Libertins Pfui rufen könnten. Es werden da auch viele Pfui rufen, die das alles ebenfalls und Schlimmeres als ich getan haben, und dies gewohnheitsmäßig; doch schon immer war die Empörung über die Sünden anderer ein Mittel, die eigene Verworfenheit zu bemänteln. Vielleicht aber wird aus diesem Grund keines Menschen Auge außer meinem eigenen diese Geschichte je zu sehen bekommen.

Die Vornamen der erwähnten Dienstmädchen sind im allgemeinen richtig, die anderen Namen meistenteils falsch, wenngleich sie den richtigen ihrem Klang nach ähneln. Die Initialen sind fast immer die richtigen. Die Frauen, für die sie stehen, sind in den meisten Fällen tot, oder ich habe sie aus den Augen verloren. Straßen und Freudenhäuser werden fast immer mit ihren richtigen Namen genannt. Die meisten erwähnten Häuser sind inzwischen geschlossen oder abgerissen worden; aber jeder Großstädter mittleren Alters, der sich etwas auskennt, wird sie wiedererkennen. Wo eine Straße, ein Haus, ein Zimmer oder ein Park beschrieben wird, trifft diese Schilderung genau zu; das gilt sogar für den Platz, an dem ein Baum, ein Stuhl, ein Bett, ein Sofa oder ein Nachttopf steht. Die Stadtbezirke werden zuweilen mit falschem Namen bezeichnet; aber es verschlägt wenig, ob man Hackney durch Brompton oder Walworth durch Camden Town ersetzt. Wo es jedoch der Begebenheiten wegen erforderlich ist, werden die

Vergnügungsstätten bei ihrem richtigen Namen genannt. Der Tower und die Argyll Rooms zum Beispiel. Das alles geschieht, um denen, die vielleicht noch leben, jeglichen Kummer zu ersparen, denn ich hege keinerlei böse Absichten gegen irgend jemanden.

Familienangelegenheiten habe ich verschleiert; aber wenn ich sage, daß ich zehn Vettern und Cousinen hatte, während es nur sechs waren, oder daß das Haus einer Tante in Surrey und nicht in Kent oder Lancashire lag, so sollen damit mögliche Anhaltspunkte unkenntlich gemacht werden, und dem Leser kann es gleichgültig sein. Der Bericht über meinen Umgang mit Männern und Frauen indessen ist so wahrhaftig wie das Evangelium. Wenn ich sage, daß ich etwas bei einem Vetter oder einer Cousine gesehen oder getan habe, dann war es ein Vetter oder eine Cousine, und nicht bloß irgend jemand aus der Bekanntschaft; wenn ich von einem Dienstmädchen erzähle, dann war es ein Dienstmädchen, und wenn von einer Zufallsbekanntschaft die Rede ist, dann ist auch das wahr. Und wenn ich sage, ich hätte eine Frau besessen und dies oder jenes mit ihr getan oder empfunden oder meinetwegen auch mit einem Mann, so ist kein unwahres Wort daran, den Ort, an dem sich die Begebenheiten zutrugen, ausgenommen. Aber auch diese Ortsangaben sind meistens korrekt; dies soll eine wahre Geschichte sein und keine Lüge.

Zweites Vorwort.

Einige Jahre sind vergangen, seit ich das Vorstehende zu Papier brachte, aber es ist nicht gedruckt worden. Ich habe in meinem Liebesleben seither einige abnorme Phasen durchgemacht, habe Dinge getan und gesehen, empfand Neigungen und Gelüste, die ich vor Jahren für die Träume von Erotomanen gehalten habe; sie alle habe ich geschildert, das Manuskript hat dabei einen kaum noch zu bewältigenden Umfang angenommen; soll es, kann es gedruckt werden? Was würde man von mir sagen oder denken, was würde aus dem Manuskript werden, wenn man es nach meinem Tod fände? Besser das ganze vernichten; seinen Zweck, mich zu ergötzen, hat es erfüllt; fort jetzt damit, in die Flammen!

*

Ich habe mein Manuskript noch einmal durchgelesen; welche Erinnerungen! Tatsächlich hatte ich einige der früheren vergessen; wie erstaunt mich, während ich meine frühen Erlebnisse nachlese, die Wahrhaftigkeit im Detail; hätte ich es damals nicht geschrieben, heute könnte ich es nimmermehr; hat außer mir noch jemand wahrheitsgetreu solche Aufzeichnungen gemacht? Es wäre eine Sünde, das alles zu verbrennen; was immer die Gesellschaft sagen mag, es ist nur eine Geschichte aus dem menschlichen Leben, vielleicht der Alltag von Tausenden, wenn man deren Geständnis erlangen könnte.

Merkwürdig mutet mich beim Lesen an, mit welcher Eintönigkeit ich bei Frauen, die nicht der

Klasse der Dirnen angehörten, immer wieder den gleichen Weg eingeschlagen habe; das alles ist so einförmig, so sehr Wiederholung wie das Vögeln selbst; ob alle Männer so vorgehen, wie ich es tat, mit Küssen, Schmeicheleien, schlüpfrigen Andeutungen, obszönen Reden, verstohlenen Berührungen, ob alle ihre Finger beriechen, dann zum Angriff übergehen und siegen? Ob jede Frau gekränkt ist, »Nein« sagt und dann errötend »Oh«, wütend und abweisend die Schenkel schließt, sie dann nach einem Kampf öffnet und sich ihrer Lust überläßt, wie es die meinen taten? Allein ein Konklave von Huren, die die Wahrheit sprächen, und von katholischen Priestern könnte in diesem Punkt Klarheit schaffen. Verspüren alle Männer die seltsamen Gelüste, die mich spät im Leben hingerissen haben, während mich in früheren Jahren der bloße Gedanke an sie empörte? Ich werde es nie erfahren; doch meine Erlebnisse, wenn sie gedruckt werden, können anderen eine Gelegenheit zum Vergleich geben, wie ich sie nie hatte.

Soll es verbrannt oder gedruckt werden? Wieviel Jahre sind über dieser Unentschlossenheit verstrichen? Wozu die Angst? Es ist zum Nutzen anderer, nicht zu meinem eigenen, wenn es erhalten bleibt.

Früheste Erinnerungen. — Ein erotisches Kindermädchen. — Damen im Bett. — Mein Schwanz. — Eine ausgelassene Gouvernante. — Vetter Fred. — Gedanken über die Schamteile. — Eine Hausiererin. — Ein unzüchtiges Bild. — Ein nacktes Baby.

Meine frühesten Erinnerungen an sexuelle Dinge gehen in die Zeit zwischen meinem fünften und achten Lebensjahr zurück. Ich berichte davon so, wie sie mir im Gedächtnis geblieben sind, und versuche nicht, das Wahrscheinliche zu ergänzen.

Ich vermute, sie war mein Kindermädchen. Ich erinnere mich, daß sie manchmal meinen kleinen Schwanz ergriff, wenn ich pinkelte. War das nötig? Ich weiß es nicht. Sie versuchte, meine Vorhaut zurückzuschieben, wann und wie oft, weiß ich nicht mehr. Aber ganz deutlich erinnere ich mich, daß ich die Schwanzspitze sehen konnte, daß es mir wehtat, daß ich aufschrie und sie mich tröstete und daß dies mehr als einmal geschah. In der Erinnerung kommt es mir so vor, als sei sie ein ziemlich kleines, dickliches Mädchen gewesen und als habe sie meinen Schwanz oft betastet.

Eines Tages, es muß am späten Nachmittag gewesen sein, denn die Sonne stand niedrig — wie seltsam, daß ich mich dessen so genau entsinne, aber an Sonnenlicht konnte ich mich immer gut erinnern — ich war mit ihr ausgegangen, wir hatten Spielsachen für mich gekauft, die wir nun beide trugen. Da blieb sie auf einmal stehen und sprach mit einigen Männern, einer nahm sie und gab ihr einen Kuß. Ich bekam Angst. Es war in der Nähe eines Halteplatzes für Fuhrwerke, denn da waren Lohnkutschen — Cabs kannte man damals noch nicht; sie lud mir nun auch die Spielsachen auf, die sie bisher getragen hatte, und ging mit einem Mann in ein Haus. Was für ein Haus? Ich weiß es nicht. Wahrscheinlich eine Kneipe, es gab eine nicht weit von einem Halteplatz und nicht weit von unserem Haus. Sie kam wieder heraus, und wir gingen heim.

Ein andermal war ich mit ihr zu Hause, in einem mit Teppich ausgelegten Zimmer; mein Kinderzimmer kann es nicht gewesen sein, das weiß ich, denn ich saß mit meinen Spielsachen auf dem Boden; sie ebenfalls; sie spielte mit mir und den Spielsachen, wir wälzten uns zum Spaß auf dem Boden herum; ich erinnere mich, daß ich das auch mit anderen getan habe und daß zuweilen auch mein Vater und meine Mutter in diesem Zimmer mit mir spielten.

Sie küßte mich, holte meinen kleinen Schwanz hervor und spielte mit ihm, nahm eine meiner Hände und schob sie unter ihr Kleid. Es fühlte sich rauh dort an, das war alles; heftig bewegte sie mein Händchen hin und her, dann befühlte sie meinen Schwengel, und wieder tat sie mir weh; ich erinnere mich, wie die rote Spitze zum Vorschein kam, als sie die Vorhaut zurückschob, wie ich aufschrie und wie sie mich beruhigte.

Dann, wie sie auf dem Rücken lag und ich rittlings über oder zwischen ihren Beinen saß, wie sie sich unter mir hob und senkte, wie ich Schaukelpferd auf ihr ritt und daß es nicht das erste Mal war; dann fiel ich der Länge nach auf sie, und sie hob mich und ließ mich wieder sinken und drückte mich, bis ich weinte. Ich krabbelte von ihr herunter und zerschlug dabei mit der Hand oder dem Fuß das Fell einer Trommel, auf der ich getrommelt hatte. Ich brach in Tränen aus.

Weinend saß ich neben ihr am Boden; ich erinnere mich an ihre nackten Beine und daran, daß sie mit einer Hand heftig zwischen ihren Unterröcken hin- und herfuhr und daß ich die unklare Vorstellung hatte, der Frau sei übel; mir war bange. Für einen Augenblick war alles ruhig, ihre Hand hielt inne, noch lag sie auf dem Rücken, und ich sah ihre Schenkel, dann drehte sie sich um, zog mich an sich, küßte mich und redete mir gut zu. Als sie sich umdrehte, sah ich eine Seite ihres Hinterns, ich beugte mich über ihn, schmiegte mich mit dem Gesicht an und weinte über die entzweigegangene Trommel; die Strahlen der Abendsonne machten alles hell; eine Zeitlang, so erinnere ich mich, hatte es geregnet.

Ich nehme an, ich muß ihre Möse gesehen haben, als ich neben ihrem nackten Schenkel saß. Ich blickte sie an und weinte über meine kaputte Trommel, und als ich sah, wie sich ihre Hand bewegte, da war sie ohne Zweifel dabei, sich zu wichsen. Und doch habe ich nicht die geringste Erinnerung an ihre Möse oder an etwas anderes als das, was ich erzählt habe. Aber daß ich ihre nackten Beine gesehen habe, dessen bin ich sicher; es kommt mir so vor, als hätte ich diese Schenkel oft gesehen, aber genau weiß ich es nicht.

Das Merkwürdigste ist, daß mir zwar schon früh wieder einfiel, was sich zwei oder drei Jahre später und seither in sexueller Hinsicht ereignete, was ich sagte, hörte und tat, und zwar beinahe in der richtigen Reihenfolge, daß aber diese erste Erinnerung an Schwanz und Möse meinem Gedächtnis volle zwanzig Jahre entfallen war.

Da unterhielt ich mich eines Tages mit dem Mann einer meiner Cousinen über Erlebnisse aus der Kinderzeit, und er erzählte mir etwas, das ihm im kindlichen Alter widerfahren war; und plötzlich, so prompt wie eine Laterna Magica ein Bild auf die Wand wirft, fiel mir ein, was mir selbst widerfahren war. Seither habe ich hundertmal darüber nachgedacht, aber ich kann mich, außer an das, was ich erzählt habe, an weitere Einzelheiten dieses Abenteuers nicht erinnern.

Meine Mutter hatte meiner Cousine Ratschläge über den Umgang mit Kindermädchen gegeben. Es sei ihnen nicht zu trauen. »Als Walter noch ein kleiner Knirps war, hatte sie eine liederliche Person entlassen, die sie bei widerwärtigen Handlungen mit einem ihrer Kinder ertappt hatte.« Worin diese Handlungen bestanden, hat meine Mutter nie offenbart. Sie verabscheute alles, was ihrem Zartgefühl widerstrebte, und schnitt jede Anspielung darauf ab, indem sie erklärte: »Darüber spricht man nicht, wir wollen das Thema wechseln.« Meine Cousine erzählte es ihrem Mann, und als wir einmal zusammensaßen, erzählte der wiederum mir davon wie auch von eigenen Erlebnissen, und nun entsann ich mich all der Einzelheiten, so wie ich sie hier geschildert habe.

Wie der Leser noch erfahren wird, konnte ich bis zu meinem sechzehnten Lebensjahr die Spitze meines Schwanzes nicht ganz entblößen, ohne daß es mir wehtat, und auch später nicht, sofern er ganz steif war, außer wenn er in eine Möse fuhr. Mein Kindermädchen, so vermute ich, fand dies merkwürdig, sie versuchte diesen Fehler in meiner körperlichen Ausstattung zu beheben und tat mir weh dabei. Meine Mutter mit ihrem übersteigerten Zartgefühl verschloß sich vielem, was man von dieser Welt wissen kann, weshalb sie auch ein so selbstverständliches Vertrauen in meine Tugendhaftigkeit hegte, bis ich das zweiundzwanzigste Lebensjahr erreicht hatte und eine französische Dirne aushielt — oder jedenfalls fast aushielt.

Ich glaube, ich muß mit diesem Kindermädchen oder mit einer anderen Frau zusammen in einem Raum geschlafen haben, der wegen der

Farbe der Tapeten das »chinesische Zimmer« genannt wurde. Ich erinnere mich, daß dort eine Frau bei mir im Bett lag, daß ich eines Morgens sehr erhitzt aufwachte und kaum atmen konnte und daß ich mit dem Kopf gegen einen Körper stieß; überall um mich herum war dieser Körper; mein Mund und meine Nase waren in Haar vergraben oder in etwas Buschigem, das einen scharfen, merkwürdigen Duft verströmte. Ich erinnere mich an zwei Hände, die mich plötzlich packen und unter dem Deckbett hervorziehen, und dann an Tageslicht. Ich erinnere mich nicht, daß dabei etwas gesprochen worden wäre. Diesen Vorfall kann ich nicht lange vergessen haben, denn bevor mein Vater starb, erzählte ich meinem Vetter Fred davon. Er sagte immer, es sei die Gouvernante gewesen. Vermutlich bin ich im Schlaf an ihr hinabgeglitten, bis ich mit dem Kopf an ihrem Bauch und ihrer Möse lag.

Als ich einige Jahre später den Geruch der Möse einer anderen Frau an den Fingern hatte, erinnerte er mich sofort an den Geruch, den ich in diesem Bett in der Nase gehabt hatte; und blitzschnell wurde mir klar, daß ich schon einmal eine Möse gerochen hatte, ich wußte auch, wo, mehr aber nicht.

Vielleicht zwei oder drei Jahre danach — ich weiß es nicht mehr — fand ein Ball in unserem Haus statt; mehrere Verwandte sollten bei uns übernachten, das Haus war voll, geschäftiges Treiben überall, Betten wurden hin- und hergerückt, die Gouvernante sollte in einer Dienstbotenkammer schlafen, und so weiter. Unter denen, die bei uns nächtigen sollten, waren auch einige Cousinen; als ich unvermutet in den Salon trat, hörte ich, wie meine Mutter zu einer meiner Tanten sagte: »Schließlich ist Walter noch ein Kind, und es ist ja nur für eine Nacht.« — »Pst, pst«, machten beide, als sie mich sahen, und meine Mutter wies mich aus dem Zimmer. Zu gern hätte ich gewußt, warum sie über mich sprachen. Ich war neugierig und zugleich verdrossen darüber, daß sie mich fortgeschickt hatte.

Gewöhnlich schlief ich damals in einem Zimmer, in dem noch ein zweites Bett stand oder das mit einem anderen Zimmer verbunden war, in dem ein zweites Bett stand — ich weiß es nicht mehr; wenn ich im Bett lag, rief ich des öfteren nach der Person, die sich dort aufhielt: ich war ängstlich, und deshalb ließ man die Tür für mich offen. Ein Mann kann dort nicht geschlafen haben, denn die männlichen Dienstboten schliefen im Erdgeschoß, ich habe ihre Betten dort gesehen.

An dem Abend, von dem ich spreche, wurde mein Bett herausgetragen und in das Zimmer mit der chinesischen Tapete gestellt; eines der Hausmädchen, die beim Umräumen halfen, setzte sich auf den Topf und pinkelte; ich hörte das Plätschern, und soweit ich mich entsinnen kann, war es das erste Mal, daß ich so etwas bemerkte, obwohl ich mich gut erinnere, Frauen beim Strümpfeanziehen gesehen und bei einer auch den Schenkel gleich oberhalb des Knies betastet zu haben. Ich kniete dabei auf dem Fußboden und hielt eine Trompete in der einen Hand, die sie mir kurz darauf zornig entriß, weil ich zuviel Lärm machte.

Ich erinnere mich an den Ball, daran, daß ich mit einer stattlichen Dame tanzte, daß mich meine Mutter — entgegen den üblichen Gepflogenheiten, wie mir scheint — selbst zu Bett brachte, und zwar bevor der Ball zu Ende war, denn ich war wütend und vergoß Tränen, weil ich so früh ins Bett gesteckt wurde. Meine Mutter zog die Vorhänge auf allen Seiten des kleinen Himmelbettes fest zu und sagte, ich solle mich still verhalten und nicht aufstehen, bis sie am Morgen zu mir käme; ich solle nicht sprechen, die Vorhänge nicht öffnen und nicht aus dem Bett steigen, sonst würde ich Mr. und Mrs. *** stören, die in dem großen Bett schlafen sollten; sie würden böse werden, wenn ich es täte. Ich glaube, sie nannte die Namen einer Dame und ihres Ehemannes, die bei uns übernachten sollten; ganz sicher bin ich nicht. Ein Mann schreckte mich damals mehr als eine Frau, und meine Mutter, so möchte ich behaupten, wußte das.

Ich nehme an, denn so war es meistens in meinen jungen Jahren, daß ich sofort einschlief, nachdem ich mich hingelegt hatte, und gewöhnlich wachte ich bis zum Morgen nicht mehr auf. Sicherlich bin ich auch in dieser Nacht rasch eingeschlafen; vielleicht hatte ich ein bißchen Wein bekommen, wer weiß; plötzlich bemerkte ich ein Licht und hörte jemanden sagen: »Er schläft fest, macht keinen Lärm«; es klang wie die Stimme meiner Mutter. Ich fahre hoch und lausche, die Situation ist ungewohnt, das Zimmer ist ungewohnt, es erregt mich, ich richte mich auf, kniee mich im Bett hin; ich weiß nicht, ob ich es so wie immer tat oder behutsam; wahrscheinlich behutsam, weil ich Angst hatte, meine Mutter oder den Herrn zu erzürnen; vielleicht machte mich auch ein sexueller Instinkt neugierig, aber wahrscheinlich ist das nicht. Tatsächlich habe ich nicht die geringste Ahnung, was mich damals trieb, aber ich setzte mich aufrecht hin und horchte. Zwei Frauen tuschelten miteinander, lachten leise und gingen umher, ich vernahm ein Plätschern im Topf, dann eine Pause, dann wieder ein Plätschern und erkannte das Geräusch des Pinkelns. Wie lange ich horchte, weiß ich nicht, vielleicht bin ich eingenickt und erneut aufgewacht; ich sah Lichter, die sich durchs Zimmer bewegten; dann richtete ich mich auf die Knie, voller Angst, ich täte etwas Böses, und schob die Vorhänge dort, wo sie am Unterteil des Bettes zusammenstießen, ein wenig beiseite. Ich weiß noch, daß sie ziemlich dicht waren, weil sie sehr fest gesteckt waren, und daß es mir nicht leicht fiel, eine Öffnung zu schaffen, um hinauszuspähen.

Ein Mädchen oder eine junge Frau stand mit dem Rücken zu mir und bürstete sich ihr Haar, neben ihr stand eine zweite; eine von ihnen nahm ein Nachthemd vom Stuhl, schüttelte es und streifte es sich über den Kopf, nachdem sie ihr Unterhemd ausgezogen hatte. Während sie dies tat, sah ich unten an ihrem Bauch etwas Schwarzes. Angst überkam mich, ich täte etwas Böses und würde bestraft werden, wenn man mich beim Zuschauen ertappte. Verwundert über das alles, legte ich mich hin und bin wohl wieder eingeschlafen.

Dann hörte ich ein Schlurfen, und wieder kam es mir so vor, als hörte ich ein Geräusch wie Pinkeln; das Licht wurde gelöscht, ich war aufgeregt, ich hörte, wie sich die beiden Frauen küßten und eine flüsterte: »Pst! Du weckst den Kleinen auf«, und dann »Horch«. Danach hörte ich Küsse und ein schweres Atmen, wie ein Stöhnen, ich glaubte, eine von ihnen sei krank, ich erschrak und muß dann eingeschlafen sein. Ich weiß nicht, wer diese Frauen waren, es müssen Cousinen von mir gewesen sein oder junge Damen, die zum Ball gekommen waren. Es war, soweit ich mich erinnere, bei dieser Gelegenheit, daß ich zum erstenmal das Haar einer Möse erblickte, obwohl ich es schon früher gesehen haben muß, denn ab und zu kommt mir eine Frau in den Sinn (sehr wahrscheinlich ein Kindermädchen), die nackt dasteht, ich kann mich jedoch nicht entsinnen, daß ich etwas Dunkles zwischen ihren Beinen wahrgenommen hätte, und später habe ich gar nicht mehr daran gedacht.

Am Morgen kam meine Mutter und nahm mich zum Ankleiden mit hinauf in ihr Zimmer; als wir das Zimmer verließen, sagte sie den beiden Frauen im Bett, sie bräuchten sich nicht zu beeilen, sie habe nur den kleinen Walter geholt.

Das alles fiel mir aber erst einige Jahre später wieder ein, als ich anfing, mich mit meinem Vetter über Frauen zu unterhalten und wir uns alles erzählten, was wir von weiblichen Wesen gesehen und gehört hatten.

Ungefähr bis zu meinem zwölften Lebensjahr bin ich nie zur Schule gegangen; wir hatten eine Gouvernante im Haus, die mich und die anderen Kinder unterrichtete; mein Vater war fast immer daheim. Von den Pferdeknechten und anderen männlichen Hausangestellten hielt man mich sorgfältig fern; einmal, so erinnere ich mich, trieb ich mich im Hof vor dem Stall herum und sah zu, wie ein Hengst eine Stute bestieg, wie sein Schwanz direkt in dem verschwand, was ich damals für den Hintern der Stute hielt, und wie mein Vater auftauchte und rief: »Was hat denn der Junge da zu suchen?« und wie man mich rasch fortzerrte. Außer meinen Vettern hatte ich kaum Freunde in meinem Alter und erfuhr deshalb über sexuelle Dinge nicht so viel wie andere Jungen schon früh in der Schule. Ich wußte nicht, was der Hengst dort tat, hätte mir damals auch keinen Reim darauf machen können und dachte nicht weiter darüber nach.

Dann weiß ich noch sehr genau, daß einer meiner Vettern eine Zeitlang bei uns zu Besuch war, daß wir ausgingen und daß er, als wir zusammen an einer Hecke pinkelten, zu mir sagte: »Zeig mir deinen Schwanz, Walter, dann zeige ich dir auch meinen.« Wir standen da, und jeder untersuchte den Schwanz des anderen, und zum erstenmal wurde mir bewußt, daß ich meine Vorhaut nicht ohne weiteres zurückschieben konnte, wie andere Jungen. Die seine konnte ich vor- und zurückschieben. Er dagegen tat mir weh, lachte und machte sich über mich lustig; ein anderer Junge kam hinzu und dann, glaube ich, noch einer, wir alle verglichen unsere Schwänze, und meiner war der einzige, bei dem sich die Haut nicht zurückstreifen ließ; sie hänselten mich, ich brach in Tränen aus und lief weg. Ich glaubte, irgend etwas stimme nicht bei mir, und schämte mich, meinen Schwanz noch einmal zu zeigen, aber ich unternahm jetzt ernsthafte Versuche, die Vorhaut zurückzuschieben, ließ es aus Angst vor dem Schmerz aber bald wieder sein, denn ich war sehr empfindlich.

Mein Vetter erzählte mir damals, Mädchen hätten keinen Schwanz, sondern nur ein Loch, aus dem sie pinkelten; ständig sprachen wir über sie, aber ich erinnere mich nicht, daß das Wort Möse gefallen wäre, auch nicht daran, daß ich mit dem Pinkelloch der Mädchen oder damit, daß ihre Schwänze »flach« seien — ein Ausdruck, den ich um dieselbe Zeit gehört haben muß — irgendwelche wollüstigen Vorstellungen verband. Es prägte sich mir nur ein, daß mein Schwanz und das Loch der Mädchen zum Pinkeln da seien, sonst nichts; wie alt ich damals war, weiß ich nicht.

Später war ich oft im Haus dieses Onkels zu Besuch; mein Vetter Fred sollte in die Schule kommen, und wir sprachen jetzt noch viel mehr über die Schwänze der Mädchen, was mich damals sehr zu interessieren begann. Er habe nie einen gesehen, berichtete er, wisse aber, daß sie zwei Löcher hätten, eines zum Scheißen und das andere zum Pinkeln. Sie setzen sich zum Pinkeln hin, erzählte er, sie pinkeln nicht gegen eine Mauer, wie wir, aber das wußte ich wohl schon; nachher war ich sehr begierig, mehr zu erfahren.

Eines Tages verließ eine seiner Schwestern das Zimmer, in dem wir saßen. »Sie geht pinkeln«, sagte er zu mir. Ein andermal schlichen wir uns in das Schlafzimmer einer von ihnen und schauten mit ernster Miene in den Topf, um festzustellen, was für ein Pipi darin war. Ob wir erwarteten, etwas anderes zu finden als in unserem eigenen Nachttopf, weiß ich nicht mehr. Wenn wir über diese Dinge sprachen, spielte mein Vetter oft mit seinem Schwanz. Wir fragten uns, wie das Pipi herauskam, ob sie sich die Beine dabei naß machten und ob das Loch nahe beim Arschloch lag oder wo sonst; eines Tages pißten Fred und ich uns gegenseitig auf unsere Schwänze und hatten großen Spaß dabei.

Ich erinnere mich, daß ich dann sehr neugierig war, zu erfahren, wie Mädchen pinkeln, und ihnen beim Pinkeln zuzuschauen wurde eine Vorliebe, die ich mein Leben lang bewahrt habe. Wenn ich mich unbemerkt nähern konnte, horchte ich an den Schlafzimmertüren, hinter denen meine Mutter, meine Schwester, die Gouvernante oder ein Dienstmädchen verschwunden war — in der Hoffnung, das Plätschern zu hören, und oft hatte ich Erfolg. Das war, soweit ich mich erinnern kann, von keinerlei sexuellen Gelüsten oder Vorstellungen begleitet; ich bekam keinen Ständer dabei und wußte damals bestimmt nicht, daß die Frau ein Loch besitzt, das man Möse nennt und das sie zum Vögeln benutzt. An Gedanken dieser Art kann ich mich nicht erinnern; es war einfach die Neugier, etwas über jene Wesen zu erfahren, die, wie ich instinktiv spürte, anders beschaffen waren als ich selbst. Was für ein Loch konnte das sein, so fragte ich mich. War es groß? War es rund? Warum hockten sie sich hin, statt aufrecht zu stehen wie Männer? Meine Neugier wuchs immer mehr.

Wie lange danach sich das Folgende ereignete, kann ich nicht sagen, aber mein Schwanz war größer. Diesen Eindruck habe ich sehr deutlich.

Eines Tages waren mehrere Leute in einem der Wohnzimmer versammelt; wo meine Mutter und mein Vater waren, weiß ich nicht; sie befanden sich nicht im Raum und waren sehr wahrscheinlich ausgegangen. Ein oder zwei Vettern von mir waren da, einige junge Leute, meine große Schwester und ein Bruder, dazu einige andere, unsere Gouvernante und deren Schwester, die bei uns zu Besuch weilte und im selben Zimmer wie die Gouvernante schlief. Ich erinnere mich, daß sie zusammen in das Schlafzimmer gingen, es lag gleich neben meinem. Es war Abend, wir tranken süßen Wein, aßen Kuchen und in Branntwein getauchte Rosinen und machten ein Spiel, bei dem wir alle im Kreis auf dem Boden saßen. Ich war sehr kitzlig, ich fiel fast in Ohnmacht vor Lachen, und nun kitzelten wir einander auf dem Boden. Es machte großen Spaß und viel Lärm, die Gouvernante kitzelte mich, und ich kitzelte sie. Als ich zu Bett gebracht wurde oder vielmehr, wie ich es damals tat, von selbst ging, sagte sie zu mir: »Ich komme noch mal und kitzele dich.« Damals war es nun so, daß, wenn ich im Bett lag, ein Dienstmädchen oder meine Mutter oder die Gouvernante das Licht wegnahm und die Tür schloß; denn ich hatte noch immer Angst, im Dunkeln ins Bett zu gehen, und rief dann: »Mama, ich gehe jetzt ins Bett.« Darauf holten sie das Licht. Sie wollten dieser Ängstlichkeit ein Ende machen, schimpften deshalb oft mit mir, und, um mich davon zu kurieren, befahlen sie mir, ich solle mich allein ausziehen.

Ich nehme an, die übrigen Kinder waren schon zu Bett gebracht worden. Meine Mutter ließ die Jüngeren alle in dem Zimmer neben dem ihren schlafen. Auch das Kinderzimmer war oben; mein Zimmer lag, wie gesagt, neben dem der Gouvernante.

Als ich im Bett lag, rief ich, jemand solle kommen und das Licht löschen, und schon erschien die Gouvernante zusammen mit ihrer Schwester. Sie begann mich zu kitzeln, und ihre Schwester tat es ihr nach: ich lachte, kreischte und versuchte meinerseits, sie zu kitzeln. Eine von ihnen schloß die Tür und kam dann zurück, um mich von neuem zu kitzeln. Ich strampelte mir die Kleider vom Leib und war fast nackt, ich bat sie, aufzuhören, spürte ihre Hände auf meinem nackten Körper und bin ziemlich sicher, daß eine von ihnen meinen Schwanz mehr als einmal berührte, wenn auch vielleicht zufällig. Schließlich glitt ich vom Bett herunter — das Nachthemd war mir bis unter die Achselhöhlen gerutscht — und fiel mit dem nackten Hintern auf den Boden, während sie mich immer noch kitzelten und sich darüber amüsierten, wie ich mich kreischend unter ihnen wand.

Was mich dazu trieb, weiß der Himmel allein; vielleicht das, was ich über das Pinkelloch der Frau gehört hatte, oder Neugier oder ein natürlicher Trieb, ich weiß es nicht; jedenfalls packte ich das Bein der Gouvernante, während sie mich wieder auf das Bett zu heben versuchte und dabei sagte: »Jetzt ist es genug, mein Lieber, leg dich hin und laß mich das Licht mitnehmen.« Ich wollte nicht; die andere Dame packte mit an, um mich hochzuheben, ich schob meine Hände unter den Unterröcken der Gouvernante nach oben, spürte das Haar ihrer Möse und daß etwas Warmes und Feuchtes zwischen ihren Schenkeln war. Sie ließ mich zu Boden fallen und tat einen Satz zur Seite. Ich muß mich an ihre Wade geklammert haben, beide Hände unter ihrem Unterrock, eine zwischen ihren Schenkeln, sie schrie auf — »Oh!«

Und Klatsch-klatsch-klatsch bekam ich rasch hintereinander ein paar Ohrfeigen. »Du . . . frecher . . . ungezogener . . . Junge«, stieß sie hervor und gab mir bei jedem Wort eins hinter die Ohren. »Ich hätte große Lust, es deiner Mama zu sagen, marsch ins Bett jetzt!« Und ohne ein weiteres Wort legte ich mich hin. Sie blies das Licht aus und ging mit ihrer Schwester aus dem Zimmer, mich in furchtbarer Angst zurücklassend. Ich wußte kaum, daß ich etwas Böses getan hatte und hatte doch die unklare Vorstellung, ihre Schenkel anzufassen sei etwas Strafwürdiges. Die weiche, behaarte Stelle, die meine Hand berührt hatte, erfüllte mich mit Staunen; der Gedanke ließ mich nicht los, daß da kein Schwanz gewesen war, und ich empfand ein gewisses Vergnügen über das, was ich getan hatte.

Durch die Zimmerwand hörte ich die beiden sprechen und laut lachen. »Sie reden über mich; oh, wenn sie es Mama sagen, oh, warum habe ich das bloß getan?« Zitternd vor Angst sprang ich aus dem Bett, öffnete meine Tür, näherte mich der ihres Zimmers und lauschte; sie war nur angelehnt; ich hörte: »Mir direkt zwischen die Beine. Ich habe es gespürt! Er muß es auch gespürt haben; ha, ha, hättest du diesem kleinen Scheusal so etwas zugetraut!« Beide lachten herzhaft. »Hast du sein kleines Ding gesehen?« fragte eine. »Schließ die Tür, sie ist nicht zu.« — Atemlos stahl ich mich in mein Zimmer zurück und ins Bett, und wieder hörte ich, während ich dalag, durch die Wand ihr schallendes Gelächter.

Es folgte die erste fast schlaflose Nacht meines Lebens, an die ich mich erinnere. Die Angst, sie könnten es weitersagen, der Schreck über das, was ich getan hatte, hielten mich wach. Noch lange hörte ich die beiden Frauen miteinander reden. In meine Angst mischte sich ein Staunen über das Haar und das Weiche, Feuchte, das ich einen Augenblick lang an meiner Hand gespürt hatte. Ich wußte, daß ich den verborgenen Teil einer Frau berührt hatte, aus dem das Pipi kam, aber das war, soweit ich weiß, alles, was mir dazu einfiel; an eine wollüstige Empfindung erinnere ich mich nicht, nur an eine sonderbare Art von Vergnügen.

Seit dieser Zeit muß meine Neugier hinsichtlich der Gestalt des weiblichen Körpers immer mehr gewachsen sein, aber es war nichts Sinnliches dabei. Aufs Küssen war ich ganz versessen, denn meine Mutter ermahnte mich deshalb; wenn eine Cousine oder eine andere Frau mir einen Kuß gab, umschlang ich sie oft mit den Armen und küßte weiter. Meine Tanten lachten darüber, meine Mutter aber wies mich zurecht und sagte, es sei ungezogen. Den Dienstmächen pflegte ich zu sagen: »Küß mich.« Eines Tages hörte ich meinen Patenonkel sagen: »Walter kennt den Unterschied zwischen einem hübschen Mädchen und einem häßlichen, oder nicht?«

Ich hatte Angst davor, der Gouvernante beim Frühstück zu begegnen; ich behielt sie im Auge und sah, wie sie ihrer Schwester zulächelte. Einige Tage lang beobachtete ich meine Mutter und sagte schließlich zu der Gouvernante, die mich wegen irgend etwas bestraft hatte: »Sag es Mama nicht.« — »Ich habe deiner Mutter nichts zu sagen«, erwiderte sie, »ich weiß gar nicht, was du meinst.« Ich versuchte ihr zu erklären, was mir auf der Seele lag. »Worüber spricht dieses Kind? Du träumst, irgendein dummer Junge hat dir Flausen in den Kopf gesetzt, dein Papa wird dich verhauen, wenn du so redest.« — »Aber du bist doch gekommen und hast mich gekitzelt«, gab ich zurück. — »Ich habe dich ein wenig gekitzelt, als ich dein Licht löschte«, meinte sie, »und jetzt still!« Ich war verblüfft und muß die ganze Sache wohl für einige Zeit vergessen haben, aber später erzählte ich meinem Vetter Fred davon. Er meinte, ich müsse geträumt haben, und ich fing an, mich zu fragen, ob es wirklich geschehen war; ich habe dann kaum noch darüber nachgedacht, bis ich daran ging, mir für diese Geschichte meine Kindheit in Erinnerung zu rufen.

Ich muß zwölf Jahre alt gewesen sein, als ich einen Onkel in Surrey besuchte und mich enger mit meinem Vetter Fred anfreundete; schon als kleiner Knirps war er ein rechter Teufel, und es wird hier noch häufiger von ihm die Rede sein; davor hatte ich ihn nur ab und zu einmal gesehen. Damals durften wir allein ausgehen, was uns, wie mir scheint, früher nicht erlaubt gewesen war. Bei unseren Gesprächen ergingen wir uns in knabenhaften Obszönitäten. »Du hast keine Ahnung«, sagte er, »das Loch eines Mädchens nennt man nicht Schwanz, es ist eine Möse, sie ficken damit.« Und nun erzählte er mir alles, was er wußte. Ich glaube nicht, daß ich davon schon gehört hatte, bin mir dessen aber nicht sicher.

Seit dieser Zeit kamen mir ganz neue Gedanken in den Sinn. Ich hatte die vage Vorstellung, allerdings keine feste Überzeugung, daß Schwanz und Möse nicht nur zum Pissen da waren. Fred behandelte mich in diesen Dingen wie einen Einfaltspinsel und nannte mich immerzu einen Esel; schmerzlich erinnere ich mich, wie ich ihm in diesen Dingen unterlegen war und daß ich ihn inständig um Auskunft bat. »So machen sie Kinder«, erklärte Fred. »Komm mit nach oben, wir fragen das alte

Kindermädchen, woher die Kinder kommen. Sie wird sagen ›Aus dem Petersiliebeet‹, aber das ist alles gelogen.« Wir zogen los und fragten sie ganz beiläufig. Sie antwortete: »Das Petersiliebeet« und lachte. Das Kindermädchen bei uns zu Hause sagte dasselbe, als ich sie später nach dem letzten Baby meiner Mutter fragte. »Diese Lügner!« meinte Fred. »Es kommt aus ihren Mösen, und sie machen es mit Ficken.«

Wir waren beide begierig, Frauen beim Pinkeln zuzuschauen, obwohl wir sie früher schon oft genug dabei gesehen haben müssen. Als ich einmal mit Fred irgendwo in den äußeren Bezirken des Marktstädtchens herumstrolchte und wir in eine Seitenstraße sahen, erblickten wir eine Hausiererin, die sich gerade hinhockte und pißte. Wir blieben stehen und sahen zu: sie war mittleren Alters, mit kurzen Unterröcken und dicken Beinen; die Pisse floß in einem kräftigen Strahl, und wir standen grinsend dabei. »Haut ab, haut ab, was steht ihr da herum und feixt, ihr verdammten Bengels«, schrie die Frau. »Haut ab, sonst schmeiß ich euch 'n Stein an den Kopf«, und dabei pißte sie weiter. Wir gingen ein paar Schritte zurück, ohne sie aus den Augen zu lassen, und Fred bückte sich: »Ich kann sehen, wie es kommt«, sagte er höhnisch. Schon als kleiner Junge war er ziemlich frech gewesen und jetzt war er ein dreister Zotenreißer und besaß die Unverfrorenheit des Teufels. Der Strahl versiegte, fluchend richtete sich die Frau auf, ergriff einen großen Kiesel und warf ihn nach uns. »Ich zeige euch an«, schrie sie, »ich kenne euch, wartet nur, wenn ich euch wiedertreffe!« Sie hatte einen großen Korb voller Steingut dabei, mit dem sie hausieren ging; sie hatte ihn an der Ecke zur Hauptstraße abgestellt und war nur zum Pissen in die Seitenstraße eingebogen. Wir rannten davon, und als wir ein Stück gelaufen waren, drehten wir uns um und riefen ihr etwas nach. »Ich habe deine Möse gesehen«, brüllte Fred — sie warf noch einen Stein. Auch Fred nahm nun einen Stein und schleuderte ihn nach ihr. Er fuhr mitten zwischen das klirrende Steingut; die Frau wollte uns nachrennen; aber wir nahmen Reißaus, durch die Felder. Dorthin konnte sie uns nicht folgen; für uns war es ein ereignisreicher Tag. Ich erinnere mich, wie sehr ich Fred darum beneidete, daß er ihre Möse gesehen hatte. Doch während ich dies jetzt schreibe und wieder genau vor mir sehe, wie die Frau dahockte und wie ihre Unterröcke herabhingen, bin ich sicher, daß er sie nie und nimmer gesehen hat; es war Aufschneiderei, als er das behauptete; aber wir sprachen ständig über die Mösen der Mädchen, das Verlangen, eine zu sehen, war groß, und damals glaubte ich, daß er die der Hausiererin gesehen hatte.

Dann zeigte uns einer von Freds Kameraden ein unzüchtiges Bild; es war koloriert. Ich wunderte mich, daß die Möse eine Art länglicher Schnitt war. Ich hatte sie mir rund vorgestellt, wie ein Arschloch. Fred meinte zu seinem Freund, ich sei ein Esel, aber von der Vorstellung, daß die Möse ein rundes Loch sei, konnte ich mich erst lösen, als ich selbst eine Frau gevögelt hatte. Alle waren wir erpicht darauf, das Bild zu bekommen, und losten darum, aber ich und Fred, wir bekamen es nicht, sondern ein anderer Junge.

Bald darauf war Fred bei uns zu Besuch, und unsere Gespräche kreisten immerzu um die Geschlechtsteile der Frauen; es erfaßte uns eine heftige Neugier. Ich hatte eine kleine Schwester, ungefähr neun Monate alt, die im Kinderzimmer schlief. Fred brachte mich auf die Idee, mir ihre Möse anzusehen, wenn es sich einrichten ließ. Zur

Mahlzeit der Hausangestellten kamen die beiden Kindermädchen abwechselnd herunter; ich hielt mich häufig im Kinderzimmer auf, und eines Tages, kurz nachdem Fred seinen Vorschlag gemacht hatte, sagte das ältere Kindermädchen zu mir: »Bleiben Sie einen Augenblick hier, Master Walter, während ich für ein paar Minuten hinuntergehe. Mary (das andere Kindermädchen) kommt sofort hoch, und machen Sie bitte keinen Lärm.« Mein Schwesterchen lag schlafend in ihrem Bett. »Ja, ich werde warten.« Das Kindermädchen ging hinunter, die Tür hatte sie offengelassen; blitzschnell schlug ich die Wickeltücher des Säuglings hoch, erblickte ihre kleine Spalte und legte ganz sachte meinen Finger darauf, zu meinem Glück lag sie auf dem Rücken. Ich zog ein Beinchen zur Seite, um besser sehen zu können, da erwachte das Kind und fing an zu schreien. Ich hörte Schritte und hatte kaum Zeit, die Tücher wieder herunterzuziehen, als auch schon das zweite Kindermädchen eintrat. Ich hatte nur einen kurzen Blick auf das Äußere der kleinen Büchse erhascht, denn alles in allem war ich mit dem Kind keine Minute allein im Zimmer gewesen und hatte, während ich sie betrachtete, die ganze Zeit über Angst, ertappt zu werden.

Irgend etwas muß man mir angesehen haben, denn das Kindermädchen sagte: »Was ist los, was hast du mit dem Baby angestellt?« — »Nichts.« — »Doch, du wirst ja ganz rot, jetzt sag mir's.« — »Nichts. Ich habe nichts getan.« — »Du hast deine Schwester aufgeweckt.« — »Nein, habe ich nicht.« Das Mädchen packte mich und schüttelte mich ein wenig. »Ich erzähle es deiner Mama, wenn du mir nicht sagst, was los war, also?« — »Nein, ich habe nichts gemacht, ich habe aus dem Fenster gesehen, da fing sie an zu schreien.« — »Du kohlst, ich sehe es dir an«, meinte das Kindermädchen; ich machte mich aus dem Staube, nachdem ich noch etwas Freches zu ihr gesagt hatte.

Ich erzählte Fred davon, und er versuchte es mit dem gleichen Kniff, ob mit Erfolg, weiß ich nicht mehr. Seine Schwestern waren zum Teil älter, und wir fingen an, Pläne zu schmieden, wie wir ihre Mösen zu Gesicht bekommen könnten, wenn ich bei seiner Mutter (meiner Tante) in den bevorstehenden Ferien zu Besuch sein würde. Der Anblick der Möse des kleinen Kindes, wie ich sie geschildert habe, überzeugte mich von der Richtigkeit des Bildes, und davon, daß die Möse ein länglicher Spalt und kein rundes Loch war. Damit wurde es aber zweifelhaft, ob die Männer ihren Schwanz hineinsteckten, und irgendwie hielten wir an der Vorstellung von dem runden Loch fest; wir stritten uns sogar deshalb.

Es muß um diese Zeit gewesen sein, da las ich bei einem Spaziergang mit meinem Vater etwas, das mit Kreide an eine Mauer geschrieben war. Ich fragte ihn, was es bedeute. Er sagte, er wisse es nicht, nur ordinäre Leute und Gesindel schrieben auf Mauern und so etwas solle man gar nicht beachten. Mir war klar, daß ich etwas falsch gemacht hatte, aber ich wußte nicht, was. Als ich wieder ausging — kurze Wege durfte ich jetzt allein gehen —, schrieb ich ab, was auf den Mauern stand, um Fred davon zu berichten. Es war irgend etwas Unflätiges, Obszönes, aber das einzige, was wir davon verstanden, war das Wort Möse.

Als ich um die gleiche Zeit einmal mit einigen anderen Jungen unterwegs war, sahen wir zwei fickende Hunde. Ich kann mich nicht entsinnen, schon früher Hunde dabei beobachtet zu haben. Wir umringten sie und johlten vor Vergnügen, während sie da Hintern an Hintern aufeinanderklebten. Da sagte einer der Jungen, so würden es

Männer und Frauen auch machen, und ich fragte, ob sie auch so zusammenkleben würden. Ein Junge meinte ja, andere verneinten, und den ganzen Tag über erörterten ein paar von uns diese Frage; nach dem Eindruck zu urteilen, der sich mir eingeprägt hat, wirkte das ganze sehr abstoßend auf mich; aber gleichzeitig schien es die Ansicht zu bestätigen, daß die Männer ihre Schwänze in die Löcher der Frauen steckten, worüber ich damals anscheinend tiefe Zweifel hegte.

Nach dieser Zeit ist meine Erinnerung viel klarer, und ich kann nicht nur erzählen, was sich ereignete. sondern auch, was ich hörte, sagte und dachte.

Mein Patenonkel. — In Hampton-Court. — Tantes Hinterteil. — Die Badeanstalt. — Die Mösen meiner Cousinen. — Späße bei der Heuernte. — Die Familie in Schwierigkeiten. — Vergnügungen in der Schule. — Ein masturbierender Verwandter. — Romantik und Gefühl.

Mein Patenonkel (dessen Vermögen ich später erbte) hatte mich sehr gern; ungefähr um diese Zeit sagte er immer wieder zu mir: »Wenn du in die Schule kommst, dann mach nicht alles nach, was die anderen Jungen anstellen, sonst wirst du im Irrenhaus enden; so ergeht es vielen Jungen.« Und dann erzählte er mir allerlei Schauergeschichten. Er tat dies auf eine rätselhafte Art und Weise; ich spürte, daß eine verborgene Bedeutung dahintersteckte, und weil ich nicht wußte, welche, fragte ich ihn. Das würde ich noch früh genug erfahren, meinte er, ich solle mir seine Worte nur merken. Er wiederholte dies so oft, daß es sich mir tief einprägte; ich war beunruhigt: mir würde irgend etwas zustoßen, wenn ich etwas Bestimmtes tat — ich wußte nicht, was; es sollte eine Warnung vor dem Wichsen sein, und sie hatte später, dessen bin ich sicher, in mehrfacher Hinsicht eine heilsame Wirkung auf mich.

Eines Tages unterhielt ich mich mit Fred, da fiel mir wieder ein, was ich mit der Gouvernante getan hatte. Aus Angst hatte ich es die ganze Zeit über für mich behalten. »So eine Lüge!« rief er. — »Ich habe es wirklich getan.« — »Oh, was bist du für ein Lügner«, wiederholte er, »ich werde Miss Granger fragen.« Dieselbe Gouvernante war damals immer noch bei uns.

Als er das sagte, überkam mich ein namenloser Schrecken; so furchtbar war diese Angst, daß die

Erinnerung daran noch heute wehtut. »Oh, bitte nicht, Fred«, flehte ich, »wenn Papa es erfährt!« Er blieb dabei, er wolle sie fragen. Ich war zu jung, um zu ermessen, wie unwahrscheinlich es war, daß er dies tatsächlich tun würde. »Wenn du das machst, erzähle ich, was wir getan haben, als die Hausiererin pinkelte.« Es war ihm einerlei. »Es ist also gelogen, du hast ihre Möse gar nicht berührt, oder?« Aus lauter Angst, gab ich zu, es sei eine Lüge. »Wußte ich's doch«, meinte Fred. Tagelang hatte er mich mit dieser Sache in Schrecken versetzt, bis ich log, um davon loszukommen.

Ich war offenbar immer, sogar damals, in allem, was mit Liebe zusammenhing, verschwiegen, außer (wie man noch sehen wird) gegenüber Fred, und bin es mein Leben lang geblieben. Selten habe ich mit meinen Taten geprahlt oder jemandem davon erzählt; vielleicht ist mir diese kleine Affäre mit der Gouvernante eine Lehre gewesen und hat mich in einer Gewohnheit bestärkt, die mir seit meiner Kindheit eigen war. Alles, was ich mit dem anderen Geschlecht trieb, habe ich für mich behalten.

Häufig untersuchten wir nun gegenseitig unsere beiden Schwänze, und Fred machte sich so sehr über meine enge Vorhaut lustig, daß ich beschloß, kein anderer Junge solle sie zu sehen bekommen; ich hielt mich zwar nicht streng an diesen Vorsatz, aber der Spott hinterließ in mir eine tiefe Kränkung. Oft besah ich meinen Schwanz mit einem Gefühl von Beschämung, und ständig schob ich die Vorhaut, so weit ich konnte, auf und ab, um sie zu lockern; mit den Schwengeln anderer Jungen machte ich es genauso, wenn sie mich ließen, dabei erwartete ich nicht, daß sie sich bei mir revanchierten; aber es nahte die Zeit, da ich viel mehr erfahren sollte.

Ein Onkel von mir, der in London lebte, mietete für den Sommer ein Haus auf dem Lande, in der Nähe des Schlosses von Hampton-Court. Fred und ich waren mit von der Partie. Außerdem waren mehrere Töchter und Söhne meines Onkels dort, die Söhne noch ziemlich klein. Damals kamen die Leute in allen möglichen Gefährten, Karren und Kutschen aus London (eine Eisenbahn gab es nicht), um das Schloß und die Anlagen zu besichtigen. Diese Leute stammten größtenteils aus dem Kleinbürgertum und pflegten nach der Ankunft zunächst zu picknicken oder in den Gastwirtschaften zu speisen; satt und zufrieden gingen sie dann nach der frühen Mahlzeit in die Parks und Gärten. Sie machen es noch heute so, aber vieles hat sich seither verändert; es kamen viel weniger Leute dorthin als heute, es waren weniger Parkwächter da, die auf sie achtgaben, und es gab weniger von dem, was die Besucher aus der besagten Klasse Anstand nennen.

Unsere kleine Gesellschaft pflegte täglich und fast für den ganzen Tag in die Anlagen zu gehen, sofern wir nicht am Ufer des Flusses waren. Eines Tages zwinkerte Fred mir zu. »Komm, wir verlieren Bob einfach«, sagte er, »das gibt einen Mordsspaß.« Bob war einer unserer kleineren Vetter, den man meist unserer Obhut überließ. Absichtlich verloren wir Bob. Da sagte Fred: »Wenn dich die Gärtner nicht erwischen, krieche da hinauf und lege dich still auf den Bauch; bestimmt kommen ein paar Mädchen und pissen, dann kannst du sehen, wie sie ihre Kleider hochnehmen, wenn sie sich umdrehen. Bevor du zu uns gekommen bist, habe ich schon einige gesehen.« Wir zogen los und bahnten uns durch Gebüsch und Nadelhölzer einen Weg, bis ein Gärtner, der uns gesehen hatte, rief: »He, ihr da, kommt zurück, wenn ich euch nochmal dabei erwische, daß ihr von den Wegen runtergeht, fliegt ihr raus.« Wir bekamen einen solchen Schrecken, daß Fred in der einen Richtung davonlief und ich in der anderen, aber das hielt uns nur für diesen Tag zurück. Fred versetzte mich mit seinen Mädchenärschen, wie er es nannte, in eine solche Erregung, daß wir nichts unversucht ließen, einen zu Gesicht zu bekommen, aber meistens hatten wir Pech. Ein- oder zweimal sahen wir, wie sich eine Frau hinhockte, aber sonst nichts, bis auch meine Mutter und die von Fred zu uns aufs Land kamen.

Freds Mutter und meine, die Mädchen, Fred und ich gingen eines Tages nach dem Mittagessen in die Gartenanlagen. Der Tag war sehr heiß, denn wir hielten uns auf schattigen Spazierwegen, von denen einer zu der Stelle führte, wo sich die Frauen immer zum Pissen in die Büsche schlugen. Meine Tante sagte: »Warum geht ihr Jungen nicht spielen, euch macht die Sonne doch nichts aus.« Also zogen wir ab, aber als wir gerade in einen anderen Weg einbiegen wollten, drehten wir uns um und sahen, daß die Frauen umgekehrt waren. »Bestimmt gehen sie pissen, deshalb wollten sie uns los sein«, meinte Fred. Den Gärtnern ausweichend, krochen wir auf den Knien und zuletzt auf dem Bauch durch das Gestrüpp einen kleinen Abhang hinauf; auf der anderen Seite lag die freie Stelle, wo Laub und Kehricht deponiert wurden. Als wir dort anlangten und die Zweige auseinanderschoben, erblickten wir den großen Hintern einer Frau, die halb stand, halb hockte, einen Pissestrahl, der vor ihr niederging, und einen großen, behaarten Einschnitt, so schien es, unter ihrem Arsch; aber nur für einen ganz kurzen Augenblick, denn sie war gerade fertig, als wir unseren Ausguck erreicht hatten, ließ ihre Kleider fallen und stopfte sie zwischen die Beine, wobei sie sich halb umdrehte.

Wir erkannten Freds Mutter, meine Tante. Und schon war die Tante verschwunden. »Ist das ein Mordsding?« meinte Fred. »Bleib liegen, es kommen noch mehr.«

Zwei oder drei kamen tatsächlich; eine sagte: »Paß auf, ob jemand kommt«, hockte sich nieder und pinkelte; wir konnten ihre Möse nicht sehen, nur ein Stück ihrer Beine und das Pipi, das vor ihr niederplätscherte. Dann kam die zweite, sie kehrte uns den Arsch zu und duckte sich so tief, daß wir nicht einmal den unteren Teil ihrer Hinterbacken sehen konnten. Fred fand es schade, daß sie nicht halb aufrecht standen, wie seine Mutter. Noch mehrmals suchten wir die gleiche Stelle auf, und ich erinnere mich, die Beine einiger Frauen gesehen zu haben, aber an mehr erinnere ich mich nicht. Dennoch entzückten uns diese Beobachtungen sehr, und immer wieder erörterten wir das »Mordsding« seiner Mutter, das Haar und das Aussehen der klaffenden Spalte; aber irgend etwas, so schien mir, stimmte nicht mit ihr, denn sie entsprach nicht der Vorstellung, die ich mir von einer Möse gemacht hatte.

Kurze Zeit später besuchte uns Fred in der Stadt. Es war uns verboten, ohne Erlaubnis zusammen auszugehen, aber wir taten es trotzdem, und einmal begegneten wir einem Jungen, größer als wir beide, der gerade zum Baden ging. »Kommt mit und seht euch an, wie sie baden«, schlug er vor. Mein Vater hatte sich immer geweigert, mich in die öffentliche Badeanstalt mitzunehmen. Ungeachtet dessen bezahlten wir, Fred und ich, jeder unsere sechs Pence und gingen mit dem Freund hinein; wir badeten nicht, sondern vergnügten uns damit, den anderen zuzuschauen und die Schwänze der Männer zu betrachten. Soweit ich mich erinnere, trug damals niemand Unterhosen, beim Herumlaufen bedeckte man den Schwanz meist mit den Händen, aber nicht immer. Ich staunte über die Größe einiger Schwänze und über das dunkle Haar drumherum und an anderen Körperstellen. Ich wunderte mich auch, als ich einen oder zwei sah, bei denen die rote Spitze vollständig sichtbar war, so ganz anders als bei mir. Das alles besprachen wir nachher sehr ausgiebig; für mich waren es ganz neue Erkenntnisse über Körperbau und Gestalt des Mannes. Fred erzählte mir, auf den Feldern daheim habe er schon oft die Schwänze von Männern gesehen, und wenn man bedenkt, wie sich die Zeiten geändert haben und daß er auf dem Lande lebte, so möchte ich behaupten, daß er die Wahrheit sagte; ich selbst aber kann mich nicht erinnern, je zuvor in meinem Leben den Schwanz eines erwachsenen oder nackten Mannes gesehen zu haben.

Später — es muß im Sommer desselben Jahres gewesen sein — verbrachte ich einige Tage bei meiner Tante, Freds Mutter, in H***dfs***l***. Wir schliefen im selben Zimmer, und manchmal standen wir bei Tagesanbruch auf, um angeln zu gehen. Eines Morgens hatte Fred in einem der Zimmer, die von seinen Schwestern bewohnt wurden, irgend etwas liegen gelassen und wollte es holen, obwohl wir die Schlafzimmer der Mädchen nicht betreten durften. Das fragliche Zimmer lag dem unseren gegenüber. Er war nur teilweise bekleidet, und im Nu war er wieder da, über das ganze Gesicht grinsend. »Los, Walter, komm leise, Lucy und Mary sind ganz nackt, man kann ihre Mösen sehen, Lucy hat ein bißchen schwarzes Haar auf ihrer.« Ich war nur halb angezogen und ganz aufgeregt bei dem Gedanken, die Nacktheit meiner Cousinen zu sehen. Wir streiften die Pantoffeln ab, schlichen durch die halb offene Tür hinein und krochen dann auf Knien weiter! Warum wir das taten, verstehe ich bis heute nicht; wir schlichen uns also bis zum Fuß des Bettes heran, richteten uns auf und spähten über das Fußbrett.

Lucy, fünfzehn Jahre alt, lag halb auf der Seite, von den Knien bis zur Taille nackt, die Bettücher hatte sie (ich vermute, wegen der Hitze) mit den Füßen nach unten gestoßen, sie lagen zerwühlt über ihren Füßen und zum Teil auf dem Boden; wir sahen ihren Spalt bis dort, wo er sich zwischen den geschlossenen Schenkeln verlor; oben über ihrer Möse, hatte sie ein wenig dunkles, kurzes Haar, das ist alles, woran ich mich erinnern kann.

Mary-Ann neben ihr, nur ein Jahr jünger, lag auf dem Rücken, nackt bis zum Nabel, darüber das verrutschte, zerknautschte Nachthemd; sie hatte kaum eine Spur von Haar auf ihrer Möse, aber direkt in ihrer Ritze zeigte sich eine scharlachrote Linie. Weiter oben, wo die Möse begann, trat sie stärker hervor, und heute weiß ich, daß sie eine stark entwickelte Klitoris besaß; sie war ein schönes Mädchen und hatte langes, kastanienbraunes Haar.

Während wir sie betrachteten, schob sie unruhig ein Bein hoch, und wir duckten uns, weil wir glaubten, sie werde erwachen; als wir wieder hinsahen, hatten sich ihre Schenkel weiter geöffnet, und wir sahen die Möse bis dort, wo sie von den eng beieinander liegenden Hinterbacken eingezwängt wurde. Aus Furcht, ertappt zu werden, schlichen wir bald hinaus, lehnten die Tür an und kehrten in unser Schlafzimmer zurück, so entzückt, daß wir vor Freude tanzten, während wir uns über den Anblick der beiden Mösen austauschten — die wir doch nur zu einem kleinen Teil und sehr kurz zu Gesicht bekommen hatten.

Lucy war kein hübsches Mädchen und blieb auch als Frau unansehnlich. Wie ich mich erinnere, hatte sie, als sie dalag, ein hochrotes, aufgedunsenes Gesicht (es war sehr heiß); sie war es auch, der meine Mutter im späteren Leben davon abriet, ihren kleinen Sohn einem Kindermädchen zu überlassen.

Mary-Ann war schön. Wenn ich sie später ansah oder mit ihr sprach, dachte ich immer wieder: »Ach, du hast ja keine Ahnung, daß ich deine Möse gesehen habe.« Sie hatte kein Glück im Leben; heiratete einen Kavallerieoffizier, ging mit ihm nach Indien, wurde — wie es kommen mußte — von ihrem Mann, der während eines ganzen Jahres an einem Feldzug teilzunehmen hatte, auf einem Posten zurückgelassen; sie hielt es dort nicht aus ohne Schwanz, und schließlich erwischte man sie beim Vögeln mit einem Trommlerjungen, einem ganz jungen Burschen. Sie wurde geschieden, kam nach England zurück und trank sich zu Tode. Nach dem zu urteilen, was ich von ihr in Erinnerung behalten habe, war sie ein wollüstiges junges Weib, und wurde, wie ich gehört habe, später noch von einer ganzen Reihe von Männern gevögelt; aber das war ein wunder Punkt in der Familie, und alles, was sie betraf, wurde mit großer Zurückhaltung behandelt.

Einen von Lucys Söhnen habe ich in späteren Jahren beobachtet, wie er in einem Gartenpavillon ein Hausmädchen fickte: beide standen aufrecht, an einen großen Tisch gelehnt. Viele Jahre vorher hatte ich in demselben Pavillon auch ein Kindermädchen gefickt, und sie hatte dabei auf demselben Tisch gelegen.

Fred und ich sprachen über das Aussehen der Mösen seiner Schwestern und seiner Mutter so, als gehörten sie Fremden. Die rote Färbung der Linie an Mary-Anns Spalte erstaunte uns. Auch damals hatten wir, soweit ich mich erinnern kann, noch keine feste Vorstellung davon, wie eine Mädchenmöse beschaffen war, obschon wir die Spalten doch gesehen hatten; aber wir glaubten immer noch und noch lange danach, das Loch sei rund und liege in der Nähe der Klitoris, aber damals hatten wir auch keine Ahnung, was eine Klitoris war, obwohl wir uns einen Aristoteles beschafft hatten und gierig darin lasen; wir hatten die beiden Mösen nur für einen kurzen Augenblick gesehen, und die Aufregung verwirrte unsere Erinnerungen.

Fred und ich schmiedeten ein Komplott, um die Möse eines anderen Mädchens zu Gesicht zu bekommen; wer dieses Mädchen war, weiß ich nicht mehr, vielleicht eine andere Schwester von Fred oder eine Cousine von einer meiner anderen Tanten, aber das glaube ich nicht; jedenfalls war sie bei Freds Mutter zu Gast, und nach ihrer Größe zu urteilen — sie war kleiner als Fred und ich —, muß sie elf oder zwölf gewesen sein. Gewissenhaft vermeide ich es, Behauptungen aufzustellen, sofern ich mir meiner Sache nicht ganz sicher bin.

Es war Heuernte. Wir balgten uns mit einem Mädchen, begruben einander im Heu und zogen einander wieder heraus. Fred und das Mädchen überhäuften mich mit Heu und zerrten mich an den Beinen wieder hervor. Dann machten wir es mit Fred genauso, und schließlich begruben wir das Mädchen, und als Fred sie hervorzog, schlug er ihr Kleid hoch, während ich über ihrem von Heu bedeckten Kopf lag. Fred sah hin, blinzelte mir zu und nickte. Jetzt war ich wieder an der Reihe und wurde begraben und dann sie; ich faßte ihre Beine, und als ich sie unter dem Heu hervorzog, sah ich ihre Schenkel, ich schob ihre Knie hoch und erhaschte einen Blick auf ihre Spalte, die ganz unbehaart war. Meine Tante und andere Leute waren auf demselben Feld, aber sie ahnten nicht, was für ein Spiel wir da spielten, und auch das Mädchen, das mit uns herumtollte, ahnte nicht, daß wir ihre Möse beäugten, aber es war nur ein kurzer, verstohlener Blick.

Welche Wirkung diese flüchtigen Blicke auf Mösen sinnlich bei mir hinterließen, weiß ich nicht mehr; an eine sexuelle Begierde aber kann ich mich nicht erinnern, auch nicht daran, daß mein Schwanz oder der Freds steif gewesen wäre. Wir trieben Sport und mußten für die Schule arbeiten, und ich vermute, daß wir deshalb den Gedanken an Frauen noch nicht allzu viel Zeit widmeten und daß Neugier das einzige Motiv für unser Treiben war. Deutlich erinnere ich mich, daß wir zu dieser Zeit über das Ficken sprachen und uns fragten, ob es wahr sei oder gelogen. Wir konnten wiederholen, was wir gelesen und gehört hatten, aber es schien mir immer noch unwahrscheinlich, daß ein Schwanz in eine Möse eindringen und das Resultat ein Kind sein sollte.

Dann überkam mich eine leidenschaftliche Zuneigung zu weiblichen Wesen; ich verliebte mich irgendwie in eine Dame, die wohl vierzig gewesen sein muß, und empfand ihretwegen tiefen Kummer — mehr weiß ich nicht mehr. Dann fing ich an, den Dienstmädchen nachzustellen, in der Hoffnung, ihre Beine zu sehen oder sie beim Pinkeln zu beobachten oder in einer anderen, unbestimmten Absicht: aber daß ich sie nicht aus den Augen ließ, weiß ich noch sehr genau.

Damals geriet mein Vater (wie ich heute weiß) in Schwierigkeiten; wir zogen in ein kleineres Haus, die Gouvernante verließ uns, ich wurde auf eine andere Schule geschickt, eines meiner Geschwister starb; mein Vater ging nach Übersee, wo er sich um irgendwelche Plantagen kümmern mußte, kehrte nach einjähriger Abwesenheit zurück und starb kurz darauf, meine Mutter in Verhältnissen zurücklassend, die, verglichen mit unserer früheren Lage, ärmlich waren; aber davon soll an Ort und Stelle noch ausführlicher berichtet werden.

Ich glaube, ich ging schon zur Schule, aber noch nicht lange, als sich das zutrug, wovon ich jetzt berichten will. Aber sicher bin ich nicht, denn wenn es so war, muß ich schon vorher Jungen beim Wichsen zugesehen haben. Aber soweit ich die Reihenfolge der Ereignisse zu ordnen vermag, habe ich zum ersten Mal zu Hause, in meinem eigenen Schlafzimmer, einen Jungen dabei beobachtet.

Ich war ungefähr dreizehn Jahre alt, als ein entfernter Verwandter vom Lande zu uns kam, ein Junge, der bei uns wohnen sollte, bis er auf irgendeine höhere Schule geschickt wurde. Er war der Sohn eines Geistlichen, muß fünfzehn oder vielleicht sechzehn Jahre alt gewesen sein und war ganz übersät mit Pockennarben. Ich war ihm noch nie begegnet und faßte eine heftige Abneigung gegen ihn; seine Familie war arm, er sollte Geistlicher werden. Es ärgerte mich über die Maßen, daß er bei mir schlafen sollte, aber in unserem kleinen Haus fand sich gerade damals kein anderer Platz für ihn.

Wie viele Nächte er in meinem Bett schlief, weiß ich nicht mehr, vielleicht nur ein paar. Eines Abends im Bett tastete er nach meinem Schwanz; zuerst stieß ich ihn zurück, aber nachher befühlte ich seinen ebenfalls, und ich erinnere mich, daß sich unsere Hände dabei kreuzten und unsere Schenkel eng beieinanderlagen. Als ich am nächsten Morgen erwachte, spürte ich seinen Bauch an meinem Hintern und wie er mich betastete oder seinen Schwanz gegen meinen Arsch drückte; ich griff hinter mich und schob ihn weg; dann merkte ich, daß er ihn zwischen meinen Schenkeln rasch hin- und herbewegte, und seine Hand glitt über meine

Hüfte und faßte nach meinem Schwanz. Ich wälzte mich herum und sah ihn an; er bat, ich solle mich wieder umdrehen, ich könne es nachher auch bei ihm machen, aber dazu kam es nicht. Ein unangenehmes Gefühl, weil ich das Bett mit ihm teilen mußte, ist mir in Erinnerung geblieben, aber wie gesagt, ich mochte ihn nicht.

Am nächsten Abend, beim Ausziehen, setzte er sich auf einen Sessel und zeigte mir seinen steifen Schwanz. Es war ein außerordentlich langes, aber dünnes Ding; er sprach über das Wichsen und sagte, er würde mich wichsen, wenn ich es bei ihm ebenfalls täte. Er fing an, mit der Hand rasch an seinem Schwanz auf- und abzufahren, der steifer und steifer wurde, plötzlich zog er das eine Bein hoch, dann auch das andere, schloß die Augen und sah, im ganzen genommen, so sonderbar aus, daß ich glaubte, er werde in Ohnmacht fallen. Da schossen plötzlich breiige Klümpchen hervor, während er schnaufte, wie es manche Leute im Schlaf tun, und mit geschlossenen Augen in den Sessel zurückfiel; dann sah ich ein dünnflüssigeres Zeug über die Knöchel seiner Finger laufen. Dieses Schauspiel und das, was da auf dem Teppich lag, fesselten mich auf eine eigenartige Weise, und doch hatte ich das Gefühl, ihm sei übel; wortreich erklärte er mir, wie lustvoll es sei. Noch heute erscheint mir dieser Abend widerwärtig und unerfreulich, dennoch ließ ich zu, daß er meinen Schwanz ergriff und wichste, empfand aber kein Lustgefühl. Er sagte: »Deine Haut geht nicht runter, was für ein komischer Schwanz.« Das ärgerte mich, und ich ließ ihn nicht weitermachen. Wir unterhielten uns, bis die Kerze niedergebrannt war; das Sperma auf dem Teppich verteilte er mit dem Fuß und meinte, die Dienstboten würden glauben, wir hätten ausgespuckt. Dann gingen wir zu Bett.

Danach wichste er sich mehrere Male vor mir, und auf sein Bitten besorgte ich es ihm, erstaunt und belustigt über das Ergebnis, gleichzeitig aber auch voller Abscheu. Als ich ihn eines Tages wichste, meinte er, es sei wunderbar, wenn man es in einem Arschloch machte, er und sein Bruder machten es bisweilen so: es sei wunderbar, himmlisch! ob ich es ihn bei mir tun lassen wolle. In meiner Unschuld erklärte ich ihm, das sei unmöglich; ich hielt ihn für einen Lügner. Bald darauf verließ er uns und ging aufs College. Später bin ich ihm noch ein paarmal begegnet, aber in sehr jungen Jahren ertränkte er sich. Als ich meinen Vetter Fred wiedersah, erzählte ich ihm davon; an das Wichsen glaubte Fred, aber was die Sache mit dem Arschloch anging, so hielt er ihn für einen Lügner, genau wie ich. Zum ersten Mal hatte ich jemanden wichsen sehen und männlichen Samen zu Gesicht bekommen, es öffnete mir die Augen.

Obwohl ich jetzt eine höhere Schule besuchte, war ich schüchtern und zurückhaltend, lauschte aber begierig auf alle unzüchtigen Reden, wovon ich vieles nicht glaubte. Ich schloß mich einer Gruppe von Jungen an, die die gleichen Gelüste wie ich hegten. Eines Tages lockten sie mich in ein Klosett, zogen dort gegen meinen Willen meinen Schwanz heraus, stießen mich zu Boden und hielten mich fest, und dann spuckte jeder von ihnen darauf, damit war ich in ihre Gesellschaft aufgenommen. Sie veranstalteten etwas, das sie »Schwanz-Runde« nannten: jeder, der in ihrem Kreis zugelassen war, hatte das Recht, die Schwänze der anderen zu betasten. Ich streichelte die ihren, aber zu meiner tiefen Demütigung wurde ich wieder wegen meiner engen Vorhaut ausgelacht. Das bestärkte mich darin, meinen Kameraden aus dem Weg zu gehen, wenn sie ihre Schwanz-Runde abhielten; da ich nur Tagesschüler war, brauchte ich an ihren Heimlichkeiten nicht ständig teilzunehmen, wie ich es als Interner wohl gemußt hätte.

Wir hatten einen sehr großen Schulhof; dahinter erstreckten sich Felder, Obstgärten und weitläufige Spazierwege, die den Familien der beiden Direktoren vorbehalten waren, zu denen auch viele Mädchen gehörten. Nur an den freien Samstagnachmittagen durften wir, sofern das Obst nicht reif war, durch bestimmte Felder und die langen, von Zweigen überdeckten Pfade streifen. Eines Nachmittags teilten mir zwei oder drei Jungen meiner Bande in geheimnisvollem Ton mit, wenn die anderen gegangen seien, würden wir uns im Abort des Schulhofes treffen, auf dem drei Jungen nebeneinander Platz fanden, und ich sollte, ohne daß ich darum gebeten hatte, in ein Geheimnis eingeweiht werden. Was dann geschah, überraschte mich; im allgemeinen war nämlich während der Spielstunden ein Hilfslehrer auf dem Schulhof, und wenn ein Junge zu lange auf dem Abort blieb, dann ging er hinein und holte ihn heraus. An den Samstagen aber ging er mit den Jungen hinaus in die Felder: der Abort hatte keine Tür; es war, wie ich hinzufügen sollte, ein ziemlich großes Gebäude.

Einer nach dem anderen, manche zwischen den Bäumen, die eine Seite des Hofes säumten, Deckung suchend, tauchten die Jungen aus verschiedenen Richtungen auf. Ich glaube, in der Toilette waren fünf oder sechs beisammen, dann wurde Schwanz-Runde gespielt und jeder wichste sich selbst. Zuerst wollte ich nicht. Warum? Ich weiß es nicht. Endlich faßte ich Mut und versuchte es, aber mein Schwanz wollte nicht stehen. Bedrückt und gekränkt ging ich davon, nachdem ich geschworen hatte, sie nicht zu verpetzen, andernfalls würden sie mich nach Strich und Faden verprügeln. Ich glaube nicht, daß ich mich dieser Gesellschaft noch einmal anschloß, aber dann und wann sah ich, wie dieselben Jungen auf dem Abort wichsten, wenn sie allein mit mir waren.

Wenig später fragte mich ein Junge, ob ich während des Unterrichts mit ihm auf den Abort kommen wolle, er werde mir zeigen, wie man es macht. Während der Schulstunden durften immer nur zwei Jungen gleichzeitig aufs Klosett gehen. Zwei mit Holzklötzen versehene Schlüssel hingen an der Wand: Wollte ein Junge sich erleichtern, so sah er nach, ob ein Klotz mit einem Schlüssel da war und trat dann in die Mitte des Klassenzimmers; so wußte der Lehrer, was er wollte. Wenn der Lehrer nickte, nahm der Junge den Schlüssel und ging auf die Latrine (Wasserklosetts gab es noch nicht), und wenn er zurückkam, hängte er den Schlüssel wieder an seinen Platz. Diese Aborte grenzten aneinander, waren aber abgeteilt, und es gab nur zwei.

»Du wartest, bis beide Klötze dahängen, dann nehme ich mir sofort einen, und gleich darauf stehst du auf und kommst nach.« Bald waren wir zusammen in einer Toilette. »Los, wir wichsen«, sagte er; wir durften nur fünf Minuten fortbleiben. Schon holte er seinen Schwanz hervor, und auch ich zog meinen heraus; er versuchte, meine Haut zurückzuschieben, schaffte es aber nur halb, er wichste sich mit Erfolg, aber ich konnte nicht. Verglichen mit meinem hatte er einen sehr kleinen Schwanz. Wie sehr beneidete ich ihn darum, daß er die rote Spitze so leicht bedecken und entblößen konnte. Diesen Jungen wichste ich eines Tages, aber als ich feststellte, daß man in unserer Clique anfing, über meinen Schwanz zu reden, ging ich immer seltener zu ihren Wichsereien, die, wie ich beobachtete, manchmal sogar auf einem Feld stattfanden, wobei die Jungen in einem Graben saßen, während einer aufrecht stand und aufpaßte, ob jemand kam. Wenn sie im Abort wichsten, hielt immer einer an der offenen Tür Wache, der kam dann später an die Reihe. In dieser Clique fing ich an, die Bibel zu durchstöbern und alle Passagen, die das Fleischliche betrafen, eifrig zu studieren; vielleicht hat uns kein anderes Buch je ein solches anhaltendes, beflissenes, unzüchtiges Vergnügen bereitet; vieles konnten wir nicht verstehen, errieten aber eine ganze Menge.

Noch bevor ich jemanden wichsen gesehen hatte, hatte ich die Erlaubnis erhalten, Romane zu lesen, und wenn ich nicht gerade für die Schule arbeitete, war ich keinen Augenblick ohne Roman. Zunächst wählte mein Vater sie für mich aus, aber bald überließ er es mir, und als er dann gestorben war, verschlang ich alle Bücher, die mir zusagten, immer auf der Jagd nach Liebesszenen, dachte an die Schönheit der Frauen, las die Schilderungen ihrer Reize immer wieder nach und war eifersüchtig auf die Liebhaber, mit denen sie sich trafen. Häufig blieb ich vor den Schaufenstern von Kupferstichläden stehen und ergötzte mich an den Porträts schöner Frauen, und einige kaufte ich, das Stück für sechs Pence, und klebte sie in ein Sammelalbum. Obwohl ich für mein Alter sehr groß war, setzte ich mich bei jeder Frau, die es zuließ, auf den Schoß und küßte sie. Meine Mutter nannte mich in ihrer Arglosigkeit ein großes Mädchen, aber sie untersagte es mir trotzdem. Aufs Tanzen war ich ganz versessen und ärgerte mich, wenn man mir ein Mädchen, das so alt wie ich oder noch jünger war, zeigte, mit dem ich tanzen sollte.

Diese Empfindungen wurden intensiver, wenn ich mir den Hintern meiner Tante und die Mösen meiner Cousinen in Erinnerung rief, aber wenn ich an die Romanheldinnen dachte, kam es mir seltsam vor, daß so herrliche Geschöpfe dergleichen überhaupt besitzen könnten. Die Möse meiner Tante hatte sich mir anscheinend besonders eingeprägt; in ihr sah ich eher einen tiefen Einschnitt, der ihren Körper teilte, aber keine Möse, wie ich sie mir damals vorstellte; es kam mir so vor, als setze sich der Einschnitt ihres Hinterns unten herum bis zum Bauch fort, vollkommen anders als bei den jungen Mösen, die ich gesehen hatte. Diese waren in meinen Augen nur kleine Einkerbungen. Daß die zarten Damen der Romane solche Schnitte haben sollten, kam mir seltsam, abstoßend und unromantisch vor. Mein sinnliches Temperament entwickelte sich, ich sah Frauen in ihrer ganzen Poesie und ihrer ganzen Schönheit, aber vermutlich hatten meine physischen Kräfte mit meinem Verstand nicht Schritt gehalten, denn ich erinnere mich nicht, daß ich je einen steifen Schwanz bekommen hätte, wenn ich an Frauen dachte; und der Gedanke ans Vögeln kam mir nie in den Sinn, weder wenn ich Romane las, noch wenn ich Frauen küßte, obwohl die Lust, die ich empfand, wenn meine Lippen den ihren begegneten oder ihre glatten, geschmeidigen Wangen berührten, groß war. Ich erinnere mich sehr deutlich an die Wonne, die es mir bereitete.

Nachdem ich das Wichsen kennengelernt hatte, wurde ich nachdenklich, aber ich hielt es immer noch für unmöglich, daß zarte, anmutige Damen es zulassen könnten, daß Schwänze in sie eindrangen und dort ein ekelhaftes Zeug verspritzten. Ich las Aristoteles, versuchte ihn zu verstehen, und meinte, es sei mir dank zahlreicher Unterhaltungen mit meinen Schulkameraden auch gelungen; und doch war ich nur halb überzeugt. Sie machten mich auf fickende Hunde aufmerksam; dann auf

Hähne, die Hennen traten, und schließlich gewann meine Überzeugung an Festigkeit.

Ich begann nun, wenn ich Frauen küßte, mir ihre Mösen vorzustellen und dann die meiner Tante; ich konnte meinen Blick nicht von ihr lösen, ständig dachte ich an ihren großen Hintern und den Spalt zwischen ihren Schenkeln; mit meinen Cousinen war es dasselbe. Da geschah es, daß ich zum ersten Mal einen Steifen bekam, und vermutlich bereitete mir mein Werkzeug auch Lustgefühle, obgleich ich mich hieran nicht erinnere. Ich fand heraus, daß Dienstmädchen eine leichte Beute waren, und bald gab es im ganzen Haus keine mehr, die ich nicht geküßt hatte. Ich besaß eine sanfte Stimme und hatte, so sagte man mir jedenfalls, eine einschmeichelnde Art, war ängstlich, befürchtete abgewiesen und vor allem erwischt zu werden; aber ich hatte Erfolg. Einigen der Mädchen, die mich zuerst einen dummen Jungen genannt hatten, muß es gefallen haben; denn wenn wir allein waren, blieben sie mit mir auf einem Treppenabsatz oder in einem Zimmer stehen und ließen sich eine Weile von mir küssen. Ich erinnere mich an eine, die ihre Lippen zwischen meine schob, bis ich sie mit den Zähnen spürte, aber wie sie aussah, weiß ich nicht mehr, auch mißfiel mir, daß sie es so machte.

Meine Neugier wuchs, ich wurde kühner, sagte den Dienstmädchen, ich würde ihnen gern beim Waschen zusehen, und wartete oft in meinem Schlafzimmer, bis ich hörte, daß eine von ihnen heraufkam, um sich herzurichten. Von jeder wußte ich, wann sie gewöhnlich zu diesem Zweck in ihr Schlafzimmer ging. Am besten gefiel mir dabei das Kindermädchen: sie verließ uns nach einiger Zeit, und meine Mutter zog ihre Kinder nun selbst auf. »Laß deinen Ausschnitt sehen; komm sei lieb«, sagte ich. — »Unsinn, und dann?« — »Tu's doch, sei lieb, es ist doch nichts dabei; ich will doch nur so viel sehen, wie auch die Damen auf Bällen zeigen.« Ich beschwatzte eine, sich im Unterrock in die Tür zu stellen, so daß ich ihren Ausschnitt vom Korridor vor den Schlafzimmern sehen konnte. Die Korsetts waren damals sehr hoch und sonderbar gebaut, die Hemden wurden lose darüber gezogen. Eine oder zwei ließen mich ihren Ausschnitt küssen, und eines Tages erwiderte ein Mädchen auf mein flehentliches Bitten: »Nun gut, aber nur für eine Minute« — sie lockerte ihr Mieder, holte eine Brust hervor und zeigte mir die Warze. Ich umarmte sie, vergrub mein Gesicht in ihrem Ausschnitt und küßte sie auf die Haut. »Ich liebe den Geruch deiner Brust und deiner Haut«, sagte ich. Sie war eine ziemlich große Frau, und ich glaube, daß ich sowohl ihre Brüste als auch ihre Achselhöhlen roch; aber woraus sich dieser Duft auch zusammensetzte, für mich war er köstlich, er schien mir alle Kräfte zu rauben. Als ich dieselbe Frau später noch einmal verstohlen küßte, ließ sie mich die Nase in ihren Ausschnitt stecken, so daß ich ihren Duft wahrnehmen konnte. Wir wurden unterbrochen. »Da kommt jemand«, flüsterte sie und stürzte davon.

»Wie kommt es, daß Damen so gut riechen?« fragte ich eines Tages meine Mutter. Sie ließ ihre Handarbeit sinken und lachte in sich hinein. »So? Tun sie das?« — »Jawohl, und vor allem, wenn sie tief ausgeschnittene Kleider tragen.« — »Damen«, erklärte mir meine Mutter, »benutzen Patschuli und andere Parfüms.« Ich hatte es schon vermutet, aber nun überzeugte mich das Verhalten meiner Mutter davon, daß ich eine Frage gestellt hatte, die ihr peinlich war.

Oft beugte ich mich über die Rücklehne eines Sessels, in dem eine Frau saß, brachte mein Gesicht so nahe an ihren Ausschnitt, wie ich nur konnte, und sog in aller Stille ihren Duft ein, wobei ich fortwährend redete. Nicht jede Frau hatte für mich einen angenehmen Duft, und wenn sie dufteten, dann war es nicht Patschuli; ich besorgte mir nämlich selbst Patschuli, das mir zusagte, und parfümierte mich damit. Dieses feine Gespür für den Duft einer Frau habe ich mein Leben lang behalten, und später war es hinreißend für mich, wenn ich den nackten Körper einer blühenden, jungen Frau umarmte.

Seit dieser Zeit entsinne ich mich der bemerkenswerten Erlebnisse sehr viel deutlicher, aber an die Umstände, die zu ihnen führten, oder an das, was nachher geschah, kann ich mich oft nicht erinnern. Eines Tages besuchte uns Miss Granger, unsere frühere Gouvernante. Ich küßte sie. Mutter sagte: »Wattie, du darfst Damen so nicht küssen, dazu bist du zu groß.« Zum Spaß zog ich Miss Granger auf meinen Schoß (meine Mutter war noch im Zimmer) und balgte mit ihr. Mutter ging hinaus, ließ uns allein, und ich setzte Miss Granger noch einmal auf meinen Schoß und zog sie eng an mich heran. »Küß mich, sie ist weg«, sagte ich. — »Oh, dieser Junge!« und sie küßte mich: »Laß mich — jetzt — los — deine Mama kommt.« Mir fiel ein, daß ich mit der Hand unter ihre Kleider gegriffen und das Haar zwischen ihren Beinen gefühlt hatte. Mein Schwanz wurde steif; es ist dies die erste deutliche Erinnerung, daß er sich versteifte, während ich an eine Frau dachte. Ich umarmte sie, faßte sie an und tat irgend etwas, ich weiß nicht mehr, was. »Du bist frech, Wattie«, sagte sie. Dann zwickte ich sie und fügte hinzu: »Oh, was du für einen großen Busen hast.« — »Pst, pst!« machte sie. Sie war eine ziemlich hochgewachsene Frau mit braunem Haar; meine Mutter habe ich sagen hören, sie sei ungefähr dreißig Jahre alt gewesen.

Dann kam es zu einem denkwürdigen Vorfall. In unserem Haus lebten zwei Schwestern von mir, dazu andere weibliche Dienstboten. Mein Vater war zu jener Zeit in Übersee; ich wuchs so schnell, daß man jeden Monat einen Unterschied in meiner Größe erkennen konnte, aber ich war hinfällig. Oft sah mich mein Patenonkel an und fragte in strengem Ton, ob ich mit den anderen Jungen etwas anstellen würde. Ich ahnte damals, worauf er hinauswollte, sagte aber immer, ich wisse nicht, was er meine. »Doch, du weißt es, du weißt es genau«, sagte er mit finsterem Blick: »nimm dich in acht, sonst endest du im Irrenhaus; wenn du es tust — und ich würde es dir an der Nase ansehen —, bekommst du von mir keinen Pfennig mehr.« Er war Oberstabsarzt in der Armee gewesen und gab mir viel Taschengeld. Ich konnte es nicht ertragen, wenn er mich so ansah, und dann fragte er mich, warum ich die Augen niederschlüge.

Etwa um diese Zeit hatte ich Fieber bekommen, war lange Zeit nicht in die Schule gegangen, lag den ganzen Tag auf dem Sofa und las Romane. Miss Granger war bei meiner Mutter zu Besuch. Eines Tages schob ich meine Hand unter ihr Kleid, fast bis zu den Knien; sie war beleidigt und hörte auf, mich zu küssen. Eine meiner kleinen Schwestern teilte mit ihr ein Zimmer, das neben dem Zimmer meiner Mutter lag; ich schlief jetzt auf der Dienstbotenetage oben im Haus. Ich weiß noch, daß ich wieder einen Ständer bekam, wenn ich in ihrer Nähe war, aber an mehr kann ich mich nicht erinnern.

Damals untersagte mir meine Mutter, mich mit den Dienstmädchen zu unterhalten, außer wenn ich etwas wollte; dabei hegte sie gewiß nie den Verdacht, ich würde eine von ihnen küssen. Ich heuchelte Gehorsam und holte mir zuweilen sogar eine

Rüge, weil ich in allzu herrischem Ton mit ihnen gesprochen hatte. Sie ermahnte mich, respektvoll mit den Dienstboten umzugehen. Trotzdem war ich hinter ihnen her, meine Neugier war unersättlich. Von jeder wußte ich, wann sie zum Umkleiden oder zu anderen Zwecken hinaufging, und wenn ich daheim war, drückte ich mich auf dem Korridor oder in der Nähe der Treppe herum, um ihre Beine zu sehen, wenn sie hinaufstiegen. Ich horchte an ihren Türen, versuchte, sie beim Pissen zu belauschen, und fing an, sie durchs Schlüsselloch zu beobachten.

Ein großes Dienstmädchen. — Zwei Schwestern. — Achselhöhlen. — Verstohlene Berührungen. — Wolllüstige Träumereien. — Von einer Frau gestreichelt. — Erektionen. — Meine Vorhaut. — Sehen und Fühlen. — Tante und Cousine. — Die Beine eines Dienstmädchens. — Nicht Manns genug.

Einem großen Dienstmädchen, über das es noch manches zu erzählen gibt, galt meine besondere Aufmerksamkeit; auf ihr Zimmer ging sie meist dann, wenn meine Mutter nachmittags ein Schläfchen machte oder mit meinen Geschwistern ausging. Als ich krank zu Bett lag, brachte mir diese stattliche Frau oft eine Fleischbrühe; ich ließ mich von ihr küssen, liebte sie heiß und innig, umarmte sie und drückte sie an mich, preßte meine Lippen auf ihre und sagte ihr, wie gern ich ihre Brüste sähe — worauf sie mir stets im sanftesten Tone antwortete, so als spräche sie zu einem Kind. Heute frage ich mich, ob meine Huldigungen dieser stattlichen Frau nur Vergnügen bereiteten oder ob mein Liebesdrängen sie irgendwann auch einmal scharf gemacht hat. Sie war verlobt, aber das erfuhr ich erst später von meiner Mutter; ihre Schwester war, wie gesagt, ebenfalls bei uns.

Die Schwester war nach meinen damaligen Begriffen hübsch (deutlich erinnere ich mich seit dieser Zeit auch an Gesichter); beide waren von heiterem, aufgewecktem Wesen. Ich küßte sie beide, und jede sagte: »Erzähle es nicht meiner Schwester«. Und dann die Frage: »Hast du auch meine Schwester geküßt?« Ich war natürlich so schlau, zu beteuern, ich hätte nichts dergleichen getan. Die beiden stritten ständig miteinander, und meine Mutter sagte, eine von ihnen müsse sie entlassen.

Die Jüngere tanzte oft mit meiner kleinen Schwester im Zimmer herum und drehte sich dabei so beschwingt im Kreis, daß ihre Röcke flogen. Als es mir nun wieder besser ging, legte ich mich manchmal mit einem Kopfkissen auf den Teppich, mit dem Rücken zum Fenster, um zu lesen; auf dem Boden, so sagte ich, läge ich besser — in Wirklichkeit aber hoffte ich, ihre Beine zu sehen, während ihre Unterröcke hochflogen. Oft war ich erfolgreich, und heute zweifle ich nicht daran, daß sie es absichtlich für mich tat, denn sie drehte sich ganz dicht neben mir, so daß ich ihr bis zu den Knien hinaufsehen konnte; und wenn sie sich hinhockte, tat sie es so, daß der Saum ihres Unterrockes gerade meinen Kopf bedeckte. Aber im nächsten Augenblick raffte sie ihn wieder um sich und sagte: »Oh, du siehst ja mehr, als dir guttut.«

Das erregte mich. Eines Tages, als sie es wieder so machte und sich hinhockte, streckte ich die Hand aus und hielt ihr Kleid fest; sie fiel nach hinten, streckte die Beine ziemlich hoch in die Luft, und eine Sekunde lang sah ich ihre Schenkel; lachend hüllte sie sich wieder ein. »Ich habe deine Schenkel gesehen«, sagte ich ihr. — »Hast du nicht«, erwiderte sie. Eines Tages ließ sie mich eine Hand in ihren Ausschnitt stecken; ich sog ihren Duft ein. »Was gibt's denn da zu schnuppern?« meinte sie. Es kommt mir so vor, als habe sie mich nicht aus den Augen gelassen, wenn ich in der Nähe ihrer Schwester war, denn ständig paßte sie auf, und bevor sie mich küßte, riß sie ganz plötzlich die Zimmertür auf oder ging kurz hinaus und kam dann zurück. Ich habe ihre Schwester auch tatsächlich vor der Tür des Zimmers stehen sehen, als sie sie einmal so unerwartet aufriß.

Die große Schwester muß ein Meter fünfundsiebzig gewesen sein, sie war breit gebaut; mir kommt es so vor, als sei sie zweiundzwanzig gewesen; dieses Alter ist mir in Erinnerung geblieben, und auch, daß meine Mutter es einmal erwähnte. Sie hatte braunes Haar und braune Augen — ich erinnere mich gut an die Züge dieser Frau. Ihre Unterlippe ähnelte einer Kirsche, mit einer deutlichen Kerbe in der Mitte; sie erzählte, daß diese Kerbe vom Biß eines Papageis herrührte, der ihr, als sie noch klein war, die Lippe beinahe durchtrennt hätte. An dieses Merkmal erinnere ich mich deutlicher als an alles andere. Meine Mutter meinte einmal, obwohl sie doch so groß sei, habe sie im Haus den leisesten Schritt von allen; ihre Stimme war sehr sanft, wie ein Flüstern oder der Ton einer Flöte; ich glaube, sie hieß Betsy.

Mut und Entschlossenheit gegenüber Frauen, wie ich sie im späteren Leben besaß, fehlten mir damals noch völlig; ich war schüchtern und hatte Angst, zurückgewiesen oder ertappt zu werden, aber den Frauen schmeicheln und sie beschwatzen, das konnte ich. Betsy kümmerte sich um meine beiden kleinen Schwestern und saß häufig mit ihnen in einem Zimmer neben unserem Eßzimmer (ein richtiges Kinderzimmer hatten wir damals nicht); es standen ein Kanapee und ein großes Sofa darin, und gewöhnlich frühstückten wir hier. Sie bediente auch bei Tisch und verrichtete noch verschiedene andere Arbeiten im Haus. Ich bin mir ziemlich sicher, daß wir damals keinen Mann im Haus hatten. Oft legte ich mich auf das Sofa in diesem Zimmer. Eines Tages sprach ich mit ihr über ihre Lippe, hob dann den Kopf und sagte: »Laß mich sie küssen.« Sie drückte ihre Lippen auf meine, und schon bald küßte ich sie (oder auch ihre Schwester) regelmäßig, wenn meine Mutter uns nicht im Wege war.

Eines Tages stieg sie in ihr Schlafzimmer hinauf, und ich ging ihr, wie ich es oft tat, leise nach, in der Hoffnung, ich könnte sie beim Pinkeln belauschen. Ihre Tür war nur angelehnt, eine meiner kleinen Schwestern war bei ihr, und ich glaube, damals begann sich zum erstenmal die Wollust in mir zu regen. Sie übte mit dem Kind das Treppensteigen, ließ es vor sich hergehen und stützte es, und wenn sie sich dabei nach vorn beugte, bekam ich einen Augenblick lang ihre dicken Waden zu Gesicht. Von der Tür aus konnte ich nicht sehen, wie sie sich wusch, sie tat es in einem anderen Teil des Raumes, aber ich hörte Wasser plätschern und zu meinem Entzücken auch, wie der Nachttopf hervorgeholt wurde und ihr Pipi hineinklimperte. Der Spiegel befand sich in der Nähe des Fensters. Sie stellte sich davor und kämmte ihr Haar, das Kleid hatte sie ausgezogen, und jetzt sah ich ihre Beine und das meiste von ihrer Brust, die mir riesengroß erschien.

Dann entdeckte ich das Haar in ihren Achselhöhlen; es muß das erste Mal gewesen sein, daß ich dergleichen bewußt wahrnahm, denn nachher erzählte ich einem anderen Jungen, dunkelhaarige Frauen hätten Haare in der Achselhöhle; er entgegnete bloß, das wisse doch jeder Dummkopf. Als sie mit Kämmen fertig war, drehte sie sich um und machte im Vorübergehen die Tür zu: sie hatte mich nicht gesehen.

Ich verliebte mich in diese Frau, ein unbestimmtes Verlangen ergriff Besitz von mir, immerzu küßte ich sie, und sie erwiderte meine Küsse ohne Zögern. »Pst! Deine Mama kommt« — und schon wendete sie sich wieder einer Handarbeit oder, wenn sie da waren, den Kindern zu, so beflissen wie nur möglich. Ich bin davon überzeugt und möchte es hier ausdrücklich festhalten, daß ich dieser Frau einen sinnlichen Genuß bereitete, indem ich Küsse mit ihr tauschte: ihre Küsse waren genauso wie die, die mir in späteren Jahren Frauen gaben, die ich vögelte — genauso lang und weich und innig.

Eines Tages lag ich im Wohnzimmer auf dem Sofa und las; sie saß mit einer Handarbeit neben mir; wo die Kinder waren, wo meine Mutter war, vermag ich nicht zu sagen: vielleicht spazierengegangen; warum dieses Dienstmädchen mit mir allein im Zimmer war, weiß ich nicht. Auf dem Tisch stand etwas, das mir der Doktor verordnet hatte, und ab und zu mußte ich ein Schlückchen davon einnehmen. »Komm, setz dich zu mir, ich möchte dich anfassen, Liebling.« (Ich sagte immer »Liebling« zu ihr.) Sie rückte ihren Sessel an das Sofa, so daß ihre Schenkel meinem Kopf ganz nahe waren, sie reichte mir die Arznei, ich legte mich auf die Seite, bettete meinen Kopf auf ihren Schoß und legte eine Hand auf ihr Knie. »Küß mich!« — »Ich kann nicht.« Ich hob den Kopf, sie beugte sich nach vorn und küßte mich. »Komm ein bißchen näher, ich möchte dir etwas sagen.« Und dann erzählte ich ihr, daß ich sie beim Kämmen beobachtet, ihre Brüste und ihre Achselhöhlen gesehen hatte. »Oh, du hinterhältiger, ungezogener Junge! Du darfst es nicht wieder tun, versprichst du mir das?« — »Aber wenn sich wieder eine solche Gelegenheit bietet? Komm noch ein bißchen näher, ich muß dir noch etwas erzählen.« — »Wie bitte?« — »Ich kann nicht, wenn du mich dabei ansiehst, ich muß es dir ins Ohr sagen.« Ich sehnte mich danach, ihr mein Geständnis zu machen, aber ich konnte nicht, solange sie mich ansah. Sehr genau erinnere ich mich an meine Schüchternheit, mehr noch: an meine Furcht, das auszusprechen, was ich doch loswerden wollte.

Sie beugte sich zu mir hinab und hielt ihr Ohr an meinen Mund: »Ich habe dich pinkeln gehört.« — »Du ungezogener Kerl, du!« — aber dann brach sie in ein verhaltenes Lachen aus. »Demnächst werde ich aufpassen und die Tür immer schließen.« Ich ließ meine Hand vom Sofa herabgleiten und faßte nach ihrem Fußknöchel, dann nach ihrer Wade (ohne auf Widerstand zu stoßen); ich schob sie behutsam weiter, immer höher, bis zu ihrem Strumpfband und noch weiter und spürte nun ihre Haut; sie fädelte gerade eine Nadel ein. Als ich ihren Schenkel berührte, stemmte sie beide Hände auf ihre Oberschenkel und unterband damit alle weiteren Nachforschungen. »Walter, also jetzt nimmst du dir wirklich zuviel heraus, bloß weil ich dich meine Knöchel habe anfassen lassen.« Ich jammerte und seufzte. »Ach Liebling, laß doch, gib mir einen Kuß, Liebling; nur eine Minute.« Ganz behutsam versuchte ich noch einmal, meine Hand (es war die linke) weiter hinaufzuschieben. »Was hast du vor?« — »Ich möchte es fühlen, ach, küß mich — laß mich doch — los, Betsy, komm«, und ich hob den Kopf.

Sie beugte sich noch tiefer über mich, bis sie ganz verkrümmt dasaß, legte ihre Lippen auf meine, gab mir einen Kuß und sagte: »Was bist du doch für ein Bengel, was erwartest du denn eigentlich zu finden?« — »Ich weiß, wie man es nennt, und es sind Haare drauf, nicht wahr Liebling?« Ihre Hände lockerten sich, sie lachte, meine Linke glitt hinauf, bis ich die Unterseite ihres Bauches spürte. Ich konnte mit meinen Fingern nur in dem Haar herumspielen, eine Spalte oder ein Loch konnte ich nicht ertasten, war zu erregt, um einen klaren Gedanken zu fassen, und wußte zu wenig über die Beschaffenheit der weiblichen Teile; aber an das heftige Entzücken, das ich empfand, als ich die heißen Schenkel und das Haar berührte, das sich, wie ich inzwischen wußte, irgendwo vor der Möse befand, kann ich mich noch genau erinnern.

Sie hörte nicht auf, mich zu küssen, und flüsterte: »Was bist du doch für ein Bengel!« Schüchtern und in flüsterndem Ton berichtete ich ihr nun von dem, was ich gelesen hatte, erzählte von dem Aristoteles, den ich in meinem Schrank versteckt hielt; sie bat mich, ich möge ihr das Buch einmal leihen. Ich berührte nur Haare, sie hatte ihre Schenkel wohl ziemlich fest geschlossen, und eine große Korsettstange bohrte sich in meine Hand und tat mir weh, als ich meine Finger dort unten herumwandern ließ. Auf dieses Hindernis, das meiner Unternehmungslust Einhalt tat, bin ich in späteren Jahren auch bei anderen Frauen gestoßen.

Dann überkam mich eine wollüstige Empfindung; ich wurde schier ohnmächtig vor Wonne, und wie in einem Traum vereinigten sich ihre Lippen mit meinen, sie sagte: »Oh, schäme dich«, und meine Fingerspitzen wühlten in ihrem Haar, dann die Glut ihrer Schenkel an meiner Hand, ein Gefühl von Feuchtigkeit daran, aber deutlicher erinnere ich mich nicht.

Nachher habe ich mich anscheinend nur noch mit ihr beschäftigt. Ich hörte auf, mit ihrer Schwester zu sprechen, konnte an nichts anderes denken als an ihren Ausschnitt, ihre Beine und das Haar unter ihrem Bauch. Manches Mal war ich allein mit ihr im Zimmer, und sie gewährte mir die gleichen Freiheiten, aber keine anderen. Ich gab ihr den Aristoteles, den ich selbst ausgeliehen hatte, und ich erinnere mich an einen Tag, da wurde mein Schwanz steif, und ein eigentümliches, überwältigendes, ganz und gar unbeschreibliches Gefühl überkam mich, dann auch der Wunsch, vor ihr das Wort »Möse« auszusprechen und sie zu veranlassen, mich zu streicheln, zugleich aber auch Angst und Grauen davor, daß mein Schwanz nicht so war wie andere Schwänze und daß sie mich vielleicht auslachen würde. Danach schob ich die Vorhaut jeden Tag mit Gewalt zurück, es blutete, aber ich hatte Erfolg; es ging nun etwas leichter, und doch erinnere ich mich nicht, daß ich ein Verlangen gehabt hätte, diese Frau zu vögeln — ich kann mich nur an die Empfindungen erinnern, die ich hier beschrieben habe.

Ich war immer noch krank, denn abends bekam ich eine Tasse Pfeilwurzaufguß ans Bett gebracht. Meistens besorgte das meine Mutter, manchmal aber auch das große Dienstmädchen; ich war sehr froh, wenn nicht meine Mutter kam. Dann küßte ich Betsy, als ob ich mich nie mehr von ihr trennen wollte, streckte eine Hand aus dem Bett und ließ sie unter ihren Kleidern hinaufwandern, bis ich das Haar fühlen konnte. Aber mit einem Ruck schob sie ihren Hintern zurück, so daß ich nichts mehr zu fassen bekam. Eines Abends stand mir der Schwanz. »Nimm das Licht mit hinaus«, sagte ich, »ich habe dir etwas zu sagen.« Die Tür war halb geöffnet, als sie meinem Wunsch nachgekommen war; der Schein der Kerze erhellte noch das Zimmer, aber mein Bett lag im Schatten. »Laß mich dich noch mehr streicheln, Liebling, und küß mich.« — »Du ungezogener Junge!« Aber wir küßten uns. Wieder fühlte ich ihre Schenkel, den Bauch und das Haar. »Was hast du denn davon, wenn du es tust?« fragte sie mich. Ich nahm ihre Hand und zog sie unter die Bettdecke zu meinem Schwanz. Sie beugte sich über mich, gab mir einen Kuß und flüsterte: »Du ungezogener Junge«, aber sie streichelte den Schwanz und die ganze Gegend drum herum, wie lange, vermag ich nicht zu sagen. »Oh, ich würde gerne dein Loch fühlen«, sagte ich. Sie machte nur

»Pst« und ging, die Tür hinter sich schließend, hinaus.

Nachher streichelte sie mich noch mehrere Male. Wenn meine Mutter mir den Pfeilwurzaufguß brachte — sie glaubte, ich hätte es gern, wenn sie das tat —, dann nahm ich ihn nicht und erklärte, er sei mir zu heiß. Sie darauf: »Wattie, ich kann nicht so lange warten, bis er abgekühlt ist.« — »Macht nichts, Mama, ich will ihn gar nicht.« — »Aber du mußt ihn trinken.« — »Dann stell ihn doch dorthin.« — »Also, jetzt schlaf noch nicht, in ein paar Minuten schicke ich Betsy nach oben, die gibt ihn dir.« Bald war Betsy da, und während wir voller Hast wollüstige Küsse tauschten und sie zwei oder drei Minuten lang ihre Lippen auf meine preßte, glitt ihre Hand hinab und streichelte meinen Schwanz, während meine Finger auf ihrem Hügel lagen, wobei sie die Schenkel geschlossen hielt. Dann glitt sie wieder aus dem Zimmer. Nie brachte ich meine Hand zwischen ihre Schenkel, dessen bin ich sicher.

Immer sehnte ich mich danach, mit ihr über all das, was ich aufgeschnappt hatte, zu sprechen, aber ich glaube nicht, daß ich jemals über mehr mit ihr gesprochen habe, als ich hier berichte, denn ich hatte Angst davor, mich gegenüber einer Frau obszöner Wörter zu bedienen, obwohl ich sie unter Jungen schon ohne viel Scheu benutzte. Ich sprach immer nur von ihrem Loch, meinem Ding und davon, »es« zu tun; zum Lachen brachte ich sie, als ich einmal das Wort »Pudendum« gebrauchte, ich hatte es aus dem Aristoteles und aus meinem lateinischen Wörterbuch. Trotz alledem und trotz der wollüstigen Empfindungen, die mich immer wieder durchrieselten, hatte ich, soweit ich mich entsinnen kann, nie den Wunsch, sie zu vögeln, und nie sagte ich ihr irgend etwas Schmutziges ins Gesicht.

Ich erholte mich. Aber nun weigerte sie sich, mich zu streicheln, und ließ sich auch von mir nicht mehr streicheln — wegen meiner Dreistigkeit. Eines Tages, bei Einbruch der Dunkelheit, als sie gerade dabei war, die Fensterläden im Eßzimmer zu schließen, trat ich hinter sie, und nachdem ich ihren Kopf nach hinten gezogen hatte, um sie zu küssen, bückte ich mich und schlug ihr die Kleider bis über die Taille hoch; ihr ganzer Hintern war sichtbar. Oh, wie weiß und riesengroß kam er mir vor! Sie schrie nicht auf, sondern drehte sich rasch um und sagte ganz ruhig: »Was tust du da? Jetzt ist aber Schluß!« Ich hatte mich mit ihr gedreht und starrte noch immer auf ihren Hintern, dann legte ich beide Hände darauf, ließ meine Hände um ihre Schenkel gleiten, kniete mich rasch hin und berührte ihre Haut mit den Lippen. Die Unterröcke fielen mir über den Kopf. Sie stieß mich weg, sagte, sie würde nie mehr ein Wort mit mir sprechen. Nachher hat sie mich nie mehr gestreichelt oder mir irgendwelche Freiheiten gestattet, und kurze Zeit später verließ sie uns. Ein oder zwei Jahre danach machte sie mit ihrem Baby meiner Mutter einen Besuch. Sie lächelte mir zu. Was aus ihrer Schwester geworden ist, weiß ich nicht mehr; ich glaube, auch sie verließ uns bald.

Mit meinen körperlichen Kräften kann es damals noch nicht weit her gewesen sein, und auch meine Geschlechtsorgane waren noch nicht bis zur völligen Reife gediehen, denn ich bin sicher, daß ich bis zu diesem Zeitpunkt nie einen Erguß hatte; vielleicht hing das auch mit meinem schnellen Wachstum und dem Fieber zusammen. Mein Vater kam nach Hause, als gebrochener Mann, wie ich später erfuhr, und krank. Wenig später behielten wir nur zwei Dienstmädchen, einen Mann, der nicht im Haus wohnte, und einen Gärtner. Der Arzt verordnete meinem Vater die Küste, meine Mutter begleitete ihn und nahm die Kinder und ein Dienstmädchen mit (alle fuhren damals in einer Kutsche). Eine von Vaters Schwestern, meine Tante, kam zu uns, um das neue Haus in ihre Obhut zu nehmen; sie war verwitwet und brachte ihre Tochter mit, ein hübsches, schlankes Mädchen von ungefähr sechzehn Jahren.

Ich blieb daheim, denn ich mußte ja zur Schule gehen; das Dienstmädchen, das im Haus blieb, war ein freundliches, molliges Fräulein, dunkelhaarig und immerfort lachend; sie mußte die ganze Arbeit tun. Mein Patenonkel, der ein oder zwei Meilen entfernt wohnte und dessen unverheiratete Schwester ihm den Haushalt führte, kam mich häufig besuchen, so oft, daß ich seiner überdrüssig wurde. Jeden freien Nachmittag mußte ich wandernd oder reitend mit ihm verbringen; er bestand darauf, daß ich ruderte, Kricket spielte und allerlei athletische Sportarten trieb, wenn ich nicht über den Schularbeiten saß. Der Arzt in ihm ahnte wohl etwas von meinem Temperament und glaubte, indem er mich ständig beschäftigte und ermüdete, könne er mich von erotischen Gedanken abhalten. Er wollte, daß ich bei ihm wohnte, aber ich weigerte mich, und weil sich mein Schulweg dadurch verlängert hätte, bestand er nicht darauf.

Meine Tante nächtigte im Schlafzimmer meiner Eltern, meine Cousine in einem Zimmer gleich daneben. Ich wurde während der Abwesenheit meiner Eltern aus dem oberen Stockwerk heruntergeholt und schlief auf der gleichen Etage wie meine Tante. Sie waren noch keine Woche im Haus, da hatte ich meine Cousine schon beim Pinkeln belauscht und stand Abend für Abend im Nachthemd horchend an ihrer Schlafzimmertür und versuchte durch das Schlüsselloch einen flüchtigen

Blick auf ihre Reize zu erhaschen, aber ohne Erfolg.

Ich machte mich nun an das Dienstmädchen heran und begann damit, daß ich mich rittlings auf ihren Rücken setzte, als sie einmal am Boden kniete. Sie lachte, bockte wie ein Pferd und warf mich ab; dann küßte ich sie, und sie küßte mich. Sie und meine Tante zankten miteinander, meine Tante war sehr arm und eingebildet und wollte ein warmes Essen um sieben Uhr, ich dagegen wollte mein Essen um die Mittagszeit. Das Mädchen meinte, sie könne es nicht allen recht machen. Mir sagte sie heimlich: »Ich koche was für dich, sollst mir nicht ohne rumlaufen — die kann auch ohne was Warmes abends auskommen.« Sie mochte meine Tante nicht. Diese wiederum nannte das Dienstmädchen ein naseweises Ding und erklärte, sie werde meiner Mutter schreiben und sich darüber beschweren, daß das Mädchen seine Zeit mit dem Gärtner vertändle. Wieder machte mir mein Patenonkel das Angebot, ich könne bei ihm wohnen, aber ich wollte nicht, denn ich kam bei dem Dienstmädchen mit der Küsserei sehr gut voran, und irgendwie renkte sich alles wieder ein. Nach und nach lernte ich die Lebensgewohnheiten meiner Tante kennen und bemühte mich, nach Hause zu kommen, wenn sie ausgegangen war, um mit dem Dienstmädchen allein zu sein; aber meiner Tante und dann auch noch dem Patenonkel zu entkommen, erwies sich als schwierig. Manchmal versuchte ich es und sagte, ich würde an meinen freien Nachmittagen mit anderen Jungen unterwegs sein, oder etwas Ähnliches, aber es gelang mir nur selten.

Eines Nachmittags ging das Dienstmädchen in sein Schlafzimmer; mit klopfendem Herzen folgte ich und drängte sie auf das Bett. Sie war ein gewitztes, neckisches Weibsbild und wußte vermutlich besser als ich, worum mir es ging. Ich erinnere mich, wie sie nach hinten auf das Bett fiel und wie ihre Beine bis zu den Knien sichtbar wurden. »Oh, was für Beine!« sagte ich. »Nichts, wofür man sich zu schämen braucht«, gab sie zurück. Was auch immer ich gewollt oder beabsichtigt hatte, weiter ging ich nicht. Meine Verwandten waren natürlich nicht daheim.

An einem anderen Tag tollten wir herum und bewarfen einander mit den Kissen aus ihrem Bett. Sie hielt den Treppenabsatz, ich stand ein paar Stufen tiefer und versuchte, mit dem Kopf möglichst auf der Höhe des Treppenabsatzes zu bleiben, so daß ich, wenn sie nach hinten oder nach vorn huschte, um die Kissen aufzuheben und nach mir zu werfen, bis zu ihren Knien hinaufsehen konnte. Sie wußte, was ich im Sinne hatte, obwohl ich mir damals sehr gerissen vorkam, wenn es mir gelang, auf diese Weise einen Blick zu erhaschen. Auf dem Absatz der Treppe balgten wir um ein Kissen und wälzten uns dabei auf dem Boden. Ich fuhr mit der Hand unter ihre Kleider, an ihren Schenkeln hoch, und fühlte das Haar. »Das ist dein Ding«, stieß ich in einem plötzlichen Anfall von Mut hervor. »Oho«, lachte sie, »was sagst du da?« — »Dein Ding!« — »Mein Ding! Was ist denn das?« — »Das Loch unten an deinem Bauch«, sagte ich, und schämte mich sogleich wegen dem, was ich gesagt hatte. »Wie bitte? Wer hat dir denn das erzählt? Ich habe kein Loch.« Es ist seltsam, aber wahr, ich hatte nicht den Mut, noch etwas zu sagen, sondern brach das Spiel ab und ging nach unten.

Zuweilen spielte ich nachher mit ihr noch wildere Spiele und streichelte ihre Schenkel; aber die Furcht hielt mich ab, weiter nach oben vorzudringen. Sie bot mir viele Chancen, aber meine Schüchternheit hinderte mich, sie zu ergreifen. Eines

Tages sagte sie: »Mit dir ist nicht viel los, obwohl du so groß bist« und gab mir einen langen, wilden Kuß, aber weder verstand ich ihre Wünsche, noch erkannte ich meine Chancen, obgleich es für mich heute offenkundig ist, daß sie von mir, der ich noch ein Knabe war, bestiegen werden wollte.

Wie es in meinen Besitz gelangt war, weiß ich nicht, aber etwa zu dieser Zeit hatte ich ein Buch, das die Krankheiten beschrieb, die durch den Venusdienst verursacht werden. Die Abbildungen in diesem Buch, von Gesichtern, die mit Schorf, Pickeln und Ausschlag bedeckt waren, prägten sich mir so tief ein, daß die Angst davor noch nach zwanzig Jahren nicht völlig verblaßt war. Ich zeigte sie einigen Freunden, und uns allen jagten sie einen heftigen Schrecken ein. Ich hatte keine feste Vorstellung davon, was Syphilis und Tripper war, aber wir alle gelangten zu dem Schluß, daß es etwas Furchtbares sein mußte. Auch mein Patenonkel kam jetzt des öfteren auf die Leiden zu sprechen, die sich Männer durch den Umgang mit liederlichen, schlechten Frauenzimmern zuziehen konnten; vielleicht hat er selbst mir dieses Buch in die Hände gespielt. Auch vom Wichsen war darin die Rede, und die grauenhaften Berichte über Leute, die daran gestorben waren oder die man deswegen in eine Zwangsjacke gesteckt hatte, waren mir ohne Zweifel sehr nützlich. Wir Jungen brachten ganze Tage damit zu, herauszufinden, was unter Masturbation oder Onanie oder wie immer das Buch sich ausdrückte, zu verstehen war. Wir schlugen in Wörterbüchern und anderen Werken nach, und schließlich erklärte uns einer der größten Jungen die Bedeutung.

Eines Abends — meine Tante war nicht daheim (ich glaube aber nicht, daß ich mir einen bestimmten Plan zurechtgelegt hatte) — ging ich, nachdem ich etwas zu mir genommen hatte, in die Küche, wo das Küchenmädchen beim Licht einer Kerze über einer Näharbeit saß. Ich unterhielt mich mit ihr, küßte sie, schmeichelte ihr, fing an, ihre Kleider hochzuziehen, und es endete damit, daß sie in der Küche herumlief und ich hinter ihr her; wir lachten beide, von Zeit zu Zeit hielten wir inne und lauschten, ob meine Tante klopfte. »Ich gehe hinaus und schließe das Außentor ab«, sagte sie, »dann muß deine Tante klingeln; wenn sie gleich an die Tür kommt, wird sie uns hören, du machst solchen Lärm.« Sie schloß ab und kam dann zurück.

Die Küche lag im Erdgeschoß, vom Hauptteil des Hauses war sie durch einen kurzen Gang getrennt. Ich setzte sie mir auf die Knie, ich war jetzt ein großer Kerl und befand mich, obwohl noch recht jung, im Stimmbruch; sie hänselte mich deswegen; dann wanderte meine Hand unter ihren Unterröcken nach oben, und sie zwickte mich so heftig in meinen Schwanz (von außen, durch den Kleiderstoff), daß ich aufschrie. Immer wenn ich in unserem Liebesgeplänkel die Oberhand gewann, sagte sie: »Pst, da klopft deine Tante«, und verscheuchte mich damit, aber schließlich saß sie doch wieder auf meinen Knien; meine Hand strich über ihre Schenkel, und sie streichelte meinen Schwanz, die ganze Gegend drum herum und darunter. »Du hast kein Haar da«, meinte sie. Das ärgerte mich, denn gerade begann es ein wenig zu sprießen. Wie es dazu kam, weiß ich nicht mehr, aber nachdem wir eine Weile dagesessen und uns gegenseitig gestreichelt hatten, falls man das, was ich tat, streicheln nennen kann, denn meine Finger berührten nur den obersten Teil ihrer Spalte, willigte sie ein, mit mir in den Salon zu gehen. Ich griff nach der Kerze. »Wenn du ein Licht mitnimmst, komme ich nicht«, sagte sie, also stellte ich die Kerze zurück, legte meinen Arm um sie und ging so mit ihr durch den Gang und die kleine Diele zum vorderen Salon; sie schloß die Tür, und wir standen im Dunkeln. An das, was jetzt geschah, erinnere ich mich nur in groben Zügen, es kommt mir so vor, als hätte alles nur ein oder zwei Minuten in Anspruch genommen, wenngleich die Erfahrung mir sagt, daß es länger gewesen sein muß.

Wir setzten uns auf ein Kanapee oder ein Sofa, sie faßte nach meinem Schwanz und ich nach ihrer Möse, denn jetzt hatte sie ihre Schenkel ziemlich weit geöffnet. Es war das erste Mal, daß ich eine Frau wirklich befühlte, und sie wollte, daß ich es gründlich tat. Wie groß und behaart und feucht mir diese Fotze vorkam; ihre Größe versetzte mich in Staunen, ich fand das Loch nicht, erinnere mich auch nicht, danach getastet zu haben, und bin mir sicher, daß ich nie meinen Finger hineinsteckte; alles unter ihrem Bauch schien Möse zu sein, feucht, warm und schlüpfrig. »Beeil dich, deine Tante wird bald kommen«, sagte sie mit sanfter Stimme, aber ich war ganz gebannt von dieser Möse, spielte an ihr herum und streichelte sie, entzückt und erstaunt über ihre Ausmaße und ihre sonstige Beschaffenheit. »Deine Tante kommt gleich«, mit diesen Worten hörte sie auf, meinen Schwanz zu streicheln, und ließ sich nach hinten auf das Kanapee sinken. »Nein, nein, so nicht« — an diese Worte erinnere ich mich, aber was ich währenddessen tat, weiß ich nicht mehr; dann stand ich mit steifem Schwanz neben ihr und streichelte in meiner Verwirrung noch immer ihre Fotze. »Ich kann nicht ... hör auf ... komm aufs Sofa.« Ich legte mich halb auf sie, mein Schwanz stieß an etwas — natürlich an ihre Möse. Ob er eindrang oder nicht, weiß der Himmel, ich drückte, um meinen Schwanz herum fühlte es sich weich an, da überkam mich plötzlich die Angst vor einer fürchterlichen Krankheit, und was immer ich gerade tat — ich ließ davon ab. »Weiter, mach weiter«, stieß sie hervor und hob ihren Bauch. Ich konnte nicht, sagte nichts, setzte mich statt dessen neben sie, sie richtete sich auf: »Du bist nicht Manns genug«, meinte sie und griff nach meinem Schwanz. Er war nicht steif, ich ließ eine Hand zwischen ihre Schenkel sinken, und wieder versetzten mich die — wie es mir schien — gewaltigen Ausmaße ihrer Möse in Erstaunen.

Was sie dann tat, weiß ich nicht mehr, vielleicht hat sie mich gewichst; ich glaube, das tat sie, aber sicher bin ich nicht, ein Gefühl der Schmach hatte mich überfallen, als sie sagte, ich sei nicht Manns genug, Schmach vermischt mit Angst vor einer Krankheit. »Laß mich nochmal versuchen«, sagte ich; wieder lehnte sie sich zurück, ich habe eine verschwommene Erinnerung daran, daß mein Finger irgendwo tief eindrang, daß mein Schwanz wieder ihre Schenkel berührte und sich in etwas Weichem rieb, aber mehr weiß ich nicht. »Du bist nicht Manns genug«, sagte sie noch einmal. Ein Klingeln . . . »Horch, deine Tante! Verschwinde!« Sie war es.

Ich ging ins Zimmer nebenan, wo meine Bücher lagen und eine Lampe stand, während das Mädchen zur Straßentür eilte. Meine Tante und meine Cousine kamen herein und begaben sich dann hinauf in ihre Schlafzimmer, während ich dasaß und an meinen Fingern schnupperte: den kräftigen Geruch einer Möse, den ich zum ersten Mal wahrnahm. Ich schnupperte und schnupperte, wie von Sinnen, ich beugte mich über meine Bücher und tat, als würde ich lesen, aber ich hielt mir die Finger vor die Nase und dachte nur an die Möse, an ihre erstaunliche Größe und ihren Duft. Meine Tante kam herunter. »Hast du dich erkältet, Wattie?« —

»Nein, Tante.« — »Deine Augen sehen ganz entzündet aus, Kind.« Und wenig später fing sie von neuem an: »Hast du eine Erkältung?« — »Nein, Tante.« — »Warum schnüffelst du denn so und hältst dir die Hand vor den Mund?« Plötzlich überfiel mich die Angst vor der Lustseuche, ich stürzte hinauf in mein Schlafzimmer, seifte meinen Schwanz ein und wusch ihn und hatte furchtbare Angst.

Widerstreitende Gefühle bestürmten mich, eine Mischung aus Stolz darüber, daß mein Schwanz eine Möse berührt hatte oder gar in sie eingedrungen war, aus Angst, daß ich mir eine Krankheit geholt haben könnte, und aus Scham darüber, daß ich nicht Manns genug gewesen war. Mein Instinkt sagte mir, daß ich in den Augen dieser Frau versagt hatte, und das verletzte meinen Stolz auf eine höchst schmerzliche Weise. Ich versuchte ihr aus dem Weg zu gehen, während ich mich vorher ungeduldig in jedes Zimmer gedrängt hatte, in dem ich eine Minute lang mit ihr allein zu sein hoffte. So ging es drei Tage, dann schwand die Furcht vor einer Krankheit, und die Hoffnung, noch einmal ihre Möse zu streicheln oder zu vögeln — ich weiß nicht, was — trieb mich von neuem in ihre Nähe.

Während dieser drei Tage wusch ich meinen Schwanz bei jeder sich bietenden Gelegenheit und dachte an nichts anderes als das, was ich erlebt hatte; alles kam mir jetzt überstürzt, verwirrend, unmöglich vor; ich fragte mich und frage mich noch heute, ob mein Schwanz in ihr war oder nicht; aber vor allem erfüllte mich die Größe der Möse mit Staunen; denn obwohl ich, wie gesagt, schon den einen oder anderen flüchtigen Blick auf eine Möse geworfen hatte und inzwischen auch ein paar Bilder von der langen Spalte gesehen hatte, konnte ich nicht begreifen, daß dies nur die Außenseite der Möse war, bevor ich eine Frau besessen hatte.

Meine Finger waren zweifellos über die Oberfläche der ihren geglitten, von der Klitoris bis zum Arschloch; die Ausdehnung des Gebiets, in dem sich meine Hand erging, versetzte mich in Verwunderung, ebenso der Geruch, der an meinen Fingern zurückblieb; an ihn dachte ich mehr als an alles andere. Heute erscheint mir das lächerlich, aber damals war es für mich ein Wunder.

Als ich mich wieder in die Küche stahl, schämte ich mich, sie anzusehen, und ging gleich wieder hinaus, aber eines Tages streichelte ich sie von neuem. Lachend griff sie mir von außen an die Hose, zwickte leicht meinen Stengel und küßte mich. »Komm, wir machen es!« sagte ich. — »Herrje, du bist nicht Manns genug« — und wieder schlich ich beschämt davon.

Zum erstenmal gewichst. — Mein Patenonkel. — Betrachtungen über den Geschlechtsverkehr. — Männliche und weibliche Düfte. — Das Dienstmädchen und der Gärtner. — Mein Vater stirbt. — Ein feuchter Traum. — Von einer Hure hereingelegt.

Wie oft ich damals einen Steifen bekam, weiß ich nicht mehr; an wollüstige Empfindungen kann ich mich nicht deutlich erinnern; aber jenes Entzücken, das mich an den Rand der Ohnmacht brachte, als die große Betsy mir gestattete, meinen Kopf in ihren Schoß zu legen und ihre Beine zu streicheln, jener Drang zu dieser Frau hin war ohne Zweifel von sinnlicher Lust begleitet, auch wenn ich mich an die Tatsache als solche nicht erinnere. Aber schon bald sollte meine Männlichkeit sich unmißverständlich zu erkennen geben.

Einige Zeit, nachdem ich die Spalte dieses Dienstmädchens gestreichelt hatte, bemerkte ich ein übelriechendes, weißliches Zeug in meiner Vorhaut, das mir vor allem an der Unterseite der Schwanzspitze wehtat. Zuerst glaubte ich, es sei eine Krankheit, dann zog ich die Vorhaut, so weit es ging, nach vorn, formte eine Art Kelch daraus, träufelte warmes Wasser hinein und walkte daran herum; auf diese Weise wusch ich die ganze Eichel und ließ dann die ranzig riechende Infusion abfließen. Hier zeigte sich nun, daß mir eine Frau fehlte. Ich wußte nicht, was für eine Absonderung das war, und zuerst bekam ich einen gewaltigen Schrecken. Eines Tages hatte ich wieder mit dem Mädchen gespielt, bekam einen Ständer, und abermals tat mir der Schwanz weh. Ich wusch ihn mit warmem Wasser, und dabei schwoll er an. Ich rieb ihn mit der Hand, was mir ein völlig ungewohntes Vergnügen bereitete, und dann überkam mich urplötzlich eine wollüstige Empfindung, so erschütternd und durchdringend, daß ich sie nie vergessen werde. Ich sank in einen Stuhl, streichelte meinen Schwanz nur ganz sanft, und im nächsten Augenblick schoß der Saft in großen Tropfen hervor, einen ganzen Meter weit, dann quoll mir eine dünnere Flüssigkeit über die Fingerknöchel. Ohne es zu wollen, hatte ich mich gewichst.

Staunen, vermischt mit Ekel, überkam mich; ich untersuchte die breiige, dickflüssige Substanz mit der größten Neugier, roch daran, kostete wohl auch davon. Jetzt packte mich die Angst vor meinem Patenonkel, davor, daß er mir auf die Schliche kommen könnte; dennoch: nachdem ich mein Sperma vom Boden aufgewischt hatte, ging ich hinauf in mein Schlafzimmer, verschloß die Tür hinter mir und wichste mich, bis ich vor Erschöpfung nicht mehr konnte.

Ich wollte einen Mitwisser haben und erzählte zwei Schulkameraden, zwei Brüdern, davon. Ich konnte es nicht für mich behalten, und war sogar stolz darauf, auch wenn ich mich schämte, über das Lustgefühl zu sprechen. Sie hatten beide größere Schwänze als ich, aber sie hatten mich nie dafür ausgelacht, daß ich meine Vorhaut nicht ohne weiteres zurückziehen konnte. Wenig später besuchten sie mich; wir gingen in den Garten, jeder von ihnen schob meine Vorhaut zurück, und ich tat bei ihnen dasselbe, und schließlich wichsten wir uns in einem Gartenhaus.

Dann schrieb ich an Fred, der nun eine große Public School besuchte, und berichtete ihm, wie ich gewichst hatte. Er antwortete, einige Jungen an seiner Schule seien dabei ertappt und mit Prügel bestraft worden; ein großer Junge, der demnächst nach Oxford gehen sollte, habe mit einer

Frau angebändelt und sich dabei die Syphilis geholt. Er bat mich, seinen Brief zu verbrennen oder ihn gleich nach dem Lesen ins Scheißhaus zu werfen, und fügte hinzu, er habe eine Riesenangst, weil ihm mein Brief abhanden gekommen sei; ich solle ihm nie wieder solche Sachen schreiben, denn der Lehrer öffne jeden Tag wahllos ein oder zwei Briefe an die Jungen. Er wußte, daß meine Mutter nicht daheim war, und hatte deshalb keine Bedenken, mir zu schreiben. Als ich erfuhr, daß er meinen Brief verloren hatte, bekam auch ich große Angst; der Brief hat sich nicht wieder gefunden. Ob er dem Lehrer in die Hände fiel, ob er ihn an meinen Patenonkel schickte oder nicht, kann ich nicht sagen, aber eines steht fest, kurz nachdem ich eines Nachts bis zur Erschöpfung masturbiert hatte, besuchte mich mein Onkel.

Er blickte mich streng an. »Du siehst krank aus.« — »Ich bin nicht krank.« — »Doch, das bist du, sieh mir in die Augen, du hast dich gewichst«, sagte er, und genauso drückte er sich aus. Noch nie hatte er mir gegenüber ein unanständiges Wort benutzt. Ich leugnete. Er tobte. »Jetzt streite es nicht auch noch ab, Freundchen, lüge nicht, du hast es getan; mach deine Bestialität durch Lügen nicht noch schlimmer, du hast es getrieben, du Scheusal, ich sehe es dir an, du wirst im Irrenhaus enden oder an der Schwindsucht eingehen, von mir bekommst du keinen Pfennig Taschengeld mehr, dein Offizierspatent kaufe ich dir auch nicht, und bei meinem Tod werde ich dir nichts von meinem Geld hinterlassen.« Ich leugnete standhaft, versuchte es mit Frechheit. »Halt den Mund, du kleine Bestie, sonst schreibe ich deiner Mutter.« Das brachte mich zum Schweigen; von Zeit zu Zeit stieß ich nur noch ein verdrossenes »Ich hab es nicht getan!« hervor. Zornig setzte er seinen Hut auf und ließ mich in sehr unbehaglicher Gemütsverfassung zurück.

Ich wußte, daß sich mein Vater nicht mehr so gut stand wie früher, immer wieder hatte meine Mutter mir eingeschärft, den Patenonkel nicht zu erzürnen, und nun hatte ich genau das getan. Ich schrieb alles an Fred, und er meinte, der alte Gauner sei ja nun einmal Arzt, und das ganze sei ein großes Pech; er fragte sich, ob der Onkel wirklich irgendwelche Anzeichen in meinem Gesicht entdeckt oder nur so getan hatte; ich solle mich nicht irre machen lassen und nichts zugeben, sollte weiterhin alles abstreiten, täte aber gut daran, mit dem Wichsen aufzuhören.

Von nun an war mir mein Patenonkel ständig auf den Fersen, wartete am Portal der Schule auf mich, verbrachte meine freien Nachmittage mit mir, saß an den Abenden bei mir und meiner Tante, bis es Zeit zum Schlafengehen war, sorgte dafür, daß ich mit ihm ausritt und Ausflüge machte; er gab mir nun überhaupt kein Taschengeld mehr, auch sonst gab mir niemand etwas, so daß ich nicht besonders glücklich war.

Nachdem ich die Lust, die das Wichsen bereitet, gekostet hatte (und nicht vorher), sah ich das Geheimnis der Geschlechter mit anderen Augen. Mit einem Mal glaubte ich zu verstehen, warum Frauen und Männer sich zusammentaten, und wollte doch noch mehr wissen. Sperma zu verspritzen schien eine widerwärtige Angelegenheit zu sein, der Geruch der Möse kam mir seltsam vor, wo doch der Duft der Frau sonst so süß und betörend auf mich wirkte. Ich las die Romane jetzt gründlicher als je zuvor, liebte es mehr denn je, mich in der Nähe weiblicher Wesen aufzuhalten und sie zu betrachten, und ob sie nun jung oder alt, einfach oder vornehm waren, stets beäugte ich sie, stellte mir vor, daß sie Mösen hatten, die einen starken Geruch verströmten, und fragte mich, ob sie gefickt worden waren; auch meine Tante und meine Cousinen betrachtete ich so und fragte mich dasselbe. Es schien mir kaum möglich, daß die netten, wohlgekleideten Damen mit den sanften Stimmen, die zu uns kamen, Männern gestatten könnten, den Saft in ihre Mösen zu entladen. Jetzt fragte ich mich auch, ob und wie Frauen einen Erguß hatten; welche Lust sie beim Vögeln empfanden und so weiter; unter allen möglichen Gesichtspunkten grübelte ich über den Geschlechtsverkehr nach — so sehr hatte mich die seltsame Tatsache in Staunen versetzt, daß das breiige, scharf riechende Sperma in das Loch zwischen den Schenkeln der Frau geschleudert wurde. Oft dachte ich, ich hätte alles nur geträumt, aber dann war ich wieder völlig überzeugt. Unter den Fragen, die ich mir stellte, war auch die, ob die Ritze des Dienstmädchens, deren Geruch ich an den Fingern gehabt hatte, krank war oder nicht.

Vielleicht war es die Angst davor, entdeckt zu werden, die mich vom Wichsen abhielt, aber ich war auch von schwacher Konstitution, wuchs rasch und kann mich nicht erinnern, daß ich ein großes Verlangen danach gehabt hätte, obgleich ich versessen darauf war, die Möse besser zu begreifen. Ich habe auch keine Erinnerung an den Wunsch, eine Möse zu ficken, wohl aber daran, daß ich sie sehen und vor allem riechen wollte; die Erinnerung an ihr Aroma scheint eine eigenartige Wirkung auf mich gehabt zu haben. Es gefiel mir nicht sonderlich, und doch sehnte ich mich danach, es noch einmal zu riechen. Eines Tages paßte ich eine Gelegenheit ab, und es gelang mir, das Dienstmädchen zu berühren; es war bei Einbruch der Dämmerung, sie stand mit dem Rücken an eine Wand gelehnt und streichelte meinen Schwanz, während ich sie befühlte; es war eine Sache von wenigen Sekunden, dann wurden wir wieder durch irgend etwas gestört. Ich ging ins Wohnzimmer und schnupperte den ganzen Abend an meinen Fingern, während ich meine Cousinen betrachtete. Eine ähnliche Situation ergab sich noch einmal, und heute glaube ich, daß das Dienstmädchen bereit gewesen sein muß, sich von mir vögeln zu lassen, denn wieder hatte sie meinen Schwanz gestreichelt und dann spöttisch hinzugefügt: »Du bist ja doch nicht Manns genug, wenn ich dich lasse.« Ich war jetzt mutiger und sagte, es sei mir schon gekommen. Ich weiß noch, daß sie erwiderte: »Erzähl mir doch nichts!«, und dann jagte uns irgend etwas in die Flucht, ich weiß nicht mehr, was. Ich verstand es wirklich nicht, aus den Chancen, die sich mir boten, etwas zu machen — das sehe ich heute deutlich.

Ich hatte eine Vorliebe für die Chemie, was meinen Absichten sehr dienlich war, und pflegte in einem Anbau neben der Küche, den wir als Waschhaus bezeichneten, mit meinen Säuren und Laugen zu experimentieren; das ermöglichte es mir, unbemerkt in die Küche zu gelangen, aber der Grundriß des Hauses machte es auch meiner Tante leicht, plötzlich in der Küche aufzutauchen.

Von meinem Schlafzimmerfenster konnte man den Küchenhof überblicken, in dem sich das Waschhaus, ein Geräteschuppen, ein Abort für das Personal usw. usw. befanden. Das ganze wurde von einer Mauer eingeschlossen, durch die eine Tür in den Garten führte. Auf der Gartenseite neben der Tür befand sich der Schuppen des Gärtners; das Dienstmädchen ließ den Gärtner morgens durch den Lieferanteneingang an der Küche herein, dann durchquerte er diesen Küchenhof und gelangte so in den Garten. Eines Tages saß ich früh morgens in meinem Schlafzimmer auf dem Topf und pißte; ich spähte durch den Fensterladen hinaus und sah, wie der Kopf des Dienstmädchens plötzlich aus dem Schuppen des Gärtners auftauchte; in großer Eile überquerte sie den Küchenhof, wobei sie am Haus hinaufblickte, wie um nachzusehen, ob jemand an einem der Fenster war. Da fiel mir ein, daß ich meine lüsternen Spielchen ohne Furcht mit ihr spielen konnte, wenn ich nur recht früh in die Küche ging, denn meine Angehörigen kamen nie vor halb neun zum Frühstück herunter, während das Dienstmädchen schon um sechs unten war.

Am nächsten Morgen stieg ich früh in die Küche hinunter, aber dieses Luder war nicht da; ich dachte, sie sei vielleicht auf dem Abtritt im Küchenhof, und wartete. Die Jalousien waren nicht heruntergelassen. Nach ein paar Minuten kam sie herein und fuhr erschreckt zusammen: »Nanu, weshalb bist du denn schon auf?« Ich glaube, ich sagte gar nichts, sondern stürmte auf sie los, fuhr ihr mit der Hand unter die Kleider und griff nach ihrer Möse. Sie stieß mich weg, packte dann die Hand, mit der ich die Möse berührt hatte, hielt sie fest umklammert und rieb sie dabei hin und her, wobei sie mich (aber das fiel mir erst sehr viel später wieder ein) ganz komisch ansah. »Pst! pst! die alte Dame«, sagte sie. — »Da ist nichts!« — »Doch, bestimmt, ich habe die Drähte ihrer Glocke gehört« — und tatsächlich läutete es gleich darauf. Wie der Blitz schoß ich auf bloßen Füßen in mein Schlafzimmer hinauf, fing an, meine Hände zu beschnuppern, und stellte fest, daß sie klebrig waren und anders rochen als sonst. Ich weiß noch, wie seltsam es mir vorkam, daß ihre Möse so klebrig war. Ich hatte von schmutzigen Mösen reden gehört — es gab da einen Witz, der unter uns Jungen kursierte — und meinte, auch die ihre sei schmutzig gewesen und habe deshalb anders gerochen und sich anders angefühlt.

Zwei oder drei Tage nachher kam meine Mutter selbst in die Stadt; es gab Krach mit dem Dienstmädchen, und mich schickte man aus dem Zimmer; das Dienstmädchen und der Gärtner wurden noch am selben Tag fristlos entlassen, eine Reinemachfrau wurde eingestellt und ein Aushilfsgärtner gefunden, und dann kehrte meine Mutter zu meinem kranken Vater zurück. Jahre vergingen; als ich mehr Erfahrung gesammelt hatte und dies alles noch einmal überdachte, kam ich zu dem Schluß, daß meine Tante herausgefunden hatte, daß sich der Gärtner und das Dienstmädchen allzu ungeniert miteinander vergnügt hatten, daß sie deshalb entlassen worden waren und daß das Mädchen an dem Morgen, als mir meine Finger so klebrig erschienen waren, gerade vorher mit dem Gärtner im Schuppen gevögelt hatte.

Trotz der vielen Chancen, die ich sowohl bei der großen Betsy als auch bei dieser Frau gehabt hatte, war ich immer noch unberührt.

Als ich Fred das nächste Mal sah, erzählte er mir, er habe zu Hause die Möse eines Dienstmädchens gestreichelt. Ich berichtete ihm einiges von dem, was ich getrieben hatte, aber daß ich die Gelegenheit zum Stoßen, als sie sich mir bot, nicht genutzt hatte, behielt ich aus Furcht vor seinen höhnischen Bemerkungen für mich; und da ich ihm einige Frauen mit Namen nennen mußte, nannte ich auch eines der Dienstmädchen meines Patenonkels. Er ging hin, um sein Glück zu versuchen und sie zu betasten, bekam aber nur ein paar hinter die Ohren. Wir sprachen viel über den Geruch der Möse, und er erzählte, am Tag, nachdem er zu Hause das Dienstmädchen gestreichelt hatte, sei er in das Zimmer gegangen, in dem seine Schwestern saßen, und habe gesagt: »Ich habe so einen komischen Geruch an den Fingern, riecht mal! Was könnte das ein?« Zwei seiner Schwestern hätten geschnuppert und gesagt, sie wüßten nicht, was es sei, es rieche aber nicht gut. Fred meinte, sie hätten gewußt, daß es der Geruch einer Möse war, denn sie seien rot geworden.

Ich hatte festgestellt, daß mein Schwanz immer, wenn jene talgartige Absonderung ausgewaschen werden mußte, einen starken Geruch hatte. Freds Erzählung nun lockte mich zur Nachahmung. Eines Abends betupfte ich meine Finger mit der männlichen Substanz und ging zu meiner Cousine. »Ich habe so einen merkwürdigen Geruch an den Fingern«, sagte ich, »riech mal.« Das Mädchen tat es. »Es ist widerlich, du hast es von deinen Chemikalien.« — »Das glaube ich nicht, riech noch einmal, ich weiß wirklich nicht, was es sein könnte, wie riecht es denn?« — »Ich glaube, so etwas habe ich noch nie gerochen. Übrigens, von nahem ist es gar nicht so widerlich, ungefähr wie Stabwurz.« Ich frage mich, ob dieser Geruch der jungen Dame später, als sie verheiratet war, je wieder begegnet ist und ob sie ihn wiedererkannte. Das gleiche tat ich noch mehrere Male; die Vorstellung, daß meine schmächtige Cousine, indem sie an meinen Fingern roch, meinen Schwanz gerochen hatte — jene natürliche Schlüpfrigkeit, die beim Mann schon früh in Erscheinung tritt — bereitete mir großes Vergnügen.

Unglücksfälle aller Art suchten uns heim, die Familie kam in die Stadt zurück, ein zweiter Bruder von mir starb, dann starb nach langer Krankheit auch mein Vater — fast bankrott, wie sich herausstellte; kurz darauf starb auch mein Patenonkel und hinterließ mir ein Vermögen. Nichts als Betrübnis und Veränderung. Aber ich erwähne diese Familienangelegenheiten nur beiläufig.

Meine körperliche Verfassung war wohl noch immer nicht sonderlich gefestigt, denn obwohl ich heftiger denn je in romantischen Gefühlen schwelgte und mich leidenschaftlich gern in weiblicher Gesellschaft aufhielt, kann ich mich nicht erinnern, daß mir mein steifer Schwanz viel zu schaffen gemacht hätte, und ich würde mich wohl daran erinnern, wenn es anders gewesen wäre. Die beiden Schulkameraden, mit denen ich eng befreundet war, hörten auf zu wichsen; der ältere von ihnen, der eine lange, rote Nase hatte, war mit mir zu dem Schluß gelangt, daß das Wichsen einen verrückt machte, und, was noch schlimmer war, daß es einen später daran hinderte, richtig zu vögeln und eine Familie zu gründen. Fred, mein Lieblingsvetter, kam zu dem gleichen Schluß — auf Grund welcher Überlegungen, weiß ich nicht.

Als mein sechzehnter Geburtstag näherrückte, erwachte ich eines Tages aus einem wollüstigen Traum und stellte fest, daß mein Nachthemd von Samen durchnäßt war; es war mein erster feuchter Traum; eine Zeitlang begann ich wieder zu wichsen, aber entweder ich zügelte mich, oder ich brauchte damals von Natur aus nicht allzuviele Ergüsse, denn ich tat es gewiß nicht oft.

Aber unsere Gespräche drehten sich immerfort um Möse und Frauen; immerzu war ich bestrebt, ihre Haut zu riechen, ihnen unter die Unterröcke zu sehen, sie zu beobachten, wenn sie zum Pinkeln gingen; und heute wundert es mich, daß ich mich damals nicht unablässig gewichst habe; ich kann es mir nur so erklären, daß meine Vorstellungskraft zwar stark entwickelt war, nicht aber mein Körper. Die Tatsache, daß Frauen unter den Armen Haar hatten, gewann zu jener Zeit für mich einen geheimen Reiz. Ich war zwar erstaunt gewesen, als ich es zum erstenmal sah, aber ich kann mich nicht erinnern, daß ich zunächst viel darüber nachgedacht hätte; warum es mir jetzt so häufig in den Sinn kam, weiß ich nicht, aber es war so. Ich habe schon von der Frau erzählt, unter deren Armen ich zuerst Haar erblickte.

Eines Nachmittags — mein Vater und auch mein Patenonkel waren schon tot — kam Fred zu mir, und wir besuchten zusammen einen Freund. Um neun Uhr sollten wir wieder zu Hause sein. Es war dunkel, wir sahen eine Frau, die an einer Mauer stand. »Sie ist eine Hure«, meinte Fred, »sie läßt sich von uns streicheln, wenn wir sie bezahlen.« — »Geh hin und frag sie.« — »Nein, du.« — »Ich mag nicht.« — »Wieviel Geld hast du dabei?« Wir zählten nach, was wir hatten, gingen nach kurzem Zögern weiter, an ihr vorüber, kehrten dann um und blieben stehen. »Was guckst du denn so, Bubi?« meinte die Frau. Ängstlich ging ich weiter; aber Fred blieb bei ihr stehen. »Wattie, komm her«, rief er mir halblaut nach. Ich kehrte um. »Wieviel habt ihr denn?« fragte sie. Wir gaben ihr beide Geld. »Und Sie lassen uns beide anfassen?« versicherte sich Fred. — »Natürlich. Habt ihr schon mal eine Frau gestreichelt?« Wir bejahten, wurden jetzt mutiger. »War die Frau hier aus der Gegend?« — »Nein.« — »Habt ihr beide dieselbe Frau gestreichelt?« — »Nein.« — »Gebt mir noch einen Shilling, dann könnt ihr meine Fotze ordentlich streicheln, ich habe eine Menge Haare drauf.« Wir gaben ihr, was wir hatten, aber sie ging weg, ohne uns zu lassen. »Wenn ihr mir nachkommt, werd ich es euren Müttern sagen«, rief sie uns noch zu. Wir waren hereingefallen; ich bin später noch einmal auf eine ganz ähnliche Weise hereingelegt worden, als ich allein unterwegs war.

Dies sind die wichtigsten lasterhaften Vorkommnisse meiner frühen Jugend, soweit ich mich an sie erinnere und Freunden noch nicht davon erzählt habe; viele andere amüsante Vorfälle, von denen ich ihnen erzählt habe, lasse ich hier beiseite, anderenfalls würde offenbar werden, wer der Verfasser dieser Aufzeichnungen ist. Einige von ihnen waren höchst eigenartig und unterhaltsam, aber ich wage nicht, hier davon zu erzählen; sie alle zeigen jedoch, wie früh sexuelle Gelüste sich bei mir entwickelten und welches Vergnügen allein sie schon mir und anderen in jungen Jahren bereiteten.

Ich hatte nun das Pubertätsalter erreicht, in dem sich die männliche Natur auch beim Verzagtesten offenbart und Mittel und Wege findet, sich ihr rechtmäßiges Vergnügen mit Frauen zu verschaffen. Bei mir war das nicht anders, und von nun an wird meine Erinnerung an die Dinge vollkommener, nicht nur an die Vollziehung der Akte selbst, sondern auch daran, wie es zu ihnen kam; aber nichts scheint mir so bemerkenswert wie die Art, in der ich mich an Vorgänge erinnere, die sich zutrugen, als ich fast noch ein kleines Kind war.

Unser Haus. — Charlotte und mein Bruder Tom. — Küssen und Tasten. — Beide brünstig. — Zum erstenmal gevögelt. — Eine Jungfernschaft geraubt. — In einer Absteige. — In einem Abtritt. — Ungemach. — Charlotte verläßt uns. — Meine Verzweiflung.

Nach Vaters Tod lebten wir in noch beengteren Verhältnissen. Zu der Zeit, von der ich nun berichten will, bewohnten wir ein kleines Haus in der Nähe von London; eine meiner Schwestern besuchte ein Pensionat, eine Tante (ich hatte ihrer viele) nahm eine zweite Schwester zu sich; ich ging auf eine höhere Schule in der Nachbarschaft, ein College, wie es genannt wurde, und mein kleiner Bruder Tom war zu Hause; aber von nun an werde ich nur noch selten von meinen Familienangehörigen sprechen, denn mit den Begebenheiten meines Privatlebens hatten sie kaum etwas zu tun, und außer wenn sie eine Rolle darin spielen, werde ich sie nicht mehr erwähnen.

Im Erdgeschoß unseres Hauses gab es ein Eßzimmer, einen Salon und einen kleinen Raum, das sogenannte Gartenzimmer, von dem einige Stufen in einen großen Garten hinabführten. Im ersten Stock befanden sich das Schlafzimmer meiner Mutter und zwei andere Zimmer; darüber die Zimmer der Dienstmädchen, mein Zimmer und ein weiteres, das hauptsächlich als Rumpelkammer diente; die Küchenräume lagen im Souterrain; draußen führte ein langer, gedeckter Gang zu einem Abtritt für die Dienstboten, und gleich neben diesem Abort führten einige Stufen hinauf in den Garten; oben an der Treppe befand sich ein Gartentor, durch das man in den Vorhof gelangte, auf den auch der Straßeneingang des Hauses hinausführte. Die Beschreibung des Grundrisses wird nützlich sein, um das folgende zu verstehen.

Ich war jetzt ungefähr sechzehn Jahre alt, hoch aufgeschossen; mit meinem schütteren Backenbart und dem Schnurrbart wirkte ich durchaus männlich und sah aus wie siebzehn oder achtzehn, aber meine Mutter hielt mich noch immer für ein unschuldiges Kind und äußerte sich in diesem Sinne auch gegenüber unseren Freunden. Ohne daß sie etwas ahnte, hatte ich eine leidenschaftliche Liebe zu allen weiblichen Wesen entwickelt, und der heftigste Wunsch, die Geheimnisse ihrer Natur zu enträtseln, hatte sich meiner bemächtigt; die unausgesetzten Unterhaltungen über das Vögeln, womit die Jungen, die ich kannte, sich ihre Mußestunden vertrieben, ihre Erzählungen, wie sie daheim das Dienstmädchen oder andere Mädchen halb oder ganz nackt gesehen hatten, die Kniffe, derer sie sich bedienten, um ans Ziel zu gelangen, erregten mich, schärften meine instinktive Gewitztheit in diesen Dingen, und ich nutzte nun jede Gelegenheit, bei der ich Frauen nackt sehen und sexuell etwas über sie erfahren konnte. Das Wichsen war mir jetzt ein Greuel; die Male, von denen ich berichtet habe, ausgenommen, hatte ich es, soweit ich mich heute erinnern kann, nicht mehr getan — erschreckt durch das, was mein Patenonkel, wie erwähnt, gesagt hatte: es mache die Männer verrückt und flöße den Frauen Abscheu vor ihnen ein. Obwohl die Sinnlichkeit in mir brodelte und gärte, war ich noch immer so gut wie unberührt, was das Vögeln anging.

Als ich eines Tages vom College nach Hause kam, traf gerade das neue Hausmädchen ein; die Köchin stand an der Tür, sie war eine nette Frau, fünfundzwanzig oder sechsundzwanzig Jahre alt und quicklebendig, sie hieß Mary. Das neue Hausmädchen kam in einem Fuhrwerk, das ihr Vater lenkte, ein kleiner Gemüsegärtner, der ein paar Meilen von uns entfernt wohnte. Im Vorübergehen sah ich ein blühendes, anmutiges Mädchen, ungefähr siebzehn Jahre alt, in dem Wagen sitzen; als ich den Vorhof betrat und mich noch einmal nach ihr umsah, wollte sie gerade aussteigen, das Pferd machte eine Bewegung, sie zögerte, und ihr Vater rief ungeduldig: »Nun komm schon!« Sie stieg hinab, aber ihr Kleid verfing sich an einer Kante des Wagens oder am Fußtritt, und plötzlich sah ich vor mir weiße Strümpfe, Strumpfbänder, Schenkel und zwischen ihnen ein Büschel dunkler Haare an ihrem Unterleib; es währte nur einen Augenblick, dann fiel ihr Kleid herunter und verbarg alles. Fasziniert stand ich da und wußte, daß ich das Haar an ihrer Möse gesehen hatte. Sie ahnte nicht einmal, daß sie entblößt gewesen war; als man ihr mit ihrem großen Koffer vom Wagen heruntergeholfen hatte, ging ich beschämt in das Gartenzimmer, denn ich glaubte, jemand habe meinen Blick bemerkt.

Ich konnte an nichts anderes denken, und als sie den Tee herein brachte, mußte ich sie die ganze Zeit ansehen; beim Abendbrot (wir führten ein einfaches Leben, nahmen das Dinner früh ein und später dann eine kalte Mahlzeit) war es genauso. Am Abend meinte meine Mutter: »Mit diesem Mädchen wird es gehen.« Ich weiß noch, wie froh ich über ihre Worte war.

Ich ging zu Bett und dachte an das, was ich gesehen hatte. Und wenn ich ihr am nächsten Tag begegnete, starrte ich sie immerfort an, bis sie infolge irgendeiner Faszination anfing, auch mich anzustarren; nach ein oder zwei Tagen hatte ich mich in eine leidenschaftliche Liebe zu ihr hineingeträumt und war tatsächlich verliebt. Noch heute erinnere mich an ihre Züge, als hätte ich sie erst gestern gesehen, und nach den Dutzenden und Aberdutzenden von Frauen, die ich seither gevögelt habe, erinnere ich mich daran, wie ich sie bekam, in allen Einzelheiten und so deutlich, als sei es erst letzte Woche gewesen; dabei sind inzwischen viele, viele Jahre vergangen.

Sie war etwas über siebzehn, hatte rosige Lippen, schöne Zähne, dunkle Haare, nußbraune Augen und eine Stupsnase, breite Schultern und große Brüste; etwas rundlich war sie, hatte die richtige Größe und sah aus wie achtzehn oder neunzehn; ihr Name war Charlotte.

Bald sagte ich ihr freundliche Worte, verhielt mich ungezwungener, kraulte ihr endlich das Kinn, zwickte sie in den Arm und bediente mich all der Vertraulichkeiten, die die Natur den Mann im Umgang mit der Frau lehrt. Zu ihren Pflichten gehörte es, die Tür zu öffnen und mir aus dem Mantel und, wenn nötig, aus den Schuhen zu helfen; eines Tages, als sie mir dabei behilflich war, brachte mich ihr hochgereckter Hintern so aus der Fassung, daß ich sie, als sie sich wieder aufrichtete, packte und in den Hintern kniff. Das alles war nicht ungefährlich, denn meine Mutter war damals fast immer zu Hause, und in dem kleinen Haus hörte man jedes Geräusch.

Bald küßte ich sie immerzu, und nach wenigen Tagen erwiderte sie meine Küsse. Das machte mich ganz wild; ständig kam mir ihre Möse in den Sinn, und alle möglichen Gelüste, Vorstellungen und Aussichten schossen mir durch den Kopf; Mädchen lassen sich von jungen Kerlen streicheln, sagte ich mir, ich hatte es ja selbst schon geschafft. Was ist, wenn ich ihr erzähle, daß ich es draußen bei ihr gesehen habe? ob sie es meiner Mutter sagt? ob sie sich von mir streicheln läßt? Unsinn! aber

Mädchen lassen die Männer heran, es gefällt ihnen, das sagen alle meine Freunde. Eines Tages kam ich von draußen herein und umarmte sie heftig. Toll vor Hoffnungen und Erwartungen preßte ich ihren Bauch eng an meinen und rieb mich an ihrem Leib: »Charlotte, was würde ich darum geben, wenn du mich ...« Mehr getraute ich mich nicht zu sagen. Dann hörte ich, wie die Tür zum Schlafzimmer meiner Mutter geöffnet wurde, und hielt inne.

Es blieb nicht bei Liebkosungen und Küssen. Ich gestand ihr meine Liebe; sie hielt es für Unsinn. Wir küßten uns nun regelmäßig, wenn sich eine Gelegenheit bot; nach und nach zog ich sie enger an mich, legte ihr die Hand um die Taille und dann auch verstohlen auf den Hintern; ich bekam jetzt oft einen steifen Schwanz, war ganz versessen darauf, ihr noch mehr zu sagen, hatte aber nicht den Mut dazu. Ich wußte nicht, wie ich vorgehen sollte, ja, ich wußte noch nicht einmal, welche Hoffnungen meine Gelüste eigentlich in mir weckten, und glaubte damals wohl, es sei das Äußerste, wenn es mir gelänge, ihre Möse zu betasten und zu betrachten; sie zu vögeln, schien ein hoffnungslos verrückter Gedanke, sofern ich überhaupt an so etwas dachte.

Einem Freund, der zwei oder drei Jahre älter war als ich, erzählte ich, wie die Dinge standen, vermied es aber wohlweislich, ihm zu sagen, wer das Mädchen war. Sein Rat war kurz. Sag ihr, daß du ihre Möse gesehen hast, und faß ihr unter den Rock, wenn keiner in der Nähe ist; laß nicht locker, dann kannst du sicher sein, daß sie sich von dir streicheln läßt, und dann zieh eines Tages deinen Schwanz heraus und sag einfach, daß du sie vögeln willst; Mädchen lieben den Anblick eines Schwanzes; sie wird hinsehen, auch wenn sie den Kopf abwendet. Immer wieder schärfte er mir seinen Ratschlag ein, aber lange Zeit fehlte mir die Verwegenheit, ihn praktisch anzuwenden.

Eines Tages — meine Mutter war nicht zu Hause, und die Köchin war zum Umkleiden nach oben gegangen — hatten wir uns im Gartenzimmer geküßt. Ich legte ihr eine Hand um den Hintern, ließ meine Wange über ihre Schulter gleiten und sagte verschämt: »Ich wollte, mein Schwanz läge an deinem nackten Bauch, statt außen vor deinen Kleidern.« Mit einem Ruck machte sie sich los, stand einen Augenblick wie angewurzelt da und sagte: »Mit dir rede ich kein Wort mehr.«

Ich hatte mir eine Blöße gegeben und bekam Angst; aber ob von Liebe oder Begierde getrieben, ich ließ nicht locker. Der Rat meines Freundes kam mir in den Sinn. »Ich habe deine Möse gesehen, als du aus dem Wagen deines Vaters gestiegen bist«, sagte ich. »Sieh mal, mein Schwanz (wobei ich ihn hervorzog), wie steif er ist, er sehnt sich danach, in dich hineinzukommen; ›Schwanz und Möse treffen sich‹.« Das war der Refrain eines unanständigen Liedes, das die Jungen an meiner Schule sangen; sie starrte mich an, machte kehrt und stapfte, ohne ein Wort zu sagen, hinaus in den Garten und über die Gartentreppe hinunter in die Küche.

Die Köchin war ganz oben im Haus; unbekümmert schlenderte ich in die Küche und wiederholte alles, was ich gesagt hatte. Sie drohte, die Köchin zu rufen. »Die muß deine Möse genauso gesehen haben wie ich«, sagte ich; da fing sie an zu weinen. Ich wollte sie um Verzeihung bitten, aber nun fiel mir der Rat meines Freundes wieder ein: Ich ging in die Hocke und fuhr ihr mit beiden Händen unter die Kleider und bekam mit der einen ihren Hintern zu fassen und mit der anderen ihren

Hügel; sie stieß einen lauten Schrei aus; erschreckt hastete ich nach oben.

Die Köchin hatte sie nicht gehört, sie war drei Treppen höher; wieder ging ich nach unten und fand Charlotte in Tränen; noch einmal erzählte ich ihr alles, was ich im Hof gesehen hatte, worauf sie noch mehr Tränen vergoß. Sie werde die Köchin fragen, sie werde es meiner Mutter erzählen — da hörte ich die Köchin die Treppe herunterkommen und entwischte durch den Gang in den Garten.

Doch das Eis war jetzt gebrochen, sie konnte mir nicht aus dem Weg gehen. Ich versprach ihr, nicht zu wiederholen, was ich gesagt und getan hatte, sie verzieh mir, wir küßten uns wieder, und noch am selben Tag brach ich mein Versprechen; so ging es Tag für Tag, ich gab ihr mein Wort und brach es wieder, sagte ihr allerlei Schlüpfrigkeiten, so gut ich mich darauf verstand, und bekam mal einen Klaps hinter die Ohren, aber mehr nicht; doch Chancen hatte ich kaum.

Mein Freund, den ich halbwegs ins Vertrauen gezogen hatte, spottete darüber, daß mein Erfolg ausblieb, und erklärte mir prahlend, wie er es anstellen würde, wenn sich ihm eine solche Gelegenheit böte.

Um diese Zeit nahm meine Mutter ihre frühere Gewohnheit wieder auf und verließ des öfteren das Haus, um Spaziergänge und Besuche zu machen. Eines Nachmittags, als sie für den Rest des Tages ausgegangen war, kam ich unerwartet nach Hause; die Köchin war im Begriff, auszugehen, am Abend sollte ich meine Mutter abholen und nach Hause begleiten. Charlotte richtete das Dinner für mich; wir küßten uns wie üblich, ich war dreister und deutlicher als sonst. Sie schien beunruhigt, als sie hörte, daß ich nicht mehr ausgehen würde. Der Tisch war schon abgeräumt, als auch die Köchin das Haus verließ, und nun waren Charlotte, mein kleiner Bruder und ich allein. Es gehörte zu ihren Pflichten, mit ihm im Gartenzimmer zu sitzen, wenn Mutter ausgegangen war; so konnte sie jederzeit die Haustür öffnen; oder sie ging bei gutem Wetter mit ihm in den Garten hinaus. Es war ein schöner Herbsttag, sie ging in das Gartenzimmer und ließ sich auf dem großen, alten Sofa nieder, während Tom auf dem Fußboden spielte. Ich setzte mich neben sie. Wir küßten und liebkosten uns, mit klopfendem Herzen begann ich auf sie einzureden und wartete auf meine Gelegenheit.

Die Köchin werde in ein paar Minuten zurück sein, sagte sie. Ich wußte es besser, ich hatte gehört, wie meine Mutter der Köchin gesagt hatte, sie brauche nicht vor acht Uhr zu Hause sein. Obwohl ich das wußte, hatte ich Angst, aber schließlich faßte ich mir doch ein Herz und sang mein Lied von Schwanz und Möse. Sie wurde zornig, aber es war gespielt. Sie stand auf, um Tom irgend etwas zu geben, und als sie zurückkam, trat sie mit dem Fuß auf den Schnürsenkel ihres anderen Schuhs, setzte sich auf das Sofa und schlug ein Bein über das andere, um sich den Schuh wieder zu binden. Ich erbot mich, es für sie zu tun, und erblickte ihren hübschen Fußknöchel und ein Stück von ihrem weißen Strumpf. »Greif ihr an die Möse«, klang es in meinem Ohr. Seit jenem Nachmittag in der Küche hatte ich es nicht wieder versucht.

Während ich ihr den Schuh schnürte, gelang es mir, ihr Kleid so weit hinaufzuschieben, daß ich mehr von ihrem Bein sah; aber da sie ihren Fuß auf das andere Knie gestützt hatte und die Kleider zwischen ihren Beinen eingeklemmt waren, wäre ein solcher Griff zwecklos gewesen: die Begierde brachte mich auf eine List, ich pries ihren Fuß in vollen Tönen (obwohl ich damals noch gar nicht wußte, wieviel sich manche Frauen auf ihre Füße einbilden). »Was für ein schöner Knöchel«, sagte ich und schob meine Hand weiter hinauf. Einen Augenblick lang war sie nicht auf der Hut; da stieß ich sie mit dem linken Arm kräftig nach hinten auf das Sofa, ihr Fuß rutschte vom Knie herunter, und im gleichen Moment fuhr ich ihr mit der rechten Hand zwischen die Schenkel, an die Möse; ich spürte die Spalte, das Haar und die Feuchtigkeit.

Sie richtete sich wieder auf und schrie: »Du gemeiner Kerl, du Scheusal, du Lump.« Aber noch immer hatte ich meine Finger an ihrer Möse; sie schloß die Beine, klemmte meine Hand zwischen ihren Schenkeln ein und hinderte sie so daran, sich zu regen; gleichzeitig versuchte sie, mich wegzustoßen, aber ich klammerte mich an sie. »Nimm die Hand weg«, stieß sie hervor, »sonst schreie ich.« — »Nein.« Nun folgten zwei oder drei sehr laute Schreie. »Niemand kann dich hören«, sagte ich. Nun verlegte sie sich aufs Betteln. Wieder kam mir der Ratschlag meines Freundes in den Sinn. Während ich mit der rechten Hand tiefer zwischen ihre Schenkel vorzudringen versuchte, zog ich mit der linken meinen Schwanz heraus, steif wie ein Mast. Sie konnte sich seinem Anblick nicht entziehen; und dann legte ich ihr die Linke um den Hals, zog sie an mich und bedeckte ihr Gesicht mit Küssen.

Sie versuchte aufzustehen und hätte meine rechte Hand beinah abgeschüttelt, aber ich stieß sie zurück und bekam meine Hand noch näher an ihre Möse heran. Ich kam gar nicht auf die Idee, weiter unten, zum Hintern hin, zu drücken. Ich wußte einfach zu wenig über die weibliche Anatomie, aber es gelang mir, eine der beiden Lippen mit dem Haar in die Finger zu bekommen und zu kneifen; dann fiel ich vor ihr auf die Knie, verharrte so und hinderte sie, weiter nach hinten auf das Sofa zu rutschen, indem ich sie, so gut ich konnte, an der Taille oder an den Kleidern festhielt.

In unserem Handgemenge trat eine Pause ein, dann erneutes Flehen und erneute Versuche, meine rechte Hand wegzuschieben; plötzlich streckte sie eine Hand nach meinem Kopf aus, packte meinen Schopf und riß mich daran nach hinten. Mir war, als würde sie mir den Schädel abreißen, aber ich ließ nicht von ihr, kniff und zog an ihrer Schamlippe, bis sie aufschrie und mich einen Rohling nannte. Ich entgegnete, wenn sie mir weh täte, würde auch ich ihr so weh tun, wie ich nur könnte; da gab sie dieses Spiel auf; der Schmerz, den sie mir durch das Reißen an meinen Haaren zugefügt hatte, machte mich wild und noch entschlossener und brutaler als vorher.

Von Zeit zu Zeit nahmen wir unseren Kampf wieder auf; mit entblößtem Schwanz kniete ich vor ihr, während sie mich unter Tränen anflehte, ich möge von ihr ablassen; ich wiederum bat sie inständig, sie möge mich ihre Möse sehen und streicheln lassen, und wendete dabei alle Überredungskunst und alle schlüpfrigen Reden an, die mir zu Gebote standen, während der kleine Tom am Boden saß und zufrieden spielte. Ich muß eine halbe Stunde so auf den Knien verharrt sein; schließlich taten sie mir so weh, daß ich es kaum noch aushalten konnte; wir waren beide außer Atem, ich schwitzte; ein erfahrener Mann hätte sie jetzt vielleicht genommen; aber ich war ein Knabe und unerfahren, und nie wäre mir eingefallen, es ohne ihr ausdrückliches Einverständnis zu versuchen; das Neuartige und die Wollust meines Spiels boten mir ausreichenden Genuß; schließlich bemerkte ich, daß meine Finger an ihrer Möse feucht wurden; als ich ihr das sagte, wurde sie wütend und brach in einen solchen Strom von Tränen aus, daß ich ganz bestürzt war. Ich konnte nicht länger auf den Knien bleiben; ich wußte, daß ich beim Aufstehen ihre Möse loslassen mußte, und als ich nun die linke Hand, mit der ich sie um den Leib gefaßt hielt, zurückzog, schob ich sie ebenfalls ganz plötzlich unter ihre Kleider und um ihren Hintern und hob ihre Röcke so hoch, daß beide Beine sichtbar wurden, gleichzeitig versuchte ich aufzustehen. Im selben Augenblick erhob sie sich und streifte ihre Kleider herunter. Ich knickte ein, fiel auf die Seite — meine Knie waren völlig steif und taten weh —, und sie stürzte aus dem Zimmer nach oben.

Es dämmerte. Frohlockend saß ich auf dem Sofa und schnupperte an meinen Fingern. Tom fing an zu schreien; sie kam herunter und nahm ihn auf den Arm, um ihn zu beruhigen. Ich folgte ihr hinunter in die Küche, wo sie zu mir sagte, ich sei ein unverschämter Junge (was für mich damals ein furchtbarer Tadel war), und drohte, sie wolle meiner Mutter alles erzählen, sie werde kündigen und fortgehen. Sie verließ die Küche, aber ich folgte ihr durch das ganze Haus; führte schlüpfrige Reden und sagte ihr, wie gut mir der Geruch an meinen Fingern gefalle, versuchte ihr unter die Kleider zu greifen, was auch manchmal gelang, zog meinen Schwanz und meinen Sack hervor und ließ von diesem Spiel, das ich stundenlang mit ihr getrieben hatte, erst ab, als die Köchin heimkehrte. Aber plötzlich bekam ich Angst und bat Charlotte, sie möge meiner Mutter sagen, ich sei kurz vor der Köchin nach Hause gekommen und gleich zu Bett gegangen, weil ich mich nicht wohl fühlte; sie erwiderte, sie wolle meiner Mutter die Wahrheit sagen und sonst gar nichts. Ich war in meinem Zimmer, bevor sie die Köchin einließ.

Meine Mutter kam später nach Hause. Voller Angst hatte ich eine Zeitlang im Bett gelegen, hatte mich abgekühlt und mir die möglichen Folgen ausgemalt. Dann hörte ich den Klopfer an der Straßentür, stand auf und stieg im Nachthemd ein Stück weit die Treppe hinunter, um zu lauschen. Zu meiner Erleichterung hörte ich, wie Charlotte auf die Frage meiner Mutter antwortete, ich sei erst vor einer Stunde nach Hause gekommen und gleich zu Bett gegangen, ich hätte mich nicht wohlgefühlt. Meine Mutter kam in mein Zimmer und sagte mir, wie sehr sie mich bedaure.

Ein paar Tage verbrachte ich in großer Angst, aber sie verflog, als ich feststellte, daß Charlotte nichts verraten hatte; wir fingen wieder an uns zu küssen, ich sprach jetzt ganz ungeniert über ihre Beine, ihren Hintern und ihre Möse; sie achtete nicht mehr darauf, sagte höchstens noch, sie hasse dieses Gerede, aber schließlich mußte sie doch unwillkürlich lächeln. Unsere Küsse wurden heftiger, ungehörige Ausflüge meiner Hand wehrte sie ab, aber oft standen wir jetzt, wenn sich eine Gelegenheit ergab, minutenlang zusammen und küßten uns, wobei ich sie ganz fest an mich drückte. Eines Tages — die Köchin war oben, Mutter in ihrem Schlafzimmer — drängte ich Charlotte an eine Wand in der Küche und schob ihre Kleider nach oben, ohne auf größeren Widerstand zu stoßen; genau in diesem Moment klingelte meine Mutter, ich sprang hinauf in den Garten und ging von dort in das Gartenzimmer. Gleich darauf rief meine Mutter, ich solle Wasser bringen; Charlotte hatte am Fuß der Treppe einen hysterischen Anfall erlitten — sie hatte dann häufiger solche hysterischen Anfälle, bis ein bestimmtes Ereignis eintrat.

Die besten Chancen hatte ich am Samstag; an diesem Tag ging ich nicht ins College; bald würde meine Schulzeit zu Ende sein, ich sollte mich auf das Militär vorbereiten.

Eines Tages — ich wußte, daß Charlotte allein war, die Köchin hielt sich oben auf — kam ich nach Hause und bugsierte sie zu dem Sofa im Gartenzimmer, kniete mich hin und schob ihr meine Hände zwischen die Schenkel; ich stieß nun auf weniger Widerstand als früher. Sie wehrte sich nur schwach, machte aber keinen Lärm. Sie gab mir einen Kuß, als sie mich bat, ich solle meine Hand wegnehmen; ich konnte jetzt leichter an ihrer Spalte herumtasten und ließ es mir nicht entgehen; sie war merkwürdig ruhig. Plötzlich bemerkte ich, daß sie mich mit einem eigenartigen Gesichtsausdruck, ansah, sie riß die Augen weit auf und schloß sie wieder: »Oh, oho«, stöhnte sie, ein tiefer Seufzer, »bitte — oh, nimm sie — weg, oh, — deine Hand, Walter, Lieber, — sonst wird mir übel, — oho, oho«, dann sank ihr Kopf auf meine Schulter, während ich immer noch vor ihr kniete; im selben Augenblick schienen sich ihre Schenkel leicht zu öffnen, dann wieder zu schließen, unter Zittern und Beben erneut zu öffnen, dann lag sie still, ganz still.

Ich schob meine Hand weiter hinein oder vielmehr weiter nach vorn, denn obwohl ich glaubte, ich befände mich mit ihr in der Möse, war ich doch in Wirklichkeit nur zwischen ihren Lippen — wie ich heute weiß. Mit einem plötzlichen Ruck erhob sie sich, stieß mich weg, nahm Tom vom Boden hoch und stürmte nach oben. Meine Finger waren ganz naß. Zwei oder drei Tage lang wich sie meinen Blicken aus und sah verschämt drein; ich konnte mir keinen Reim darauf machen, und erst Monate später wurde mir klar, daß die Bewegungen meiner Finger an ihrer Klitoris sie zum Erguß gebracht hatten. Ohne zu wissen, daß dies überhaupt möglich war, hatte ich sie gewichst.

Obwohl ich mich nun seit drei Monaten köstlich amüsiert hatte, stets begierig, ihre Möse zu streicheln und zu betrachten, und obschon ich sie zuletzt auch gebeten hatte, sich von mir vögeln zu lassen, erwartete ich im Grunde wohl doch nicht, daß ich es mit ihr tun könnte. Ich ahnte jetzt, daß es für beide lustvoll war, aber daß ich es mit ihr treiben könnte, überstieg meine Vorstellungskraft; angestachelt von meiner Liebe zu dem Mädchen — denn ich liebte sie wirklich — und von sexueller Begierde, beschloß ich, dennoch einen Versuch zu machen. Auch mein Freund im College spornte mich an. Er hatte Charlotte bei uns gesehen, und ohne zu wissen, daß sie das Mädchen war, von dem ich ihm erzählt hatte, sagte er: »Da habt ihr aber ein nettes Hausmädchen, die kriege ich herum; ich werde am nächsten Sonntag nach der Kirche auf sie warten, ich weiß ja, sie sitzt in eurer Bank.« Ich stellte ihm ein paar Fragen — seiner Meinung nach ließen sich die meisten Mädchen von einem jungen Burschen vögeln, wenn man ihnen nur richtig zusetzte, und bei ihr wäre es wohl auch so (dieser Junge war nicht älter als achtzehn). Ich verließ ihn mit der Befürchtung, er könne wahr machen, was er gesagt hatte. Ich verabscheute ihn und war über die Maßen eifersüchtig. Aber er brachte mich auf einen Gedanken: Wenn er es konnte, warum sollte dann nicht auch ich einmal versuchen? Und wenn das, was er über Mädchen gesagt hatte, zutraf? So entschloß ich mich, einen Versuch zu machen, und durch einen Glücksfall kam ich früher als erwartet zum Zuge.

Ungefähr eine Wegstunde von uns entfernt lag das Stadthaus einer Tante von mir; sie war eine Schwester meines Vaters und die Reichste in der ganzen Familie. Mein ganzes Taschengeld bekam ich von ihr. Meine Mutter gab mir so gut wie nichts. Ich machte einen Besuch bei der Tante, und sie bat mich, meiner Mutter zu sagen, sie solle in der nächsten Woche herüberkommen und einen ganzen Tag bleiben; sie nannte mir auch einen bestimmten Wochentag. Ich vergaß, es auszurichten, und erst drei Tage später fiel mir die Einladung wieder ein, als ich nämlich hörte, wie meine Mutter der Köchin sagte, sie könne sich dann und dann einen ganzen Tag frei nehmen; da sagte ich, dies sei ja auch genau der Tag, an dem meine Tante Mutter zum Besuch erwartete. Meine Mutter schimpfte, weil ich ihr das nicht früher gesagt hatte, aber sie schrieb meiner Tante und richtete sich für den Besuch ein, wobei sie den freien Tag der Köchin vergaß. Zu meiner großen Freude nahm sie an diesem Tag auch meinen Bruder mit und sagte zu Charlotte: »Du brauchst nur nach dem Haus zu sehen, schließ früh ab, und habe keine Angst.« Ich sollte meine Mutter wie gewöhnlich abholen.

In was für einer Aufregung brachte ich diesen Morgen in der Schule zu! Nachmittags ging ich nach Hause, zitternd ob meiner eigenen Absichten. Charlotte machte große Augen, als sie mich sah. Ob ich denn nicht meine Mutter abholen sollte? Ich würde erst gegen Abend hinübergehen. Es sei nichts zu essen im Haus, zum Dinner solle ich lieber zu meiner Tante gehen. Ich wußte, daß kaltes Fleisch da war, und sagte, sie solle in der Küche für mich decken. Um sicherzugehen, fragte ich, ob die Köchin ausgegangen sei — ja, das schon, aber sie werde bald zurückkommen. Ich wußte, daß sie an ihren freien Tagen immer bis zehn Uhr ausblieb. Irgendeine unklare Vorstellung davon, was passieren könnte, versetzte das Mädchen in Aufregung. Wir küßten und liebkosten uns, aber ich merkte, daß ihr nicht einmal das recht war.

Beim Essen hielt ich mich zurück, sie saß ruhig

neben mir; als ich fertig war, fing sie an, abzuräumen, die Mahlzeit hatte mir Mut gemacht, und wie sie sich da vor mir hin- und herbewegte, das erregte mich. Ich begann, ihre Brüste zu betasten, und schob ihr meine Hände zwischen die Schenkel, es folgte das übliche Ringen, aber wenn ich heute darüber nachdenke, kommt es mir so vor, als habe sie sich weniger heftig gewehrt, und als sie mich bat, aufzuhören, klang es liebevoller als sonst. Wir hatten eine Stunde lang herumgetändelt, sie hatte einen Teller fallen lassen, der zerbrochen war, da klingelte der Bäcker. Sie holte das Brot herein und erklärte, sie wolle die Tür nicht abschließen, wenn ich nicht verspräche, aufzuhören. Ich versprach es, aber sobald sie abgeschlossen hatte, zog ich sie in das Gartenzimmer, nachdem ich mir unten in der Küche den Kopf darüber zerbrochen hatte, wie ich sie nach oben lotsen könnte. Das Brot fiel zu Boden. Ich drängte sie zum Sofa, und nach einem kurzen Kampf setzte sie sich. Einen Arm um ihre Taille gelegt, eine Hand zwischen ihren Schenkeln, weit oben, nahe der Möse, so küßte ich sie. Dann sagte ich ihr, ich wolle sie vögeln, und beschwatzte sie, halb beschämt, halb ängstlich, so gut ich konnte. Sie sagte, sie wisse nicht, wovon ich spräche, aber ihr Widerstand wurde immer schwächer, während ich versuchte, sie zurück zum Sofa zu ziehen. Da klingelte es schon wieder: der Milchmann.

Ich mußte sie loslassen, und sie hastete mit der Milch die Treppe hinunter. Ich folge ihr, sie ging nach draußen und schlug mir die Tür, die zum Garten führte, vor der Nase zu; einen Moment lang glaubte ich, sie sei auf den Abort gegangen, aber dann öffnete ich die Tür und folgte ihr; sie stürzte die Stufen zum Garten hinauf, und dann durch das Gartenzimmer nach oben in ihr Schlafzimmer, das genau gegenüber meinem Zimmer lag, schlug die Tür hinter sich zu und schloß ab. Ich stand davor und bettelte, sie möge mich doch hereinlassen.

Sie sagte, sie wolle erst wieder herauskommen, wenn sie den Türklopfer oder die Glocke am Lieferanteneingang hörte; nach dem Milchmann kam jedoch für gewöhnlich niemand mehr, mein Spiel war also aus. Aber nichts macht den Mann oder die Frau so erfinderisch wie die Begierde. Ungefähr nach einer halben Stunde sagte ich zornig, ich würde jetzt zu meiner Tante gehen, stapfte die Treppe hinunter, machte mir unten geräuschvoll zu schaffen, öffnete die Straßentür und schlug sie dann heftig zu, als hätte ich das Haus verlassen, zog hierauf meine Schuhe aus und schlich zurück in mein Schlafzimmer.

Lange Zeit saß ich erwartungsvoll dort. Ich hatte die Hoffnung fast aufgegeben und begann über die Folgen nachzudenken, falls sie meiner Mutter etwas erzählen würde, da hörte ich, wie sie ihre Tür vorsichtig öffnete und an die Treppe trat. »Walter!« rief sie, und noch einmal lauter: »Walter! . . . Er ist fort«, sagte sie in gedämpftem Ton zu sich selbst, und es klang, als falle ihr ein Stein vom Herzen. Da öffnete ich meine Tür, sie stieß einen Schrei aus, flüchtete in ihr Zimmer, ich dicht hinter ihr. Ein paar Minuten, dann wieder Kosen und Küssen, Bitten und Drohen. Ich weiß nicht, wie es kam. Sie lag halb auf dem Bett, die zerwühlten Kleider hochgeschoben, ich über ihr, meinen Schwanz in der Hand, ich sah das Haar, ich spürte die Spalte, aber ich hatte keine Ahnung, wo das Loch lag, wußte nur, daß es zwischen ihren Beinen war und stieß mit aller Kraft meinen Schwanz dorthin. »Oh, du tust mir weh, mir wird schlecht«, rief sie, »bitte nicht!« Ich hätte auch nicht innegehalten, wenn sie gesagt hätte, daß sie im Sterben liege. Im nächsten Moment gerieten meine Sinne in Raserei, mein Schwanz begann zu zucken, und bei jeder Zuckung schoß es wie heißes Blei aus ihm hervor; in die Lust mischte sich ein leichter Schmerz, ich bebte am ganzen Leib vor Erregung; mein Sperma nahm seinen Weg zu einer jungfräulichen Möse, es fiel allerdings an der Außenseite nieder, aber auf sie.

Wie lange ich reglos dalag, weiß ich nicht; wahrscheinlich nur kurze Zeit, denn die erste Lust beruhigt in diesem Alter nicht. Ich bemerkte, daß sie mich wegschob, und richtete mich halb auf, auch sie setzte sich, fing an zu lachen, dann zu weinen, und sank schließlich in einem hysterischen Anfall, wie ich ihn schon früher erlebt hatte, wieder nach hinten.

Ich hatte gesehen, wie meine Mutter bei solchen Anfällen mit ihr umging, aber ich wußte damals nicht, daß sie bei Frauen durch sexuelle Erregung verursacht werden und daß bei ihr wahrscheinlich ich die Ursache gewesen war. Ich holte Branntwein und Wasser und gab ihr ziemlich viel davon zu trinken, nahm mir auch selbst etwas, denn mir war der Schreck in die Glieder gefahren, und legte sie dann auf das Bett. Obschon ihr so unwohl war und ich große Angst ausstand, machte ich mir die Gelegenheit, wie sie da halb ohnmächtig vor mir lag, zunutze, hob sachte ihre Kleider und erblickte ihre Möse und meinen Saft darauf. Hierdurch aufgeweckt, streifte sie ihre Röcke mit einer kraftlosen Bewegung wieder etwas nach unten und schob sich an den Rand des Bettes. Unter Küssen bat ich sie um Verzeihung, erzählte ihr von meinem Vergnügen und fragte sie nach ihrem, denn ich war der Meinung, ich hätte sie wirklich besessen. Ich konnte kein Wort aus ihr herausbekommen, sie sah mich nur flehend an und bat mich, zu gehen.

Diese Absicht hatte ich nun allerdings nicht; mein Schwanz wurde wieder steif, ich zog ihn hervor, der Anblick ihrer Möse hatte mich erregt; sie sah mich aus müden, gleichgültigen Augen an; die Haube war heruntergerutscht, das Haar hing ihr aufgelöst um den Kopf, ihr Kleid war nahe der Brust zerrissen. Sie schien mir schöner denn je, der Erfolg machte mir Mut, ich bedrängte sie immer noch, sie schien zu schwach, um mir zu widerstehen. »Nein, oh, bitte nicht«, waren ihre einzigen Worte, als ich sie wieder auf das Bett bugsierte, mich auf sie warf und meinen Schwengel noch einmal gegen ihre Spalte schob, die jetzt von meinem Sperma ganz feucht war. Obwohl etwas abgekühlt, war ich steif wie ein Pflock, aber mein Sperma sollte nicht so rasch fließen wie in späteren Jahren beim zweiten Mal, denn ich war noch sehr jung. Doch die Natur tat alles für mich, mein Schwanz gelangte in den richtigen Kanal, wurde dort von etwas aufgehalten, gegen das er wütend anrannte. »Du tust mir weh!« schrie sie auf. Im nächsten Augenblick schien sich um die Spitze etwas zusammenzuziehen, noch ein wütender Stoß — noch einer — ein gellender Schmerzensschrei (das Hindernis war verschwunden), und mein Schwanz war in ihr versunken. Ich fühlte, daß es geschafft war und daß ich mich zuvor draußen entladen hatte. Ich sah sie an, sie war ganz ruhig, ihre Möse schien sich um meinen Schwanz zusammenzuziehen, ich ließ eine Hand hinuntergleiten und tastete herum. Welches Entzücken, festzustellen, daß meine Maschine ganz in ihr versunken war! Nur die Säcke konnte ich fühlen und das von meinem Sperma durchnäßte Haar ihrer Möse, das sich mit meinem vermischte und verklebte; wenig später drängte die Natur zur Krise und aus meinem ebenfalls unberührten Schwanz ergoß ich mich in eine unberührte Möse. Ich hatte zum erstenmal gevögelt.

Mein Schwanz steckte noch tief in ihr, als wir ein lautes Klopfen vernahmen; entsetzt fuhren wir hoch, ich war sprachlos. »Mein Gott, deine Mama!« Wieder das laute Klopfen. Welche Erleichterung — es war der Briefträger. Im nächsten Augenblick schoß ich die Treppe hinunter und öffnete ihm die Tür. »Ich dachte schon, es sei niemand da«, brummte er ärgerlich, »ich habe dreimal geklopft.« — »Wir waren im Garten«, sagte ich. Er sah mich zweifelnd an: »Ohne Schuhe?«, und ging grinsend seiner Wege. Als ich wieder hinaufkam, saß sie auf der Bettkante, und ich setzte mich zu ihr. Ich erzählte ihr, was der Briefträger gesagt hatte, und sie war überzeugt, er werde es ihrer Herrin weitersagen. Nie hatte ein Paar unmittelbar nach dem Vögeln in einer dümmeren Angst geschwebt, als wir es für kurze Zeit taten; ich habe später oft darüber nachgedacht, daß wir das dröhnende Klopfen eines Briefträgers überhört hatten, während wir vögelten, und dies, obwohl die Schlafzimmertür weit offenstand; wie fesselnd muß eine Beschäftigung sein, wenn sie die Menschen so taub macht! Nachdem ich erfolglos darum gekämpft hatte, ihre Möse zu sehen, nachdem wir uns geküßt und jeder des anderen Geschlechtsteile betastet hatte und wir uns über eine Stunde lang über unsere Taten und Empfindungen unterhalten hatten, vögelten wir noch einmal.

Es wurde langsam dunkel, das brachte uns zur Vernunft; gemeinsam richteten wir das Bett her, gingen hinunter, schlossen die Fensterläden, zündeten das Feuer wieder an, das erloschen war, und machten Licht. Als für mich nichts mehr zu tun war, fiel mir mein Schwengel ein, der an meinem Hemd klebte, und als ich ihn herauszog, um zu sehen, in was für einem Zustand er war, stellte ich fest, daß mein Hemd mit Sperma bebeschmiert und voller Blutflecken war; mein Schwanz war schrecklich wund. Ich sagte ihr, daß sie geblutet habe, worauf sie mich bat, einen Augenblick aus der Küche zu gehen. Ich tat es, und gleich darauf kam auch sie heraus, eilte an mir vorbei und sagte nur, sie müsse ihre Sachen wechseln, bevor die Köchin nach Hause komme. Sie wollte nicht, daß ich im Zimmer blieb, während sie sich umzog, und ich sah auch nicht ihr Unterhemd, obwohl ich ihr nach oben gefolgt war; da erst schoß mir der Gedanke durch den Kopf, daß ich sie entjungfert hatte. Bisher hatte ich daran noch gar nicht gedacht. Sie holte warmes Wasser, um sich zu waschen. Ich wußte nicht, was ich mit meinem Hemd tun sollte; wir machten aus, daß ich es vor dem Zubettgehen waschen sollte. Wir hielten es für das beste, zu sagen, ich sei gar nicht zu Hause gewesen, und daß ich jetzt aufbrechen und meine Mutter abholen sollte. Nach vielen Küssen und Umarmungen und nachdem sie noch einmal Tränen vergossen hatte, machte ich mich auf den Weg, dachte mir eine Ausrede aus, warum ich Mutter nicht früher geholt hatte, und mit Tom fuhren wir dann, wie ich mich erinnere, in Tantes Equipage heim.

Bevor ich zu Bett ging, bestellte ich warmes Wasser für ein Fußbad. Wie wir uns ansahen, als ich es bestellte! Ich wusch mein Hemd, so gut ich konnte, und betrachtete niedergeschlagen meinen schmerzenden Schwanz. Ich konnte die Haut nicht so weit zurückziehen wie sonst, sie war eingerissen, wund gerieben und blutete etwas.

Nachdem ich fast die ganze Nacht wachgelegen und voll Stolz auf meinen Erfolg über meine Lustgefühle nachgedacht hatte, stand ich früh auf. Ich sah nach meinem Hemd und stellte fest, daß die Flecken noch immer sichtbar waren; durch mein Waschen hatte ich es so zugerichtet, daß jedes Kind erraten konnte, was ich getan hatte. Ich wußte, daß meine Mutter, die jetzt einige Aufgaben im Haushalt selbst erledigte, die Sachen für die Waschfrau zusammensuchte; in meiner Verzweiflung verfiel ich auf einen neuen Plan: ich füllte den Nachttopf mit Pisse und Seifenlauge, machte das Ganze so schmutzig, wie ich nur konnte, stellte den Topf neben einen Stuhl und hing das Hemd achtlos über die Lehne, damit es so aussah, als sei es zufällig hineingefallen; ich ließ es dort hängen und zog ein sauberes Hemd an. Nach dem Frühstück rief mich meine Mutter, die meistens half, mein Bett und auch ihr eigenes zu machen, zu sich; mit klopfendem Herzen ging ich hinauf, um mir von ihr sagen zu lassen, sie hoffe, daß ich in Zukunft ein bißchen vorsichtiger sein und daran denken werde, daß wir den Geldbeutel meines armen Vaters nicht mehr hatten. »Sieh mal«, sagte sie, »wie schändlich du dein Hemd zugerichtet hast. Ich schäme mich, es so der Waschfrau zu schicken, und mußte das Hausmädchen bitten, es vorher noch einmal zu waschen. Du wirst sehr unachtsam!« Nachher erzählte mir Charlotte, als meine Mutter ihr das Hemd übergeben habe, sei sie fast in Ohnmacht gefallen.

Ich brauche mich hinsichtlich meiner Vorhaut nicht zu wiederholen, ich konnte sie inzwischen etwas leichter nach hinten ziehen. Jetzt war sie zerrissen, hatte die ganze Nacht geschmerzt, und am nächsten Tag war sie noch viel stärker geschwollen und ganz wund. Wenn ich pißte, tat es mir weh. Meine Gedanken und auch der Schmerz machten mich geil: ich riskierte alles — dabei war meine Mutter im Zimmer nebenan. Das arme

Mädchen hatte furchtbare Angst und sah entsetzlich krank aus, aber ich schob ihr eine Hand unter die Kleider und berührte ihre Spalte. Sie flüsterte: »Was für ein gemeiner Kerl du bist!« Ich machte mich auf den Weg zum College, kehrte gegen drei Uhr nach Hause zurück und dachte fortwährend an dasselbe; mit meinem Schwanz wurde es immer schlimmer, ich setzte mir in den Kopf, daß Charlotte mich mit irgendeiner Krankheit angesteckt haben müsse, und war in einer miserablen Gemütsverfassung. Ich wusch ihn mit warmem Wasser und rieb ihn mit Salbe ein; nachdem ich mir so ein wenig Linderung verschafft hatte, zog ich die Haut zurück, bekam sie nun aber nicht mehr nach vorn. Er wurde steif, und dabei gingen mir Gedanken an sexuelle Vergnügungen durch den Kopf, und der Schmerz wurde noch schlimmer. Ich nahm mehr Salbe, der Schmerz ließ nach; ich berührte die Spitze mit meinem fettigen Finger, er zuckte vor Lust. Ich machte weiter, ohne bestimmte Absicht, fast ohne es zu wissen, dann kam die Lust und der Saft schoß heraus. Wieder hatte ich mich unabsichtlich gewichst.

Ich sah zu, wie mein Penis schrumpfte, wie die Anspannung nachließ und die tiefrote Färbung verblaßte, dann kam das Gefühl des Ekels vor mir selbst, das sich nach dem Wichsen immer bei mir einstellt, ein Ekelgefühl, das später selbst dann nicht völlig fehlte, wenn die kleinen Hände hübscher Freundinnen es besorgten, deren Ritzen ich die gleichen zärtlichen Aufmerksamkeiten zuteil werden ließ. Ich war jetzt wieder imstande, die Haut nach vorn zu ziehen, aber der Schmerz wurde immer schlimmer. Ich erzählte dem armen Mädchen, daß mein Schwanz ganz wund sei und daß mir dies merkwürdig vorkomme. Dies verletzte ihre Gefühle nicht, denn sie ahnte nichts von meinem Verdacht. Als es am nächsten Morgen nicht besser geworden war, offenbarte ich mich zögernd einem Schulfreund, der meinen Schwanz besah und meinte, es sei entweder Tripper oder Syphilis. Ich hatte Angst, unseren Hausarzt aufzusuchen, und ging deshalb auf Anraten meines Freundes zu einem Drogisten, der sich auf diesem Gebiet ein wenig betätigte; wir kauften zwar bei ihm ein, aber mein Freund versicherte mir, der Mann sei völlig verschwiegen, wenn junge Leute ihn konsultierten, und viele Bekannte von ihm hätten es schon getan.

Stockend erklärte ich dem Drogisten, mit meinem Ding sei irgend etwas los. »Und was?« fragte er. — »Ich weiß nicht.« — »Zeigen Sie mal.« Ich fing an, ihn zu bitten, meiner Mutter nur ja nichts zu sagen, und auch sonst niemandem. »Verschwenden Sie hier nicht meine Zeit«, sagte er nur, »zeigen Sie ihn mir, wenn Sie meinen Rat wollen.« Ich zog ihn also hervor, er war ganz klein, aber die Haut bedeckte ihn. »Waren Sie bei einer Frau?« fragte er. — »Ja.« Er sah auf mein Hemd, aber da waren keine Flecken. Dann packte er meinen Schwanz und zog die Vorhaut mit Gewalt zurück. Ich schrie auf. Er erklärte, mit mir sei alles in Ordnung, die Vorhaut sei zu eng, ein kleiner Schnitt würde alles in Ordnung bringen, und riet mir, es bald machen zu lassen: »Das erspart Ihnen Ärger und Geld, und steigert das Vergnügen.« Ich lehnte höflich ab. »Gut, dann ein andermal.« — »Nein.« — Er lachte: »Na, die Zeit wird Sie eines Besseren belehren, wenn Sie so weitermachen, wie Sie begonnen haben.« Er gab mir ein Hautwasser mit, und in drei Tagen war ich wiederhergestellt: warmes Wasser hätte vermutlich die gleiche Wirkung gehabt. Ich hatte mir bloß die Vorhaut eingerissen, als ich ihr die Jungfräulichkeit nahm.

Natürlich wollte ich Charlotte noch einmal besitzen. Sie schien mir jedoch überhaupt nicht entgegenzukommen. Sie weinte jetzt oft, und doch gab es einen erstaunlichen Unterschied gegenüber der Zeit, bevor wir es glücklich vollbracht hatten: sie versuchte zwar, zu verhindern, daß meine Hände unter ihren Röcken an ihr hochglitten, aber wenn sie einmal oben waren, hörten alle Einwände auf, und meine Hände konnten überall herumwandern, draußen und drinnen. Bei jeder Gelegenheit blieben wir stehen und küßten uns. »Wann werden wir es wieder tun?« — »Niemals.« Denn sie war überzeugt, daß wir uns eine schwere Strafe einhandeln würden.

Ich vernachlässigte die Schule vollkommen; ich dachte nur noch an sie und überlegte, wie ich mich an sie heranmachen könnte. Es dauerte eine Woche oder mehr, bis es mir gelang. An diesem Tag war meine Mutter ausgegangen. Zu jedem Risiko bereit, kam ich nach Hause und nahm ein frühes Dinner ein; nachher ging die Köchin immer zum Umkleiden nach oben oder, wie sie sich ausdrückte, um sich sauber zu machen, und blieb eine Stunde fort. Ich wartete, bis ich sie nach oben gehen hörte, und trat dann in das Gartenzimmer, wo Charlotte wie gewöhnlich mit meinem kleinen Bruder spielte. Ich ging direkt auf sie zu, sie wies mich jedoch zurück — aber wie anders als früher! Einst wollte sie keine Ruhe geben, bevor ich meine Hand nicht ganz von ihr genommen hatte. Jetzt hingegen bettelte ich und flehte sie an, und hatte dabei meine Hand unter ihren Kleidern und die Finger an ihrer Ritze. Nein — wir hätten Glück gehabt, daß wir nicht erwischt worden seien, aber sie würde es nie und nimmer noch einmal tun; ob ich denn verrückt sei und sie zugrunde richten wolle? War denn die Köchin nicht oben, konnte sie nicht herunterkommen, während wir es trieben? Und wie hell es im Zimmer sei, die Sonne schien herein. Ich ließ die Jalousien herunter; ihr Widerstand wurde schwächer, als ihre Möse mein Fingerspiel spürte. »Nein — jetzt nicht — was bist du für ein lästiger Kerl! Pst, die Köchin!« Ich öffne die Tür, lausche — nichts regt sich. »Was wird sie denken, wenn sie dich hier findet?« — »Ist doch gleichgültig. Komm — laß mich — ich verriegele die Tür; wenn sie kommt, krieche ich unter das Sofa und du sagst, du wüßtest nicht, wie der Riegel vor die Tür gekommen sei.« Das war meine einfältige List, aber sie reichte aus, denn wir waren beide wild vor Begierde. Ich schob den Riegel vor. Mein Schwanz ist draußen, ich ziehe ihre widerstrebende Hand zu ihm, meine Hände betasten sie; aber ich habe nicht die Geduld, herumzutändeln, und drücke sie auf das Sofa hinunter — die liebliche Möse. »Tu mir nicht wieder so weh, oh, nicht so fest!« Welches Entzücken! nach kurzer Zeit ergießen wir uns, diesmal beide zur gleichen Zeit.

Ich schließe die Tür auf, gehe ins Eßzimmer zurück, sie schlendert hinaus in den Garten; die Köchin beugt sich oben aus dem Fenster und unterhält sich mit ihr. »Wo ist denn Master Wattie?« — »Im Eßzimmer, nehme ich an.« Bald komme auch ich in den Garten hinaus und spiele hier natürlich mit Tommy. Sie kann mir kaum in die Augen sehen, errötet wie eine Rose. »War es nicht schön, Charlotte? Ist dein Ding nicht naß?« Mit Tom eilt sie ins Haus zurück, wenig später folge ich ihr, die Köchin ist immer noch oben. »Komm, schnell.« Noch einmal der Riegel, noch einmal vögeln wir, wieder geht sie mit Tommy in den Garten hinaus, die Möse voll, und plaudert mit der Köchin oben am Fenster. Wie haben wir nachher darüber gelacht!

Von Zurückhaltung war nun keine Rede mehr, wir ließen unseren Neigungen freien Lauf, sie widerstrebend; aber sie ließ mich immer, wenn sich eine Chance bot. Wir waren noch unerfahren und ängstlich, und nach drei Wochen hatten wir es nur ungefähr ein Dutzend mal getan; immer war die Köchin im Haus gewesen, und immer hatten wir Angst dabei gehabt. Ich sehnte mich danach, alle meine Sinne zu ergötzen, hatte bis jetzt ihre Möse noch nie zu Gesicht bekommen, außer einmal für ganz kurze Zeit, und war ganz verrückt danach, zu erleben, daß »die nackten Glieder sich verflechten«, und nach allem, was ich in Liebesdichtungen gelesen hatte. An Kühnheit und Männlichkeit war ich um Jahre älter geworden und begann nun zu praktizieren, was ich gehört hatte, wenn auch nervös.

Ich hatte von den *accomodation houses* gehört, Absteigequartieren, in denen man Zimmer bekommen konnte, ohne daß irgendwelche Fragen gestellt wurden, und fand eines nicht weit vom Haus meiner Tante entfernt, obgleich sie im vornehmsten Stadtteil von London wohnte. Unmittelbar vor Charlottes freiem Tag besuchte ich meine Tante, klagte über die Knauserigkeit meiner Mutter, und schließlich schenkte sie mir einen Sovereign. Auf dem Heimweg trieb ich mich eine ganze Stunde in der Straße herum, in der das Haus lag, prägte es mir gut ein, um es auch am Tag wiederzufinden, und sah Paare hineingehen, wie es mein kundiger Freund, dem ich den Hinweis verdankte, vorausgesagt hatte. Statt am nächsten Tag zur Schule zu gehen und auf die Gefahr hin, entdeckt zu werden, wartete ich auf Charlotte und nahm mit ihr eine Droschke zu der Straße. Ich sagte ihr, es sei ein Wirtshaus, und trat mit ihr an die Tür; zu meiner Verwunderung war sie geschlossen. Verstört wollte ich schon wieder umkehren, aber dann versuchte ich es doch mit der Klingel. Charlotte sagte, sie wolle nicht hineingehen. Da öffnete sich die Tür, und eine Frau sagte: »Warum kommen Sie denn nicht herein? Sie brauchen bloß zu drücken.« Oh, wie schämte ich mich, als ich mit Charlotte dieses verworfene Haus betrat; die Frau schien zu zögern, bevor sie uns ein Zimmer gab, aber vielleicht bildete ich mir das auch nur ein.

Es war ein vornehmes Haus, obwohl das Zimmer nur fünf Shilling kostete: rote Vorhänge, Spiegel, Wachskerzen, sauberes Bettzeug, ein großer Sessel, ein breites Bett und ein Drehspiegel, so groß, daß sich auch das dickste Paar darin spiegeln konnte — alles war vorhanden. Ich untersuchte alles mit größter Neugier, aber noch neugieriger war ich auf etwas anderes; unter all meinen ergötzlichen, wolllüstigen Erinnerungen steht die an diesen Tag besonders strahlend da; zum ersten Mal in meinem Leben erblickte ich alle Reize einer Frau und setzte meine eigene Männlichkeit den Blicken einer Frau aus; wir wußten beide wenig über das andere Geschlecht. Mit einiger Mühe brachte ich sie dazu, sich bis aufs Unterhemd auszuziehen, auch ich hatte bis auf mein Hemd nichts mehr an, und wie schwelgte ich nun in ihrer Nacktheit, streichelte sie überall, vom Hals bis zu den Waden, erging mich mit meinen Fingern in allen Spalten und Höhlungen ihres Körpers, von den Achselhöhlen bis zu ihrer Möse, alles war neu für mich. Nach einem sanften Kampf und nachdem ich ihre Einwände ausgeräumt hatte, zwang ich mit gierigen Augen ihre widerstrebenden Schenkel auseinander und weidete mich am Anblick ihrer Möse; bestaunte deren von Haaren bedeckte äußere Umhüllung, die roten inneren Lippen, das Loch, das sie umgaben und das so viel tiefer und viel versteckter lag, als ich geglaubt hatte; bei seinem Anblick und als ich es betastete, gewann die Ungeduld bald die Oberhand über mich; rasch bedeckte ich es mit meinem Leib und verströmte mein Sperma in ihm. Mit welcher Neugier plätscherte ich nachher mit meinen Fingern darin, um dann erneut steif zu werden, zu stoßen, zu wippen und mich zu ergießen. Das alles weiß ich noch, als wäre es erst gestern geschehen, und bis an mein Lebensende werde ich mich daran erinnern, denn es war ein Wonnetag voll des Neuen; noch viele Jahre später kam er mir oft in den Sinn, wenn ich andere Frauen vögelte.

Wir nickten ein und müssen wohl ein paar Stunden in dem Zimmer geschlafen haben, bevor wir gegen drei Uhr wieder erwachten. Wir hatten an diesem Tag noch nichts gegessen und waren hungrig. Sie wollte nicht, daß ich ihr beim Waschen oder Pinkeln zusah. Wie bezaubernd war es, diese nutzlose Zurückhaltung zu überwinden, welcher Genuß für mich, diese harmlose Verrichtung zu beobachten. Wir kleideten uns an und gingen hinaus, suchten ein ruhiges Gasthaus auf, nahmen eine einfache Mahlzeit zu uns und tranken Bier dazu, was mich wieder aufrichtete. Ich war bereit, noch einmal von vorn zu beginnen, bei ihr war es genauso. Noch einmal kehrten wir zu dem Haus und in das Bett zurück; die Frau lächelte, als sie uns kommen sah; das Streicheln, Kitzeln und Küssen begann nun von neuem. Mit welchem Vergnügen streichelte und betastete sie meinen Schwanz! Und sie erhob keine Einwände, als ich daranging, ihre geheimen Partien zu erkunden, obwohl sie gesagt hatte, sie werde es nicht zulassen. Ihre Schenkel öffneten sich, der von Haaren umgebene, von roten Lippen gesäumte Spalt wurde sichtbar; ich küßte ihn, sie küßte meinen Schwanz; die Natur lehrte uns, was wir zu tun hatten. Noch einmal vögelten wir; ich stellte fest, daß es nun zu einem langwierigen Unterfangen wurde, und als ich es später ein weiteres Mal versuchte, mußte ich zu meiner Verwunderung erkennen, daß er für länger als eine Minute nicht mehr steif wurde und daß es mir nicht gelang, ihn hineinzuschieben. An diesem Tag erfuhr ich, daß meiner Kraft Grenzen gesetzt waren. Wir waren beide erschöpft, die Lust dieses Tages war verklungen — wir standen auf und nahmen eine Droschke nach Hause. Ich ging zuerst hinein, sie eine Viertelstunde später, und alles lief so glatt, wie ich es mir nur wünschen konnte.

Von diesem Tag an packte uns die Wollust; wir schmiedeten Pläne, um häufiger zusammen zu sein, aber es war schwierig: Meine Mutter war meistens zu Hause, und wenn sie einmal ausging, war fast immer die Köchin da; ungefähr zweimal in der Woche schafften wir es jedoch, manchmal auch öfter. Wir verabredeten bestimmte Zeichen. Wenn sie mir die Tür öffnete und den Kopf schüttelte, wußte ich, daß Mutter da war; wenn sie lächelte und mit dem Finger nach unten zeigte, war Mutter ausgegangen, aber die Köchin war unten; und wenn sie nach oben zeigte, war die Köchin oben im Haus; in diesem letzten Fall gingen wir unverzüglich ins Gartenzimmer und vögelten dort. Wenn Charlotte erfuhr, daß die Köchin ausgehen würde, sagte sie es mir rechtzeitig, und wenn auch Mutter nicht zu Hause sein würde, sah ich zu, daß ich nach Hause kam, und ließ College und Lehrer zum Teufel gehen. Dann Küsse auf die Lippen, Küsse auf die Möse, jeder streichelte und betrachtete, kitzelte und rieb das Ding des anderen — all die einleitenden Freuden des Geschlechtsverkehrs, und nur eine einzige Gefahr war uns im Wege: mein kleiner Bruder konnte ein bißchen sprechen; wir gaben ihm eines seiner Lieblingsspielzeuge und setzten ihn auf den Boden, während wir uns der Wollust überließen. Eines Tages hatte ich mich auf dem Sofa gerade in sie ergossen, da fühlte ich eine kleine Hand, die uns zwischen unseren Bäuchen kitzelte; Tommy hatte sich aufgerichtet und sagte: »Lotty nicht weh tun, Wattie brav.« Wir kamen zu dem Schluß, daß Tom zu jung war, um mitzubekommen und zu behalten, was er sah — heute denke ich hierüber allerdings anders.

Der Winter kam, sie wurde jetzt häufiger zu einer Leihbibliothek geschickt, um Bücher zu holen. Der Laden lag in einiger Entfernung; vereinzelte Häuser, lange Gartenmauern und Hecken säumten die Straße. Oft blieb ich draußen und paßte sie ab, oder ich ging noch einmal aus, kurz bevor sie sich auf den Weg machte, und dann vögelten wir im Stehen an einer der Mauern. Auch begann ich nun, abends zur Kirche zu gehen; meine Mutter war hocherfreut, aber ich tat es nur, um auf dem Heimweg zu vögeln. Von brennender Begierde getrieben, vögelten wir eines Tages im Stehen auf dem Korridor vor meinem Schlafzimmer, während sich meine Mutter im Zimmer darunter aufhielt und die Köchin in der Küche. Wir wurden kühn und unverfroren, und wann immer wir uns begegneten, auch wenn wir nur für einen Augenblick allein waren, streichelten wir einander die Genitalien.

Schließlich fanden wir heraus, daß der Abtritt für die Dienstboten einer der besten Plätze war. Ich habe seine Lage neben der Treppe am Ende eines überdachten Ganges beschrieben. Diesen Gang konnte man nur von einem ganz bestimmten Punkt im Garten einsehen; wer dort unten stand, konnte von niemandem gesehen werden. Wenn die Luft rein war, betätigte ich die Glocke für das

Gartenzimmer, bat um irgend etwas und gab ihr ein Zeichen; glaubte sie, es sei keine Gefahr, so ging sie hinaus und ich in den Garten, dorthin, von wo ich den Gang neben der Gartentreppe übersehen konnte. Wenn ich sie dort sah oder ein »Hm« hörte, eilte ich hinunter zu dem Abort, und im Nu war ich in ihrer Möse; mit dem Rücken an die Wand gelehnt, stieß und drückte ich, um uns zum Erguß zu bringen, als hinge mein Leben davon ab; es war unbequem, aber es hatte seinen Reiz. Wir hörten auf, es in dem Abort zu tun, als wir dort eines Tages beinah erwischt worden wären.

Wir glaubten, die Köchin sei oben; meine Mutter war ausgegangen. Wir waren mittendrin, als die Köchin klopfte und sagte: »Beeil dich, Charlotte, ich muß dringend.« Es war uns gerade gekommen und Charlotte war so erschrocken, daß ich glaubte, sie werde in Ohnmacht fallen. Aber es gelang ihr, zu antworten: »Ich kann nicht.« — »Los«, entgegnete die Köchin, »mir ist schlecht.« — »Mir auch«, sagte Charlotte. Darauf die Köchin: »Ich kann ja den kleinen Sitz nehmen.« — »Geh auf das Klosett der gnädigen Frau, sie ist nicht da.« Die Köchin verschwand, wir traten heraus und haben nie wieder an diesem Ort gevögelt; eines Tages machte ich es mit ihr auf dem Küchentisch und mehrere Male auf dem Tisch im Eßzimmer.

Wir trieben es wirklich überall und für mein körperliches Wohlbefinden vielleicht zu oft, denn ich war jung, von schwacher Konstitution und wuchs noch, und bei ihr war es dasselbe. Die Gefahren, auf die wir uns einließen, waren fürchterlich, aber wir liebten uns aus ganzer Seele. Beide waren wir jung, für uns beide war es etwas Neues, und es machte uns Spaß, aber meist reichte die Zeit nur zum Vögeln und dazu, die Kleider wieder in Ordnung zu bringen; dann mußten wir uns trennen und sie zurück an ihre Arbeit. Viele Male habe ich sie mit gefüllter Möse im Haus hantieren sehen, mit der leichten Röte und den glänzenden Augen einer Frau, die gerade befriedigt wurde. Es war mir ein Vergnügen, wenn ich wußte, daß sie das Dinner oder den Tee mit meinem Saft in ihrer Möse hereinbrachte, weil sie noch keine Gelegenheit gehabt hatte, sich zu waschen oder ihn herauszupinkeln.

Als sie wieder einen ihrer freien Tage hatte, besuchten wir noch einmal das Absteigequartier und blieben so lange, daß uns schließlich der Schreck in die Glieder fuhr; wir waren nämlich kaum eingeschlafen, als jemand an die Tür klopfte. Mein erster Gedanke war, meine Mutter sei mir auf die Schliche gekommen. Obwohl ich meine Mutter in einer Hinsicht beherrschte, lebte ich doch in großer Abhängigkeit von ihr, weil ich selbst kein Geld hatte. Charlotte glaubte, ihr Vater sei hinter ihr her. Welche Erleichterung, als eine Stimme sagte: »Wollen Sie noch lange bleiben, Sir? Wir brauchen das Zimmer.« Ich war zu lange abgestiegen für mein Geld. An diesem Abend gingen wir zu Fuß nach Hause, denn ich hatte kein Geld für einen Wagen und kaum genug, um uns ein Glas Bier und Zwieback zu bestellen; wir waren hungrig und leergevögelt; meine Mutter hatte mir kein Geld geben wollen, und eine andere Tante, die ich darum gebeten hatte, meinte, ich käme zu oft mit solchen Wünschen, und weigerte sich ebenfalls.

Auch wenn wir diese Absteige nun häufiger aufsuchten, kam es mir doch jedesmal so vor, als würde ich zum Galgen geführt; auch machte es mir einige Mühe, sie zum Mitkommen zu bewegen: sie sagte, es sei ein schlechtes Haus und es koste Geld. Da ergab sich etwas, das mir in meinem Geldmangel zu Hilfe kam.

Am äußersten Ende unseres Dorfes standen ein paar kleine Häuser; eines davon lag mit dem Seiteneingang an einer noch nicht fertiggestellten Straße, die als Sackgasse endete; es gehörte einer Frau, die in der Gemeinde das Amt der Kirchstuhlaufschließerin versah; ihre Tochter verrichtete Schneiderarbeiten für Dienstboten und ähnliche Leute; beide Frauen schnitten Kleider zu, die die Dienstmädchen in jenen Tagen oft selbst nähten. Auch Charlotte ließ sich dort Sachen anfertigen. Auf einem Markt, der alljährlich in unserer Nachbarschaft stattfand, begegnete ich einmal dem guten Freund, dem ich so viele Ratschläge verdankte und der, wie ich vergessen habe zu berichten, auch versucht hatte, mir Charlotte auszuspannen; die Tochter der Schneiderin war bei ihm. Am nächsten Tag sagte er zu mir: »Sie ist ja ziemlich häßlich, aber zum Streicheln ist sie gut genug. Ich habe gestern abend ihre Möse gestreichelt und glaube, daß sie schon gefickt worden ist (das glaubte er von jedem Mädchen); ihre Mutter ist auch so ein komisches altes Luder; in ihrem Haus kannst du dich mit einem Mädchen verabreden, nicht mit Huren, verstehst du, aber, wenn sie ehrbar sind...« — »Ist es denn ein Bordell?« fragte ich. — »Oh nein, es ist ganz respektabel; wenn du mit einer Dame kommst, dann läßt sie dich mit ihr allein, und wenn du ihr beim Weggehen eine halbe Krone gibst, macht sie einen Knicks, genau wie in der Kirche, wenn sie die Kirchenstühle aufschließt und von jedem ein Sixpencestück bekommt, aber sie ist sehr ehrbar — der Geistliche besucht sie manchmal.«

Charlotte holte sich die Erlaubnis, zum Schneider zu gehen; wie zufällig begegnete ich ihr an der Tür, und die alte Kirchstuhlaufschließerin fragte, ob ich mit hineinkommen und warten wolle. Das tat ich. Charlotte kam herein, nachdem sie wegen des Kleides alles besprochen hatte. Es stand ein Sofa in diesem Zimmer, und bald lag sie darauf; wir gingen zusammen hinaus, ich gab der Kirchstuhlaufschließerin zwei oder drei Shilling (das Geld war damals viel mehr wert als heute), und sie sagte: »Sie können hier immer warten, wenn Ihre junge Dame meine Tochter besucht.«

Als wir zum zweiten Mal zu ihr gingen, fragte sie mich, ob ich die St. Mary's Chapel besuchte (das war ihre Kapelle). Wir waren diesmal tagsüber gekommen, und als wir gerade fortgehen wollten, sagte sie: »Es macht Ihnen doch gewiß nichts aus, immer als erster hinauszugehen; die Nachbarn sind hier so boshaft.« Die alte Frau war wirklich eine Kirchstuhlaufschließerin, und ihre Tochter war wirklich eine Schneiderin, aber sie waren froh, ein paar Shilling hinzuverdienen zu können, indem sie ihr Haus für verschwiegene Verabredungen zur Verfügung stellten; nach dem zu urteilen, was ich hörte, hätte sie Dirnen nicht hereingelassen. Sie lebte schon seit vielen Jahren in der Pfarre und galt als ehrbar. Ihr Haus wurde nicht besonders oft in dieser Weise benutzt, denn wohlhabende Leute fuhren, um ihren Gelüsten zu fröhnen, in die Stadt, die nur eine Wegstunde entfernt war — und Dirnen gab es, soviel ich weiß, im Dorf nicht.

In diesem Haus verbrachten wir Charlottes dritten freien Tag in einem bequemen Schlafzimmer. Wir blieben von elf Uhr morgens bis neun Uhr abends, aßen Hammelkotelett und tranken Ale und waren so ausgelassen, wie man sich nur vorstellen kann. Den ganzen Tag kamen wir nicht aus dem Bett, betrachteten unsere Geschlechtsteile, küßten uns, vögelten und schliefen. Dort erkundigte sie sich auch voller Neugier nach den Ergießungen des Mannes. Ich beschrieb ihr, wie das Sperma herausschießt, und dann sprachen wir über den Erguß der Frauen; sie erzählte mir, welche Lust es ihr bereitet hatte, als ich sie in der oben geschilderten Weise befingert hatte; wir ergänzten unsere Unterhaltungen, indem ich mich selbst wichste, um es ihr zu zeigen, und dann mit meinen Fingern bei ihr das gleiche tat. Dabei stellte ich mich etwas ungeschickt an, und noch heute glaube ich zu hören, wie sie zu mir sagt: »Nein, wo du eben warst, ist es am schönsten.« — »Macht es dir Spaß?« — »Oh ja, aber anders gefällt es mir noch besser, oh! oh! — es kommt mir — Oh!« Ich hatte an diesem Tag kein Geld, Charlotte hatte ihren Lohn erhalten und kam für alles auf; sie gab mir ihr Geld, um zu bezahlen.

Eines Tages lachten wir wieder darüber, daß wir beim Vögeln in dem Abort fast erwischt worden waren. »Sie muß einen dicken Arsch haben, die Mary«, sagte ich. »Wie sie wohl auf den kleinen Sitz dort passen würde.« Charlotte meinte: »Sie ist eine stattliche Frau, zweimal so dick wie ich; ihr Hintern würde den ganzen Sitz bedecken.« So kamen wir auf die Köchin zu sprechen, und weil mich das, was ich nun erfuhr, später noch sehr beschäftigen sollte, will ich alles, was Charlotte mir erzählte, möglichst genau festhalten.

»Natürlich habe ich sie nackt gesehen, mal hier ein bißchen und mal dort — wenn zwei Frauen zusammenleben, können sie gar nicht anders, und warum auch? — Wenn man sich hinhockt, um zu pinkeln, zeigt man seine Beine, und wenn man die Strümpfe anzieht, zeigt man die Schenkel; dann waschen wir uns bis zur Taille hinunter, und wenn man sein Unterhemd oder das Nachthemd auszieht, dann zeigt man sich ganz. Mary ist sehr hübsch, von Kopf bis Fuß. Eines Morgens im Sommer, wir schliefen im selben Bett und uns war sehr heiß:

ich stand auf, um zu pinkeln, wir hatten die ganzen Decken weggestoßen, Mary lag auf dem Rücken, das Nachthemd war ihr bis über die Hüften gerutscht, sie schlief fest und tief, ich konnte nicht anders und betrachtete ihre Schenkel, sie waren so groß und weiß — so weiß wie Schnee.« — »Hatte sie viel Haar auf ihrer Möse?« fragte ich. — »Was geht es dich an?« meinte sie lachend, fuhr dann aber fort: »Oh, doppelt so viel wie ich, und hellbraun.« — »Ich nehme an, ihre Möse ist größer als deine?« sagte ich nachdenklich. — »Na, vielleicht ist sie größer«, sagte Charlotte, »sie ist ja auch eine viel größere und breitere Frau als ich. Und was glaubst du?« Auch ich neigte zu dieser Ansicht, obwohl ich sie nicht durch Augenschein bestätigen konnte; schließlich einigten wir uns darauf, daß ihre Möse wahrscheinlich größer war.

»Dann haben also«, meinte sie, »manche Männer ein kleineres Ding als du?« Ich erklärte ihr, daß es, soweit ich wüßte, geringe Unterschiede zwischen ihnen gebe, daß ich aber nur Schwänze von Jungen kennen würde; ob sie, wenn sie ausgewachsen seien, noch große Unterschiede aufwiesen, wisse ich nicht. Wir kamen wieder auf Mary zu sprechen. »Ich wäre auch gern eine so große, stattliche Frau wie sie.« — »Aber helles Haar mag ich nicht«, versetzte ich, »mir gefällt dunkles Haar auf einer Möse, helles Haar sieht einfach nicht gut aus, finde ich.« — »Ich mag sie«, sagte Charlotte, »sie ist eine nette Frau, aber oft ist sie niedergeschlagen. Sie hat keine Angehörigen in London, sie spricht nie über ihre Verwandten oder über sich selbst; früher bekam sie Briefe, und dann weinte sie oft; jetzt bekommt sie keine mehr; neulich abends nahm sie mich in die Arme, drückte mich fest an sich und sagte: ›Oh, wenn du jetzt ein hübscher junger Mann wärst‹ und fuhr dann lachend fort:

›dann würden wir jetzt vielleicht unsere Dinger zusammenstecken und kleine Kinder machen.‹ Ich sagte gar nichts, weil ich Angst hatte, sie könnte herausbekommen, daß ich zuviel weiß; ich glaube, sie hat Pech in der Liebe gehabt.«

Ich spielte an Charlottes Ritze herum, dessen wurde ich nie müde. Irgendwie muß diese Empfindung sie wohl an etwas erinnert haben, denn lachend sagte sie jetzt: »Was du neulich abends bei mir gemacht hast, weißt du?« — »Was denn?« fragte ich, weil ich mich nicht erinnerte. — »Du weißt doch, mit dem Finger.« — »Ach so, wichsen.« — »Ja, also das tut Mary auch. Einmal nachts war ich noch wach und lag ganz still, da hörte ich, wie Mary keuchte, und spürte, daß sich ihr Ellbogen hin- und herbewegte und mich dabei leicht anstieß, dann seufzte sie ganz tief, und alles war ruhig. Ich bin dann wohl eingeschlafen, und gerade eben ist es mir wieder eingefallen.« Sie hatte diese ruckartigen Bewegungen bei der Köchin auch früher schon bemerkt, und so kamen wir zu dem Schluß, daß sie sich wichste; Charlotte wußte, was Wichsen war.

»Erinnerst du dich an den Geburtstag deiner Mama?« fragte Charlotte. »Sie schickte uns eine Flasche hinunter, der Gärtner sollte mittrinken, aber er tat es nicht, und so waren wir beide ein bißchen beschwipst, als wir zu Bett gingen. Als Mary sich ausgezogen hatte, streifte sie ihr Nachthemd über die Hüften hoch, sah an sich herunter und sagte: ›Meine Beine sind doppelt so dick wie deine.‹ Dann machten wir eine Wette und haben nachgemessen; sie verlor, aber ihre Schenkel waren doch um die Hälfte dicker als meine; dann warf sie sich auf den Rücken, zog die Beine an und spreizte sie einen Augenblick lang. Ich sagte: ›Herrje, Mary, was machst du denn da?‹ — ›Ach, Frauen haben

Beine, um sie zu spreizen‹, sagte sie und brach dann ab. Noch nie hatte ich sie etwas Unanständiges sagen hören, sie ist sehr eigen.« Wenn Charlotte älter und klüger gewesen wäre, dann hätte sie die nackten Reize einer anderen Frau vor ihrem Liebhaber nicht so gepriesen, denn die Schilderung des großen Hinterns, der weißen Schenkel und des Unterleibs mit dem vielen Haar, die Ellbogenbewegungen und all die anderen Einzelheiten prägten sich mir tief ein.

Wir vögelten mehr denn je, voller Leichtsinn — es ist ein Wunder, daß wir nicht ertappt wurden, denn eines Abends, im Dunkeln vögelte ich sie sogar im Vorhof, neben dem Straßeneingang unseres Hauses; aber Ungemach blieb nicht aus.

Ihr Vater erkundigte sich in einem Brief, warum sie an ihren freien Tagen nicht nach Hause gekommen sei. Sie nahm sich einen zusätzlichen Tag frei und fuhr zu ihm, um ihn zu beruhigen. Dann bekamen wir einen Schrecken, weil ihre Monatsblutungen ausblieben, aber sie setzten wieder ein, und alles war gut. Eine meiner Schwestern kehrte nach Hause zurück, so daß wir seltener eine Gelegenheit fanden; aber irgendwie schafften wir es doch, meistens waren es Stehpartien. An ihrem nächsten freien Tag fuhr sie mit der Kutsche nach Hause (anders ging es nicht); ich paßte sie bei ihrer Rückkehr ab, und wir vögelten an der Gartenmauer unseres Hauses. Ein Monat verstrich, und wieder verbrachten wir ihren freien Tag bei der Kirchstuhlaufschließerin; nie haben ein Mann und eine Frau mehr Gefallen aneinander gehabt und mehr Freude am Körper des anderen empfunden, ohne an die übrige Welt zu denken. Ich verheimlichte nichts vor ihr, und sie erzählte mir alles, was sie an sich selbst erfahren hatte, sprach davon, wie sie Zuneigung zu mir gefaßt hatte; von ihrer Lust, aber auch von der Angst und der Beschämung, als ich zum erstenmal ihre Möse streichelte; von dem Schock aus Entzücken und Bestürzung, als sie sich entlud, nachdem ich an ihr herumgespielt hatte; wie sie den Entschluß gefaßt hatte, davonzulaufen, als der Milchmann gekommen war, von ihrem hysterischen Anfall, als ich zum erstenmal meinen Schwanz in ihre Spalte legte und mich ergoß; von ihrer Erleichterung, als ich nicht das getan hatte, was ihr Naturinstinkt sie hatte erwarten lassen, sondern draußen gekommen war; und wie sie dann zu sich gesagt hatte: »Der arme Kerl, er will mich, soll er doch tun, was ihm gefällt.« Auch ich schilderte meine Empfindungen. Das alles erzählten wir uns wieder und wieder und wurden solcher Unterhaltungen niemals müde; wir waren ein unschuldiges, leichtsinniges, geiles Paar.

Wir befriedigten unsere Begierde in einfacher Abwechslung, aber nie schob ich meine Zunge in ihren Mund, hatte von dieser Form des Liebesspiels damals wohl auch noch nie gehört. Ich nahm sie, während sie auf dem Bauch lag, und irgend etwas brachte mich dazu, es nach Art der Hunde mit ihr zu tun, aber ich tat es nicht wieder; jeder untersuchte, wie gesagt, das Zubehör des anderen, aber nachdem ihre Neugier einmal gestillt war und sie zugesehen hatte, wie mein schlaffes Ding steif wurde, wie es pinkelte und wie der Saft herausspritzte, wollte sie es nie wieder sehen und konnte meine unersättliche Neugier auf ihr Ding nicht begreifen. Ich glaube, über Männer wußte sie weniger als die meisten Mädchen in ihrem Alter, weil sie sich, wenn ich mich recht erinnere, nie um kleine Jungen hatte kümmern müssen, und sie hatte wohl auch keine Brüder.

Wie kommt es, daß kaum eine Frau einverstanden ist, wenn man nach dem Vögeln ihre Möse betrachten will, bevor sie gewaschen ist? Die meisten, die liederlichen genauso wie die ehrbaren, sagen, es sei abscheulich. Aber ist es nicht viel abscheulicher, sie sich vollspritzen zu lassen, sich auf die Seite zu drehen und einzuschlafen, während der hervorsickernde Saft über den Schenkel rinnt, oder den Mann eine Stunde später in dem, was noch nicht getrocknet ist, herumplätschern zu lassen? Das macht ihnen nichts aus. Aber dich nach deinen Verrichtungen einen Blick darauf werfen zu lassen — bereitwillig —, das wollen sie nicht, warum?

Ein zurückhaltendes Mädchen liegt nach dem Vögeln ruhig da und wäscht sich erst, wenn du gegangen bist. Ein junges Mädchen, das dir die Möse gezeigt hat und das sich seine Jungfräulichkeit von dir hat nehmen lassen, wäscht sich wahrscheinlich überhaupt nicht, bis du sie auf die Notwendigkeit hinweist. Dirnen versuchen in dem Augenblick, da man sich ergießt, ihren Unterleib nach hinten zu schieben, so trifft sie der Erguß vorne am Ausgang, dann lassen sie den Schwanz rasch herausrutschen, waschen sich sofort und pissen außerdem noch. Ein ehrbares junges Mädchen wischt sich die Möse nur von außen ab. Die Arbeiterfrau macht es genauso. Ich habe mehrere von ihnen gevögelt, und keine hat sich vor mir gewaschen. Ich neige zu der Ansicht, daß arme Frauen ihre Mösen selten auswaschen, ihr Pipi besorgt die ganze Reinigung. »Wozu soll ich sie waschen?« sagte mir einmal ein armes Mädchen, das aber nicht auf den Strich ging: »Sie ist immer sauber, und fühlt sich eine Stunde nachher genauso an wie immer, ob ich sie nun wasche oder nicht.« Ist die ungewaschene Möse ungesünder als eine, die oft mit Seife und Spritze gereinigt wird? Ich zweifle daran. Ein alter Lebemann sagte mir einmal, er würde keinen Pfifferling dafür geben, abends eine Möse zu ficken, die seit dem Morgen gewaschen wurde.

Über sexuelle Dinge wußten wir beide ungefähr gleich viel, und wir mußten noch vieles lernen. Normalerweise allerdings weiß ein Mädchen, das aus Charlottes Verhältnissen stammt, mehr über das Geschlecht des Mannes als ein gleichaltriger Knabe über das der Frau; sie haben Kinder betreut und wissen, wie ein Schwanz aussieht; auch hält man ein Mädchen niemals für zu jung, einen kleinen Knaben zu betreuen, während man keinem Jungen über zehn Jahre ein kleines Mädchen anvertrauen würde; Charlotte aber hatte nie mit Kindern zu tun gehabt. Von ihr erfuhr ich auch zum erstenmal etwas über die Menstruation und andere Geheimnisse ihres Geschlechts. In welches Staunen versetzte mich diese Menstruation, es war wunderbar, aber damals konnte ich über alles staunen.

Nach Weihnachten ging meine Schwester in die Schule zurück, unsere Aussichten schienen sich zu verbessern; wieder verbrachten wir einen freien Tag bei der Kirchstuhlaufschließerin. Ich hatte Geld bekommen, und wir waren so unvorsichtig, ein Wachsfigurenkabinett zu besuchen. Am nächsten Tag bekam sie Besuch von ihrem Vater; er wollte von ihr wissen, wo sie gewesen sei. Sie wollte nichts sagen, er wurde zornig und machte einen solchen Lärm, daß Mutter klingelte und wissen wollte, was denn da los sei. Er bat sie um eine Unterredung, entschuldigte sich und erklärte, seine Tochter sei an mehreren freien Tagen ausgegangen, ohne daß er wisse, wohin. Meine Mutter sagte, das sei sehr ungebührlich und dürfe gewiß nicht sein. Es war noch eine Freundin meiner Mutter im Zimmer. Ich saß zitternd da und las etwas. Meine Mutter meinte zu der Frau: »Ich hoffe, das Mädchen gerät nicht auf Abwege, sie sieht sehr gut aus.« Mutter bat mich, das Zimmer zu verlassen, ließ dann Charlotte nach oben kommen und hielt ihr eine Strafpredigt; nachher erzählte mir Charlotte zum erstenmal, daß ihr Vater deshalb so böse auf sie sei, weil sie einen gewissen jungen Mann nicht heiraten wolle.

Tatsächlich hatte ein junger Mann mehrere Male bei uns vorgesprochen und nach ihr gefragt; einmal hatte sie mit ihm gesprochen, ging ihm danach aber aus dem Wege. Er war der Sohn eines wohlhabenden Bäckers, der ein paar Meilen von Charlottes Elternhaus entfernt wohnte und sie heiraten wollte; man erwartete, daß sein Vater nicht mehr lange leben würde, und der junge Mann hatte versprochen, er werde sie heiraten, sobald der Vater gestorben war. Ihre Mutter war wütend, daß sie eine solche Chance ausschlug. Charlotte zeigte mir die Briefe, die damals von ihm kamen, und wir verfaßten die Antworten gemeinsam.

Sie fuhr nach Hause und kam mit verweinten Augen zurück; jemand hatte in einem anonymen Brief geschrieben, sie sei mit einem jungen Mann, der gesellschaftlich offenkundig über ihr stehe, im Wachsfigurenkabinett gesehen worden; auch sei sie bei einem Spaziergang mit einem jungen Mann beobachtet worden. Die Mutter drohte ihr, einen Doktor untersuchen zu lassen, ob sie etwas Böses getan habe; mich schien niemand zu verdächtigen; ihr Vater wollte sie nach Hause holen; ihre Mutter hatte sie schon seit einiger Zeit in Verdacht. »Je früher du den jungen Brown heiratest, desto besser, der hat ein ordentliches Geschäft und hält sich Pferd und Wagen, so eine Gelegenheit bekommst du nie wieder, und es wird dich vor einem Fehltritt bewahren, falls du nicht schon einen begangen hast«, sagte sie zu ihr.

Der Abend war regnerisch, ich hatte sie bei ihrer Rückkehr abgepaßt; nun standen wir eine Stunde lang unter einem Regenschirm, sprachen und weinten, und schließlich sagte sie: »Ich wußte, daß es mich zugrunde richten würde; wenn ich ihn heirate, kommt er dahinter, wenn ich es nicht tue, machen sie mir das Leben zur Hölle; was soll ich bloß tun?« In dem Regen vögelten wir zweimal, an eine Mauer gelehnt, wobei wir den Schirm allerdings absetzen mußten. Danach trafen wir uns bei der Schneiderin, wir sprachen über unser Ungemach und weinten und vögelten und weinten wieder. Nichts als Kummer und Verdruß; sie weinte über ihre Zukunft, und ich fragte mich, ob man mir auf die Schliche kommen würde; aber bei aller Trübsal versäumten wir es nie, zu vögeln, wenn wir fünf ungestörte Minuten vor uns hatten. Dann schrieb ihr die Mutter, der alte Brown sei gestorben, und der Vater habe vor, sie sofort zu holen; sie weigerte sich; der Vater kam, hatte eine Unterredung mit meiner Mutter und klärte die Angelegenheit, indem er einfach Charlottes Kleiderkoffer mitnahm. Ich hatte keinen Pfennig; in ihrem Alter besaß ein Vater noch absolute Macht, dagegen war nichts auszurichten, es sei denn, wir wären davongelaufen. Wir sprachen darüber, ob wir uns ertränken sollten oder ob sie sich als Feldarbeiterin verdingen könnte. Ich entwarf ebenso unsinnige Pläne für mich. Schließlich riet ich ihr, sie solle in die Rückkehr einwilligen — ihr bliebe gar nichts anderes übrig —, sie solle sich aber weigern, ihn zu heiraten.

Charlotte schrieb mir, gleich nachdem sie daheim angekommen war. Meine Mutter hatte sich stets das Recht vorbehalten, meine Post zu öffnen, aber sie tat es schon lange nicht mehr. Als ich an diesem Morgen sah, daß sie einen an mich adressierten Brief hatte, bekam ich es mit der Angst zu tun und entriß ihn ihr. Sie bestand darauf, daß ich ihn zurückgab, ich weigerte mich, es gab Streit. »Wie kannst du es wagen, Junge, gib ihn mir!« — »Nein, du sollst meinen Brief nicht öffnen.« — »Und ob ich das tun werde! Sehe sich einer dieses Kind an!« — »Ich bin kein Kind mehr, ich bin ein Mann, und wenn du noch einmal einen Brief von mir öffnest, dann gehe ich zu den gemeinen Soldaten, und werde nicht Offizier.« — »Das werde ich deinem Vormund sagen!« — »Sag ihm lieber, wie schändlich wenig Geld ich von dir bekomme; Onkel *** sagt, es sei eine Schande, und Tante sagt es auch.« Mit Tränen in den Augen sank meine Mutter nieder; zum erstenmal hatte ich rebelliert; sie sprach mit meinem Vormund, rührte meine Post nie mehr an und gab mir fünfmal so viel Geld wie vorher; aber um ganz sicher zu gehen, ließ ich meine Briefe an einen Freund adressieren und holte sie mir bei ihm ab.

Charlotte durfte nicht allein ausgehen, zu Hause setzten sie ihr auf alle mögliche Weise zu; dennoch gelang es mir, mich mit ihr in einer Schule zu treffen, an einem Samstagnachmittag, als niemand dort war; ein liebenswürdiger Lehrer hatte sie hereingelassen, und sie ließ mich ein. Wir vögelten auf einer harten Schulbank in einem nahezu dunklen Klassenzimmer, vielleicht der schwierigste Stoß, den ich je getan habe, unsere Stellung war lächerlich. Aber unsere Begegnung wurde von Tränen überschwemmt, war überschattet von Mutlosigkeit und der Angst, daß sie schwanger wäre. Sie sagte, ich hätte sie zugrunde gerichtet, und selbst das Vögeln munterte sie nicht auf. Eine Woche später ging ich, weil ich kein Geld hatte, den ganzen Weg zu Fuß, um sie zu sehen, aber ohne Erfolg. Nachher bat sie mich in ihren Briefen inständig, niemals jemandem von dem zu erzählen, was zwischen uns gewesen war. Ihr Vater schickte sie zu seinem Bruder, wo sie als Dienstmädchen helfen sollte; irgendwie hatte er Wind davon bekommen, daß sie sich in dem Schulhaus mit jemandem verabredet hatte. Sie wurde dort krank und man schickte sie wieder nach Hause. Dann schrieb sie, sie werde bald heiraten, anders werde sie keinen Frieden finden, wenn ich doch nur älter wäre — dann könnte sie mich heiraten; sehr verständig war es nicht, was sie schrieb, aber damals fiel mir das nicht auf. Sie werde zum Einkaufen nach London kommen und sagen, sie wolle meiner Mutter unterwegs einen Besuch machen, um dann statt dessen mich zu treffen. Wie sie die junge Frau, die mit ihr in die Stadt kam, hinters Licht geführt hat, weiß ich nicht; wir trafen uns jedenfalls in der Absteige, weinten fast die ganze Zeit, vögelten aber trotzdem, bis mein Schwanz nicht mehr stehen wollte; dann gelobten wir, daß wir uns nach ihrer Heirat wiedersehen würden, und gingen auseinander.

Sie heiratete schon bald; meine Mutter erzählte es mir. Sie wohnte zwölf Meilen von uns entfernt und schrieb mir nicht. Eines Tages fuhr ich dorthin, aber obwohl ich mich lange Zeit in der Nähe ihres Ladens herumtrieb, bekam ich sie nicht zu Gesicht. Als ich ein zweites Mal dort war, sah sie mich, als ich zum Fenster hereinblickte, und taumelte in ein Hinterzimmer. Ich wagte nicht, einzutreten — es hätte ihr schaden können. Nachher kam ein liebevoller Brief ohne Unterschrift, in dem sie mich bat, sie nicht ins Unglück zu bringen, was leicht geschehen könne, wenn man mich in der Nähe ihres Hauses sähe. Geld, Entfernung, Zeit — alles war gegen mich; ich spürte, daß es vorüber war, fing wieder an, zu wichsen, was mich zusammen mit meinem Kummer ganz krank machte. Was der Arzt bei sich dachte, weiß ich nicht; er sagte jedenfalls, ich litte an nervöser Erschöpfung, und fragte meine Mutter, ob ich einen regelmäßigen Lebenswandel hätte, früh aufstünde und früh zu Bett ging. Meine Mutter erklärte, ich sei der ausgeglichenste und beste Sohn, den sie sich denken könne, so unschuldig wie ein Kind, es sei die harte Arbeit für die Schule, die mir so zusetze — sie habe das schon lange kommen sehen. Dabei hatte ich in Wirklichkeit seit vier Monaten kaum ein Buch aufgeschlagen, außer, wenn sie in der Nähe war, und hatte mir, wenn ich nicht an Charlotte dachte, die Zeit vertrieben, indem ich mit Feder und Tinte obszöne Wörter niederschrieb oder Mösen und Schwänze aufs Papier kritzelte.

So verlor ich meine Unberührtheit und raubte einem Mädchen die ihre; so endete meine erste Liebe oder meine erste Lust; wie soll man es nennen? Ich nenne es Liebe, denn ich war dem Mädchen aus ganzem Herzen zugetan, und sie mir. Mancher wird von Verführung sprechen, aber wenn ich heute, nach so vielen Jahren, darüber nachdenke, möchte ich es nicht so nennen. Es war nur das natürliche Ergebnis des Zusammentreffens zweier Menschen, beide jung, beide heißblütig, beide darauf aus, ihre sexuelle Neugier zu befriedigen; keinen von uns trifft ein Vorwurf, wir waren dazu geschaffen, haben nur die Wahrheit des alten Liedes »Schwanz und Möse treffen sich, keiner bändigt die« veranschaulicht und zugleich demonstriert, daß es nicht ratsam ist, einen jungen Mann mit einer jungen Frau allein zu lassen, wenn man nicht will, daß sie sich paaren.

In jeder Hinsicht waren wir so sehr Mann und Frau, wie die Umstände es zuließen. Wir vögelten, wann immer sich eine Gelegenheit bot; wir teilten unser Geld; wenn ich keines hatte, nahm sie das, was sie als Lohn erhielt; und wenn ich welches hatte, bezahlte ich ihr davon Schuhe und Kleider — ein Geschenk im herkömmlichen Sinne des Wortes habe ich ihr nie gemacht; unsere sexuellen Vergnügungen waren einfachster Art, wir machten es auf die altmodische Weise, und alles in allem war es eine natürliche, tugendhafte, heilsame Verbindung; doch die Welt wird mir in diesem Punkt nicht zustimmen.

Eines erscheint mir heute bemerkenswert: mit welcher Kühnheit ich ein Stundenhotel aufsuchte; alles andere hat, wie mir scheint, denkbar natürlich begonnen und sich dann weiterentwickelt. Was für eine köstliche Erinnerung! Nichts in meiner weiteren Laufbahn ist so bezaubernd wie unser Leben damals; kaum eine Spur von dem, was man Ausschweifung nennen könnte, war darin; hätte der Priester es durch die Bande der Ehe gesegnet, so hätte man darin nur die züchtigen Vergnügungen der Liebe und der Zuneigung gesehen; da aber der Priester seine Hand nicht im Spiel hatte, wird man vermutlich nichts als abscheuliche Unmoral darin erblicken. Ich habe mich oft gefragt, ob ihr Mann herausgefunden hat, daß sie keine Jungfrau mehr war, und wenn nicht: ob es an ihrer Geschicklichkeit oder an seiner Unwissenheit lag. Später hörte ich, daß sie ein glückliches Leben führten.

*Vorrede. — Meine Vorliebe für schöne Formen. — Sarah Mavis. — Mittags im Quadrant. — J***s Street, Nummer 13. — Ein Geschäft im Vestibül. — Eine Frau mit eigenem Willen. — Ängste wegen meiner Größe. — Unflat. — Kaltblütig. — Tyrannei. — Mein Zorn. — Unterwerfung. — Ein Aufstand. — Keine echte Dirne. — Sarah beobachtet mich. — Ein Streit. — Versöhnung.*

[Schon früh entwickelte ich eine besondere Vorliebe für die Schönheit weiblicher Formen. Auch für mich hatte das Gesicht natürlich seine gewöhnliche Anziehungskraft, denn die Schönheit des Ausdrucks spricht die Seele des Mannes immer zuerst an. Die Augen einer Frau sprechen zu ihm, noch bevor sie den Mund öffnet, und instinktiv (denn wirkliche Erfahrung erlangt er erst in reiferen Jahren) liest er in ihnen Zuneigung, Abneigung, Gleichgültigkeit, Lüsternheit, Verlangen, sinnliche Hingabe oder stürmische, unverhohlene Begierde.

All diese Empfindungen kann man schon in den Augen einer Frau erkennen, denn in ihnen drückt sich jedes Gefühl aus, und sie verändern sich mit jeder Gemütserregung, ob sie nun unschuldig oder sinnlicher Natur ist. Sie können beim Mann die sogenannte reine Liebe wecken, die man allerdings nur so lange für rein hält, bis einen die Erfahrung lehrt, daß sie ohne die gelegentliche Unterstützung eines hitzigen, zuckenden, steifen Schwanzes in einer heißen, geschmeidigen Möse und ohne die gleichzeitige Entladung spermatischer Säfte aus beiden Organen nicht bestehen kann. Der übrige Körper der Frau, die Brüste und die Gliedmaßen können eine Begierde erregen, die nicht von Liebe begleitet wird, und wenn man anfängt, sie zu bewundern, stellt sich sogleich auch die Begierde ein. Ein schmaler Fuß, ein rundliches Bein, ein fester Schenkel und ein praller Hintern sprechen direkt zum Schwanz. Die Form ist tatsächlich für die meisten verlockender und erzeugt bei Männern in reifem Alter eine dauerhaftere Anhänglichkeit als das hübscheste Gesicht. Eine unansehnliche Frau mit schönen Gliedmaßen, einem hübschen Hinterteil und festen, vollen Brüsten wird einen Mann (sofern nur ihre Möse keine häßliche Schramme ist) auch dort anziehen, wo es dem Fräulein mit dem lieblichsten Gesicht nicht gelingt. Nur wenige Männer, außer wenn sie einen sehr dicken Bauch haben oder sehr alt sind, werden sich lange mit einer Dame abgeben, deren magere Hinterbacken man mit einer Hand umschließen kann. Ich hatte schon früh eine Vorliebe für die Schönheit weiblicher Formen, sie war mir angeboren. Schon als Knabe suchte ich mir beim Tanz Partnerinnen aus, die, wie ich es damals nannte, mollig waren, und bewunderte einmal sogar eine Frau in mittleren Jahren mit einem feisten Arsch, die uns Bonbons verkaufte, weil ich gesehen hatte, wie sie ihre dicken Beine entblößte, als sie sich zum Pissen hinhockte.

In der Zeit, von der ich hier spreche, hatte ich viele Jahre lang zwei Freunde; der eine war Bildhauer, er hat sich leider Gottes zu Tode gesoffen; der andere war Maler und ist, während ich dies schreibe, noch unter den Lebenden. Ich hatte sie in ihren Ateliers besucht, hatte ihre Aktmodelle gesehen, hatte ihre Ansichten über die männliche und weibliche Schönheit gehört und hatte mir die verschiedenen Punkte weiblicher Vollkommenheit an den Frauen, die ihnen Modell saßen, zeigen lassen. In zwei Fällen hatte ich sie mir in privaten Sitzungen von den Damen selbst erklären lassen und hatte mit ihnen sexuelle Genüsse erlebt, die, wie sie mir sagten, die Künstler ihnen weder entlockt noch geschenkt hatten. Ich hatte mich selbst mit dem Aktzeichnen beschäftigt und galt als nicht untalentiert; so war ich durch Übung, Instinkt und mein äußerst wollüstiges Temperament ein Sachverständiger für die Schönheit weiblicher Formen geworden.

Ich schrieb die vorangegangenen Abschnitte nicht um die gleiche Zeit wie das, was nun über Sarah Mavis folgt. Ich füge sie erst heute, nach vielen Jahren, ein, da ich über das, was ich in jenen Jugendtagen tat, erstaune, mich über mein sicheres Urteil bei der Wahl wundere und nach den Gründen suche, die mich damals veranlaßten, mir für meine sexuellen Umarmungen so viele Musterbilder weiblicher Formschönheit zu verschaffen, wie sie vielleicht kein anderer Engländer, außer vielleicht ein Prinz, je besessen hat.]

An einem Sommermorgen etwa um die Mittagszeit war ich im Quadrant, der die Regent Street mit dem Piccadilly Circus verbindet. Es hatte geregnet, und die Straßen waren schmutzig. Vor mir erblickte ich eine stattliche Frau, die mit jenem festen, stetigen, ausgewogenen Schritt daherging, der, wie ich schon damals wußte, fleischige Gliedmaßen und ein pralles Hinterteil anzeigt. Sie hatte ihre Röcke hochgenommen, um sie vor dem Schmutz zu schützen, wie es auch ehrbare Frauen damals taten. Dirnen pflegten sie ein kleines bißchen höher zu raffen. Ich sah zwei in hübschen Schuhen steckende Füße, die mir vollkommen schienen, und Waden von vorzüglicher Schönheit. Ich fing sofort Feuer. An der Beak Street blieb sie stehen und sah in ein Schaufenster. »Ist sie eine Dirne?« überlegte ich. »Nein.« Ich folgte ihr, ging an ihr vorüber, drehte mich um und begegnete ihren Augen. Sie sah mich an, aber ihr Blick war so gleichmütig und teilnahmslos, es lag so wenig von einer Dirne in ihrem Ausdruck, daß ich keine Klarheit darüber zu gewinnen vermochte, ob sie zugänglich war oder nicht.

Sie wendete sich ab und ging weiter, ohne sich umzusehen. Als sie die Tichborne Street überquerte, hob sie ihre Röcke höher, es war dort sehr schlammig. Jetzt sah ich mehr von ihren Beinen; mein Schwanz richtete sich beim Anblick ihrer Beine auf und bestätigte mich in meiner Vermutung. Ich eilte ihr nach, und als ich neben ihr war, sprach ich sie an: »Wollen Sie mit mir kommen?« Sie gab keine Antwort, und ich blieb hinter ihr zurück. Bald darauf blieb sie erneut vor einem Geschäft stehen und sah hinein, und wieder sagte ich: »Darf ich mit Ihnen gehen?« — »Ja, wohin?« — »Wohin Sie wollen, ich werde Ihnen folgen.« Ohne ein Wort zu erwidern, ohne mich anzusehen, und ohne jede Hast setzte sie ihren Weg fort und betrat schließlich das Haus Nr. 13, J***s Street, das ich an diesem Tage zum erstenmal, seither aber noch viele hundert Male betrat. Ihre Gelassenheit und die Art, wie sie von Zeit zu Zeit stehen blieb und im Vorbeigehen die Auslagen der Geschäfte betrachtete, erstaunte mich: sie schien es nicht eilig zu haben, ja, sie schien gar nicht zu bemerken, daß ich ihr auf dem Fuße folgte, obwohl sie es wußte.

Drinnen blieb sie am Fuß der Treppe stehen, drehte sich um und fragte leise: »Wieviel wollen Sie mir geben?« — »Zehn Shilling.« — »Dafür gehe ich nicht hinauf, das will ich Ihnen gleich sagen.« — »Wieviel verlangen Sie?« — »Ich lasse niemanden mitkommen, der mir nicht wenigstens einen Sovereign zahlt.« — »Sie sollen ihn bekommen.« Sie ging nach oben. Es fiel kein weiteres Wort. Daß sie mir die Frage am Fuß der Treppe stellte, erstaunte mich; schon oft war mir die gleiche Frage in einem Zimmer gestellt worden oder auf der Straße, aber am Fuß einer Treppe — niemals.

Wir betraten ein stattliches Zimmer. Als ich bezahlt und die Tür verschlossen hatte und mich nun nach ihr umdrehte, sah ich, daß sie mit dem Rücken zum Licht stand (die Vorhänge waren zugezogen, aber der Raum war doch hell); einen Arm hatte sie auf den Kaminsims gelegt. Sie sah mich unverwandt an, und ich sie. Ich weiß noch, daß mir dann ihr leicht geöffneter Mund auffiel und daß sie mich scheinbar geistesabwesend ansah (auch später hatte sie diesen Blick), daß sie ein schwarzes Seidenkleid trug und einen dunkelfarbigen Hut auf dem Kopf hatte. Das Verlangen trieb mich; ich trat zu ihr und fing an, ihr Kleid hinaufzuschieben. Sie streifte es wieder herunter und sagte in herrischem Ton: »So nicht!«

»Oh, hier ist Ihr Geld«, sagte ich und legte einen Sovereign auf den Kaminsims. Sie lachte leise in sich hinein. »So habe ich es nicht gemeint«, erklärte sie. — »Laß mich dich streicheln.« — »Nichts da«, sagte sie ungeduldig, drehte sich um und nahm den Hut ab. Da sah ich, daß sie dichtes, dunkles, aber nicht ganz schwarzes Haar hatte, und ich weiß noch, daß mir diese Einzelheiten genau in der Reihenfolge auffielen, wie ich es hier erzählt habe. Wieder legte sie ihren Arm auf den Kaminsims und sah mich ruhig an, den Mund leicht geöffnet, und ich stand da, betrachtete sie, ohne ein Wort zu sprechen, während mir das Sperma in den Säcken gärte; aber ich war etwas verlegen, fast eingeschüchtert durch ihr kühles Auftreten, das ich von den Huren, mit denen ich sonst verkehrte, gar nicht kannte.

»Du hast schöne Beine.« — »Das sagen viele.« — »Laß sie mich ansehen.« Sie legte sich auf das

Sofa, mit dem Rücken zum Fenster, ohne ein Wort zu sprechen. Rasch zog ich Rock und Weste aus, setzte mich an den Fuß des Sofas und schlug ihr Kleid bis zu den Knien hoch; ich versuchte, es noch weiter hinaufzuschieben, aber sie wehrte ab. Dann fühlten meine Finger ihre Möse, und das Entzücken über diese Berührung ebenso wie der Anblick ihrer schönen Glieder überwältigten mich. »Zieh deine Sachen aus, — laß dich ohne Kleider sehen, — du mußt wunderschön sein.« Ich ließ meine Hände über ihren Hintern, ihren Bauch und die Schenkel wandern, und als ich ein Stückchen Haut über ihren Strumpfbändern erblickte, beugte ich mich vor, um es zu küssen, und ließ meine Küsse an ihrem Schenkel hinaufwandern, bis der Duft ihrer Möse meine Nase streifte und deren Dickicht meine Lippen berührte und sich mit meinem Schnurrbart vermischte, den ich trug, obgleich damals nur wenige Männer einen hatten. Ich fiel neben ihr auf die Knie, küssend, streichelnd, schnuppernd; aber sie hielt ihre Schenkel dicht geschlossen und schob mir ihren Unterrock über den Kopf, während ich sie küßte, so daß ich nur wenig von ihren Reizen sah. Von meinen Streifzügen in eine schier wahnsinnige Erregung versetzt, erhob ich mich schließlich. »Oh, komm zum Bett — so komm doch.« Aber sie blieb ruhig liegen.

»Nein — machen Sie es hier, — lassen Sie mich, — zerren Sie nicht so an meinen Kleidern — ich lasse mich nicht herumzerren, — wenn Sie wollen, dann machen Sie es hier, und damit Schluß!« »Schon gut, aber komm auf das Bett.« — »Nein.« — »Auf dem Sofa kann ich nicht.« — »Dann gehe ich eben wieder.« — »Das wirst du nicht tun, bevor ich dich nicht gehabt habe — laß mich doch wenigstens deine Schenkel sehen.« — »Nun gut.« Schon glitten ihre Kleider ein Stück weit nach oben.

»Höher!« — »Nein.« Ich hatte meinen Schwanz jetzt hervorgeholt. »Leg dich auf das Bett — hier mache ich es nicht, — ziehe dich aus.« — »Das werde ich nicht tun.« — »Das wirst du doch!« Sie sagte dies alles mit großer Bestimmheit, aber ohne Anzeichen von Gereiztheit.

Wortlos erhob sie sich. Noch während ich dies schreibe, sehe ich ihre wundervollen Beine in den schönen Seidenstrümpfen vor mir, die nun sichtbar wurden, als sie vom Sofa aufstand und sich auf das Bett legte. »Aber ich will dich ohne Kleider.« — »Die ziehe ich nicht aus, ich habe es eilig — das tue ich nie.« — »Aber du mußt!« — »Nein — und jetzt komm und tu, was du nicht lassen kannst — ich bin in Eile.« Sie zog ihr Kleid gerade so hoch, daß der Saum ihrer Möse sichtbar wurde, und spreizte die Schenkel ein wenig. Ich erschauerte in wollüstigem Entzücken, als ich sie sah, machte mich über sie her, legte mich zwischen ihre Schenkel und schob meinen Schwanz hinein. Ah, fast schon beim ersten Stoß ergoß ich mich in sie.

»Oh, bleib doch liegen, Liebling, ich bin ja nur einen Augenblick in dir gewesen.« — »Nein — mach Platz, ich will mich waschen.« Ich leistete Widerstand, aber sie ließ meinen Schwanz herausgleiten und beeilte sich, aus dem Bett zu kommen. »Komm mir nicht zu nahe, während ich mich wasche — ich kann es nicht leiden, wenn ein Mann mir beim Waschen zuschaut.« Ich bestand darauf, denn ich sehnte mich danach, die Gestalt zu sehen, die ich bisher nur flüchtig zu Gesicht bekommen hatte. Sie stellte die Waschschüssel auf den Boden und hüllte sich in die Bettvorhänge, während sie ihre Fotze ausspülte. Ich wollte nicht grob werden, so blieb mir der Anblick verwehrt. Sie hatte schon wieder den Hut aufgesetzt. »Willst du zuerst gehen oder soll ich?« fragte sie. — »Ich warte so lange, wie du willst.« — »Dann gehe ich zuerst« — und wollte schon hinausgehen, da hielt ich sie auf.

»Wann werde ich dich wiedersehen?« — »Oh, falls ich überhaupt ausgehe, bin ich bis ein Uhr in der Regent Street.« — »Wo wohnst du?« — »Das sage ich nicht — adieu.« — »Nein — warte — komm heute nachmittag zu mir.« — »Ich kann nicht.« — »Und heute abend?« Sie zögerte. »Ich kann aber nicht lange bleiben, wenn ich komme.« — »Na ja, anderthalb Stunden.« — »Vielleicht.« — »Ziehst du dich dann aus?« — »Nein — adieu, ich habe es eilig.« — »Komm heute abend um sieben zu mir — bitte!« — »Nein.« — »Dann um acht.« — »Ich werde dich hier erwarten — aber ich werde nicht lange bleiben.« — »Läßt du mich dann deine Figur bis zur Taille sehen?« — »Oh, ich hasse es, wenn man mich anstarrt.« — Mit diesen Worten ging sie davon und ließ mich in dem Zimmer zurück.

Ich speiste in meinem Club und fieberte den ganzen Tag vor Begierde. Würde sie kommen? Sie hatte es mir ja nur halb versprochen. Eine halbe Stunde vor der Zeit war ich in dem Haus und nahm wieder dasselbe Zimmer. Es war insgesamt sehr stattlich, auf der einen Seite ein großes Himmelbett mit hübschen Vorhängen (wohlgemerkt, das war vor dreißig Jahren), auf der anderen Seite hinter einer Trennwand ein marmorner Waschständer, an der gegenüberliegenden Wand ein großer Spiegel genau in der Höhe des Bettes; am Fußende des Bettes, gegenüber dem Kamin, ein großes Sofa und über dem Kaminsims ein großer Spiegel, der so nach vorn geneigt war, daß die, die auf dem Sofa saßen oder lagen, sich darin spiegeln konnten; in einer Ecke am Fenster standen ein großer Drehspiegel, zwei Lehnstühle und ein Bidet, die Vorhänge waren aus rotem Damast, über den Ecken des Kaminsimses hingen zwei große Gasbrenner. Es war vielleicht das gediegenste, komfortabelste Zimmer in einem Stundenhotel, in dem ich mich je aufgehalten habe, dabei war der Raum keineswegs groß. Sie berechneten für die Benutzung sieben Shilling und sechs Pence und zwanzig Shilling für die ganze Nacht. Beide Tarife habe ich Dutzende von Malen bezahlt.

Ich betrachtete das alles und dabei fiel mir auf, daß sich ein Paar auf dem Bett, auf dem Sofa oder sonstwo mit Hilfe des Drehspiegels und der anderen Spiegel jederzeit beim Liebesspiel beobachten konnte. Ich war sehr angetan von dem Zimmer, bebte aber zugleich vor Angst, daß die Dame nicht kommen würde. Ich holte meinen Schwanz hervor und ging umher, prüfte, wie er in den Spiegeln aussah, legte mich auf das Bett und betrachtete ihn im Spiegel an der Seite, hockte mich aufs Sofa und erfreute mich am Anblick meiner Säcke und des Ständers. Plötzlich überkam mich die Angst, sie könne meinen Schwanz für klein halten; wie ich immer wieder darauf kam, war mir rätselhaft; schon in der Schule hatte ich mir eingebildet, meiner sei kleiner als die der anderen Jungen, und die Bemerkung irgendeiner Dirne hatte mich in diesem Punkt empfindlich gemacht. Immer wieder fragte ich die Frauen, ob mein Schwanz nicht kleiner sei als die der anderen Männer. Wenn sie dann sagten, er habe die richtige Größe, sei so groß wie die meisten, dann glaubte ich ihnen nicht und pflegte, wenn ich ihn hervorzog, in entschuldigendem Ton zu sagen: »Schieben wir ihn rein, viel ist nicht dran.« — »Oh, aber der ist doch wirklich groß genug«, sagte die eine. »Ich habe viele gesehen, die kleiner waren«, sagte die andere. Und trotzdem kam ich nicht von dem Gedanken los, daß es kein Schwanz war, auf den man irgendwie hätte stolz sein können — was ein großer Irrtum war. Aber ich glaube, ich habe von dieser Schwäche schon mehrfach berichtet.

Ich erinnere mich noch sehr genau an diesen Abend und an meine Angst, daß sie meinen Schwanz womöglich geringschätzen könnte; ich litt sehr darunter, denn sie hatte mich schon geködert, obwohl ich es noch nicht wußte. Ich kämmte mein Haar und richtete mich her, in dem Wunsch, ihr zu gefallen, und ohne daran zu denken, daß ich diese Mühe für eine Frau auf mich nahm, die sich für zwanzig Shilling vögeln ließ und der es, wie ich heute weiß, völlig gleichgültig war, wie ich aussah und wer ich war, solange sie nur möglichst rasch ihr Geld bekam und mich wieder loswurde, damit Platz war für einen anderen Mann oder damit sie losgehen und ausgeben konnte, was sie verdient hatte.

Sie war nicht pünktlich. Immer wieder lauschte ich und spähte hinaus, wenn ich Schritte hörte, sah Paare, denen der Sinn nach sexuellen Genüssen stand, die Treppe hinaufsteigen und hörte sie über mir herumgehen. Dies und die erregende Erinnerung an meinen sofortigen Erguß zwischen ihren prachtvollen Schenkeln, das Herumhantieren mit meinem Schwanz, sein Anblick im Spiegel und das Treiben der anderen Paare machten mich so wild, daß es mich große Überwindung kostete, nicht zu wichsen. Ein Hausmädchen, das gesehen hatte, wie ich hinausspähte, kam herein und bat mich, es zu unterlassen, den anderen Gästen sei das nicht recht. Ob sie wüßten, wo meine Dame wohnte? ob sie zu ihr schicken lassen könnten? Sie wußten es nicht. Später kam das Hausmädchen noch einmal und sagte, ich hätte mich jetzt eine Stunde in dem Zimmer aufgehalten — ob ich noch länger warten wolle? Ich wußte, was das bedeutete, und wollte gerade sagen, ich würde noch einmal für das Zimmer bezahlen, als ich von draußen langsame, bedächtige Schritte hörte, und der Kopf der Dame in der Tür erschien.

Ich nörgelte wegen ihrer Verspätung; sie nahm meine Klagen ruhig hin. Sie habe nicht früher kommen können — mehr sagte sie nicht. Sie nahm ihren Hut ab, legte ihn auf den Stuhl, drehte sich um, legte ihren Arm auf den Kaminsims und starrte mich wieder mit gedankenverlorenem Blick und ihrem leicht geöffneten Mund an, genau wie am Morgen. Ich ließ ihr wenig Zeit dazu, denn im Nu hatte ich meine Hand an ihrer Möse und hätte mich fast in meine Hosen ergossen, als ich sie berührte. Sie versuchte das gleiche Spiel noch einmal — sie lasse sich nicht herumzerren — sie lasse ihre Möse nicht beäugen — wenn ich es mit ihr tun wolle, solle ich es tun und zusehen, daß ich fertig würde. Ich geriet in Wallung. Ich wolle verdammt sein, wenn ich es so täte — ich würde nicht bezahlen, gar nichts, wenn sie ihr Kleid nicht auszog. Lachend zog sie es aus und legte sich auf das Sofa. Nein, auf dem Bett. Nein, das nicht. Ich wolle verdammt sein, wenn ich es so machte (obwohl ich fast explodierte). Wieder lachte sie und legte sich dann doch auf das Bett. Ich sah Brüste von makelloser Reinheit und vortrefflicher Form über ihrem Korsett hervorquellen, schlug ihre Unterröcke hoch und erblickte das dunkle Haar unten an ihrem Bauch, im nächsten Augenblick ein Stoß, mein Atem ging schwer — Stille —, noch ein Stoß, — ein Seufzer, — ein Schwall von Sperma, — und wieder war ich fertig und hatte kaum eine Minute lang vollständigen sexuellen Genuß gehabt.

»Steh auf.« — »Nein.« — »Komm, laß mich den Unflat auswaschen.« — »Nein!« — ich drückte sie nach unten, preßte mich an ihren Bauch, umklammerte ihre Hüften. »Ich bin überhaupt nicht gekommen.« — »Doch, das bist du.« Eine schlängelnde Bewegung, ein Ruck, ich war aus ihrer Möse gerutscht und fluchte. Sie hockte sich auf die Waschschüssel, ich bückte mich, zog die Vorhänge beiseite und streckte meine Hand nach der klaffenden Möse aus. Sie versuchte aufzustehen und stieß mich weg — ich gab ihr ebenfalls einen Stoß. Sie kippte nach der Seite, streifte mit dem Hintern den Rand der Schüssel, das Wasser floß auf den Fußboden.

»Verdammter Kerl«, meinte sie — lachte dann und erhob sich. Ich drängte sie zum Bett und fuhr ihr wieder mit den Fingern an die Möse — schlüpfrig genug war sie. »Bist wohl auch einer von diesen Barbaren, wie?« sagte sie.

»Ich habe deine Möse überhaupt noch nicht richtig gestreichelt, aber das werde ich noch.« — »Nun gut, aber laß mich sie zuerst waschen, dann kannst du.« Sie wusch sich, ich streichelte sie und bettelte dann um ein zweites Mal:

»Du hast doch Zeit.« — »Nein.« — »Du hast gesagt, du würdest mir anderthalb Stunden schenken.« — »Ja, schon, aber du hast mich gehabt, wozu willst du mich jetzt noch dabehalten?« — »Ich möchte es noch einmal machen.« — »Doppelte Fahrt, doppelter Preis.« — »Unsinn — du hast mich so erregt, daß ich noch gar keinen richtigen Fick hatte.« — »Dafür kann ich doch nichts.« Sie lachte und stellte nun ihrerseits ein paar Fragen: »Nimmst du dir oft Frauen in der Regent Street?« — »Ja.« — »Kennst du viele?« — »Ja, ich wechsle häufig.« — »Ach ja, du liebst die Abwechslung — ich dachte es mir« — sie wurde richtig gesprächig. Und ich hatte sie schon für eine stumme Puppe gehalten.

Unterdessen weidete ich mich an ihren Reizen, an den wohlgeformten Armen, den lieblichen Brüsten, mit denen ich jetzt spielte, an den herrlichen Beinen, die ich jetzt sah, denn sie hatte sich in einer höchst verlockenden Haltung niedergelassen, den Knöchel des einen Fußes auf das Knie des anderen Beins gestützt. Ich wollte die Röcke um ihre Beine höher hinaufschieben, sie wehrte ab, aber ich sah die schönen Fesseln, die zierlichen Füße in den Schuhen, die weiche Haut über dem Strumpfband, die dicker werdenden Schenkel, die sie schließlich, als ich versuchte zwischen ihnen hinaufzusehen, übereinanderschlug, so daß sie ihre Möse einklemmten und meinem Blick entzogen.

Ich hatte meinen Schwanz wieder verborgen; mich hatte die Angst gepackt, er könnte ihr klein erscheinen, deshalb wurde er nicht wieder steif. Eine Stunde verstrich. »Ich gehe jetzt«, sagte sie und wollte aufstehen. Mein Schwanz stand sofort. »Laß mich.« — »Aber mach schnell.« Als sie sich erhob, schob ich ihr meine Hand unter die Röcke. Sie langte nach unten und verabreichte meinem Schwanz einen kräftigen Kniff — ich schrie auf — sie lachte.

»Ich hätte Lust, dich gar nicht zu lassen — du hast so lange gebraucht — aber du darfst trotzdem.« Sie trat an das Bett. »Oh, um Gotteswillen, rühr dich nicht — diese Haltung ist köstlich.« Ein Bein hatte sie schon auf das Bett gestellt, die Unterröcke waren hochgerutscht, und das Bein, mit dem sie noch auf dem Fußboden stand, war vom Stiefelabsatz bis zehn Zentimeter oberhalb des Strumpfbandes sichtbar. Sie hatte sich halb abgewandt, ihre herrlichen Brüste, oder vielmehr eine von ihnen, war im Profil zu sehen, und wie sie nun den Kopf drehte und mich ansah, ergab dies alles ein Bild von hinreißender Lasterhaftigkeit.

Ich schob ihr meine Hände von hinten zwischen die Schenkel. Das brach den Bann, sofort ließ sie sich auf das Bett sinken — und ich mich auf sie.

»Oh Gott, du bist himmlisch, herrlich — oh Gott, mein Liebling — ah!« Ich küßte sie und wieder ergoß ich mich viel zu rasch; die Begierde beraubte mich fast meines Genusses. Ein Dutzend Stöße, und ich war leer. Es war vorbei.

»Wie reglos du eben dastandest«, sagte ich. — »Ich kann in einer Stellung fast fünf Minuten verharren, ohne mich zu bewegen, fast ohne daß man mich atmen sieht und ohne zu blinzeln.« Damals hielt ich das für bloße Aufschneiderei.

»Gib mir noch fünf Shilling, ich bin so lange bei dir geblieben, — ich habe einen Grund — ich werde dich nicht noch einmal darum bitten.« Ich gab sie ihr. »Wirst du morgen früh in der Regent Street sein?« — »Ja.«

Ich war in der Regent Street, fand sie und trieb es mit ihr, und eine Woche lang traf ich sie täglich, zuweilen auch zweimal am Tag; aber sie gewährte mir nie mehr als ein ganz kurzes Stelldichein; im Nu hatten wir gevögelt, und schon ließ sie meinen Schwanz wieder herausgleiten. Sie ergoß sich nicht mit mir zusammen, zeigte keinerlei Anzeichen von Lust, machte sich kaum die Mühe, ihren Hintern zu bewegen, wollte sich nicht ausziehen, wollte mich ihre Möse nicht sehen lassen. Ich fügte mich, denn ich war geködert, aber damals wußte ich es noch nicht — sie hingegen wußte es. Sie wußte, daß ich so verdammt geil auf sie war, und sie nutzte das aus und machte es sich leicht. Ich hatte kein Recht zu murren — ich hätte mir ja eine andere nehmen können, wenn ich sie unter diesen Bedingungen nicht wollte. Aber ich wollte sie. Doch auf die Dauer begann ich zu murren, und schließlich kam es fast zum Streit. »Ich werde dich nicht mehr besuchen«, sagte ich ihr. — »Verlangt ja auch keiner«, gab sie zurück.

Da meine Mittel begrenzt waren und mein Geldbeutel sich inzwischen ziemlich geleert hatte, war ich froh, mich ein paar Tage fernzuhalten. Dann sah ich sie in der Regent Street wieder und ging ihr nach, nachdem ich ihr zugezwinkert hatte. Sie schritt voran, aber statt zu dem Haus zu gehen, bog sie nicht in die Straße ein, sondern ging weiter. Ich näherte mich ihr; zum zweiten Mal wechselte ich auf der Straße ein paar Worte mit ihr. »Oh, ich hatte dich nicht verstanden«, sagte sie, »außerdem habe ich es eilig.« — »Komm doch bitte!« — »Aber ich kann nicht mal fünf Minuten bleiben.« — »Unsinn.« — »Nun, dann eben nicht.« Sie ging weiter. Mein Schwanz überwand meine Verärgerung. »Also gut, komm mit zurück.« Sie kehrte um und ging nun in Richtung J***s Street, wobei sie sagte: »Gehen wir besser nicht zusammen hinein.«

Drinnen legte sie sich, ohne auch nur einen Augenblick innezuhalten, auf das Bett. Ich nahm sie, und in weniger als zehn Minuten war sie wieder aus dem Haus, mich in tiefster Verdrossenheit zurücklassend; sie hatte mir jedoch versprochen, wenn sie könne, wolle sie mich am nächsten Abend treffen und länger bei mir bleiben.

Sie kam eine Stunde zu spät und fand mich gereizt und wütend. Inzwischen war ich in diesem Haus bekannt, sie trieben mich nicht mehr zur Eile und gaben mir, wenn es möglich war, immer dasselbe Zimmer. »Ich habe es sehr eilig«, waren Sarahs erste Worte. — »Aber du hast mir versprochen, länger zu bleiben.« — »Ja, — es tut mir leid, aber ich kann nicht.« — »Du kannst nie — zieh wenigstens dein Kleid aus.« — »Das geht jetzt wirklich nicht — nimm mich an der Bettkante — so wolltest du mich neulich doch.« — »Nein, so nicht.« — »Dann komme ich auf das Bett« — und schon lag sie da. Ich versuchte, ihre Beine zu öffnen, sie umzudrehen, um einen Blick auf ihren Hintern zu werfen (ich hatte ihn noch nie richtig gesehen). Nein, sie wollte sich nicht ausziehen, sie wollte gar nichts — ich sollte es so machen, wie sie wollte, oder sie in Ruhe lassen und verschwinden. Wie einfältig von mir, mich alledem zu fügen.

Ich wurde wütend. Am meisten ergötzte mich ihre herrliche Gestalt, ihre körperliche Schönheit, während sie zu glauben schien, mein einziges Vergnügen an ihr bestehe darin, mich, so schnell ich konnte, in ihre Möse zu ergießen. »Ich werde dich überhaupt nicht nehmen«, sagte ich, nun endlich in entschiedenem Ton. »Auch gut«, meinte sie und erhob sich wieder. »Ich habe es wirklich eilig, — dann eben ein ander Mal.« — »Zum Henker mit deinem anderen Mal — im Grunde bist du eine Betrügerin — da!« Ich warf ihr einen Sovereign auf den Tisch und griff nach meinem Hut. »Du gehst?« — »Ja, ich suche mir eine Frau, die sich ihrer Möse nicht schämt.« — »Nun, dann geh doch!« Ich war die Treppe halb hinuntergestiegen, als ich hörte, wie sie mir nachrief, ich solle zurückkommen; aber ich ging erbost fort.

Ich wanderte die Regent Street hinauf, wütend auf sie und auf mich, weil ich nicht zum Vögeln gekommen war — selbst wenn sie mich eine Minute danach verlassen hätte! Ich war geil wie der Teufel, als ich an der Ecke des Piccadilly Circus eine Frau sah und sie ansprach. Sie wandte sich ab, ich sprach sie noch einmal an. »Wollen Sie mit mir kommen?« — »Ja, wenn Sie möchten.« — »Kennen Sie ein Haus hier in der Nähe?« — »Nein, ich bin fremd.« Ich nahm sie mit nach J***s Street, hatte sie dort zwei- oder dreimal und tändelte nachher lange mit ihr herum. Ich hielt erst inne, als sie nicht länger bleiben wollte; sie werde daheim vor verschlossener Tür stehen, wenn sie jetzt nicht losgehe. Ich glaube, sie war keine richtige Dirne, sie wollte einfach gevögelt werden. Ich hatte mich gerade zur rechten Zeit eingestellt. Sie war eine ziemlich große Frau, ungefähr dreißig Jahre alt. Nachdem ich sie zum erstenmal gevögelt hatte, lagen wir zusammen auf dem Bett; sie spielte mit meinem Schwanz, bis er steif war, legte sich dann wieder auf den Rücken und sagte: »Komm — wir machen es noch mal.«

Ich dachte oft, aber immer im Zorn, an meine feingliedrige Sarah Mavis. Ein Fick für zehn Shilling war völlig ausreichend, wenn ich wild war; aber auch in der größten Eile gab ich mich nicht zufrieden, bevor ich die Möse nicht auseinandergefaltet und einer allgemeinen Untersuchung unterzogen hatte, obwohl diese in jenen Tagen meist recht flüchtig ausfiel. Wenn ich dieselbe Frau an einem anderen Tag noch einmal nahm, dann weil sie mir gefiel und ich gern mit ihr sprach, denn ich stellte immer wieder fest, daß sie entgegenkommender waren, wenn ich sie länger kannte. Hier jedoch hatte ich eine Frau täglich und manchmal zweimal am Tag gehabt, vor allem weil sie eine so herrliche Figur hatte (denn schon damals schwante mir, daß ihre Möse nicht sonderlich gut auf meinen Schwanz paßte); und doch hatte ich weder ihre Möse noch ihren Hintern je gesehen, weder ihre Tutteln noch ihre Achselhöhlen, noch ihren Bauchnabel und überhaupt nichts richtig, und so beschloß ich, sie fallenzulassen und mir aus dem Kopf zu schlagen. Aber ich war geködert.

Aus Gründen der Sparsamkeit ging ich wieder zu billigen Frauen und bekam, so schien es mir, für zehn Shilling genauso hübsche Frauen wie für zwanzig; aber ich hatte eine Vorliebe für das Haus in der J***s Street entwickelt, das ziemlich kostspielig war, und dort gefiel mir vor allem das beste Zimmer, und so nahm ich meine billigen Frauen mit in dieses teure Zimmer. Eine von ihnen sagte einmal zu mir: »Also, du könntest mir schon ein bißchen mehr geben und dafür ein billigeres Zimmer nehmen — das Zimmer bekommt fast so viel, wie du mir gibst.« Und eines Abends sah ich, wie eine Frau dort den Kamm und ein Stück Seife einsteckte — um sie zu stehlen. Und später erfuhr ich in einer vergnüglichen Gesprächsrunde, daß Seife und Kämme häufig von den Frauen gestohlen würden — vor allem die Seife.

Ungefähr vierzehn Tage später sah ich meine Venus wieder, und wieder kam es zu einem Treffen hinter verschlossener Tür. Ich konnte meinem Verlangen nach ihr nicht mehr widerstehen, immerzu hatte ich an sie gedacht, auch wenn ich andere Frauen vögelte. Sie war genauso gelassen wie vorher, aber sie schien irgendeinen Groll gegen mich zu hegen. Als sie ihren Hut abgenommen hatte und mich wie gewohnt, mit offenem Mund eine Weile ansah, sagte sie: »Ich nehme an, du hast andere Frauen gehabt.« Ich weiß nicht, warum, aber ich log und sagte: »Nein.« — »Wozu bist du dann mit einer hier hinaufgegangen, an dem Abend, nachdem du mich verlassen hattest — ich war im Salon und habe dich durch die Tür gesehen — zusammen mit der Frau, am Fuß der Treppe ist sie gestolpert« (so war es tatsächlich gewesen). — »Ja, das stimmt«, gab ich zurück, »ich habe ihre Möse gesehen — und das ist immerhin mehr, als ich bei dir je gesehen habe.« — »Mehr bekommst du auch jetzt nicht zu sehen!« Wütend setzte ich den Hut auf: »Dann kann ich ja wieder gehen — hier ist dein Geld.« Ich wandte mich zur Tür. »Spiel nicht verrückt«, sagte sie. »Was willst du eigentlich? — was wollt ihr Männer eigentlich alle? — ihr seid einer wie der andere, Tiere, — nie gebt ihr euch zufrieden.« Sie war aufgebracht. — »Hab es nicht so eilig, und laß deine kostbare Möse ansehen.« Ich erinnere mich sehr deutlich, daß ich dies, zornig, wie ich war, genauso ausdrückte — und daß ich bis dahin in meinen Bemerkungen immer züchtig geblieben war. In diesem Abschnitt meines Lebens bediente ich mich gegenüber Frauen, denen ich zum erstenmal begegnete, keineswegs starker oder obszöner Ausdrücke; sobald ich dann wärmer wurde, war ich zwar etwas weniger zurückhaltend; aber nur wenn ich im höchsten Maße geil war, würzte ich meine Rede stark mit obszönen Ausdrücken.

Sarahs Entgegenkommen. — Madame Hannah. — Etwas über Sarah. — Sexuelle Gleichgültigkeit. — Nach dem Dinner. — Endlich splitternackt. — Ihre Figur. — Die Narbe. — Freundschaft mit Hannah. — Der Salon im Stundenhotel. — Der Gardesoldat. — Sarahs Habgier. — Wie verwandelt. — Eine Fehlgeburt. — Sie will fortgehen. — Ich bin wahnsinnig verliebt. — Sarahs Geschichte.

Sie lachte. »Einverstanden — aber verlange nicht, daß ich mich ausziehe — ich bin in Eile.« — »Natürlich — das bist du immer.« Sie legte sich auf das Sofa und zog ihr Kleid hoch — sie war willig. »Nein, — komm hierher.« Sie kam und legte sich auf das Bett. Endlich öffneten sich die herrlichen Schenkel weiter vor mir, die schattige Spalte mit den schwellenden, großen Lippen zeigte sich deutlicher, als ich sie je gesehen hatte. Ich sank auf die Knie, ergriff einen ihrer Füße und hob das Bein so, daß die Schenkel sich noch weiter spreizten und ein großes Stück der tiefroten Nymphae sichtbar wurde; ich witterte den schwachen, aber köstlichen Duft ihrer Möse, meine Lippen näherten sich ihrer Spalte und küßten sie wollüstig. Mir drehte sich der Kopf, als meine Nase das dunkle Haardickicht streifte und meine Lippen ihre Klitoris berührten. Mehr weiß ich nicht mehr, nur noch, daß ich über ihr war, während sie dalag, und daß ich mich so rasch wie eh und je ergoß, sogar noch bevor ich richtig eingepflockt war. »Bist du nun zufrieden?« Sie saß neben mir, wusch ihre Möse, und blickte zu mir hinauf. »Nein, es geht so schnell — du pumpst mich zu schnell aus.« — »Dafür kann ich doch nichts.« Das hatte sie schon oft gesagt. Ich erinnere mich an all diese scheinbar belanglosen, vielfältigen Eindrücke und Einzelheiten so gut, als wäre es gestern gewesen, denn diese Frau hat sich meinem Gedächtnis tief eingeprägt.

Ich hatte sie ein Stück weit bezwungen und erkannte meinen Sieg. »So gefällst du mir«, sagte ich, »aber ich werde mich mit dir oder anderen Frauen nicht mehr abgeben, wenn ihr eure Reize vor mir versteckt und immer in solcher Eile seid, — es wäre alles gut und schön, wenn ich dich heute zum ersten Mal getroffen hätte — (»Ach, du hast ja ein neues schwarzes Seidenkleid an.« — »Ja, ich habe es von deinem Geld gekauft«, sagte sie) —, aber für einen Freund, der dich regelmäßig besucht, wie ich es tue, ist das unerträglich.« Ich gewann an Boden, und nachher sagte ich ihr, ich würde an einem bestimmten Tag vielleicht in der Regent Street sein, ging dann aber nicht hin (versprochen hatte ich es nicht). Sie sagte, sie sei gegen ihren Willen gekommen, um mich zu treffen. Darauf ich: ob ich ihr brieflich mitteilen könne, wann sie mich treffen solle? Nein — aber ich könne an das Stundenhotel schreiben, sie würden den Brief weiterleiten. Eines Morgens ging ich dort vorbei und hinterließ einen Brief. Die Besitzerin war eine ziemlich kleine, rotblonde Frau von etwa dreißig Jahren. Aus ihrem blassen Gesicht sah sie mich sehr scharf an und lächelte dann. Sie wolle den Brief Miss Sarah Mavis zukommen lassen — so erfuhr ich, unter welchem Namen sie hier bekannt war; aber Sarah kam auf meinen Brief hin nicht, und ich hatte das Zimmer vergebens bezahlt. Da schickte ich nach der Besitzerin, trank eine Flasche Sekt mit ihr, und sie öffnete mir ihr Herz ein wenig; bald war sie leicht beschwipst und erzählte mir nun das Folgende. Ihr Name war Hannah.

Sie hatte Miss Mavis erst vor kurzem kennengelernt — ungefähr einen Monat, bevor sie mit mir zum erstenmal gekommen war — und sah sie nicht oft, außer zusammen mit mir. Die Mavis habe sich erkundigt, ob ich mit einer anderen Frau im Haus gewesen sei, »aber natürlich habe ich ihr nichts gesagt«, fuhr Rotschöpfchen fort. Sarah gefiel ihr, und sie hatte Bekanntschaft mit ihr geschlossen. Jetzt kam sie häufiger zum Plaudern in den Salon, nachdem ich gegangen war oder bevor sie zu mir hinaufging, wenn ich vor der verabredeten Zeit im Haus war.

Eine Zeitlang ging es so weiter, Sarah tat im Grunde, was ihr gefiel, aber sie war jetzt merklich entgegenkommender. Sie blieb länger, und wir fingen an, uns zu unterhalten; ich war natürlich neugierig und wollte etwas über sie erfahren, und sie über mich. Ich muß sagen, daß sie aus mir ziemlich viel herausbekam, während ich von ihr nur wenig erfuhr, vor allem, daß sie nur gelegentlich auf die Straße ging, und zwar tagsüber von elf bis ein Uhr, nie später; und wenn sie genug Geld hatte, um »auszukommen«, wie sie es nannte, ging sie überhaupt nicht auf die Straße. »Ich hasse es«, sagte sie, »ich hasse euch Männer — ihr seid alle Tiere — ihr seid nie zufrieden, solange ihr eine Frau nicht in jeder erdenklichen Weise herumzerren könnt.« — »Es gefällt uns«, meinte ich, »wir bewundern euch so.« — »Aber mir gefällt es nicht, — sollen sie mit mir tun, was sie nicht lassen können, aber danach sollen sie mich in Ruhe lassen.« — »Warum gehst du nicht am Nachmittag oder abends aus?« — »Nein, ich verdiene mein Geld vormittags, für den Rest des Tages habe ich anderes zu tun.«

Sie war noch nicht lange auf dem Strich — hatte erst einen Monat, bevor ich sie kennenlernte, damit begonnen —, war von dem ersten Mann, dem sie auf der Straße begegnete, in das Haus in der J***s Street mitgenommen worden und war seither oft dort gewesen. Nein, vorher sei sie nie auf den Strich gegangen, das könne sie beschwören, und oft wünsche sie sich, lieber tot zu sein, als hinausgehen zu müssen und sich von den Männern herumzerren zu lassen, die nur ihren dreckigen Unflat bei ihr abluden — mit dem hübschen Wort »dreckiger Unflat« pflegte sie das männliche Sperma zu bezeichnen.

»Man könnte denken, daß dir das Vögeln überhaupt keinen Spaß macht, — ich möchte wissen, wie oft es dir kommt.« — »Ach, mir ist das egal, ob es mir kommt oder nicht —, einmal in vierzehn Tagen genügt mit vollkommen — aber ihr viehischen Männer denkt offenbar an nichts anderes, und uns armen Frauen überlaßt ihr den ganzen Ärger, den ihr uns mit eurem dreckigen Unflat anhängt.« — »Was zum Teufel macht dir denn Spaß?« fragte ich sie eines Tages, nachdem wir geplaudert hatten und sie mir das gesagt hatte, was ich oben wiedergegeben habe. »Ach, mir ist alles so ziemlich egal.«

Ein andermal sagte sie: »Ein gutes Dinner, das gefällt mir, und dann in einem Lehnstuhl sitzen und lesen, bis ich schlafen gehe, oder ein ordentliches Abendessen, und dann ins Bett, — ich bin abends so müde und gehe gern früh zu Bett, wenn ich kann.« Wir sprachen weiter über Essen und Trinken; voller Behagen und sehr eifrig erzählte sie mir, was ihr schmeckte und was nicht. »Ich werde dir ein gutes Dinner spendieren«, sagte ich, »und nachher kommen wir hierher.« — »Wirklich?« — »Ja — aber nur, wenn ich dich drei Stunden hier habe.« — »Unmöglich — ich kann nicht bis nach halb elf ausbleiben.« — »Dann komm eben früher.« — »So früh kann ich nicht kommen, nachmittags muß ich zu Hause sein.« Es gab alle möglichen Hindernisse — so viele, daß ich schon aufgab, denn ich wollte mich nicht an der Nase herumführen lassen. Aber jetzt ließ *sie* nicht locker, und schließlich verabredeten wir, daß sie mich an einem Abend, den sie bestimmen würde, gegen sechs Uhr treffen und bis zehn bei mir bleiben sollte — ein gewaltiges Zugeständnis, und das Dinner hatte den Ausschlag gegeben. Ich hatte bemerkt, daß ihr der Magen über alles ging, deshalb hatte ich sie mit dem Dinner geködert.

Sie wollte das Restaurant nicht nach mir betreten, ich sollte an der Ecke von St. Martin's Lane in einer Droschke auf sie warten und dann mit ihr zusammen hinfahren — und so geschah es. Wir fuhren zum Café de P**v***e am Leicester Square. Ein Separé und ein gutes Dinner hatte ich schon bestellt. Mein Gott, wie wir das genossen! »Ich habe schon lange kein so gutes Dinner mehr gehabt«, meinte sie, »aber es macht nichts, auch für mich kommen bestimmt wieder bessere Zeiten.« Sie aß viel und trank reichlich, und als ich mich erhob, um sie zu küssen, da erwiderte sie zu meinem Erstaunen diesen Kuß und gab meinem Bohrer durch das Tuch meiner Hose einen ganz leichten Kniff. »Laß dich streicheln«, sagte ich und staunte noch einmal, als sie nur sagte: »Verriegele die Tür, der Kellner könnte hereinkommen.« Dann betastete ich sie, und sie streichelte meinen Schwanz. »Komm, laß uns gehen — ich muß dich haben, sonst sterbe ich.« Arm in Arm brachen wir auf. Kaum hatten wir uns ein paar Schritte von dem Café entfernt, da ließ sie meinen Arm los. »Du gehst vor, ich komme nach.« Ich glaubte, sie wolle mich hereinlegen. »Ich will nicht Arm in Arm mit einem Mann gesehen werden — aber ich komme nach.« Fünf Minuten später waren wir zusammen in dem Zimmer. Sarah Mavis war leicht angeheitert, aber vielleicht mehr als nur leicht erregt.

Meine Sachen abzustreifen und ihr beim Auskleiden zu helfen war das Werk einer Minute. »Ich muß zuerst pinkeln, — wenn ich Sekt getrunken habe, ist es bei mir immer so.« — »Macht er dich geil?« — »Herrje, manchmal schon; aber es ist so lange her, seit ich zuletzt welchen gekostet habe, daß ich's fast vergessen habe.« — »Bist du jetzt wild?« — »Oh, ich weiß nicht — komm aufs Bett«, sagte sie. Sie spreizte ihre Schenkel sehr weit, ließ mich tasten und schnuppern und küssen und schauen. »Jetzt — komm.« Mein Instinkt sagte mir, daß sie wollte, ich umarmte sie und war in meinen Genuß versunken, als sie mich plötzlich heftig umklammerte und meinen Mund suchte. »Oh, Liebling, ich ko-ko-h-homme.« Mit einem Aufschrei ergoß sie sich und schlürfte mich im selben Augenblick aus. Zum ersten Mal hatte sie sich zusammen mit mir ergossen.

In himmlischer Ruhe lagen wir da, Schwanz und Möse in heiliger Vereinigung, Nässe tröpfelte, wir benetzten einander die Münder und die geheimen Partien mit dem Tau der Liebe, während uns sanfte Wollust durch Glieder, Leib und Sinne rieselte. Sie hatte es nicht eilig, den Unflat auszuwaschen. »Oh, ich bekomme keine Luft«, sagte sie nach einer Weile, »mach Platz.« — »Ich mag nicht.« — »Bitte! — das Korsett raubt mir den Atem, wenn ich mich nach dem Essen hinlege, — ich ersticke gleich.« Ich hielt sie fest. »Wenn ich Platz mache, dann läßt du mich nicht noch einmal.« — »Doch, doch — bestimmt.« Mit einem kleinen Ruck drängte sie meinen Schwanz aus ihrer Möse, ich lag jetzt an der Bettkante, sie richtete sich auf und wollte aufstehen, aber ich hielt sie zurück; zusammen schnürten wir das Korsett auf und nahmen es ihr ab. »Ich will mich jetzt waschen.« — »Nein, nicht — wir haben noch nie gevögelt, wenn mein erstes Sperma noch in dir war — laß mich jetzt, komm, sei lieb.« Sie lachte und sank zurück; ein paar Minuten lang tauschten wir Küsse und tändelten miteinander. Ihre herrlichen Brüste waren jetzt befreit, ich vergrub mein Gesicht zwischen ihnen und küßte sie stürmisch; wieder streichelte ich ihre feuchte Spalte, und das machte mich wild vor Verlangen; ich heftete meinen Mund auf den ihren und bestieg sie, und bald waren wir wieder im Elysium; Sarah genoß das Vögeln mit einer Heftigkeit, die ich ihr nach ihrem kühlen Gebaren vorher gar nicht zugetraut hätte — und wieder lagen wir da, Schwanz und Möse aneinandergeschmiegt, bis ein leichter Schlaf oder Schlummer über uns kam.

Wenig später fuhr Sarah hoch und stürzte zur Waschschüssel. Ich blieb liegen, betrachtete sie und sagte schließlich, ich würde meinen Schwanz eine Woche lang nicht waschen, um an der Wurzel und am durchfeuchteten Saum die Mixtur unserer Säfte zu bewahren, zum Andenken an unseren ersten gemeinsamen Erguß. Nachdem sie sich gewaschen hatte, legte sie sich neben mich. »Komm, wir schlafen ein bißchen«, sagte sie. Der Wein schien ihr jetzt zu Kopf zu steigen, obgleich sie nur ganz leicht beschwipst war.

Ich konnte nicht schlafen. Der Anblick ihrer vom Korsett befreiten Brüste, die Zwanglosigkeit, mit der sie ihre Beine kaum halb unter dem Unterrock verbarg, die Freude darüber, daß sie Vergnügen an meinen Umarmungen gefunden hatte, beschwingten mich über die Maßen. Ich neckte und kitzelte sie. »Laß dich nackt ansehen.« — »Nicht doch!« — »Gut, dann steh wenigstens auf und laß mich deine Beine nackt sehen, — zieh den Unterrock aus, das Hemd kannst du ja anbehalten.« Sie war nachgiebig, streifte den Unterrock ab, aber zu mehr war sie nicht bereit. Ich hätte mehr gesehen als jeder andere Mann, sagte sie, und damit sei es genug. Der Wein war verflogen, sie war wieder sie selbst, ruhig und gelassen.

Ganz verrückt vor Verlangen sagte ich: »Ich gebe dir einen Sovereign, wenn du das Hemd ausziehst.« — »Wirklich?« — »Ja.« — »Nein, ich will nicht.« — »Ich gebe dir zwei.« — »Was glaubst du denn, was da noch zu sehen ist?« — »Zum Henker, nimm das Geld und laß mich, sonst reiß ich es dir herunter, ohne zu bezahlen.« Ich trat an sie heran, kämpfte mit ihr, schob ihr das Hemd über die Hüften hoch und zog es bis unter die Brüste herunter, es zerriß. »Nicht! — ich will das nicht«, rief sie zornig, »es würde dir nicht gefallen, wenn ich's täte — ich sage dir, ich würde dir nachher nicht mal mehr halb so gut gefallen.« — »Doch, ich will — hier ist das Geld — jetzt laß mich dich nackt sehen — ich gebe dir drei Sovereigns.«

Sie stieß mich weg und setzte sich. »Wo ist das Geld?« Ich gab es ihr. »Ich habe da eine häßliche Narbe, — ich will nicht, daß jemand sie sieht.« — »Sei's drum — zeig sie mir.« Langsam ließ sie das Hemd fallen, nun stand sie in all ihrer nackenden Schönheit vor mir und zeigte dabei auf eine Narbe gleich unterhalb der Brüste, zehn Zentimeter über ihrem Nabel: »Da, ist sie nicht häßlich? — verdirbt sie nicht alles? — oh, wie ich sie hasse!«

Ich sagte ihr, so sei es nicht — sie sei so schön, daß es nichts ausmache. Aber häßlich war sie. Eine Naht, die aussah wie ein Stück Pergament, das in der Nähe des Feuers zusammengeschrumpft und dann glasig geworden ist, sternförmig, weiß, so groß wie ein großes Ei. Es war die einzige Unvollkommenheit an einer der vollkommensten und schönsten Gestalten, die Gott je geschaffen hat.

»So«, sagte sie und bedeckte die Narbe, »jetzt willst du mich wohl nicht noch einmal nackt — und vielleicht gefalle ich dir überhaupt nicht mehr so gut wie vorher.« Doch, das tue sie. »Ist das wahr?« — »Ja.« Sie kam auf mich zu und gab mir einen Kuß. Nachher nahm ich sie oft so nackt, wie sie auf die Welt gekommen war.

»Wie spät ist es?« — »Zehn Uhr.« — »Ich muß gehen.« — »Noch ein Stoß.« — »Aber mach schnell.« Wir taten es. »Nun halte mich nicht länger auf — wenn ich um halb elf nicht daheim bin, machen sie mir die Hölle heiß.« Sie hatte so etwas schon öfter gesagt; aber eine Erklärung bekam ich nicht, nur, daß sie bei ihrem Vater und ihrer Mutter lebte — und damals glaubte ich ihr.

Bei der nächsten Begegnung zeigte sie wieder ihre frühere Zurückhaltung, versuchte es erneut mit ihrem alten »Bleib mir vom Leib«; aber das war jetzt unmöglich. Was eine Frau einmal gegeben hat, das muß sie immer wieder geben — sie kann nicht anders. Es folgten weitere Dinners, aber sie war jetzt vorsichtiger, achtete darauf, was sie aß und trank, war nicht mehr so unbekümmert, wenn sie mich umarmte, und doch waren wir uns jetzt näher als vorher; sie ließ sich bereitwilliger von mir »herumzerren«, und es wurde zur Selbstverständlichkeit, daß sie sich ihre Spalte wusch, ohne sich zu dieser Verrichtung vor mir zu verstecken, aber sie wahrte noch immer Distanz und blieb reserviert. Bis zu einem gewissen Grade hatte sie mich bezwungen.

Im Grunde genommen machte sie mit mir, was sie wollte; traf mich, wann es ihr paßte, blieb dann so lange, wie sie es für richtig hielt, und ließ sich von mir so oft vögeln, wie es ihr gefiel, und nicht öfter (und selten häufiger als einmal am Tag), und ob ich ihre Knie oder ihre Möse sehen durfte oder ob sie sich meinen Launen überließ, hing ganz davon ab, wie sie an diesem Tag aufgelegt war. Ich murrte, sagte ihr, ich wolle mir andere, willigere Frauen suchen. Nur zu, hieß es, wenn mir das gefiele — aber ich tat es nicht. Ihre Gleichgültigkeit gegenüber sexueller Lust bedrückte und ärgerte mich, und aus irgendeinem Grund, den ich nie verstanden habe, schien ihre Möse für mich nie wirklich zu passen und übte auch nicht die gleiche wollüstige Anziehung auf mich aus, die ich bei Dutzenden anderer Frauen verspürte. Dennoch traf ich drei Jahre lang fast nur sie, und wenn sie sich zusammen mit mir der Lust überließ, war mein Entzücken grenzenlos; wenn sie sich mir nach einer ersten Vereinigung noch einmal mit nicht ausgewaschener Möse überließ, dachte ich noch Tage später daran. Alles in allem lenkte sie mich auf eine Weise, die mir damals nicht auffiel und die ich erst später durchschaute.

So ging es einige Monate. Ob sie noch andere Freunde hatte, weiß ich nicht; aber seit ich sie regelmäßig sah, fand ich sie nie mehr in der Regent Street oder an anderen Orten, wo ich sie früher treffen konnte, und ich habe Grund zu der Annahme, daß sie sich mit Gelegenheitsbekanntschaften nicht mehr abgab, seit sie mich hatte und — vielleicht — noch einen anderen. Hannah jedenfalls sagte später oft, ich sei ihr einziger Freund gewesen.

Ich habe sie noch gar nicht beschrieben. Sie hatte genau die richtige Größe für eine Frau, ungefähr ein Meter siebzig, und vom Kinn bis zu den Zehennägeln war ihre Figur fehlerlos, allenfalls vielleicht, daß sie zur Korpulenz neigte und daß ihr Hinterteil ein wenig zu groß war; aber damals gefielen mir korpulente Frauen, und ihr Hintern konnte für meinen Geschmack gar nicht groß genug sein. Manchmal ließ ich meine Lippen und meine Wangen eine Viertelstunde über ihr Hinterteil gleiten, wenn sie sich herbeiließ, ihn zu diesem Kultdienst so lange nach oben zu drehen. Ihr Gesicht war gewiß hübsch, aber seinem Charakter nach war es etwas verdüstert; die Augen waren dunkel, sanft, von unbestimmtem Ausdruck; zusammen mit der Angewohnheit, die Lippen ein wenig geöffnet zu halten, verliehen sie ihr ein nachdenkliches und zuweilen gedankenverlorenes Aussehen. Sie hatte eine bezaubernde Stupsnase, einen kleinen Mund mit vollen Lippen und zwei Reihen wunderbarer, sehr kleiner, weißer Zähne; ihr Haar war fast schwarz, lang und dicht; in den Achselhöhlen hatte sie sehr viel dunkles, etwas gröberes Haar, das ein wenig hervorlugte, wenn sie die Arme herabhängen ließ; ihre Arme und Brüste waren herrlich. Die Lippen ihrer Möse waren dick, und die ziemlich großen inneren Lippen waren beinahe über die gesamte Länge der Spalte sichtbar; ihr Hügel war rundlich und dicht, aber nicht sehr ausgedehnt mit schwarzem Kraushaar bedeckt. Sie wirkte wie sechsundzwanzig, war aber nicht älter als zweiundzwanzig, und am schönsten sah sie aus, wenn sie schlafend dalag.

Wenn man mich fragte, was das Vollkommenste an ihr gewesen sei, dann würde ich ihre Füße und ihre Beine bis zum Schoß nennen — sie waren einfach vollkommen; bei kleineren Frauen haben ich ebenso schöne gesehen, aber nie bei einer Frau ihrer Größe. Ich muß hinzufügen, daß ihre Möse sowohl außen als auch innen recht groß war und daß Sarah für mich keine besonders wollüstige Punze war — warum, darüber kann ich heute nur Mutmaßungen anstellen; in der Zeit meines Umgangs mit ihr wußte ich es nicht.

»Ich brauche das nicht oft«, pflegte sie vom Stoßen zu sagen: »einmal in der Woche — einmal in vierzehn Tagen, außer zu bestimmten Zeiten — ihr Männer seid Tiere, allesamt.« Zuerst wehrte sie sich gegen meinen Mund, bewegte ihren Hintern nie und lag da wie ein Klotz. »Hier bin ich — tu, was dir gefällt — aber sieh zu, daß du fertig wirst, — oder laß es sein« — so begegnete sie für gewöhnlich meinem Murren. Mit mir zusammen empfand sie sexuelle Lust wohl zum ersten Mal an dem Abend, als wir gemeinsam gegessen hatten; danach bereitete es ihr mit mir häufiger Lust, aber kaum hatte ich mich ergossen oder sogar, bevor ich mich ergossen hatte — da ließ sie mich hinausgleiten und stieg hastig aus dem Bett, um sich zu waschen; das änderte sich erst, nachdem sich eine plötzliche Wandlung, von der ich noch berichten werde, in ihr vollzogen hatte. Danach war sie freundlicher, lüsterner oder vielleicht sollte ich sagen: liebevoller und ausgelassener, ließ zu, daß ich sie auf meine Weise genoß, und überließ sich selbst so sehr dem Genuß, wie es in ihrer Natur lag.

Ich fand heraus, daß sie jetzt oft bei der Besitzerin des Hauses war, genauer gesagt, bei deren Stellvertreterin, nämlich Hannah. Deshalb schloß auch ich nähere Bekanntschaft mit Hannah, betrat zuweilen ihren Salon und unterhielt mich mit ihr, wenn Sarah noch nicht da war. Es begann damit, daß sie mich eines Tages, als ich auf Sarah wartete, darum bat, eine lange Reihe von Zahlen für sie zusammenzuzählen, fast lauter Beträge von fünf Shilling oder sieben Shilling und sechs Pence. Ich tat das einmal, und ich tat es ein zweites Mal. Und als ich kurz darauf wieder einmal im Haus war, kam sie aus dem Salon hervor und bedankte sich bei mir. Damals betrat ich diesen Salon zum erstenmal und machte es mir bald zur Gewohnheit — sofern keine Damen da waren. Es wurde hier nämlich so manches angebahnt, und häufig warteten hier Damen auf ihre Liebhaber.

Eines Tages richtete sie einen Lunch für mich her und einmal ein Frühstück, letzteres in der Zeit, in der ich mit Sarah Streit hatte und eine andere Frau dorthin mitnahm, um mit ihr zu schlafen. Ich beglückwünschte sie zu ihrer Kochkunst. Sie war ziemlich angetrunken (was häufig vorkam) und sehr gesprächig. »Herrje«, sagte sie, »Sie haben schon so oft von meinen Dinners gekostet.« — »Unsinn.« — »Doch, bestimmt.« — »Wo denn?« — »Erinnern Sie sich an den Ball in ****, wo alle Dienstboten vor dem Supper die Tafel ansehen durften, und dann kamen Sie zusammen mit Mr. *** nach unten und wir rannten alle davon?« — »Ich erinnere mich sehr genau.« — »Na, also dieses Supper habe ich hergerichtet.« Es stellte sich heraus, daß sie als Köchin in einem Haus gearbeitet hatte, in dem ich oft zu Gast gewesen war. Sie hatte mich sofort erkannt, konnte sich aber nicht an meinen Namen erinnern, jedenfalls behauptete sie das — und es war tatsächlich nicht wahrscheinlich, daß sie ihn noch wußte. Man hatte sie in dem Haus zusammen mit einem Soldaten ertappt und hinausgeworfen.

Durch einen glücklichen Zufall war sie nun Verwalterin eines Bordells geworden; ihr Soldat besuchte sie dort, wenn er sich in London aufhielt — er war bei der Garde —, und sie versorgte ihn mit Geld, woran es ihr nicht mangelte, denn sie betrog ihre Herrin um einen großen Teil der Gewinne aus dem Stundenhotel.

Hannah hatte zwei Schwestern, eine war mit einem schlechten Mann verheiratet und hatte zwei Kinder. Sie kam oft nach J***s Street und half aus, manchmal auch als Stubenmädchen, — und ungefähr zwei Jahre nach der Zeit, von der ich hier berichte, tauchte eine zweite auf, die als Hausmädchen gearbeitet hatte und wohl auch auf die schiefe Bahn geraten war. Ein hübsches, etwa zwanzig Jahre altes Mädchen mit blauen Augen, leicht schielendem Blick und Beinen, die bis wenige Zentimeter unterhalb ihrer Möse ganz allerliebst waren — höher hinauf habe ich nie sehen können. Sie hieß Susan — angeblich war ein Seemann in sie verliebt.

Nach einigen Monaten bat mich Sarah um fünf Pfund und bald darauf noch einmal um zehn Pfund. Sie wollte eine bestimmte Summe zusammenbekommen, um ihrem Vater ein Geschäft zu kaufen. Seit einiger Zeit war mir aufgefallen, daß sie sich sehr schäbig kleidete; sie wisse, daß es mir nichts ausmache, erklärte sie, und es sei nur, weil sie versuche, Geld zu sparen, um von diesem Leben loszukommen — das hoffte sie, und ich glaubte ihr. Mehrere Tage lang bekam ich sie nicht zu Gesicht, und doch hätte ich schwören können, daß ich einmal ihre Stimme bei einem lauten Wortwechsel mit einem Mann im Salon hörte, als ich oben auf sie wartete. Ich klingelte und fragte nach ihr; das Dienstmädchen kam und beteuerte, Miss Mavis sei nicht da, und an diesem Abend sah ich sie nicht mehr. Am nächsten Tag traf ich (vermittelt durch Hannah) eine Verabredung für elf Uhr vormittags und mußte lange warten, bis sie heraufkam. Sie sah krank aus. »Du hast geweint.« — »Nein.« — »Aber ja doch — deine Augen sind ganz rot — und noch immer feucht.« Sie versicherte, sie habe nicht geweint, doch dann begann sie zu schluchzen und erklärte, sie fühle sich nicht wohl. Ich war beunruhigt und bestellte Wein. Hannah kam herauf und tröstete sie (wie ich sah, wußte Hannah Bescheid). Dann blieben wir uns selbst überlassen. »Ich bin die ganze Nacht nicht ins Bett gekommen«, sagte Sarah — »Komm jetzt ins Bett!« Und zu meiner höchsten Verwunderung kam sie tatsächlich *ins* Bett, nachdem sie mich lange und ernst angesehen hatte.

Ich hatte sie oft darum gebeten, aber nie hatte sie gewollt: sie habe nur mit einem einzigen Mann die ganze Nacht geschlafen und wollte es mit niemand anderem tun. Jetzt war ich ganz hingerissen, zog mich bis auf die Haut aus und drückte schon bald jeden Teil ihres Körpers an mich. Sie gab sich mir völlig hin, und als wir uns ergossen, begegnete ihre Zunge der meinen. »Wirf mich jetzt nicht hinaus, Liebste.« — »Also gut.« Oh Wunder, dachte ich, und so lagen wir da, Schwanz und Möse in triefender Nässe ineinandergeschmiegt, bis wir noch einmal gevögelt hatten; dann schlummerte sie in meinen Armen ein, und bald darauf nickte auch ich ein. Wir schliefen mehr als zwei Stunden, dann tasteten sich meine Finger direkt zu ihrer Möse vor und weckten sie auf. Ich sagte ihr, wie spät es sei, sie seufzte und meinte: »Macht nichts — das geschieht ihnen recht.« Es war ein Tag der Wunder, Hannah ließ uns etwas zu essen kommen, wir aßen im Bett, wir vögelten wieder und wieder. Der Saft, den wir auf den Bettüchern hinterließen, entzückte mich; dann nahmen wir im Café ein Dinner ein und kehrten in das Stundenhotel zurück — neues Vögeln, kein Mösewaschen, nur ungezügelte, geile Ausschweifung.

Um die Zeit, zu der mich Sarah normalerweise verließ, kam Hannah nach oben und sagte ihr, es sei Zeit zu gehen. Sarah meinte, das sei ihr gleichgültig, aber Hannah drängte — sie würde sie auch nach Hause bringen. Schließlich willigte Sarah ein, gab mir einen Kuß und sagte, ich sei ein lieber Kerl.

Ich wartete draußen, versuchte ihr bis nach Hause zu folgen, aber ohne Erfolg; die beiden entdeckten mich, blieben stehen, machten mir Vorwürfe und kehrten ins Haus zurück. Nachdem sie mir das Versprechen abgenommen hatte, daß ich ihr nicht folgen würde, ging Sarah hinaus, um, wie sie sagte, zu pinkeln. Hannah ging hinterher. Ich wartete fünf Minuten und rief dann nach dem Hausmädchen. Mit spröder Miene trat sie ein und sagte: »Sir, sie sind beide vor fünf Minuten fortgegangen.«

Nachher war Sarah wochenlang wie verwandelt, und außer, daß sie sich nicht völlig nackt auszog, verhielt sie sich so ungezwungen, wie ich es mir wünschte; sie tat alles, was ich wollte, nur daß sie nicht die ganze Nacht mit mir verbrachte; sie blieb jetzt länger, aber irgendwann am späten Abend machte sie sich dann doch auf den Weg; sie umarmte mich, genoß das Vögeln und behandelte mich wie einen Ehemann. Dann sagte sie eines Tages: »Ich bin seit einigen Monaten in anderen Umständen.« — »Wer ist der Papa?« — »Du vielleicht.« — »Nein — es ist jemand, den du liebst, nicht ich.« — »Ich liebe keinen Mann«, entgegnete sie. Dann wurde sie krank und verschwand für drei Wochen. Sie hatte eine Fehlgeburt gehabt. Ich war verzweifelt und schickte ihr während der Zeit ihrer Krankheit immer wieder Geld; aber aus Hannah bekam ich nichts heraus, außer, daß Sarah eine liebe, gute Frau sei und viel zu gut für ihn. Als sie dies sagte, war auch ihre Schwester zugegen und fuhr sofort hoch: »Halt den Mund, Hannah!« So kam ich zu dem Schluß, daß noch ein anderer Mann im Spiel war.

An einem anderen Tag versuchte ich Hannah auszuhorchen, aber sie war ein schlaues Vögelchen und ließ sich nicht leicht fangen. »Sie liebt einen

Mann«, sagte ich. — »Sie gehört nicht zu denen, die sich leicht verlieben — und wenn sie jemanden liebt, dann sind Sie es — sie muß eben ihre Pflicht tun.« — »Was für eine Pflicht?« — »Stellen Sie *ihr* diese Frage — ich weiß nichts davon. Und jetzt gehen Sie bitte hinaus, gleich kommen einige Damen hierher, und Miss Mavis mag es nicht, wenn Sie hier mit ihnen zusammentreffen.« — »Ich bin doch nicht ihr Eigentum.« — »Aber beinahe — also gehen Sie bitte, seien Sie ein Gentleman.« Während Sarahs Abwesenheit lernte ich drei oder vier Damen kennen und nahm zwei von ihnen. Sarah war zu diesen Zeiten entweder nicht in der Stadt, oder ich hatte einen fürchterlichen Streit mit ihr gehabt.

Als ich Sarah wiedersah, ging es ihr noch immer sehr schlecht. Sie dankte mir herzlich für meine Freundlichkeit. Wir trafen uns jetzt wieder häufig, und wieder war sie reserviert, behandelte mich aber nicht mehr von oben herab. Sie ergoß sich mit mir, genoß es, aber danach drängte sie: »Komm, laß mich den Unflat auswaschen — zieh ihn heraus — ich habe solche Angst, wieder krank zu werden.« Also ließ ich ihr ihren Willen. Sie weigerte sich, über ihre Krankheit zu sprechen, sagte mir nur, ich sei die Ursache dafür gewesen; aber ich glaubte ihr nicht. Sie gab der Lust mit mir jetzt meist nach; am Ende des Monats gab ich ihr zwanzig Pfund für ihre Ersparnisse, aber ihre Ansprüche wurden immer höher. »Ich bleibe doch jetzt immer so lange bei dir, — gib mir mehr Geld, — komm, — ich will mir etwas zurücklegen« & c., & c., — und dann folgte natürlich eine Lüge. Schließlich sagte sie (es war an einem hellen, sonnigen Morgen, ich hatte sie gevögelt und lag nachher auf dem Sofa, sie saß in einem Lehnstuhl, die lieblichen Brüste offen, die schönen Beine übereinandergeschlagen, die Haut ihrer Schenkel schimmerte hervor): »Viel wirst du von mir nicht mehr sehen, — wir gehen fort.«

Ich fuhr zusammen, als hätte jemand auf mich geschossen. »Du? — Unsinn, — niemals.« — »Doch, bestimmt, — ich bin dieses Leben leid, ich gehe überall hin und bin zu allem bereit, wenn ich nur davon loskomme.«

Schluchzend sank ich auf das Sofa zurück, mit einem Schlag wurde mir klar, daß ich sie wie wahnsinnig liebte. Diese Entdeckung machte mich ganz benommen — ich verliebt in eine Dirne! in deren Möse vielleicht schon tausend Schwänze gesteckt hatten! die vielleicht irgendeinem Misthaufen entsprossen war! — unmöglich! ich verstand mich selbst nicht mehr, — diese Erniedrigung! — unmöglich, — es konnte nicht sein, — Schließlich beruhigte ich mich ein wenig. Ich versuchte sie auszuhorchen. Es war zwecklos. Die Ruhe, mit der sie mir immer wieder versicherte, daß sie tatsächlich weggehen werde, brachte mich endlich zu der Überzeugung, daß sie die Wahrheit sprach. Eine halbe Stunde lang lag ich auf dem Sofa und schluchzte. »Ach, du wirst bald eine andere Freundin finden«, meinte sie. »Nein, nein — eine Frau kann ich jederzeit bekommen, aber keine, die ich gern habe — Sarah, mein Liebes, Sarah, ich liebe dich — ich bin ganz vernarrt in dich — geh um Gotteswillen nicht fort — komm mit mir — du brauchst nicht weiter so zu leben — wir gehen zusammen ins Ausland.«

»Das ist unmöglich — irgendwann würdest du mich doch verlassen, und was sollte ich dann tun? — zurückkehren und so weiterleben wie bisher? — nein.« — »Du gehst nicht allein — wer geht mit dir?« — »Ich kann es nicht sagen — ich laß es dich wissen, wenn ich fort bin.« — »Wann reist du ab?«

— »Vielleicht in vierzehn Tagen, vielleicht auch etwas später.«

Ich beruhigte mich etwas; in diesen vierzehn Tagen konnte ich sie vielleicht noch umstimmen, und ich fing sofort damit an; aber stets hieß es nur: »Nein, nein, nein, es ist für uns beide das beste so«, und wieder geriet ich in tiefe Verzweiflung, mir brach schier das Herz. Monatelang war ich mit dieser Frau so glücklich gewesen, so sehr hatte sie alle meine Gedanken erfüllt, ich hatte ihr so viel von meiner freien Zeit gewidmet, daß ich mein häusliches Leben halb vergessen hatte. Jetzt fühlte ich mich wieder allein. Ich hatte ihr manches von meinen Sorgen erzählt, nicht alles — jetzt schüttete ich sie alle vor ihr aus und bot ihr alles — alles, was ich hatte —, gleich morgen könnten wir ins Ausland gehen und würden nie zurückkehren; ich würde ihre Liebe erringen, auch wenn sie mich jetzt nicht liebte, ich versprach alles, was ein Mann versprechen konnte, und meinte es ehrlich.

»Nein, nein — unmöglich.« Wieder fiel ich auf das Sofa zurück, schluchzend wie ein kleines Kind. Noch jetzt, da ich dies schreibe, ist mein Herz von tiefstem Kummer erfüllt. Sie saß da und betrachtete mich eine Weile, dann stand sie auf, beugte sich über mich und gab mir einen langen Kuß. Ich wandte mich ihr zu, und — wie merkwürdig, daß es mir in meiner Verzweiflung auffiel und daß ich mich jetzt noch daran erinnere! — als sie sich über mich beugte, öffnete sich ihr Hemd, ich legte meinen Arm um sie, da berührten ihre Brüste mein Gesicht, und als ich den Kopf neigte, um sie zu küssen, da sah ich ihre ganze herrliche Gestalt bis hinab zu den Füßen, das dunkle Haar über ihrer Grotte, die weißliche Narbe — alles in dem sanften gedämpften Licht, das den Körper einer Frau umfließt, wenn er in ein dünnes Unterhemd gehüllt ist

— und mein Schwanz richtete sich auf, während ich sie unter Schluchzen küßte und sie mich tröstete.

»Es ist sinnlos, wenn du mich liebst«, sagte sie, »und es ist sinnlos, wenn ich dich liebe — laß doch dieses Getue — vielleicht wirst du zu Hause glücklicher sein, wenn ich nicht mehr da bin —, ich kann dich nicht lieben, obwohl ich dich sehr gern habe, denn du warst sehr gut und freundlich zu mir — ich glaube, ich liebe dich fast ein bißchen —, und wenn ich mit dir zusammen wäre, würde ich es gewiß tun —, aber es ist sinnlos, denn ich bin verheiratet und habe zwei Kinder und werde mit ihnen und mit meinem Mann fortgehen.«

Ich war wie vor den Kopf gestoßen und glaubte ihr nicht. »Ich bringe meine Kinder einmal mit, dann kannst du sie sehen«, sagte sie. »Weil ich ihnen ihr Essen und ihren Tee machen mußte, habe ich dich immer zu diesen festen Zeiten verlassen.« — »Und abends?« — »Ich gehe immer nach Hause, bevor er heimkommt.« — »Du gehst abends immer zu deinem Mann nach Hause?« — »Ja.«

Wie verabscheute ich diesen Mann! Meine Verachtung öffnete mir die Lippen: »Dieser elende, jämmerliche Schuft lebt von deinem Körper — ein dreckiger Herumtreiber!« — »Nein, das stimmt nicht — ein armer Kerl ist er, er würde für unseren Unterhalt sorgen, wenn er könnte, aber er kann nicht.« — »Das glaube ich nicht — ein Mann, der von seiner Frau lebt, ist doch gar kein Mann — um für die Frau zu sorgen, die ich liebe, würde ich doch lieber Jauchegruben leeren, als zulassen, daß ein anderer sie anrührt — nein, daraus kann nichts Gutes werden — er wird dich eines Tages wegen einer anderen Frau sitzenlassen.« Sarah wurde böse, sagte, sie bereue, daß sie mir so viel erzählt habe, und alles, was ich gegen ihn gesagt habe, würde sie in ihrer Zuneigung zu ihm nur bestärken; und dann ging sie fort, mich in tiefem Kummer zurücklassend.

Nun, da ich die Gewißheit hatte, daß sie fortgehen würde, konnte ich sie nicht oft genug sehen; morgens, mittags und abends besaß ich sie. Einmal brachte sie ihre beiden Kinder mit, auf die war sie sehr stolz. Wieso mir die Spuren der Entbindung an ihr vorher nie aufgefallen waren, weiß ich nicht, aber ich hatte sie tatsächlich nie bemerkt. Ich fragte sie danach. »Ich habe immer gut aufgepaßt, daß du nichts merkst«, sagte sie lächelnd, und jetzt fiel mir ein, daß sie, wenn ich sie an der Bettkante nahm oder auf dem Sofa betrachtete, fast immer mit dem Rücken zum Licht gelegen hatte; wenn sie auf dem Bett lag und ich meine Leidenschaft zu befriedigen suchte, indem ich ihre Schenkel öffnete und ihre verborgenen Reize betrachtete, drehte sie ihren Kopf fast immer dem Fenster zu, so daß ihr Bauch im Schatten lag. »Ich mag nicht, wenn man mich herumzerrt — ich will das nicht — wenn du mich willst, dann mach es und sieh zu, daß du fertig wirst — nimm dir eine andere Frau, wenn du magst, die es macht oder dich läßt — ich nicht.« Mit diesen und ähnlichen Antworten brachte sie mich immer zum Schweigen, und ich fügte mich, denn ich stand unter ihrer Herrschaft und in meiner Narrheit hatte ich sogar befürchtet, sie werde sich nicht mehr mit mir treffen, wenn ich darauf beharrte.

Sie brachte ihre Kinder eines Morgens in die J***s Street mit, und am Nachmittag dieses Tages nahm ich sie. Sie war jetzt ganz ungezwungen, zeigte mir von sich aus die (kaum sichtbaren) Spuren der Entbindung und zog wollüstig die Lippen ihrer Möse auseinander, — das hatte sie vorher noch nie getan. Seit diesem Tag ließ sie sich von mir ganz nach meinem Belieben anschauen, auch wenn sie mich nicht alles tun ließ, was ich wollte. Ihr Geheimnis war enthüllt, ich wußte, wenn nicht alles, so doch das meiste — und gewiß alles über ihre Person.

Ein Seemann, eine Hure und eine Gartenmauer. — Die neue Straße. — Wind und Regen. — Belauschtes Feilschen. — Ein Zahlungsangebot. — An der Gartenmauer. — Von hinten gestreichelt. — Eine nasse Hand. — Blinde Begierde. — Ins Sperma. — Der Polizist. — Ein verlorener Schirm. — Ein neuartiges Waschbecken. — Angst vor Ansteckung.

Extravagante erotische Vergnügungen gehörten damals nicht zu meinen Gewohnheiten und kamen mir nicht einmal in den Sinn. Der Vorschlag, mich mit einem Mann zu belustigen, hätte mich schockiert. Beim Anblick seines Saftes hätte sich mir der Magen umgedreht. Mich in eine Möse zu versenken, die ein anderer Mann soeben verlassen hatte, hätte mich empört; und doch war es mir bestimmt, all dies zu tun, ohne festen Vorsatz, so wie es Augenblick und Gelegenheit mit sich brachten.

Ich lebte zu jener Zeit am westlichen Stadtrand von London, in einer ländlichen Gegend, in der damals viel gebaut wurde, die aber noch immer sehr reizvoll war. Ungefähr fünf Minuten von meinem Haus entfernt lag eine Straße, die noch keine fünf Jahre alt war; von ihr zweigte eine neue, vielleicht zweihundertfünfzig Meter lange Straße ab, die zwei Hauptstraßen miteinander verband; man hatte sie angelegt, um die Felder auf beiden Seiten zu erschließen. In großen Abständen waren Gaslaternen aufgestellt, gerade so viele, daß die Leute sich getrauen mochten, sie auch nachts zu benutzen. Fahrdamm und Fußwege waren aus grobem Kies und noch ganz neu.

Unter den Rädern eines Wagens oder den Schritten eines Spaziergängers gaben diese Kiesel ein knirschendes Geräusch von sich. An einem Ende der Straße stand eine neue Häuserzeile, die rückwärtigen Gartenmauern grenzten ans offene Feld, und die Seitenmauern von zwei dieser Häuser bildeten den Eingang zu der Straße — damals standen diese beiden Häuser gerade leer.

Es war gegen elf Uhr, ein windiger Abend, von Zeit zu Zeit regnete es, und immer wieder verschwand der schmale Mond hinter den vorbeitreibenden Wolkenhaufen. Manchmal erhellte ein schwaches Licht die Gegend, dann wieder herrschte völlige Finsternis. Es war sehr windig, als ich in diese Straße einbog, um meinen Weg abzukürzen; einen Augenblick lang hatte ich darüber nachgedacht, ob es vielleicht gefährlich sei — aber da begegnete ich einem Polizisten und wünschte ihm einen guten Abend. Das Knirschen des frischen Kiesbelags unter meinen Schritten störte mich, auch weil die Kiesel das Gehen beschwerlich machten. Deshalb trat ich auf die Grasnarbe neben dem Fußweg und schritt nun lautlos daher. Als ich mich der Einmündung in die Hauptstraße näherte, glaubte ich einen Mann und eine Frau zu erkennen, die, an die seitliche Gartenmauer des leerstehenden Hauses gelehnt, auf dem Fußweg standen, ein gutes Stück von den Laternen entfernt. Ich dachte: »Entweder sie vögeln oder sie begrapschen sich«, ging tiefer in die Wiese hinein, um keinen Lärm zu machen, und verlangsamte meine Schritte; diesen Spaß wollte ich mir ansehen. Lüsternheit regte sich in mir, denn ich spürte Verlangen nach einer Frau.

Im Schutz der rückwärtigen Gartenmauern näherte ich mich. Der Gedanke, ein Pärchen beim Ficken zu überraschen, machte mich geil. »Nein — zuerst gibst du mir das Geld«, sagte die Stimme einer Frau. Ich blieb stehen, konnte aber keine Antwort des Mannes hören. »Dann nicht — wieviel hast du denn?« sagte jetzt wieder die schrille Stimme. Keine vernehmbare Antwort, aber ich sah, daß sie handgreiflich wurden; es schien, als versuche der Mann die Kleider der Frau hochzuschieben, dann hörte ich ein Lachen. Jetzt betrat ich wieder den Fußweg und ging weiter. »Dann nicht — wenn du kein Geld hast, wozu bist du denn dann gekommen?« Deutlich, wenn auch in etwas gedämpfterem Ton, drangen die Worte an mein Ohr. Als ich die Ecke der Mauer erreicht hatte, erblickte ich eine mittelgroße Frau, die mit dem Rücken an der Mauer lehnte, und vor ihr einen ziemlich kleinen Mann, der an ihr herumzerrte, als wolle er sie streicheln oder ihre Kleider hochheben. In ihrem Liebesgeplänkel bemerkten sie nicht, daß ich mich näherte. Als ich schon fast bei ihnen war, sagte die Frau: »Ich tu es nicht ohne Geld« — dann trat Stille ein, während ich weiterging.

An das, was nun geschah, kann ich mich nicht genau erinnern, aber als ich neben ihnen war, sagte ich: »Laß es dir von ihm machen, ich gebe dir fünf Shilling.« — »Na gut — gib her«, antwortete sie. Ich blieb stehen und erkannte im schwachen Licht der fernen Laternen, daß der Mann die Mütze und den offenen Kragen eines Seemanns trug. Schneller, als ich dies niederschreibe, überkam mich eine heftige Begierde, und was ich zunächst als schmutzigen Witz gemeint hatte, wurde zur wirklichen Tat — ich folgte meiner plötzlichen Regung, ohne an die Konsequenzen zu denken.

»Ich gebe dir fünf Shilling, wenn du mich dabei zusehen läßt.« — »Schon recht«, sagte sie — und zu ihm: »Was ist mit dir?« — »Wird 'n Mordsspaß«, sagte eine männliche, durch Alkohol oder Erkältung fast unverständliche Stimme. »Gib mir zuerst das Geld.« — »Du bekommst es bestimmt, wenn du es dir von ihm besorgen läßt.« — »Kommt hinter die Gärten«, sagte die Frau und stapfte mit dem Mann im Schlepptau voran, ein gutes Stück von der Straße weg. Ich folgte ihnen. Wir blieben stehen. »Gib mir das Geld.« — »Was ist mit dem Polizisten?« — »Der kommt in der nächsten halben Stunde nicht mehr«, sagte die Frau, »er ist gerade vorbeigegangen.« Ich war ihm ja selbst soeben begegnet. Die Laternen waren jetzt weit weg, es war dunkel. »Laß deine Möse fühlen«, sagte ich und geriet in eine hemmungslose Geilheit. Der Mann neben uns lachte immerzu vor sich hin, und es schien mir, als ob er schwanke, aber genau konnte ich es nicht erkennen. Er trat auf das Mädchen zu, genau wie ich. »Laß mich deine Möse streicheln,« sagte ich.

Das Mädchen hob die Röcke und lehnte sich mit dem Rücken an die Mauer; ich schob meine Hand zwischen ihre Schenkel und traf auf die Hand des anderen Mannes, die den gleichen Weg eingeschlagen hatte — wir strebten beide nach derselben Stelle. »Mordsspaß«, sagte eine heisere, betrunkene Stimme. Wir langten beide zu. »Immer der Reihe nach«, sagte sie. Ich zog meine Hand zurück, stieß dabei gegen seinen Schwanz und ergriff ihn. Bis heute glaube ich, daß der Seemann der Meinung war, das Mädchen habe ihn ergriffen. Ich umschloß ihn mit der Hand, und während ich meine Hand an seinem steifen Ständer, der mir länger als mein eigener erschien, auf- und abgleiten ließ, durchrieselte mich ein seltsames Verlangen. »Nicht so schnell, du Sau«, murmelte er.

Unvorstellbar erregt, hielt ich ihn weiter fest und ließ ihn durch meine Hand gleiten. »Wo ist dein Schwanz?« fragte das Mädchen. Ihre Hand stieß an meine. Ich ließ den Schwanz los und sagte: »Aber kein fauler Zauber!« — »Bestimmt nicht«, sagte sie, »wo ist dein Geld?« Ich fuhr mit der

Hand in meine Tasche, tastete nach dem Geld, nahm es heraus und gab es ihr. »Na, dann komm«, sagte sie zu dem Mann. Im nächsten Augenblick klebten sie aneinander. »Mordsspaß«, hörte ich ihn noch einmal brummen. »Zieh die Kleider hoch, ich spür nichts von deinem Arsch.« Mit der Hand vergewisserte ich mich, daß ihr Rock schon hochgeschlagen war. Ich lehnte meinen Regenschirm gegen die Mauer, umfaßte mit der linken Hand einen Schenkel, meine rechte tastete nach ihrer Spalte, wurde aber durch den Schwanz des Mannes an ihrem Bauch aufgehalten. »Ich stecke ihn rein«, sagte sie. Im nächsten Moment hatte das Auf und Ab begonnen, ich spürte, wie sich ihre Arschbacken, die ich mit der linken Hand gefaßt hielt, hin- und herbewegten; auch der Mann hatte ihr seine Hände um den Arsch gelegt, über meiner Hand und unter ihren Kleidern. »Er ist draußen«, sagte sie, »halt still, ich steck ihn wieder rein.« — Stille. Sein Schwanz war durch die kräftigen Bewegungen herausgerutscht. Die Frau brachte ihn wieder hinein, und von neuem setzten die ruckartigen Bewegungen ihres Hinterns ein. Ich hörte ja, was sie sagte, und erriet daraus, was sie tat. Das Hin und Her ihres Hinterns war unmißverständlich.

Es war zu dunkel, um etwas zu sehen. Ich hörte ihn keuchen und spürte, wie ihre Schenkel bebten. Ich wechselte auf die andere Seite, bückte mich und schob ihr eine Hand um den Hintern herum von hinten zwischen die Schenkel und unter ihre Möse, bis meine Finger an ihrem Arschloch vorbeigeglitten waren, betastete seinen Schwanz und griff nach seinen Eiern. Ich glaube nicht, daß er etwas bemerkte, denn die Lust hatte ihn ganz außer Atem gebracht. Ich betastete die Wurzel seines Schwanzes, wenn er ihn zurückzog, und spürte, daß er von der Feuchtigkeit ihrer Möse ganz naß war.

Unter heiserem Brummen — »'dammter Saft, 'dammte Möse« — stieß und schob er jetzt noch heftiger — dann hielten beide inne, schweigend. Ich ließ meine Hand weiter unter ihrer Möse herumwandern, betastete die Wurzel seines Schwanzes von unten mit Daumen und Zeigefinger.

Mit dem Rückzug hatte er es nicht eilig. »Du bist fertig — geh weg jetzt.« — »Komm, wir ficken nochmal«, sagte er. — »Nein, das gibt's nicht.« Während sie sprach, plumpste sein Schwanz heraus, mir direkt auf die Hand, und machte sie naß. Sie trat zur Seite, der Mann fluchte. Verrückt vor Begierde sagte ich: »Laß deine Möse fühlen« und schob ihre Röcke nach oben. Sie ließ es geschehen. »Mein Gott, was für ein Saft — wie weich sich deine Möse anfühlt — laß ihn noch mal vögeln — ich gebe dir noch mehr Geld — streichele mich — wichse mich.«

Ich weiß nicht mehr, ob das Mädchen etwas sagte, aber sie ergriff meinen Schwanz, während ich mit von Sperma nassen Fingern nach ihrer Möse tastete. In diesem Moment war keinerlei Ekel dabei. Es gefiel mir sehr. Sie hörte auf, mich zu wichsen. »Steck ihn mir rein, das ist schöner.« — »Nein.« — »Ach, ist schon in Ordnung — ist schön — steck ihn rein.« — »Nein.« — »Los doch, ich will ficken.« — »Du hast es doch gerade gehabt.« — »*Du* sollst es mir machen.« Ich gab nach, schob meinen Schwanz in ihre stark riechende Möse und fickte sie. »Oh, ich komme.« — »Ich auch.« — »Oh! — ah! — ah!« Ich ergoß mich, und ich glaube, sie tat es auch, bin mir aber nicht sicher; aber sie hob und senkte sich mit aller Kraft und preßte mich fest an sich. Der Seemann hatte meinen Platz eingenommen; irgend etwas vor sich hin murmelnd stand er da, den Rücken an die Mauer gelehnt, und sah uns zu.

Während meine Lust abklang, konnte ich sehen, daß der Mann neben uns wie eine Dampfmaschine mit seiner Faust drauflosarbeitete, wohl an seinem Schwanz. Ich spürte, daß meine Maschine von Sperma troff. »Los, wir ficken sie noch mal«, ertönte die heisere Stimme des Mannes. — »Ich gebe dir Geld, wenn du ihn läßt«, sagte ich. Mein Schwanz glitt heraus. »Na gut«, sagte sie, »aber laßt mich erst mal pinkeln.« — »Wo ist dein Schwanz?« fragte ich, »steht er?« — »Verdammt gut.« Ich streckte die Hand aus und packte ihn. Ein neues Verlangen und eine plötzliche Neugier auf das männliche Organ überkam mich. Die Frau hatte gepißt und stand wieder aufrecht da, sie faßte nach meinem Schwanz, der noch heraushing, während ich seinen Schwanz festhielt. Dann kramte ich nach Geld und gab ihr alles Silber, das ich dabei hatte — ich weiß nicht, wieviel es war.

»Steck ihn ihr rein«, sagte ich, während ich ihn wichste; er war nicht steif, und ich konnte es gar nicht erwarten, ihn noch einmal beim Ficken zu betasten. Er stellte sich vor ihr auf. »Laß meinen Schwanz los«, sagte er. Das Mädchen nahm ihn jetzt. »Er ist nicht steif.« — »Verdammt nochmal«, hörte ich ihn sagen. Wieder hörte ich das Rascheln, während sie ihn wichste und ihr Kleid hochzog. »Deine Möse ist verdammt matschig«, sagte die belegte Stimme und kicherte vor sich hin. »Beeil dich«, sagte die Frau.

»Oh, der Polizist!« Auf der Straße sah ich den Schein der Blendlaterne des Polizisten. Ich stand da und streichelte jetzt voller Erregung meinen eigenen Schwanz; aber im gleichen Augenblick drang ein Mondstrahl zwischen den schweren Wolken hindurch und zeigte mir den Mann, der seinen Unterleib gegen die Frau preßte, während ihre Röcke hochgeschoben waren. Weit hinten glitt der Strahl der Laterne des Polizisten über die Felder. »Die Polizei!« stieß ich hervor. — »Kommt weiter weg«, flüsterte die Frau, ließ ihr Kleid fallen und bewegte sich tiefer in die Dunkelheit hinein, während ich die Richtung nach der Straße einschlug. Meine Wollust war verflogen, — wenn nun der Polizist mich sehen und erkennen würde! Ich erreichte die Straße, hielt mich nach links, neben dem knirschenden Kiesweg. Ich ging sehr schnell, und sobald ich um die Ecke gebogen war, nahm ich die Beine in die Hand und rannte nach Hause, rannte, als hätte ich einen Einbruch begangen.

Ich öffnete mit dem Schlüssel die Haustür, da bemerkte ich, daß ich meinen Schirm zurückgelassen hatte. Angst überkam mich. Ich hatte eine gewöhnliche Straßennymphe gefickt, in das Sperma eines gewöhnlichen Seemanns hinein, beide mochten Syphilis haben — was war wahrscheinlicher? Ich spürte das feuchte, klebrige Sperma um meinen Schwanz, auf meinen Eiern. Ich hatte mir damals angewöhnt, in meinem Ankleidezimmer zu schlafen. Ich glaubte, meine Frau sei, wie üblich, schon vor einer Stunde zu Bett gegangen. Als ich das Zimmer betrat, saß sie da mit einem Buch, was sehr ungewöhnlich war. Ich setzte mich und wünschte, sie würde das Zimmer verlassen, denn ich wollte mich waschen. Ich fragte mich, was sie wohl sagen würde, wenn sie mich zu dieser nächtlichen Stunde meinen Schwanz waschen sähe oder mich plätschern hörte. Aber sie rührte sich nicht, so nahm ich unbemerkt die Seife mit hinaus, sagte noch: »Ich habe einen schlimmen Durchfall«, und ging hinunter zum Wasserklosett. Ich setzte mich, wusch meinen Schwanz direkt in der Schüssel und ging dann wieder nach oben. (Wie oft im Leben hat mir ein vorgetäuschtes Unwohlsein geholfen? — wie oft wird es mir noch helfen?)

Die Furcht vor der Syphilis hielt mich eine Weile wach. Dann erregte mich die Szene, die ich erlebt hatte, so leidenschaftlich, daß mein Schwanz wieder stahlhart wurde. Immerzu mußte ich daran denken, kam einfach nicht davon los. Ich dachte daran, zu wichsen, aber ein nicht zu unterdrückendes Verlangen nach Möse, Möse und nochmals Möse ließ mich meine Furcht, die Abneigung gegen meine Frau, unseren Streit und alles übrige vergessen — ich sprang aus dem Bett und ging in ihr Zimmer.

»Ich lasse dich nicht — warum weckst du mich und kommst hier hereingestürzt, nachdem du monatelang nicht bei mir gewesen bist? — Ich will nicht — du sollst nicht — du wirst ja wohl wissen, wo du hingehen kannst.«

Doch ich sprang ins Bett, zwang sie auf den Rücken und steckte in ihr hinein. Er muß steif gewesen sein und ich sehr heftig, denn sie schrie auf, ich täte ihr weh. »Nicht so fest — was hast du vor?« Mir kam es so vor, als könnte ich sie mit meinem Schwanz ermorden, stieß und stieß und ergoß mich fluchend in sie. Während ich sie vögelte, haßte ich sie — sie war nur mein Ventil. »Hinaus mit dir, du hast es geschafft — und deine Sprache ist höchst widerwärtig.« So ging ich für die Nacht in mein Schlafzimmer zurück. Was ich zu ihr sagte, als ich sie wild und fast wahnsinnig vor Erregung vögelte und dabei an den Schwanz des Seemannes und die spermaüberflutete Ritze der Nymphe dachte, habe ich nie erfahren. Ich möchte annehmen, es war gepfeffert.

Vierzehn Tage lang schwebte ich in großer Sorge und suchte zweimal einen Arzt auf, um meinen Schwanz untersuchen zu lassen — aber ich hatte mir nichts geholt. Am nächsten Tag früh morgens ging ich noch einmal hinaus auf die Felder, um nach meinem Schirm zu sehen, aber er war weg — ich möchte wissen, wer ihn mitgenommen hat. Soviel ich weiß, sah ich die Frau niemals wieder — aber hätte ich sie oder auch den Seemann nur fünf Minuten nachher wiedergesehen — ich hätte sie nicht erkannt. Ich glaube, er war ein junger Mann, vielleicht zwanzig Jahre alt, betrunken und durch eine Erkältung heiser, sein Schwanz war, wie mir schien, ungefähr so groß wie meiner. Sie war eine große Frau, mit einem dicken, aber schlaffen Arsch.

Obwohl ich meinen Schirm nicht finden konnte, sah ich die Stelle, wo er im Gras gesteckt hatte, und den Platz, an dem wir unser Spiel getrieben hatten, denn ein oder zwei Quadratmeter waren ganz schlammig und zertreten, während drumherum alles grün war.

Nachdem die Angst ausgestanden war, verband ich mit dem Vergnügen dieses Abends eine sehr eigenartige Empfindung. Ich empfand ein gewisses Maß an Ekel, doch ein wollüstiger Kitzel durchfuhr meinen Sack, wenn ich an seinen Schwanz dachte. Ich hätte ihn gern länger gestreichelt, hätte ihn gern beim Vögeln beobachtet, hätte ihn gern bis zum Erguß gewichst. Dann wieder ärgerte ich mich über mich selbst und staunte über solche Gedanken bei mir, der ich die Nähe eines Mannes sonst nicht ertragen konnte und ganz trunken war von der körperlichen Schönheit der Frauen. Nach und nach verblaßte die Affäre in meiner Erinnerung, aber einige Jahre später besann ich mich wieder darauf. Damals war meine Phantasie in diesen Dingen stärker geworden und weckte in mir das Verlangen nach Abwechslung im sexuellen Vergnügen und, bis zu einem gewissen Grade, auch nach Abwechslung zwischen den Geschlechtern.

*In Neapel. — Ein Vermittler für Päderasten. — Gedanken über die Sodomie. — In Mailand. — In einem Bordell. — Billige Frauen. — In einer Diligence. — Mutter und Kind. — In G**n*b*e. — Der Irrtum des Zimmermädchens. — Aufreizende Geräusche. — Durch eine Tür. — Einladung und Überraschung. — Ein warmes Zimmer. — Hitzige Vorschläge. — Hitzige Taten. — Eine heiße Scham. — Ein sengend heißer Penis. — Eine brennend heiße Vereinigung. — Ein feuchter Abschluß. — Nach vollbrachtem Nachtwerk. — Eine haarige Furche.*

Um von zu Hause fortzukommen, ging ich Anfang Dezember zusammen mit einem Freund wieder ins Ausland, nach Neapel, und nahm mir dort natürlich auch Frauen. Als ich eines Abends mein Hotel verließ, sprach mich ein älterer, außerordentlich gut gekleideter Mann auf italienisch an. Seine Erscheinung und sein Auftreten waren von solcher Vornehmheit, daß ich stehenblieb und ihn anhörte, aber zunächst verstand ich nicht, was er sagte. Er habe einige bezaubernde Damen, denen er mich vorstellen könne — keine gewöhnlichen Frauen, keine Huren. Ich hörte ihm aufmerksam zu, denn es war das erste Mal, daß mir ein Mann derartige Angebote machte, wenngleich ich schon so manchen Fremdenführer zum Zuhälter gemacht hatte, indem ich mich von ihm zu einem Bordell führen ließ. Sie seien bezaubernd, sagte der Mann in ruhigem Ton, und eine von ihnen, eine entzückende junge Dame, sei erst fünfzehn Jahre alt. Ich sagte Nein.

»Ah! Signore wollen vielleicht lieber einen hübschen jungen Mann.« Ich verstand ihn nicht recht — mein Italienisch war nicht sonderlich gut — und wiederholte das Wort »jung« in fragendem Ton. Er mißverstand mich. Ach so, ich zöge junge vor, er habe da zwei reizende Knaben, ganz jung, der eine dreizehn, der andere vierzehn Jahre alt, ganz unbehaart — sie seien sehr zierlich. Als ich ihn auf französisch bat, noch einmal zu wiederholen, was er gesagt hatte, verfiel er in diese Sprache, die er recht fließend sprach: Ja, erst dreizehn und vierzehn Jahre seien sie alt — ganz ohne Haare am Leib, aber trotz ihrer jungen Jahre kämen beide zum Erguß. Ich lehnte dankend ab. Mit einer Hand, die in einem Handschuh steckte, lüftete er den Hut: »Buona sera, Signor« — er sei oft auf der Chaia, falls ich es mir anders überlegen würde; und ich sah ihn tatsächlich mehrmals, wie er dort in der Dämmerung Männer ansprach.

Dieses Erlebnis gab mir viel zu denken, und obwohl es mir höchst anstößig erschien, sich auf diese Weise zu vergnügen, kam ich bei näherer Überlegung zu dem Schluß, wenn es bestimmten Männern zusage, so sei das ganz allein ihre Sache. Den Anus kann der Mann mit dem gleichen Recht nach seinem Belieben benutzen wie den Penis. Nun aber begann ich mich zu fragen, ob viele Männer ihre Lust im Hinterteil anderer Männer suchten. War es lustvoller, als eine Frau zu vögeln? — war es für den Sodomisierten ebenso lustvoll wie für den Sodomiten? — und was dergleichen Fragen mehr waren, bis mir einfiel, ich sollte vielleicht selbst einmal einen Versuch machen, aber ich tat es nie. Nachher dachte ich eine Zeitlang über alles das nach, was ich seit meiner Knabenzeit bis zum heutigen Tag hinsichtlich meines eigenen Geschlechts gesehen, gehört und getan hatte. Meine Neugier in diesen Dingen war geweckt, und sie ist seither nur stärker geworden.

Während ich fern von England weilte, war ich äußerst unglücklich, kam mir vor wie verbannt und wollte doch nicht zurückkehren; ich war so niedergeschlagen, daß ich mir nie weniger Frauen nahm als in dieser Zeit. Es war, als seien sie mir vollkommen gleichgültig geworden, und alles andere ebenfalls — bis ich mich von meinem Freund trennte und nach Mailand ging. Dort stellte ich fest, daß in den allerbesten Häusern, wo Frauen gehalten wurden, der Preis für eine Frau nicht einmal vier Shilling betrug; dabei waren diese Frauen jung und hübsch. Von neuem erwachte in mir das sexuelle Verlangen, aber nicht der niedrige Preis der Mösen brachte diese Aufmunterung hervor, sondern die Anmut der Damen, und von den acht Frauen im Haus vögelte ich sieben. Dann reiste ich nach Turin, überquerte den Mont Cenis im Schlitten, legte ein großes Stück Weges in der Diligence zurück, die weitere Strecke mit der Eisenbahn und erreichte nach einigen Abenteuern Paris; und das erste Abenteuer erlebte ich seltsamerweise wieder mit einer (wie ich glaube) verheirateten Frau.

Ich teilte das Coupé der Diligence mit einer großen, dunkeläugigen, hübschen Dame, die wie dreißig aussah, und einem vielleicht fünf Jahre alten Knaben, ihrem Kind. Sie war gut, sogar teuer gekleidet, aber auf eine durchaus unauffällige Art (es war ganz der unpompöse Stil, in dem sich zu jener Zeit Damen fürs Reisen mit all seinen Unbilden kleideten). Acht Stunden waren wir zusammen. Es war sehr kalt, und ich sehnte mich nach ihrer Nähe und nach der Wärme, die eine hübsche Frau einem Mann zu geben vermag; aber zwischen uns saß das Kind. Natürlich unterhielten wir uns während der ganzen Reise. Sie war genau wie ich nach G**n*b*e unterwegs, wollte aber, wie ich feststellte, in einem anderen Hotel absteigen als ich. Sie hatte schon einmal dort gewohnt und erklärte, das F**c*n Hotel sei hervorragend, deshalb änderte ich meine Pläne und quartierte mich ebenfalls dort ein.

Es war ein großes, altmodisches Hotel (die Eisenbahn hatte die Stadt noch nicht ganz erreicht), und keiner der Hotelangestellten sprach etwas anderes als Französisch oder Italienisch (nichts Ungewöhnliches in jener Zeit). Zusammen mit anderen Reisenden beeilten wir uns, um noch Zimmer zu bekommen (den Telegraphen gab es noch nicht); ein Zimmermädchen führte uns zusammen hinauf, offenbar glaubte es, wir seien verheiratet. Ich wählte eines. Die Dame sah sich in dem nächsten um. »Der Junge wird bei mir schlafen«, sagte sie, »ich brauche ein großes Bett — dieses da ist zu klein.« — »Glücklicher Knabe«, sagte ich. Sie richtete ihre Augen auf mich und errötete. »Kleine Jungen errinnern sich später an das, was sie in jungen Jahren gesehen haben, ich weiß es aus eigener Erfahrung«, fuhr ich lachend fort. »Wirklich?« Auch sie lachte. — »Wie wäre es mit diesem Zimmer?« fragte das Mädchen. Darin stand ein großes Bett, aber das hatte ich mir schon ausgesucht. »Neben diesem (dem kleineren Zimmer) liegt eine Kammer, in der der Junge schlafen könnte«, meinte das Zimmermädchen und zeigte sie uns. Die Dame entschied sich für die beiden Zimmer, und das Kammermädchen schloß die Tür zwischen meinem Zimmer und dem der Dame auf. »Soll ich Ihnen das Abendessen hier servieren oder wollen Sie unten speisen?« fragte sie uns. Die Dame lachte und meinte (auf französisch natürlich): »Nein, nein — der Herr gehört nicht zu mir.« — *»Mais pardon, Madame«*, sagte das Zimmermädchen völlig verwirrt, schob auf Madames Seite einen Riegel vor die Tür, ging dann hinüber in mein Zimmer und schloß auf meiner Seite die Tür ab, ließ aber den Schlüssel stecken. Ich stand auf dem Flur. Plötzlich begann mein Schwanz in wollüstiger Empfindung anzuschwellen; der Gedanke, mit der Dame in einem Zimmer allein zu sein, hatte das bewirkt.

Sie war eine gebildete Frau und sprach sehr gut Französisch und Italienisch. In der Diligence hatten wir die Grenze überquert, und ich hatte sie in beiden Sprachen sprechen hören; aber obwohl wir stundenlang zusammen gewesen waren, hatten wir kein Wort und kein Zeichen der Sinnlichkeit ausgetauscht, und bis zu diesem Augenblick hatte ich nie an Liebe gedacht.

Begierde erfaßte mich. »Sie denkt, daß wir einander gleich besuchen«, sagte ich. Die Dame lachte. — »Das wäre ein netter Besuch für mich, wirklich.« — »Ein Junggeselle zu Besuch bei einer Witwe.« — »Aber ich bin keine Witwe.« — »Sie sind seit langem ohne Ehemann, haben Sie mir erzählt.« — »Und das stimmt auch«, sagte sie seufzend.

Wir gingen in unsere Zimmer, wuschen uns, und wenig später ging sie nach unten. Auf dem Gang sah ich niemand. Ich betrat ihr Zimmer, schob den Riegel an der Tür zurück und ging ebenfalls hinunter. Die Table d'hôte war bereits aufgehoben, wir bestellten jeder ein Essen und willigten ein, als uns der Kellner den Vorschlag machte, gemeinsam zu speisen, wobei sie für sich selbst bezahlte. »Mögen Sie Champagner?« fragte ich. — »Ja, aber ich kann ihn mir nicht leisten, also bestellen Sie für mich bitte keinen«, sagte sie ziemlich unruhig. — »Wir sind zurück im alten Frankreich, da muß ich Champagner trinken.« Ich bestellte welchen, bat sie, mir den Gefallen zu tun und auch ein Glas zu nehmen, und bald hatten wir eine Flasche geleert und eine zweite angebrochen. Der kleine Junge, der auch ein wenig bekommen hatte, schlief ein, die Mutter sagte, sie müsse ihn jetzt zu Bett bringen. »Gute Nacht, mein Herr«, sagte sie. — »Ich werde Ihnen oben gute Nacht sagen, denn ich will jetzt auch zu Bett gehen.« Sie sah mich scharf an.

Die Nacht war sehr kalt, auf den Fluren des Hotels herrschte Stille. Kaum war sie verschwunden, da ging auch ich auf mein Zimmer. Jeder von uns konnte hören, wie sich der andere in seinem Zimmer bewegte; so war es immer in den altmodischen Hotels jener Tage. Ich horchte — eine Tür wurde geschlossen. »Da hast du es schön warm — gute Nacht, Liebling — schlaf jetzt — ich bin ja da.« Im nächsten Augenblick drang ein kräftiges, anhaltendes Plätschern an mein Ohr — sie pinkelte. Ich lachte absichtlich sehr laut und sagte durch die Tür: »Gute Nacht.« — »Gute Nacht«, erwiderte sie, und dem Ton ihrer Stimme war anzumerken, daß sie versuchte, ein Lachen zu unterdrücken.

Im Gespräch hatte ich festgestellt, daß sie in Europa viel gereist war; ich hatte versucht, ihr etwas über sich selbst zu entlocken, aber ohne Erfolg — sie war verschlossen wie eine Auster. Ich bemerkte, daß sie bei mir das gleiche versuchte — mit welchem Erfolg, vermag ich nicht zu sagen. Wer ist sie? — was ist sie? — ihr Mann ist seit langem fort, sagt sie, — sie wirkt ruhig, aber einladend, — sie hat dieses Hotel empfohlen, — sie lachte wie eine Dame über die kleinen Jungen, die sich später erinnern, — will sie vögeln? — soll ich es weiter versuchen? — diese Gedanken schossen mir durch den Kopf.

Lüstern, doch unsicher, wie ich vorgehen sollte, horchte ich noch immer und hörte ein Rascheln, wie wenn eine Frau sich auszieht. Dann begann auch ich, mich zu entkleiden, stellte den Nachttopf ganz nah an die Tür und pißte hinein, wobei ich es so laut ich konnte plätschern ließ, um sie zu erregen. Alles, was den Mann oder die Frau dazu bringt, an die Genitalien des anderen Geschlechts zu denken, hat eine aufreizende Wirkung! Dann klopfte ich sanft an und rief sie bei dem Namen, den sie in das Gästebuch eingetragen hatte (Mrs. M***l**d). Sie kam an die Tür: »Was wollen Sie?« — »Mich mit Ihnen unterhalten — mir ist so langweilig.« — »Und mir ist kalt — gute Nacht.« — »Haben Sie denn kein Feuer?« — »Hier drinnen ist kein Ofen.« — »Aber in meinem Zimmer ist einer, und er ist schön warm — kommen Sie herüber, wir plaudern ein bißchen — Sie reisen doch morgen noch nicht ab, oder?« Eine lange Pause. »Nein, danke.«

Wieder raschelnde Bewegungen, dann ein Husten. Ich zögerte, denn sie hatte mich nicht ermutigt. Mein Schwanz wurde jetzt wollüstig; seit mehr als einer Woche war er in keiner Frau gewesen. Ich legte Holz auf das Feuer, nahm all meinen Mut zusammen und klopfte noch einmal. »Kommen Sie, lassen Sie uns plaudern.« — »Nein danke, ich habe mein Kleid ausgezogen.« Wie schnell ist der Gedanke des Menschen! Im Geiste sah ich vor mir ihre halb entblößten Brüste und Arme, und mein Schwanz reckte sich steif. Hat sie die Tür verriegelt oder hat sie bemerkt, daß sie nicht verriegelt ist? Ich drehte den Schlüssel um, drückte die Klinke, und die Tür öffnete sich! »Oh! Wer ist da?« rief sie und stürzte zur Tür. »Das geht doch nicht — das Mädchen hätte sie abschließen müssen.« Als sie erkannte, daß ich eingetreten war, senkte sie die Stimme. Wir standen da und sahen einander an.

»Keine Angst — es ist zu früh zum Schlafengehen — kommen Sie, wir plaudern ein bißchen —

Ihr Zimmer ist wie ein Eiskeller, und bei mir ist es wie in einem Ofen. Lassen Sie die Tür offen, dann wird es auch in Ihrem Zimmer warm.« — »Die Kälte macht mir nichts aus.« — »Sie haben sich doch darüber beklagt.« — »Im Bett ist es warm.« — »In meinem ist es noch wärmer, da ist Platz für zwei.« — »Oh! reden Sie nicht solchen Unsinn.« — »Das ist kein Unsinn — wir sind allein — kommen Sie.« — »Nein.« — »Kommen Sie, wir trinken ein Glas Sekt (die kaum angebrochene Flasche war in meinem Zimmer), dann schlafen Sie besser.« Nein, sie habe schon mehr als genug getrunken; aber sie zögerte, stand da und sah mich an. »Holen Sie mir ein Glas.« — »Kommen Sie doch herein, — hier ist es warm, und wir stören Ihren Jungen nicht, wenn wir uns unterhalten.« — »Der arme kleine Kerl, er ist so müde«, sagte sie, immer noch dastehend, »und hier ist es wirklich eiskalt« (jetzt schlug sie sich einen Schal um die Schultern). »Kommen Sie, in meinem Zimmer ist es warm.« Noch ein wenig gutes Zureden, dann trat sie ein, setzte sich mit mir vor den Kamin und trank Sekt. Wir hatten die Tür offen gelassen, damit die Wärme auch in ihr Zimmer dringen konnte. In dem Zimmer, das auf der anderen Seite an meines grenzte, war niemand — dessen hatte ich mich vergewissert.

Wir unterhielten uns sehr behaglich, wurden immer vertrauter. Ich begann, ihre Arme zu streicheln. Wie rundlich sie sei — in ihrem Kleid habe sie gar nicht so rundlich ausgesehen. Wirklich nicht? Ich hatte ihrer Eitelkeit geschmeichelt, und mit einer gewissen Koketterie zeigte sie mir ihren Arm fast bis zur Schulter. Ich küßte ihn. »Was für eine sanfte, weiche Haut Sie haben.« — »Nicht! — das dürfen Sie nicht.« Ich hatte den Schal angehoben, sie hatte ihn wieder fest um sich geschlungen. »Oh! lassen Sie mich noch einmal Ihren Busen sehen — er ist schön — ich habe ihn gesehen, als ich die Tür öffnete.« Mit einem kleinen Ruck zog ich den Schal weg, umfaßte sie und küßte sie auf die Schulter, aber von ihren Brüsten war kaum etwas zu sehen. Sie werde gehen, wenn ich so weitermachte — sie nahm den Schal wieder hoch. Ich schlug ihr vor, die Strümpfe auszuziehen — so würden ihre Füße eher warm. Sie kehrte mir den Rücken zu und zog sie aus — hübsche, weiße Füßchen kamen zum Vorschein.

Aber jetzt hatte ich einen meiner Anfälle von nervöser Schüchternheit und konnte meinen Angriff nicht so kühn beginnen, wie ich eigentlich wollte. Sie war eine Dame, offensichtlich verheiratet, und ich erkannte in diesem Augenblick nicht, daß sie, ob ihr dies nun bewußt war oder nicht, ob sie es beabsichtigt hatte oder nicht, zum Vögeln wirklich bereit war. Sie war aber tatsächlich bereit — sie konnte einfach nicht anders. Ich zögerte, sprach weiter in ruhigem, respektvollem Ton mit ihr. Wann hatte sie ihren Gatten zuletzt gesehen? »Oh! das ist schon eine Weile her.« Wann würde sie ihn wiedersehen? Sie wußte es nicht — sie erwarte hier einen Brief von ihm. Das alles hatte ich schon in der Diligence gehört; ich wurde kühner. »Sie sehnen sich danach, ihn in Ihrem Bett zu haben, nicht wahr?« — »Nein — aber es wäre doch ganz natürlich, wenn ich das täte« — dabei lachte sie und sah mich an. Ängstlich küßte ich sie. »Das dürfen sie wirklich nicht« — aber jetzt hatte ich den Grundton der Wollust angeschlagen und durchlief in meiner gewohnten Art rasch die ganze Tonleiter. »Laß uns zusammen schlafen.« — »Oh nein! — ich hätte nicht hierherkommen sollen.« — »Bitte!« — »Ich wage es nicht.« Sie schickte sich an, aufzustehen, aber ich hielt sie in ihrem Sessel zurück. »Gehen Sie nicht — es ist noch früh — Ihr Zimmer wird bald aufgewärmt sein«, und ich warf neue Holzscheite auf das Feuer.

»Was für hübsche weiße Füße — Sie müssen herrliche Beine haben. — Gestatten Sie?« Und sanft ließ ich meine Hand an ihrer Wade hinaufgleiten, ganz respektvoll, aber sie hielt mich auf. »Oh, laß uns zusammen schlafen«, stieß ich hervor. — »Unmöglich.« Ich schwatzte und schmeichelte: »Bitte — sehen Sie, in welchen Zustand Sie mich versetzt haben«, und in brünstiger Erregung zog ich meinen Schwanz in seiner wollüstigen Steifheit hervor. Sie warf einen Blick darauf. »Lassen Sie das, oder ich gehe, Sie ahnen nicht, welches Wagnis ich eingehen würde.« Wieder hinderte ich sie daran, aufzustehen. Unsere Sessel standen eng beieinander. »Nun, dann lassen Sie mich Ihr Bein streicheln. Lassen Sie mich Ihre Haut streicheln — nur bis zum Schenkel — bis hier, ja hier.« Sie wehrte sich, aber wie ein kleines Kind, und meine Finger gelangten an ihre Möse. — »Streichle mich, Liebling, streichle meinen Schwanz — laß uns — küß mich.« Ich konnte ihre Hand nicht an meinen Schwanz führen, denn eine Hand hatte ich um ihre Taille gelegt und die andere war an ihrer Möse. »Streichle mich — bitte, laß uns. — Laß uns vögeln. — Küß mich.« — »Oh — ah — ich getraue mich nicht.« Wir sprachen jetzt nicht mehr, aber unsere Lippen küßten sich weiter. — Sie ergriff meinen Schwanz — abwechselnd tastete ich nach ihrer Möse und wichste ihre Klitoris, schweigend, vielleicht eine Minute lang. Aber wie kann man in so köstlichem Vergnügen auf die Zeit achten — allerdings war sie gewiß schon eineinhalb Stunden in meinem Zimmer, bevor wir dieses Stadium erreicht hatten. Sie wurde unter meinem Fingerspiel jetzt unruhig. — »Laß uns.« — »Oh nein, nein

— oh — ich getraue mich nicht«, aber sie hörte nicht auf mich zu küssen. Ihre Erschöpfung, das Zusammensein in diesem fremden Hotel, die Wärme des Feuers, der Sekt, unsere Küsse, meine losen Reden und das Streicheln ihrer Möse hatten ihre Lust entfacht und ihren Widerstand gebrochen. Mit kräftigem Griff packte sie meinen Schwanz und seufzte. »Ah.« Dann aber, als wolle sie ihre Gefühle niederzwingen, ließ sie ihn los. »Ich muß gehen«, sagte sie und erhob sich. Auch ich stand auf, das Bett befand sich hinter uns, und indem ich sie an mich drückte, zog ich sie dorthin. Jetzt überwältigte sie das Verlangen. Wortlos und ohne Gegenwehr ließ sie sich auf das Bett sinken, ich schob mich über sie, sah für einen kurzen Augenblick dunkles Haar zwischen ihren Schenkeln, dann waren wir eins; Schwanz und Möse vereinigt, der Schwanz schleuderte sein Sperma heraus, die Möse träufelte ihre Feuchtigkeit hervor, Seufzer, die Atemlosigkeit der Lust, sanfte Küsse und kein Laut außer dem Knacken und Zischen der aufplatzenden Holzscheite in der roten Glut des Feuers. — Welch köstlicher Genuß nach einer Woche Enthaltsamkeit. Für uns beide war es das paradiesische Elysium, für sie gewiß ebenso wie für mich.

In lustvoller Verbindung lagen wir da und küßten und bezüngelten uns noch lange, nachdem die ekstatischen Freuden vorüber waren, doch schließlich trennten wir uns. »Laß uns zusammen hier schlafen.« Einen Augenblick lang stand sie ruhig da und antwortete dann nur: »Ich werde mich in meinem Zimmer ausziehen.« Sie verschloß die Tür zur Kammer ihres Jungen und kam wieder zu mir ins Bett. Sie war das Wagnis eingegangen — und war bereit, mehr zu wagen. Mein Sperma hatte sie nur noch wollüstiger gemacht. Die weiche Lust eines zweiten Ficks in die schlüpfrige Möse kannte sie zu gut, um sie durch eine Waschung zu schmälern, und so, wie ich sie vor fünf Minuten verlassen hatte, fand ich sie nun wieder. Kaum hatten meine Finger die Lippen berührt und die geschmeidige, von Sperma bedeckte Oberfläche gespürt, da richtete sich mein Schwanz auf, und im nächsten Augenblick tauchte er wieder hinein und versank in der Flut, die wir gemeinsam hervorgebracht hatten. Wie köstlich ist die Geschmeidigkeit, die das männliche Sperma der Vulva verleiht. Ich versuchte, unsere Lust auszudehnen, aber unsere Kammern waren zu voll. Wieder ergossen wir uns, und fielen dann, von Lust und Erschöpfung überwältigt, einander umarmend, in Schlaf.

Nach zwei oder drei Stunden weckte sie mich. Das Feuer im Kamin war erloschen. Sie hatte an der Seite zur Wand gelegen und stieg jetzt über mich hinweg. »Ich muß pinkeln«, erklärte sie. Ich tat das gleiche. Wir pißten im Dunkeln, stiegen wieder ins Bett und kuschelten uns aneinander. Ihre Zurückhaltung war verschwunden, sie befühlte meinen Schwanz, ich streichelte ihre Möse, wir küßten und küßten, streichelnd, tastend, fühlend. — »Laß mich deine Reize ansehen, ich werde ein Licht anzünden.« — »Nein, nicht« — doch ich tat es, streifte ihr Nachthemd nach oben und erblickte eine dunkelbraune Grotte, stattliche Hüften und einen schönen Bauch. Wieder stand mein Schwanz, einen Augenblick lang kniete ich zwischen ihren Schenkeln und schwenkte in dreister Ausgelassenheit meine steife Maschine vor ihr hin und her. Dann löschte ich das Licht, und wir krochen unter die Decke und sprachen von Begierde und Wollust und Liebe, bis wir es noch einmal taten und dann einschliefen, ihr Hintern an meinem Sack, ihr Rücken an meinem Bauch, meine Hand über ihre Hüfte gelegt an ihrem Hügel. Die allerschönste Art, bei kaltem Wetter mit einer Frau zu schlafen. Wir schliefen mehrere Stunden lang. Als ich erwachte, war es sechs Uhr und noch ganz dunkel. Ihr Hinterteil war mir zugekehrt, sie schlief fest. Ich lag auf dem Rücken, und mein Schwanz war wieder so groß, wie nur je einer die Lippen einer Möse geöffnet hat. Ich konnte nie genug von einer Frau bekommen. Auch wenn ich leergevögelt bin, gefällt es mir, sie zu betrachten, zu streicheln und zu küssen. Bald drehte ich mich auf die Seite und ließ meine Hand zwanglos über ihren Körper streifen, aber ohne sie aufzuwecken. Dann ließ ich meine Finger zwischen ihren Hinterbacken und ihren Schenkeln hindurch dorthin gleiten, wo ich krauses Haar zu spüren glaubte, und so weit, bis ich auf die weiche, geschmeidige Hülle ihrer Spalte traf. Ganz langsam fuhr ich mit dem Mittelfinger hinein — wie warm und weich und glatt sie sich anfühlte! — und erging mich eine Weile in ihr. Ich halte es allerdings für unmöglich, mit einem Finger längere Zeit in der Möse einer Frau zu verweilen, ohne sie aufzuwecken. Ihr Hintern begann sich jetzt sanft zu regen, und ihre Möse zog sich zusammen, als mein Finger eine Zeitlang in ihr gewesen war, dann wälzte sie sich herum, und mein Finger glitt hinaus. »Was ist los? Was machen Sie da? Was ist denn? — Ach, du bist es«, sagte sie, als ihr plötzlich zu Bewußtsein kam, daß sie mit mir im Bett lag. Verlangen stieg in ihr auf. Ich streifte unsere Nachthemden weit nach oben, und Bauch an Bauch, mit den Händen den Arsch des anderen umklammernd, küßten wir uns. »Komm, wir machen es noch einmal.« — Sie legte sich auf den Rücken, ich schob mich über sie, und wir vögelten mit jener merkwürdigen Lust, die der Morgenstunde eigentümlich ist, und schliefen wieder ein.

Aber bald weckte sie mich von neuem. — »Ich muß hinaus.« — »Pinkeln?« — »Ja.« Ich tastete nach dem Topf und gab ihn ihr. Sie pißte und schlich dann zur Tür des Jungen. »Arthur?« rief sie. »Er schläft fest«, sagte sie und kam wieder ins Bett. — Wir schmusten miteinander, aber mit dem Vögeln war es vorbei. Beim ersten Schein des Tageslichts meinte sie: »Ich muß hinüber in mein Bett, bevor der Junge hereinkommt.« Sie verriegelte die Tür zwischen unseren Zimmern, ich legte mich wieder hin, und es war sehr spät geworden, als ich schließlich zum Frühstück ging. Sie hatte lange vor mir gefrühstückt und war ausgegangen. — Wir hatten verabredet, voneinander keinerlei Notiz zu nehmen. Das Handtuch, das ich mit ins Bett genommen hatte, war voller hübscher Flecken. — Ich bin inzwischen zu erfahren und habe wegen fleckiger Bettücher schon zuviel Ungelegenheiten gehabt, als daß ich bei einem solchen Anlaß ein Handtuch vergäße.

*Unter falschem Namen. — Mrs. M***l**d. — Schlüpfrige Reden. — Nackt durch einen Trick. — Meine glatte Haut. — Die besorgte Mutter. — Eine behaarte Arschfurche. — Ich verlasse G**n*b*e. — Wer sie war. — In N*v**s. — Gucklöcher. — Eheplänkel unter der Bettdecke. — Der Ehemann und das Zimmermädchen. — Das Zimmermädchen und ich. — Die Brosche. — Gegensätzliche Regungen, Verlangen und Abscheu. — Suzannes Entgegenkommen. — Ich verlasse N*v**s.*

Nach dem Mittagessen ließ sie ihr Kind unten und kam in mein Zimmer. Wann ich G**n*b*e verlassen wolle, fragte sie. »Unmittelbar bevor du abreist.« — »In welche Richtung fährst du?« — »Nach Paris — und du?« — »Nicht nach Paris.« — »Du heißt gar nicht M***l**d, aber du hast dich unter diesem Namen im Gästebuch eingetragen.« Sie lachte und wurde rot. »Nein, und du heißt nicht — ****.« — »Stimmt, wir wollen beide unsere Namen nicht preisgeben, aber an der Grenze sind sie aus unseren Pässen notiert worden. Und wenn die Polizei dahinterkommt, daß wir sie verändert haben, was dann?« (Die Paßvorschriften waren zu jener Zeit sehr streng.) »Sobald dein Brief angekommen ist, werde ich abreisen. Du sollst nicht meinetwegen irgendwelchen Verdächtigungen ausgesetzt sein, und sollten wir uns je wiedersehen, dann laß uns so tun, als seien wir einander völlig fremd.« Dies schien ihr eine Sorge zu nehmen, die sie schon in einem viel längeren Gespräch als diesem geäußert hatte.

Ich hatte begonnen, sie zu küssen und zu liebkosen; sie blieb kühl und widersetzte sich wortlos, als ich versuchte, ihre Röcke hochzuschieben, aber während wir uns unterhielten, wurde sie zugänglicher. Zuerst hatten wir gestanden, aber bald saßen wir auf der Bettkante, mein Finger an ihrer Möse, einen Arm hatte ich um ihre Taille gelegt. Es war ein heller, strahlender Januartag, aber kalt und frostig. »Komm, laß uns!« — »Nein, ich habe mich da auf etwas Schreckliches eingelassen.« — »Tu es noch einmal.« — »Ich habe Angst.« — »Streichle mich« — schon war mein Schwanz draußen. Sie ergriff ihn. — »Laß uns!« — »Mein kleiner Junge ist unten allein.« — »Das macht doch nichts, komm jetzt — ich muß deine reizenden Schenkel sehen.« — »Ah, hör auf, nimm deine Hand da weg.« — »Dann leg dich aufs Bett, Liebe.« Sie tat es. Ich schlug ihre Kleider nach oben und küßte ihr den Bauch und den Hügel. War sie gekommen, um sich vögeln zu lassen? das frage ich mich heute. — Ich weiß es nicht. Frauen sind so durchtrieben; ihre Möse hatte sie jedenfalls gerade vorher gewaschen, das Haar war noch feucht, und nicht vom Pinkeln. Ich zog die Lippen auseinander, ließ meine Finger durch das Haar gleiten und kitzelte ganz leicht ihre Klitoris. Ich stand neben dem Bett, sie hatte sich darauf ausgestreckt, so daß ich mit der Zunge mehr gar nicht ausrichten konnte. Auf dem schönen weißen Unterhemd mit seinem bestickten Saum sahen ihr Bauch und ihre Schenkel ganz allerliebst aus. Die Wintersonne warf einen hellen Strahl direkt auf ihre Möse, während sie dalag — und das war es, was mich verlockte, sie mit der Zunge zu erregen. — Ich bettete meinen Kopf auf ihre Schenkel, betrachtete ihre Reize und fragte, während ich ihr über den Bauch streichelte: »Wieviel Kinder hast du gehabt? Man sieht gar keine Spuren.« — »Oh, jetzt zieh aber die Jalousie herunter, ich mag solche Entblößungen nicht.« — »Liebling, dir kann keine Entblößung etwas anhaben, deine Schenkel und dein Bauch sind wunderschön.« Aber sie zog ihr Kleid nach unten, ich schob es hinauf, sie wieder nach unten. Da schob ich mich aus Angst vor einer Zurückweisung über sie und begann ohne weiteres, zu vögeln. Aber während ich auf ihr lag, packte mich wieder die Neugier, und ich wiederholte meine Frage. Sie lachte, und durch ihr Lachen plumpste mein Schwanz aus ihr heraus. — Sie stand auf und wusch sich die Möse. — Noch einmal wiederholte ich meine Frage. »Du weißt nicht, wo du suchen mußt«, sagte sie lachend. — »Laß uns heute nacht zusammen schlafen.« Sie schüttelte den Kopf, schloß die Tür zwischen unseren Zimmern ab und ging nach unten.

Sie machte mit ihrem Jungen einen Bummel durch die Stadt; ich begegnete ihr, grüßte und ging weiter. An der Table d'hôte nahm ich kaum Notiz von ihr. Ich bestellte ein Feuer in meinem Zimmer, mehr Lichter, Wein und Gebäck, ging gegen acht Uhr hinauf (dunkel wurde es schon um fünf) und wartete, bis ich hörte, wie sich die Tür zur Kammer ihres Jungen schloß. Dann klopfte ich — keine Antwort — ich klopfte lauter, noch lauter. »Nicht!« rief sie mir durch die Tür zu. — »Komm herüber.« — »Nein.« Ich versetzte der Tür einen kräftigen Schlag — jetzt öffnete sie sich. »Mach nicht solchen Lärm, der Junge hört es. Ich komme, wenn er eingeschlafen ist« — und sie kam.

Wir saßen am Kamin und tranken Sekt, jeder stellte dem anderen neugierige Fragen und gab selbst ausweichende Antworten. — »Mehr wirst du nicht aus mir herausbekommen«, sagte sie lachend. — »Ja, zu dumm, ich sollte es lassen, aber das gilt auch für dich.« Nun begann ich sie zu küssen, erging mich in schlüpfrigen Reden und erzählte ihr eine Anekdote nach der anderen. »Du meine Güte, so etwas höre ich sonst nie«, meinte sie immer wieder. — »Hat dir dein Mann so etwas denn nie erzählt?« — »Nein, er gebraucht nie solche Worte.« — »Auch *Möse* nicht?« — »Nein, nie.« — »Und *vögeln?*« — »Niemals.« — »Aber du hast sie schon gehört?« — »Natürlich.« So fuhr ich in meinem ausschweifendsten Ton fort, bezaubert von solcher Zuhörerin.

Während wir uns unterhielten, wollte sie mir keine wollüstigen Freiheiten gestatten. Nein, sie werde sonst gehen. Also gab ich es auf und begann sehr zurückhaltend ein geruhsames Liebesspiel, küßte sie, streichelte ihre Möse. »Komm auf's Bett, Liebling, wir können uns ebensogut dort unterhalten, laß mich deine Schenkel betrachten, wenn du sitzt, laß mich dich ausziehen.« — Sie machte Einwände, ließ mich jedoch gewähren. Ich half ihr beim Ablegen der Strumpfbänder und der Strümpfe, entzückt von der Haut, die darunter zum Vorschein kam. Sie trug ihre Kleider in das andere Zimmer; ich ging ihr nach. »Bring dein Nachthemd mit zu mir. Oh, ist das kalt hier!« — »Nein, geh du schon hinüber, ich ziehe es hier an.« Aber ich nahm es mit hinüber in mein Zimmer, sie folgte mir. »Ich möchte es dir anziehen.« — »Lieber nicht.« Sie nahm es mir aus der Hand, schlüpfte dann mit den Armen aus ihrem Unterhemd, das sie aber mit den Zähnen noch gefaßt hielt, so daß es nicht nach unten rutschen konnte; dann entfaltete sie das Nachthemd, hob es über ihren Kopf und ließ nun das Unterhemd auf ihre Füße fallen; in diesem Augenblick riß ich ihr das Nachthemd weg, und sie stand so nackt vor mir, wie sie auf die Welt gekommen war. »Oh wie schändlich!« rief sie scharf und legte eine Hand über ihre Möse, als wolle sie sie verbergen. »Gib es her!« — Ich sank auf die Knie, vergrub meine Lippen im Haar ihrer Möse, küßte es und umschlang ihre glatten Hinterbacken.

Sie wehrte sich kaum. »Laß es mich jetzt anziehen, mir ist kalt.« Ich erhob mich, hielt sie eng an mich gedrückt und betrachtete ihre Schönheiten, so gut ich es aus dieser Haltung konnte. Sie blieb hartnäckig, bis ich sie endlich ihr Nachthemd anziehen ließ. Sie vergab mir, ich legte meine Kleider ab, wieder setzten wir uns ans Feuer, und von neuem begann das Kosen und Schmusen. Sie ließ mich ihre Beine entblößen. »Laß mich deinen wunderschönen Hintern sehen.« — »Nein.« — »Bitte.« — »Nein.« Aber nachdem ich sie lange genug beschwatzt hatte, willigte sie schließlich ein, erhob sich und drehte ihren Hintern schüchtern dem Feuer zu, während ich ihn betrachtete, streichelte und küßte. — »Sieh mal«, sagte ich in einer plötzlichen wollüstigen Anwandlung, die in mir das Verlangen geweckt hatte, mich selbst zu entblößen; ich streifte mein Nachthemd ab und stand nackt mit steifem Schwanz vor ihr. »Streichle mich, Liebling, so streichle mich doch«, ich führte ihre Hand an meinen Schenkel. — Verschämt ließ sie ihre Hand über die Haut des Schenkels hinabgleiten und an der anderen Seite wieder hinauf. »Was für eine herrliche Haut!« flüsterte sie. »Wie bei einer Frau.« — »Das haben mir viele Frauen gesagt.«

Wir legten uns auf das Bett, und ohne weiteres Getändel fuhr mein brennender Schwanz in ihre heiße, weiche Möse. Wir vögelten, wir ergossen uns und lagen lange innig vereinigt. »Streichle meine Haut und sag etwas, Liebling.« Sie ließ beide Hände über meinen Körper wandern. »Genau wie bei einer Frau — ich dachte, Männer seien immer behaart.« Ich zog mich aus ihr zurück, legte mich auf den Rücken, und sie strich mir über Bauch und Brust. »Wie bei einer Frau, es ist wunderschön«, sagte sie noch einmal. Ich fragte mich, wer sie war und wie es kam, daß sie hier in ausschweifender Hingabe in meinen Armen lag. »Ist meine Haut glatter als die anderer Männer?« — »Ich habe nur meinen Mann gestreichelt und dich — gütiger Himmel, auf was habe ich mich da eingelassen!« — »Wann hast du zum letzten Mal gevögelt?« — »Oh, das ist Monate her.« Sie hatte ein paar Männer gesehen, die zum Teil entkleidet waren — einige Fischer und Feldarbeiter bei der Arbeit, sie seien alle behaart gewesen, sagte sie.

Binnen einer Stunde hatten wir uns in neue Geilheit hineingeredet. Sie ließ mich ihre Figur und ihre Schönheiten sehen, öffnete jedoch nicht ihre Schenkel. Wir vögelten noch einmal, schliefen ein, sie wachte auf, ging hinaus und lauschte an der Tür ihres Jungen, pißte in ihrem Zimmer und kam wieder zu mir ins Bett — ich hatte ein Nachtlicht; so verbrachten wir eine wollüstige, wenngleich schlaflose Nacht und waren am nächsten Morgen ganz zerschlagen; in einer unserer heißen, leidenschaftlichen Umarmungen hatte sie mir gesagt, daß sie nie ein Kind gehabt habe; der Junge sei ihr Stiefkind und habe seine Mutter nie kennengelernt. Mehr habe ich nie über sie in Erfahrung gebracht.

Zwei Tage lang wollte sie nicht, daß ich sie tagsüber nahm, aber eine Stunde nach der Table d'hôte war sie in ihrem Zimmer, brachte ihr Kind, das sie durch Spaziergänge müde gemacht hatte, ins Bett, und wir vögelten die ganze Nacht. Ich war in hervorragender Form, und für uns beide war es ein Honigmond, vor allem aber für sie. Meine glatte Haut schien sie auf wunderbare Weise zu erregen, und in der letzten Nacht bedeckte sie meinen ganzen Körper mit Küssen. Als ich sie zum letzten Mal nahm, benötigte ich bis zum Erguß eine halbe Stunde, von Zeit zu Zeit hielt ich inne, zog meinen Schwanz aber nie heraus. Sie, die unter kurzen Seufzern und indem sie mich fest an sich drückte, rasch zu ihrer Lust gelangte und unter meinen unermüdlichen Stößen schon mehrmals ihr Ergötzen gefunden hatte, stöhnte schließlich: »Oh, hör auf.« — »Ich komme gleich, Liebling« — in einem Tempo von zwei Stößen in der Sekunde machte ich weiter und beendete dieses Vögeln fast unter Schmerzen und mit einem wundgeriebenen Schwanz. Bei Tagesanbruch waren wir ein hohläugiges, ausgelaugtes Paar.

Am dritten Abend rief das Kind »Mama, Mama«. — Sie kann nicht tief geschlafen haben, denn im Nu war sie aus dem Bett, wobei sie mich weckte; der Junge schlief bald wieder ein, und sie kehrte zitternd vor Kälte in mein Bett zurück. Sie war sehr gut zu dem Jungen.

Sie war füllig und nicht klein, mit schmalen Waden, und die Schenkel schwollen rasch zu wohlgeformten Hüften. Ihre Möse war von vollen Lippen gesäumt. In der letzten Nacht endlich hatte ich ihr alle Zurückhaltung ausgetrieben, sie ließ sich von mir ansehen und streicheln, wie es mir gefiel, und ich prüfte noch einmal, daß sie entlang der Arschfurche, von der Möse zum Rückgrat kurzes Kraushaar hatte, ähnlich wie Roßhaar. Das Haar ihrer Möse war dicht, sehr lockig und lag eng an der Haut. Sie hatte dunkle Augen, dunkles Haar und ungewöhnlich große, dichte Augenbrauen — eine beherzt dreinblickende, hübsche Frau.

Zweimal täglich war sie am Schalter für postlagernde Sendungen gewesen und hatte mir jeden Tag das Versprechen abgenommen, daß ich abreisen würde, wenn sie mich darum bat. Eines Morgens war es so weit: »Heute abend mußt du fahren, wenn du kannst.« Ich reiste am gleichen Abend und habe sie seither nie mehr gesehen. Eines leichten Akzents wegen glaube ich, daß sie Irin war.

Nach dem Mittagessen an diesem Tag wies sie mich zurück. Auch ich war sexuell erschöpft, aber der Gedanke, sie zu verlieren, erregte mich — nein, sie wollte nicht, aber sie ließ mich in ihr Zimmer treten. Da ließ ich meine Hose herunter (zuweilen fallen mir seltsame Formen der Anstachelung ein) und streifte mein Hemd hoch. »Jetzt streichle meine Haut zum letzten Mal.« Ich hatte Erfolg mit meiner Einladung. Schweigend ließ sie ihre Hand an mir hinaufgleiten und streichelte meine Brust. Wie ich gehofft hatte, schürte das ihre Wollust. »Laß mich dich streicheln, Liebes, zum letzten Mal.« — »Mehr aber nicht.« — Ich streichelte ihre Möse. — Mein Schwanz wurde steif, sie streichelte ihn, und ein paar Minuten später frohlockte ich stöhnend darüber, daß ich sie noch einmal besaß, ohne daß ich eigentlich das Verlangen hatte, mein Sperma auszustoßen. »Ich werde dir noch ein Kind machen«, sagte ich, als mir mit wachsender Lust lasterhafte Gedanken durch den Kopf gingen. — »Ich bin nie schwanger gewesen — oh — ah — hch« — sie schluchzte auf, als ihr Erguß kam. — Das gleiche sagte sie mir, als sie nachher ihre Möse auswusch. »Ich wollte es dir gar nicht sagen, ich nehme eine große Gefahr auf mich.«

Jeden Tag hatte ich mich von neuem gefragt, wer sie war und was sie war. Mein leichter Erfolg hatte mich überrascht. Wollte sie Geld — oder stillte sie nur ihr Verlangen? — sie hatte kein Dienstmädchen — hatte gesagt, sie könne sich Sekt nicht leisten — und trank doch vorzüglichen Bordeaux, nahm die besten Zimmer — war gut gekleidet — hatte sehr feine Wäsche und eine Menge Gepäck. Ich riskierte es und äußerte vorsichtig: »Wenn du Geld brauchst — ich kann dir welches leihen.« — »Nein danke, ich habe genug, und ich brauche nur zu schreiben, um zu bekommen, was ich brauche.«

Wir küßten uns. »Ich werde oft an dich denken.« Sie erwiderte nichts. »Ich hoffe, wir sehen uns einmal wieder.« — »Um Himmelswillen, hoffentlich nicht.« Sie küßte mich. »Du bist sehr nett«, sagte sie, und schloß die Tür. Ich bin ihr seither nicht mehr begegnet. Ihre Wäsche war mit CCM gezeichnet.

Nach dem ersten Tag nahmen wir, wenn wir uns in der Stadt begegneten, so gut wie keine Notiz voneinander; auch setzte ich mich bei den Mahlzeiten nicht in ihre Nähe und machte im Hotel kaum mehr als eine leichte Verbeugung. Niemand konnte von unseren geheimen Lustbarkeiten etwas ahnen, ausgenommen vielleicht ein Zimmermädchen, aber auch dieses nur, wenn es gelauscht hätte, und das war nicht wahrscheinlich; weil ich so etwas jedoch befürchtete, schlich ich einmal unbeobachtet in das Zimmer nebenan. Es war leer; vor der Tür zu meinem Zimmer stand ein Kleiderschrank, so daß man nicht leicht etwas hören konnte, außerdem sprachen wir immer in gedämpftem Ton.

Auf dem Weg nach Paris machte ich Station in der (damals wenig besuchten) Stadt N*v**s. Im Hotel war auch ein feister Franzose mit seiner jungen Frau abgestiegen. Ich hielt ihn für einen Handlungsreisenden. Seine Frau war eine junge, dralle Person, und ich stellte mir vor, daß sie noch nicht lange verheiratet waren. Mein Zimmer lag neben dem ihren, und mir fiel auf, daß jemand Gucklöcher in die Tür zwischen den beiden Zimmern gebohrt hatte, die jetzt allerdings sorgfältig verstopft waren, was in mir den Wunsch weckte, einen verstohlenen Blick auf die Dame zu werfen. Eine hübsche, junge Frau bei ihrer Toilette ist stets ein köstlicher Anblick. So stieß ich mit einer Schere einige Löcher wieder auf und konnte durch manche ein

Bett und daneben den Schrank für das Nachtgeschirr deutlich erkennen. Dies erregte mich so sehr, daß ich, statt die Kathedrale und andere Sehenswürdigkeiten aufzusuchen, um derentwillen ich gekommen war, nichts weiter tat, als diese Dame zu beobachten; und immer wenn ich glaubte, sie werde auf ihr Zimmer gehen, ging ich in meines. Beim Ausspähen von Gelegenheiten mit Frauen war ich stets unermüdlich, nichts konnte mich von einer solchen Fährte abbringen, kein anderer Zeitvertreib konnte mich verlocken, wenn eine wollüstige Absicht oder Hoffnung sich meiner bemächtigt hatte.

Nach dem Frühstück ging sie hinauf, ich ebenfalls; ich kletterte auf einen Stuhl (die Löcher lagen hoch), um zu lauern, sah aber nichts Besonderes. Sie setzte ihren Hut auf und ging mit ihrem Mann hinaus. Auch ich ging aus, kehrte aber vor ihr zurück. Eine halbe Stunde vor dem Mittagessen kam sie zurück, und ich hatte das Vergnügen, zu beobachten, wie sie sich neben dem Bett hinhockte und pinkelte, woraus ich schloß, daß es ihr Bett war. So schlicht diese Verrichtung war und obwohl ich Frauen, ob bekleidet oder nackt, Hunderte von Malen habe pinkeln sehen, bereitete mir der Anblick dieser hübschen Frau ein so wunderbares Vergnügen, daß ich daran ging, weiter unten ein Loch zu bohren — in der Richtung des Waschtisches, wobei ich mich vom Plätschern im Porzellanbecken leiten ließ. Ich befürchtete schon, ich hätte das Loch zu tief unten angelegt und würde gar nichts sehen können, aber ich wagte es, und hatte einen guten Blick.

Sie nahm das Mittagessen im Hotel ein. Wenig später ging sie nach oben, auch ich ging hinauf und sah sie schon bald Pipi machen, und dann — welche Freude! — kam ihr Mann herein. Sie legte sich auf das Bett, er schlug ihr Kleid hoch, betrachtete eine Zeitlang (und ich mit ihm) ihre dunkelhaarige Möse, und nachdem sie sich wieder aufgerichtet und ein Weilchen seinen Schwanz gestreichelt hatte, rammelte er sie. Sie machten wenig Umstände, beide wollten es, kamen schnell zur Sache und genossen es. Ich beobachtete ihr Gesicht, während sie sich ergoß. Dann gingen sie hinaus. Gewaschen hat sie sich nicht. Ich hätte es im Bekken gehört, wenn sie es getan hätte. Ob sie sich die Möse mit einem trockenen Tuch abwischte, vermag ich nicht zu sagen.

Ich hatte in N*v**s nur einen Tag Halt machen wollen, aber jetzt beschloß ich, länger zu bleiben. Den ganzen Tag über dachte ich an das, was ich gesehen hatte. Es war bezaubernd, sie (eine Brunette mit hellen Augen) an der Table d'hôte zu sehen und dabei an ihre Möse zu denken, daran, wie ihre Schenkel über den Armen ihres Mannes gehangen hatten, und an die sexuelle Lust auf ihrem Gesicht, als sie sich ergoß. Seit langem hatte ich mir gewünscht, wieder einmal ein Paar beim Vögeln zu beobachten; jetzt war dieser Wunsch in Erfüllung gegangen, und vielleicht würde ich noch mehr zu sehen bekommen; um nur ja nichts zu verpassen, ging ich gleich nach dem Abendessen wieder auf mein Zimmer, wartete und wartete, bis gegen elf Uhr, als sie endlich kamen, anscheinend sehr fröhlich, denn sie sprachen laut miteinander und lachten. Ich bezog meinen Posten, konnte durch mein Guckloch aber nur das Bett der Frau sehen; da ich nun nicht immerzu von einem Guckloch zum anderen wechseln konnte, erblickte ich sie manchmal und manchmal nicht, ihn ebenso. Nach einiger Zeit erschien sie im Unterhemd, setzte sich auf die Bettkante, zog sich die Strümpfe aus, pinkelte, streifte das Unterhemd ab, ließ für einen kurzen Augenblick ihr Hinterteil ganz nackt sehen, zog sich das Nachthemd an und stieg ins Bett. Jetzt kam er in Sicht, im Hemd; er zog die Bettdecke weg, und sie streifte ihr Nachthemd hoch, so daß er ihre Möse eine Zeitlang betrachten konnte. Sie kannte seine Wünsche offenbar genau. Dann bestieg er sie. Aber es war kalt; er zog sich aus ihr zurück, sie hüllten sich in die Bettdecke und vögelten unter der Decke. Ich hatte nur den Spaß, das Auf und Ab dieser Decke zu beobachten. Er hatte die Kerze, die vorher neben dem Bett gestanden hatte, auf den Waschtisch gestellt, so daß ich ihr Gesicht nicht so gut wie am Tage erkennen konnte. Schließlich stieg er von ihr herunter, löschte das Licht und begab sich in sein Bett. Sie hatte sich auf die Seite gedreht, anscheinend war sie gleich, nachdem er sie verlassen hatte, eingeschlafen, unter der besänftigenden Wirkung ihrer Lust, mit gefüllter Möse.

Das alles beobachtete ich mit dem größten Vergnügen; ich stand dabei auf einem Stuhl, hatte meinen steifen Schwanz herausgenommen, streichelte ihn voller Lustverlangen. Ich widerstand jedoch der Versuchung, mich zu wichsen, und beschloß, mir am nächsten Tag eine Frau zu suchen. Zu meinem Verdruß wachte ich mitten in der Nacht mit einem unkeuschen Traum auf und ergoß mich ausgiebig in mein Nachthemd.

Wenn ich warten mußte, vertrieb ich mir die Zeit meist damit, meine Erlebnisse in Neapel und in G**n*b*e mit Mrs. M***l**d aufzuschreiben. Am nächsten Morgen sah ich nicht, wie sie es miteinander trieben, obwohl ich bei Tagesanbruch aufgestanden war und bis zum Frühstück auf meinem Posten ausharrte. Dann hörte ich, wie die Dame sagte: »Ich kann ebensogut schon jetzt hinfahren und du kommst zum Abendessen nach.« Ich sah dann, wie sie das Hotel verließ, und wollte nun auch selbst ausgehen, denn bis zum Abend, so schien es mir, würde es für mich hier keinen Spaß geben. Nach einer halben Stunde etwa ging ich also nach oben, um meinen Überzieher zu holen. Als ich in mein Zimmer trat, hörte ich im Zimmer nebenan eine männliche und eine weibliche Stimme, leise miteinander sprachen. Oho, dachte ich, sie ist zurückgekommen, und begab mich sogleich an mein Guckloch.

Aber der Mann war allein, und ich wollte schon wieder heruntersteigen, als das Zimmermädchen eintrat, rasch die Tür hinter sich schloß und verriegelte und im Nu auf dem Bett lag, mit gespreizten Schenkeln, und er vögelte sie — genau da, wo er es tags zuvor seiner Frau besorgt hatte. Ich sah ihnen zu. Kaum war es vorüber, da schlug sie ihre Röcke nach unten und verließ das Zimmer, und wenig später ging auch er hinaus; sie hatten sich beide nicht gewaschen. Ich war wie vor den Kopf gestoßen, verließ wenig später mein Zimmer und sah, wie das Dienstmädchen am Ende des Ganges mit einigen Reisenden sprach. Wie sehnte ich mich danach, sie zu besitzen!

Ich ging aus, konnte keine Hure finden, kehrte zurück, aß zu Mittag und ging auf mein Zimmer, immerzu in Gedanken an das Zimmermädchen; ich staunte über ihre Art und die Schamlosigkeit, es in einem der Zimmer mit einem verheirateten Mann zu machen, denn sie mußte doch wissen, daß es dort Gucklöcher gab. Der Mann und sie schienen alte Bekannte zu sein. Ich fragte mich, ob sie mich auch lassen würde. Von meinem zuckenden Schwanz getrieben, der mich immerfort drängte, ihm eine Freude zu bereiten, durchstreifte ich auf der Suche nach einer Gelegenheit das Treppenhaus und die Gänge, bis ich sie auf dem Korridor erblickte. Sie sah gut aus, vielleicht zwanzig Jahre alt, hatte dunkle Augen, und war besser gekleidet als gewöhnliche Zimmermädchen. Ich läutete nach warmem Wasser, sie brachte es, ich begann ein Gespräch. — Es sei sehr kalt. — »Ja, wünschen Sie ein Feuer, Sir?« Ich wußte, daß sie mir einen Hausdiener schicken würde, der es anzünden würde, und lehnte höflich ab. »Du sollst mich wärmen.« — »Wie denn das?« meinte sie mit einem durchtriebenen, lüsternen Blick, der mich davon überzeugte, daß sie meine Beute sein würde. »Ich werde es dir zeigen.« Ich küßte sie. Sie wehrte sich nach Frauenart, aber so schwach, daß ich sie leicht an mich drücken und ihr einen zweiten Kuß geben konnte. »Nein, lassen Sie das, man wird sich fragen, wo ich stecke.« — »Mir ist schon wärmer, *ma chère*. Ich schenke dir eine hübsche Kameenbrosche, wenn du mich noch wärmer machst, und niemand außer dir und mir wird etwas davon erfahren.« — »Was wollen Sie damit sagen?« — »Na, dies«, und damit schob ich ihr meine Hand unter die Kleider. Sie begann sich zu wehren. »Oh nein, ganz bestimmt nicht« — aber sie hätte nicht einmal den Finger eines Kindes von ihrer Möse vertrieben, die ich jetzt fest gepackt hielt. »Ich will nicht.« — »Mach nicht solchen Lärm, *ma chère*, sonst hört man uns in den Zimmern nebenan.« — »Ich habe Angst«, keuchte sie, »ich kann nicht« — ich glaubte schon, meine Chancen seien dahin.

Bei einem Gespräch über Frauen hatte mir ein Freund eines Abends gesagt, Dienstmädchen und Frauen dieser Klasse biete er niemals Geld an; mit einem bißchen Schmuck ließen sie sich viel eher ködern als mit einem Goldstück, außerdem sei das sehr viel billiger. »Einen Sovereign oder zwei lehnen sie vielleicht ab und sind beleidigt darüber, aber einem Schmuckstück können sie nicht widerstehen.« Ich hatte festgestellt, daß sich mit Schuhen und Hüten, unterfüttert mit etwas Gold, vieles erreichen läßt; aber in zwei oder drei Fällen hatte ich böse Enttäuschungen erlebt und hatte in anderen, wo ein bloßes Liebesversprechen keine Aussicht auf Erfolg hatte, meine Chancen vertan.

In Neapel waren mir einige schöne Kameenbroschen aufgefallen, und ich hatte ein halbes Dutzend gekauft, um sie zu verschenken (sie waren damals bei weitem nicht so teuer wie heute). »Ich habe eine so schöne Brosche! Ich werde sie dir schenken. Magst du Broschen? Sieh mal!« — »Ja«, sagte sie und nahm sie. Wieder umarmte ich sie, holte meinen Schwanz hervor und tastete mit den Händen nach ihrer Möse. »Nicht, ich mag das nicht!« — Das war alles, was sie sagte; sie stand dabei mit dem Hintern an das Bett gelehnt, mit geschlossenen Schenkeln die Brosche betrachtend, während meine Finger an den Lippen ihrer Möse herumspielten.

Ich wußte jetzt, daß sie mir gehören würde, ließ von ihr ab, verriegelte rasch die Tür und hatte sie im Nu mit hochgeschlagenen Unterröcken auf dem Bett. Sie wollte vögeln. Ich war über ihr, mein Schwanz hatte ihre Möse berührt, als meine Finger die Feuchtigkeit ihrer Spalte spürten und mir der Gedanke kam, daß sie das Sperma des Franzosen vielleicht nicht ausgewaschen hatte — und schon begann mein Schwanz zu schrumpfen. Obwohl dieser Fick Stunden zurücklag, obwohl ich mir nach dem, was ich über den Geschlechtsverkehr im allgemeinen wußte, hätte sagen müssen, daß ich von seinen Überbleibseln auch dann nichts finden würde, wenn sie sich nicht gewaschen hatte, trug sich doch alles so zu, wie ich es geschildert habe, und nun folgte ein verrücktes Auf und Ab widersprüchlicher Gefühlsregungen und Handlungen, das sie sehr erstaunt haben muß.

Hastig richtete ich mich auf, kniete jetzt zwischen ihren Beinen und betrachtete sie, während ich meinen Schwanz mit der Hand gefaßt hielt. Soll ich sie fragen, ob sie sich gewaschen hat, überlegte ich. »Was ist denn?« fragte sie ungeduldig. Wieder sah ich den Ehemann vor mir, wie er sie auf dem Bett vögelte, und mein Schwanz wurde steif; dann wieder der quälende Gedanke, daß sein Sperma in ihr war; ich hatte das Gefühl, daß ich sie nicht vögeln könnte, und schob meine Finger in ihre Möse, um nach seinem Sperma zu forschen — als ob es appetitlicher sei, mit den Fingern danach zu tasten, statt mit dem Schwanz. »Oh, sie tun mir weh!« schrie sie. Da fiel ich auf sie, vergaß das Sperma und dachte nur noch daran, wie ich die beiden beim Vögeln gesehen hatte. Mein Schwanz wurde zum Horn, wütende Gier überkam mich, und mit wilden Stößen ergoß ich mich in sie. »Oh, Sie tun mir weh — oh«, schluchzte sie und ergoß sich mit mir.

Dieser Konflikt zwischen Verlangen und Abscheu, wie mein Schwanz, der in diesem Augenblick steif ist, im nächsten völlig erschlafft und sich wieder versteift, sobald mir ein anderer Gedanke durch den Kopf schießt, und wie er seinen Samen schließlich in einer gewalttätigen Aufwallung von Lust wütend in eine Möse entleerte, in die er eine Minute zuvor nicht eindringen mochte — ich halte dies alles für ein besonders eigenartiges Vorkommnis in meinem Liebesleben.

Sie unterbrach meine Ruhe, indem sie meinen Schwanz herausgleiten ließ. »Laß mich aufstehen.« Ich stieg von ihr herunter, und wieder fiel mir ein, daß sie sich vielleicht nicht gewaschen hatte. Aber jetzt wusch sie sich, wobei sie mir den Rücken zukehrte. Da klingelte es. »Das ist die Rufglocke«, meinte sie und erhob sich rasch von dem Becken: »Sieh mal nach, ob jemand auf dem Gang ist.« Das tat ich. »Ja.« — »Paß auf, und sag mir, wenn niemand da ist«, flüsterte sie hinter mir stehend. Wieder erklang die Glocke. »Jetzt ist keiner da.« Und schon war sie draußen; die Brosche hatte sie auf dem Schrank für den Nachttopf vergessen.

Für kurze Zeit war meine Gier gestillt, aber schon bald begehrte ich sie von neuem, lauerte an meiner Tür und winkte ihr zu, als sich eine Gelegenheit bot. Sie kam und flüsterte: »Es sind jetzt Gäste da.« Eine Stunde später war es draußen wieder ruhig, und sie trat ein. »Lange kann ich nicht bleiben«, meinte sie und legte sich ohne Zögern aufs Bett, als ich sie darum bat. Ich schob mich neben sie, streichelte sie auf das angenehmste, küßte sie, sah manches von ihr; ein paar Minuten schlüpfrige Reden, dann lag ich wieder auf ihr, und wir hatten den genußvollen zweiten Fick von zwei Menschen, die es wollen. Als wir uns voneinander lösten, erklang erneut die Rufglocke. »*Sacré*, was will sie jetzt schon wieder?« — Sie machte, daß sie hinauskam, diesmal, ohne sich die Möse zu waschen. Die Brosche hatte ich beiseite gelegt. Sie hatte nicht nach ihr gefragt, aber ich bemerkte, wie sie sich einen Moment im Zimmer umsah, als suche sie etwas. Sie versprach mir, mich nach der Table d'hôte zu besuchen.

Es war schon ziemlich dunkel, als ich mein Zimmer aufsuchte — in den anderen Zimmern auf meinem Gang waren keine Gäste, ausgenommen das Paar in dem Raum nebenan. Ich zündete meine Kerze an und ließ die Tür angelehnt. Suzanne hielt Wort und kam. »Hast du deine Möse gewaschen, seit wir uns geliebt haben?« — »Selbstverständlich.« — »Wo?« — »In meinem Zimmer.« — »Laß dich ansehen.« — »Nein, ich mag das nicht.« Aber ich wollte es. Wir legten uns auf das Bett. »Wir dürfen keinen Lärm machen«, sagte ich, »nebenan wohnt ein Ehepaar. Weißt du, wer sie sind?«

— »Ja.« Es sei ein Fabrikant. Er halte sich oft in der Stadt auf und habe vor nicht allzu langer Zeit eine Dame geheiratet, deren Angehörige hier lebten. »Letzte Nacht habe ich gehört, wie sie vögelten«, sagte ich. — »Dazu haben sie ja schließlich geheiratet«, meinte sie lachend. — »Ich möchte sogar behaupten, daß er vor seiner Heirat auch dich gevögelt hat, wenn du ihn doch so gut kennst.« — »*Mon Dieu*, nein!« Wie gern hätte ich ihr erzählt, was ich gesehen hatte, aber ich tat es nicht; dann genossen wir einander. Ich schenkte ihr die Brosche, die ihr eine große Freude machte. Nein, sie könne nicht bei mir schlafen, sie fürchte, ertappt zu werden — aber ihr Zimmer liege für sich allein, zwei Stiegen hoch, durch eine Tür, die sie mir zeigte. Sie würde die Zimmertür nur anlehnen. Ich folgte ihr in einigem Abstand, und sie zeigte mir den Weg, indem sie gleich hinaufging und ihr Zimmer betrat.

Das Ehepaar kehrte zurück. Ich beobachtete, wie er seine Frau vögelte. Zur vereinbarten Zeit war alles ruhig. Ich schlich in das Zimmer des Mädchens hinauf, vergnügte mich mit ihr, kehrte in mein eigenes Zimmer zurück, verbrachte eine ruhige Nacht, und wachte gerade rechtzeitig auf, um meine Nachbarn auf dem Bett vögeln zu sehen. Nach dem Frühstück verließen sie das Hotel.

Nachher stahl ich mich in das Zimmer der beiden und stellte fest, daß dieser Raum, nachdem die Gucklöcher gebohrt waren, offenbar einen neuen Anstrich erhalten hatte, der die Spuren der Löcher verwischt hatte. Es waren nur die zu sehen, die ich neu angelegt hatte.

Ich blieb noch volle zwei Tage dort und hielt mich viel in meinem Zimmer auf. Suzanne kam heimlich zu mir, wenn ich danach verlangte, und mehrmals am Tage verschaffte ich ihr sinnlichen

Genuß. Zwischendurch schrieb ich die Erzählung meiner Liaison mit Mrs. M***l**d in G**n*b*e auf. Als ich mich schließlich aus meiner Brunst herausgevögelt hatte, ließ ich sie mit einem Kuß zurück, verließ die Stadt in Richtung Paris, machte unterwegs in mehreren Städten Halt, bediente mich auch überall, wo es sie gab, der Gucklöcher, sah aber nichts, was der Mitteilung wert wäre.

Die kleine Episode in N*v**s brachte mich auf den Gedanken, in jedem Hotel, das ich nachher aufsuchte, nach Gucklöchern Ausschau zu halten, und oft fand ich welche. Ich hatte sie auch früher schon in Hotels gesehen und ausprobiert, aber was ich dabei zu sehen bekam, hatte mich nicht sonderlich erbaut. Ich kann heute gar nicht verstehen, warum ich nicht gründlicher nach ihnen gesucht habe. Ich glaube, sie waren in Frankreich zahlreicher als in anderen Ländern, und der Grundriß und die Anordnung der Zimmer begünstigten sie. — Jedenfalls habe ich seither immer sehr eifrig nach ihnen gesucht. Etwa um diese Zeit hatte ich auch angefangen, mich nach einer neuen, viel Sorgfalt erfordernden Mode zu rasieren, hatte mir einen kleinen Bohrer gekauft, um zu diesem Zweck einen Handspiegel in der Nähe des Fensters anbringen zu können, und benutzte ihn zuweilen auch, um Löcher zu bohren oder die vorhandenen, wenn sie verstopft waren, zu öffnen.

Wenn ich feststellte, daß es in einem Zimmer keine Beobachtungsmöglichkeiten gab, nahm ich mir, sobald ich konnte, ein anderes. Bei der Ankunft in einem Hotel wartete ich zunächst ab, um zu sehen, welches Zimmer von einer jungen Frau oder einem jungen Ehepaar, falls eines da war, gewählt wurde, und nahm dann, wenn möglich, das Zimmer nebenan. Wenn sich herausstellte, daß es zwischen beiden Zimmern keine Verbindungstür gab, erfand ich irgendeinen Vorwand und lehnte das Zimmer ab. So bekam ich viele Gelegenheiten, und es boten sich mir mitunter sehr amüsante Anblicke von keuscher Wollust.

*Betsy Johnson mit den großen Augen. — Erste Bekanntschaft. — Schließung von Bordellen. — Zehn Jahre danach. — Bist du es, Betsy? — Ihre großen Nymphae. — Hervortretende Augen. — Ausschweifende Gewitztheit. — Meine erotischen Wünsche. — Ihre Hilfe. — Zusammen mit Betsy und einem Mann. — Zögern. — Seine Angebote. — Ich wichse ihn. — Er bietet mir sein Arschloch. — Keine Erektion. — Stößel und Arschloch. — Sperma und Zahnstocher. — Ich vögele Betsy. — Sein Daumen an meinem Hintern. — Kleine Jungfrau gesucht. — Eine gefunden. — Mit ihr in J***s Street. — Molly. — Betsys ausschweifende Mätzchen. — Molly züchtig, ausgezogen und alkoholisiert. — Mit Münzen nach Mösen zielen. — Molly weist mein Liebesdrängen zurück. — Betsy droht.*

[Bevor ich von meiner Bekanntschaft mit dieser Frau berichte, muß ich an einige Tatsachen erinnern, um zu erklären, wie diese Bekanntschaft überhaupt zustande kam.

Einige Zeit, bevor mein Umgang mit Sarah Mavis endete, die mir den Kopf so völlig verdreht hatte, erlebte die Londoner Öffentlichkeit eine jener Anwandlungen von Tugendhaftigkeit, die sie zuweilen heimsuchen. Sie eröffnete einen Kreuzzug gegen die Prostituierten, vor allem gegen die, welche die Regent Street, die Coventry Street und einige andere Straßen in der Umgebung frequentierten. Viele gemütliche, ruhige Stundenhotels wurden geschlossen, und mehrere hübsche Dirnen, mit denen ich verkehrt hatte, verschwanden. Eine Zeitlang ließ man sie sogar mit aller Brutalität von der Polizei hetzen. Dutzende von Frauen wurden unbarmherzig vor die Behörden geschleppt; die meisten wurden zwar nur verwarnt und dann freigelassen, einige jedoch sperrte man ein; dies führte dazu, daß man auf den genannten Straßen und einigen anderen für kurze Zeit so gut wie keine Dirne zu Gesicht bekam.

Unter den Frauen, die verschwanden, war auch eine namens Betsy Johnson, ein nettes kleines Ding, keine zwanzig Jahre alt und in der Blüte ihrer Jugend stehend. Kurz bevor sie verschwand, sagte sie eines Abends in ihrer witzigen Art zu mir: »Mit dem Vögeln ist jetzt hier Schluß, außer aus Liebe; will mal sehen, ob ich mich mit Waschen über Wasser halten kann.« — Sie verschwand, und jetzt, neun oder zehn Jahre später, sollte ich sie wiedersehen.]

Es war Mitte November. — An einem ekelhaft trüben, naßkalten, finsteren Abend spazierte ich über den Strand. Die Huren hoben ihre Röcke, teils um dem Straßenschmutz zu entgehen, vor allem aber wohl, um ihre Beine zu zeigen, so weit, wie sie sich getrauten, und ich besah sie mir mit Wohlgefallen und ließ meine Gedanken von ihren Beinen zu ihrem Hintern schweifen. An einer von ihnen war ich schon fast vorübergegangen, da blieb ich stehen — ich glaubte, eine alte Straßenbekannte wiederzuerkennen.

»Bist du es, Betsy?« — Ich machte kehrt und bog in eine Nebenstraße, die Frau folgte mir. — »Ich kann mich nicht an Sie erinnern, aber die Stimme kenne ich«, sagte sie. — Ich gab mich zu erkennen. Mehrere Jahre waren vergangen, seit ich sie zuletzt gesehen hatte. Es war Betsy Johnson, die ich gevögelt hatte, kurz nachdem sie auf den Strich gekommen war, ungefähr zu der Zeit, als ich in Sarah Mavis verliebt gewesen war und mich mit ihr zerstritten hatte.

Betsy war eine mittelgroße Frau, aber ihre molligen, runden Formen waren wunderbar. Sie hatte damals eine entzückende Figur, besaß eine köstliche Haut, glatt wie Elfenbein, und schönes, kastanienbraunes Haar; von der gleichen Farbe war auch das spärliche Haar auf ihrer Möse. Ihr Körper wies zwei Unvollkommenheiten auf. Die Augen traten zu stark hervor, die Klitoris war groß, und die inneren Lippen waren sehr groß. Als ich sie kennenlernte — damals war sie noch keine zwanzig Jahre alt — hingen sie zwischen den äußeren Lippen einen halben Zoll hervor, und zwar über die ganze Länge der Spalte. — Mir gefiel das nicht, ich nahm sie aber immer wieder, denn ihre Figur war wunderschön, die Haut vollkommen glatt, sie vögelte göttlich, und ihre Möse paßte himmlisch zu mir. Sie war die geistreichste Frau ihrer Klasse, der ich je begegnet bin — von einem gutartigen, gefälligen, manchmal auch schlüpfrigen Witz, denn sie liebte das Schlüpfrige. Sie genoß es. Sie faßte damals eine besondere Zuneigung zu mir, die ich allerdings nicht erwiderte — obwohl ich sie zuweilen traf, als ich mit Sarah im Streit lag, wie ich, sofern mich mein Gedächtnis nicht täuscht, schon erzählt habe.

Wir begaben uns in ein Haus, und sie entkleidete sich. Ihre Figur war schön wie eh und je — aber die Verunstaltung ihres Geschlechts hatte sich noch verstärkt. Die Nymphae hingen jetzt gewiß anderthalb Zoll zwischen den äußeren Lippen hervor, über die ganze Spalte. Wir unterhielten uns lange darüber, und ich erzählte ihr, ich hätte gehört, daß manche Frauen sie sich abschneiden ließen. Sie war sehr interessiert, hatte ebenfalls davon gehört, daß man so etwas tun könne. — Sie würde dabei ihren ganzen Mut zusammennehmen müssen, meinte sie. Die Männer — davon war sie überzeugt, mochten diese Lappen nicht, und sie sagten es ihr auch. — »Wirklich?« — Seit sie nach

London zurückgekehrt war, hatte sie noch keinen festen Freund gefunden und war sehr arm geblieben. »Es muß an diesen hübschen Lippen liegen, sie gefallen den Leuten nicht, nehme ich an.«

Sie war schon immer geil gewesen. — »Ist herrlich, wie du vögelst, mein Lieber. Machst es immer noch sehr gut.« — Und als ich mich anschickte, zu gehen: »Du willst doch nicht schon abhauen, nach dem einen Mal und wo ich dich all die Jahre nicht gesehen habe? — Ich weiß noch, wie ich dir sagen mußte, daß du für dein Geld genug gehabt hast. — Na, ich bin älter geworden, aber ich will verdammt sein, wenn du jetzt schon gehst.« — Sie ergriff meinen Schwanz. So vögelten wir noch einmal und dann noch einmal, ich konnte ihr nicht widerstehen. — »Du gehst heute abend direkt nach Hause, nicht wahr, mein Lieber. Eine neue Möse bringt den auch nicht mehr hoch, da mußte dich erst mal bißchen auf's Ohr legen und dir die Wampe vollschlagen. — Läßte dich denn mal wieder bei mir sehen?« — »Vielleicht.« — »Och«, sagte sie nachdenklich, »du magst mich nicht mehr, ich geh zurück nach S***b**ry. Ich komm hier nicht weiter — mit der Hurerei ist es bei mir nichts mehr.« Sie gehörte zu denen, die unerschrocken sagten, daß sie ihren Lebensunterhalt als Huren verdienen. Mir mißfiel das. — »Na, aber so ist es doch, oder?« hatte sie mir einmal geantwortet, als ich ihr diese offene Sprache verwies.

Ich traf sie wieder, aber ihre großen, herunterhängenden Nymphae dämpften meine Begierde nicht wenig. Ich wollte mit in ihre Wohnung kommen. — »Das geht nicht, du wärst entsetzt«, sagte die arme Frau. »Ich habe nur ein Kleid und ein Unterhemd an, weißt du — mehr besitze ich nicht, aber ich muß meine schönen Beine zeigen. — Diese Beine, die sind mein Vermögen«, sagte sie. —

Noch immer hatte sie hübsche Beine, trug Seidenstrümpfe und hübsche Schuhe, obwohl sie kaum Unterwäsche besaß. »Ich schlafe auf dem Fußboden, auf einer Matratze; ein Bett gibt es da nicht, nur die Matratze, ein Tisch und ein Nachttopf, das ist alles. Nicht mal 'n Vorhang hab ich, Liebling.« Sie war keine Irin, sprach aber absichtlich mit irischem Akzent.

Als wir auseinandergingen, fragte sie noch: »Kann ich irgendwas für dich tun?« Ich wußte nicht, was sie eigentlich meinte, und antwortete im Scherz: »Ja, Betsy. Besorg mir eine hübsche junge Möse ohne das kleinste Härchen drauf — und einen Mann zum Wichsen.« — »Och, du Viech, wenn du ne junge Möse willst — da kannst du lange warten. Aber den Mann kann ich dir ohne weiteres besorgen, wenn du wirklich willst.« — »Ja, ich will.« In diesem Augenblick fand ich Gefallen an meinem Plan. »Also von denen gibt es jede Menge.« — »Aber in deinem Zimmer.« — »Ausgeschlossen, du und der Soderer, ihr würdet es dort keine fünf Minuten aushalten.« Als ich ihr von diesen Gelüsten erzählte, meinte ich es so ernst eigentlich nicht, aber bei einem späteren Treffen kam sie selbst auf die Ideen zurück, und schließlich vereinbarte ich mit ihr, daß ich sie an einem der nächsten Tage mit einem Mann treffen sollte; wir würden zu ihm in die Wohnung gehen; sie hatte meine Neugier geweckt.

Ich traf die beiden am S**o S****e. — Er nahm respektvoll den Hut ab. — »Geht voran, ich komme nach«, sagte ich, und sie setzten sich in Bewegung. — Dann blieb sie etwas zurück — ich war nervös und sagte es ihr. »Geht das auch mit rechten Dingen zu, bei dir und bei ihm, wenn ich mitkomme?« — »Ist alles in Ordnung; aber eins will ich dir sagen, der soll mich nicht anrühren; vögeln tu ich mit dem nicht, wenn du das meinst — ich kann die

Saukerle nicht ausstehen.« — »In Ordnung, geh weiter, ich will bloß wissen, wie ein Mann von dieser Sorte eigentlich ist.« — Die beiden gingen weiter, überquerten O*f**d Street, dann ging es durch eine lange Straße, von der sie in einen gepflasterten Hof abbogen; er öffnete mit einem Schlüssel die Haustür, wir stiegen in den ersten Stock über einem Geschäft und traten in ein gut möbliertes Wohnzimmer, an das sich ein Schlafzimmer anschloß. Als wir eintraten, blieb sie noch einmal zurück und flüsterte mir zu: »Aber der soll mich nicht anrühren!« — »Schon gut, aber kein fauler Zauber, Betsy?« — »Alles klar, Knuddel.« Es war ein dunkler Abend, und ich war schrecklich nervös, aber eine außerordentliche Neugier erfüllte mich. Ich fragte mich, ob das Arschvögeln sehr lustvoll war — Betsy hatte gesagt, Männer hätten ihr das erzählt.

Die erotische Laune, die mir jahrelang immer wieder in den Sinn gekommen, aber auch immer wieder abgeklungen und in Vergessenheit geraten war, die jedoch von Zeit zu Zeit, wenn ich durch Gucklöcher und Schlüssellöcher spähte und Paare beim Vögeln beobachtete, von neuem aufflammte, eine Laune, die mit jedem neuen Schwanz, den ich zu Gesicht bekam, an Kraft gewann,vor allem, seit ich in Paris den gutgerüsteten jungen Mann gesehen hatte, der seine Frau fickte — diese Laune sollte nun endlich befriedigt werden. Ich hatte alle Bedenken ausgeräumt. Den Schwanz eines anderen zu betasten — davon hatte ich mich überzeugt — war ebenso harmlos, wie den eigenen zu betasten. — Vor mir stand der Mann, an dem ich meine ganze Neugier befriedigen konnte — und doch begann ich zu zittern. — Noch auf der Straße war ich einmal stehengeblieben und hatte Betsy erklärt, ich wolle nicht mit ihnen kommen — aber sie lachte mich aus, und so ging ich weiter.

Während ich ihnen folgte, bekam ich so heftiges Herzklopfen und empfand solche Angst vor dem, was ich tun sollte, daß ich überlegte, ob es nicht besser sei, fortzulaufen — (ähnliche Angstgefühle hatte ich auch später einmal). Aber Stolz, Draufgängertum und die Neugier darauf, wie es sein würde, den Schwanz eines anderen Mannes in die Hand zu nehmen und seine Gefühlsregungen zu beobachten, wenn er sich ergoß, ließen mich standhaft bleiben. — Es war bloße Neugier, denn allein schon die körperliche Nähe eines Mannes war mir stets unangenehm gewesen. — Und jetzt sogar einen zu wichsen! — Ach! Seit ich das zum letzten Mal getan hatte, waren so viele Jahre verstrichen, daß ich alles vergessen zu haben glaubte.

Wir gingen zusammen in das Schlafzimmer hinüber. Sie blieb im Wohnzimmer. — »Sie bleibt besser dort«, meinte er. — »Laß deinen Schwanz sehen«, sagte ich, sobald ich meine Unruhe ein wenig gemeistert hatte. — Er zog ihn heraus; er sah klein aus. Ich berührte ihn mit einigem Unbehagen. — »Mögen Sie's gern ein bißchen braun?« fragte er. — Ich verstand nicht, und er erklärte. »Bei uns heißt es ›ein bißchen braun‹; eine Möse ist ›ein bißchen rot‹.« — Übelkeit stieg in mir hoch, aber ich fuhr fort. — »Laß dich wichsen.« — Er zog sich bis aufs Hemd aus, ich nahm ihn auf meine Knie und begann seinen Schwanz zu reiben. Währenddessen stellte er mir Fragen — ob ich schon einmal in einem Mann gewesen sei? — »Nein.« — Das sei ein unvergleichlicher Genuß. — Ich wichste ihn kräftig, aber sein Schwanz wollte nicht stehen; ich erging mich in schlüpfrigen Reden, sprach über Frauen. Er dagegen: »Ein bißchen braun ist mehr wert als hundert Mösen.« Ich war verwirrt, denn sein Schwanz blieb klein und schlaff. Ich hatte geglaubt, die Unterhaltung über Mösen werde ihn steif machen.

Er lenkte unser Gespräch nun auf das Arschloch. — Ob ich ihn mein Arschloch streicheln lassen wolle, fragte er. — Ich willigte ein. Wer A sagt, muß auch B sagen, dachte ich bei mir. Ich ließ meine Hosen herunter, er besah sich meinen Hintern und sofort richtete sich sein Schwanz auf. »Ist er unberührt?« fragte er und streichelte ihn. — Er stand jetzt neben mir, ich legte ihm meinen linken Arm um die Hüfte, um mich abzustützen, und wichste ihn; bald ergoß sich der kleine Soderer, aber nur sehr wenig. Hastig wusch ich mir die Hände.

Als er sich wieder gefaßt hatte, wusch er sich sein Werkzeug und war jetzt sehr neugierig auf mich; nun befühlte er meinen Schwanz sehr heftig. — »Steck ihn mir rein«, sagte er. — »Ich kann nicht, mein Schwanz würde nicht stehen.« — »Soll ich ihn dir lecken?« — »Du?« — »Ja.« — »Macht ihr das so?« — »Gott, ja, ich hab's schon so dick im Mund gehabt, daß ich es mir mit einem Zahnstocher rauspuhlen mußte.« — Mir wurde übel, aber nach einiger Zeit rückte ich mir seinen Arsch zurecht und machte mir durch kräftiges Wichsen den Schwanz steif, fest entschlossen, das Arschvögeln auszuprobieren. Aber sobald ich ihn an seinem Arschloch ansetzte, erschlaffte er. — Er kniete vor mir auf dem Bett. — »Mach ihn mit Spucke gut naß«, sagte er, wobei er sein eigenes Loch anfeuchtete. — Es war nutzlos, ich gab auf. — »Warte, gleich geht es«, meinte er. — Aber obwohl ich immer wieder versuchte, entschlossen, alles kennenzulernen und alles einmal im Leben zu tun, war es nutzlos.

Schließlich öffnete er eine Schublade, holte einen kleinen Stößel aus Marmor hervor, wie ihn Apotheker benutzten, und fragte, ob er ihn mir in den

Hintern schieben dürfe, wobei er sich in den höchsten Tönen über die Lust erging, die ich dabei empfinden würde. — »Es muß wehtun«, wandte ich ein. — »Aber nein, Lieber, sieh mal.« — Er legte sich auf das Bett, zog die Beine an und schob ihn ein Stück weit in sein Arschloch hinein. — Meine Übelkeit nahm zu, ich war in diesen Dingen so unerfahren. Er bemerkte das wohl, denn er nahm ihn wieder heraus. Dann aber brachte er zwei andere von unterschiedlichem Format zum Vorschein, der eine ziemlich groß, und erzählte mir, er habe einen Freund, den er jede Woche besuche und in seinen Stallungen treffe, der schiebe sich jedesmal den größeren in den Hintern und behauptete doch, er sei nicht groß genug, um ihm Lust zu verschaffen. »Bis hierhin stecke ich ihn bei ihm rein«, sagte der Sodomit und zeigte mir die Stelle auf dem Stößel mit dem Daumen. Aber diese Schilderung machte mich nur noch zurückhaltender. — »Du solltest zuerst den kleinen nehmen, ich mache es dir, und ich kenne einen hübschen jungen Mann, der dir gleichzeitig den Schwanz saugt, wenn du magst.« — »Nicht doch!« — »Komm, laß mich dich sodern«, sagte er plötzlich voller Zärtlichkeit. »Ich würde es dir so gern machen und dir deine Unberührtheit nehmen.« Dabei schwenkte er seinen Schwanz und wichste ihn ein wenig. — Er war nicht steif, vorne sehr spitz, aber durchaus nicht sehr groß.

Ich war völlig verblüfft. Seine abgebrühte Art, und wie er mir erzählte, daß er zwischen seinen Zähnen nach Samenresten gestochert hatte, ließen mich erschauern. — Und dann diese Stößel. — Man stelle sich vor, zwei Männer in einem Stall, und der eine schiebt dem anderen einen Stößel in den Hintern. — Wie seltsam, dachte ich, wie abscheulich — es ist unglaublich. Doch ich war immer noch neugierig. — »Bringt es ihn zum Erguß?« fragte ich. — Gelassen erwiderte er: »Sein Schwanz steht, wenn ich damit im Braunen ein Weilchen rauf- und runtergefahren bin, dann mache ich behutsam weiter und sauge ihm den Schwanz, bis er kommt.«

Neugierig auf seine Gefühlsregungen, wichste ich ihn noch einmal und beobachtete sein Gesicht, als er unter Schwierigkeiten einen kleinen Erguß zuwege brachte. — Mein Schwanz jedoch wollte nicht stehen. — Deshalb ging ich in das andere Zimmer zu Betsy hinüber, entschlossen, ihre Möse zu probieren. — Wie sie mir später erzählte, hatte sie uns die ganze Zeit über durch die Tür beobachtet und belauscht. »Komm mir nicht zu nah«, sagte sie zu dem Soderer. — Nach vielem Hin und Her brachte sie meinen Schwanz zum Stehen, ich bestieg sie und vögelte; ich streichelte dabei seinen Schwanz — das war mir selbst eingefallen, oder er hatte es vorgeschlagen —, es schien jedenfalls meine Lust zu erhöhen.

Während ich nun meinen Schwanz in Betsys Möse rammte, bemerkte ich, daß er mich von hinten betastete und mit dem Daumen oder einem Finger in mein Arschloch eindrang. — »Faß ihr ins Braune«, sagte er. — Ich war auf dem höchsten Punkt der Lust. »Du Viech«, stieß Betsy hervor. — Ob ich seinen Vorschlag befolgte oder nicht, weiß ich nicht mehr. Ich ergoß mich und brachte auch sie hoch; dann gingen wir rasch auseinander. — Ich gab ihm einen Sovereign, nicht mehr, und ihr, unter seinen Blicken, zwei. — Sie beklagten sich nicht. — Ich versprach ihm, ihn wieder zu treffen, hatte aber in Wirklichkeit nicht diese Absicht und habe es auch nie getan.

Bald darauf begegnete ich ihr wieder, sie war neugierig. »Kam dir sein Arschloch groß vor?« Ich konnte es ihr nicht sagen, die bloße Erwähnung war mir schon unangenehm, und doch war meine Neugier anscheinend ungestillt; eigentlich wollte ich noch mehr erfahren und verachtete mich doch zugleich auch, weil ich das wollte. — Als sie mich fragte, ob sie ihn noch einmal bestellen sollte, lehnte ich rundweg ab, und doch wünschte ich mir die ganze Zeit, ihm meinen Schwanz hineinzustecken, um festzustellen, ob es mir einen nie gekannten Genuß verschaffen würde oder nicht, und ärgerte mich darüber, daß ich es nicht getan hatte.

Aber ich fragte Betsy noch einmal nach einer unberührten, jungfräulichen Möse. — Sie schüttelte den Kopf — sie wisse nicht, wo sie eine bekommen könnte — die jungen Burschen nähmen sich alle Mädchen, solange sie noch ganz jung seien. Sie wisse sehr genau, wie es diese Kerle und die Mädchen schon im zarten Alter miteinander trieben. — Sie hatte in ***** gewohnt — und dort gab es kein Mädchen über vierzehn, das es sich nicht hatte besorgen lassen — und zwar von den jungen Burschen, nicht von Männern — meistens auf den Feldern, manchmal auch zu Hause. Schon vor Jahren hatte ich ähnliche Berichte von anderen Frauen gehört und glaubte ihr. — »Ich besorge dir ein halbes Dutzend junge Dinger ohne jedes Haar, aber vom Vögeln verstehen die alle genausoviel wie ich.« — Dieses Angebot lehnte ich ab, denn ich wußte, daß von dieser Art viele unterwegs waren und daß ich sie auch ohne ihre Hilfe bekommen konnte. — »Eine Jungfrau ohne Haar auf der Möse, sonst gar nichts.« — Nun, sie würde mir schon helfen wollen, wenn sie könnte, aber sie schüttelte den Kopf. — Ihre letzten Worte waren: »So ein ganz klein wenig Haar drauf würde dir doch nichts ausmachen, oder?« — »Vielleicht, wenn es nur eine Spur von einer Andeutung ist, aber nimm dich in acht, ich werde mir ihre Möse genau ansehen, mit gespreizten Schenkeln, bevor ich sie nehme. Ohne Jungfrau kein Geld. Foppen lasse ich mich nicht.« — »Schon gut, mein Lieber, aber du wirst ganz schön lange warten müssen.«

Kurze Zeit später lief ich Betsy zufällig über den Weg und wollte schon an ihr vorüber — da erkannte sie mich, stieß mich am Ellenbogen an und sagte hastig: »Komm her, los, seit einer Woche halte ich Ausschau nach dir.« — Wir bogen in eine Nebenstraße ein. — »Also, wenn du wirklich willst, ich glaube, ich habe da ein wirklich nettes Mädchen für dich, aber es ist ziemlich riskant für mich.« — Wir hatten eine lange Unterredung, ich gab ihr Geld, um dem Mädchen Geschenke zu machen, und etwas auch für sie selbst, aber nicht viel. — »Ich glaube, sie macht es, aber wenn ich sie nicht herumkriege, dann geht es eben nicht, und du denkst, ich hätte dich reingelegt.« — »Nein, bestimmt nicht.« Damit gingen wir auseinander.

Nun hielt ich Ausschau nach Betsy, und nach ein paar Tagen sah ich sie. — »Sie ist Jungfrau«, sagte sie, »aber ich weiß noch nicht, wie ich an sie rankomme.« — »Ach, die alte Tour.« — »Dachte mir schon, daß du das sagen würdest, du alter Fuchs.« — Betsy wollte unbedingt, daß ich mit ihr in ein Haus ginge, aber ich mochte nicht, machte ihr jedoch wieder ein kleines Geschenk und vereinbarte den Preis für ihre Dienste, falls sie von Nutzen sein würden. — »Ich fürchte, ich kriege das nicht hin«, sagte sie, »obwohl sie ein geiles Luder ist und unbedingt wissen will, wie es beim Vögeln ist; die Jungs haben ihr die Möse gestreichelt und sie ihnen den Schwanz — sie hat's mir erzählt — oho, die hat Hitze im Arsch, und ob *du* sie nun nimmst oder ein anderer, irgend jemand bekommt sie sowieso —

und das Geld gibst du mir an dem Abend, wenn du sie das erste Mal nimmst, oder?« — »Ja, sofern sie eine Jungfrau ist, sonst nicht, und ich werde mir ihre Möse gründlich ansehen, ehe ich sie mir vornehme.« — »Schon gut, du Schlaumeier, gestern abend war sie jedenfalls noch Jungfrau, das schwöre ich dir.«

Es verging mehr als eine Woche. Dann sah ich mich nach Betsy um und fand sie. — Ich ging an ihr vorüber, versetzte ihr einen leichten Stoß, sagte: »Pst« — und ging weiter. Dann bog ich in die nächste Straße ab. — Betsy folgte mir und begann atemlos: »Oh, das ist *die* Gelegenheit — seit drei Abenden laufe ich hier auf und ab, bin nie vor Mitternacht verschwunden und nie mit einem Mann gegangen, aus lauter Angst, dich zu verpassen. — Sie *ist* eine Jungfrau.« — Dann erzählte sie mir, das Mädchen habe nur Spuren von Haar auf der Möse. — Ja, sie habe ihre Möse gesehen und genau geprüft. — »Ja — breit — weit gespreizt — und man bekommt den kleinen Finger in das Loch kaum rein, mein Lieber — es ist gerade weit genug, um das Monatsblut durchzulassen — und ihre Regel hatte sie erst zweimal, — du hast da eine seltene Gelegenheit — und so ein hübscher kleiner Teufel; ich würde sie mir selbst gern vornehmen. Aber gib mir einen Sovereign, damit ich sie herrichten kann, du willst doch, daß sie hübsch aussieht. Mein Ehrenwort! Habe ich dich jemals betrogen? Aber nein, nicht nächste Woche! Wir müssen uns morgen abend treffen, du darfst keine Nacht versäumen, sonst verpaßt du deine Chance; drei Nächte hat sie jetzt bei mir geschlafen, und ich lasse sie nicht aus den Augen. Dieses Teufelchen hat 'ne derart heiße Möse — Gott weiß, was die noch anstellt! — Ich werde ihr Schuhe und Strümpfe schenken und sagen, du hättest das Geld dafür geschickt — und du versprichst ihr ein Seidenkleid — und eine Krinoline — vergiß die Krinoline nicht; sie ist wie geschaffen dafür (Krinolinen waren gerade in Mode); sie wird dir gefallen, sie ist so gut gebaut wie ich. — Ich fürchte nur, daß sie sie nicht reinlassen; aber in J***s Street kennen sie dich ja gut, das ist die Hauptsache. — Wenn sie nicht wollen, mußt du in meine Dachkammer kommen, aber ich fürchte, da hören uns die Nachbarn.« — So redete sie ohne Unterlaß auf mich ein und sah die zehn Pfund schon in ihrer Tasche.

Der nächste Abend war finster und kalt. Sie trafen mich am L**c**t*r S****e. — Das Mädchen sah jung aus, ein schmächtiges Ding. Betsy meinte, wenn sie Einwände machten, sollte ich sagen, das Mädchen sei mit mir schon einmal dort gewesen. — Wir traten ein. Die Tür fiel hinter uns ins Schloß. Ich war zuerst eingetreten, ein wenig nervös, und hatte schon einige Stufen erklommen, als die Portiersfrau sagte: »Sie kann nicht mitkommen, Miss, das kann ich nicht zulassen — sie ist sehr jung.« — »Oh, sie ist überhaupt nicht jung — sie ist schon ein halbes Dutzend mal hier gewesen, mit mir und meinem Freund — oder etwa nicht, Sir? — Sie ist nämlich sechzehn, obwohl sie noch so jung aussieht«, fügte Betsy mit leiser Stimme hinzu.

»Sie sieht aber sehr jung aus«, meinte die Frau zögernd. Ich drehte mich um. »Das ist in Ordnung, sie ist schon früher mit mir hier gewesen, warum also jetzt diese Einwände?« — »Sie sieht sehr jung aus«, sagte die Frau noch einmal. Aber gerade in diesem Augenblick wurde die Straßentür aufgestoßen, und ein anderes Paar kam herein. — »Also gehen Sie, gehen Sie«, sagte die Frau, »erster Stock, vorn.« Und schon kamen Betsy und das junge Ding mit mir nach oben. Die Portiersfrau wollte nicht, daß das gerade eintretende Paar uns zu Gesicht bekam — unfreiwillig hatte es unser Problem gelöst.

Aber schon bald folgte uns die Frau in das Zimmer und sah die Kleine prüfend an. »Wenn alles in Ordnung ist, will ich nichts sagen«, meinte sie. Ich drückte ihr einen Sovereign in die Hand. »Wir werden die ganze Nacht bleiben.« — »Zwei Damen, Sir.« — Ich gab ihr noch ein Geldstück, machte ihr dann die Tür vor der Nase zu und verriegelte sie. Betsy zwinkerte mir zu. »Ich wußte, daß sie nichts dagegen haben würde, wenn du mit ihr sprichst — aber du mußtest ja auch ordentlich berappen.« Das stimmte allerdings; noch nie hatte ich in diesem Haus für zwei Damen einen Aufschlag zahlen müssen.

Betsy hatte das Mädchen sehr merkwürdig ausstaffiert; unter dem großen Hut sah sie aus wie ein Bündel von Kleidern, die ihr allesamt zu groß waren. — Ich durchschaute diese Vermummung allerdings mit einem Blick. — Da waren wir also, alle drei sehr behaglich im besten Zimmer des Hauses. So schnell sie konnte, legte Betsy Hut und Schal ab. Dann nahm sie auch der Kleinen ihren großen Schal ab und einen Hut, so groß, daß er einem Grenadier gepaßt hätte. Vor mir stand ein hübsches Mädchen von etwa fünfzehn Jahren, das mich aus ziemlich tiefliegenden Augen mit ernster Miene ansah. — »Das ist der Freund, der dir die Schuhe und die Strümpfe geschickt hat, er wird dir auch noch eine schöne Krinoline schenken«, sagte Betsy. »Nicht wahr, Sir?« — »Ja«, sagte ich.

Ich stand da und sah sie voller Wohlgefallen an, während Betsy sie und sich selbst hastig auszog. Zuerst streifte sie ihr eigenes Kleid ab, dann das des Mädchens. — Dann entkleidete sie zuerst sich und anschließend das Mädchen bis aufs Hemd. — Als das Mädchen im Unterhemd war, zog Betsy sie sogleich auf das Sofa und legte ihre Hände unter die bezaubernden, runden, kleinen Brüste. — »Sind das nicht zwei hübsche?« meinte sie. »Und so einen breiten Hintern hat sie, und dann die nette, kleine Möse.« Sie schob das Unterhemd nach oben, das Mädchen zog es wieder herunter. Das Mädchen hatte mich während der ganzen Prozedur nie aus den Augen gelassen, und auch ich hatte nur Augen für sie. Jetzt sagte sie: »Betsy, nicht!« — »Komm, sei kein Dummerchen, sieh mal« — und mit diesen Worten schlug Betsy ihr eigenes Hemd hoch, ließ sich nach hinten auf das Sofa sinken, streckte die Beine hoch, spreizte die Schenkel und zog die Lippen ihrer Möse weit auseinander. — »Sieh es dir an, Liebes,— ist das 'n Anblick für 'n steifen Schwanz.« — »Oh! — Oh, Betsy, nicht!« sagte das Mädchen. — »Gestern abend haben wir's doch auch gemacht, Liebes.« — »Aber nicht vor einem Mann«, sagte das Mädchen errötend und versuchte, Betsys Unterhemd herunterzuziehen: »Nicht, schäm dich!« — »Wieso denn? Was für ein Unsinn, Molly. Zeig ihm deine.« — »Nein, — du bist gemein.« — »Gestern abend hast du dir meine doch auch angesehen und ich mir deine, oder etwa nicht, Molly?« — »Nicht vor einem Mann — jetzt nicht, Betsy. — Oh, nicht vor ihm.« Sie sprach ganz ungekünstelt.

Aber jetzt zog sich Betsy auch das Unterhemd aus, trat auf das Mädchen zu und hatte auch ihr das Hemd im Nu abgestreift. — So standen sie da, bis auf Schuhe und Strümpfe beide nackt. Lachend warf Betsy sich nach hinten auf das Sofa, zog noch einmal die Lippen ihrer Möse auseinander — und forderte Molly auf, es ihr nachzutun. Das Mädchen sah mich furchtsam an; züchtig bedeckte sie mit einer Hand ihre Möse und versuchte mit der anderen, ihr Unterhemd wiederzubekommen, das sich Betsy Johnson unter den Hintern geschoben hatte.

Ich setzte mich, zog die Kleine zu mir, streichelte ihre hübschen Brüste, das kleine, prallrunde Hinterteil und die Schenkel. Die ganze Zeit über hielt sie eine Hand vor ihre geheiligte Spalte. Ich zog sie auf das Sofa, schob ihr eine Hand zwischen die Schenkel, redete auf sie ein und küßte sie. — Betsy war aufgestanden; nackt, ihren Arsch dem Kamin zugewandt, stand sie da, sah uns zu, erging sich in schlüpfrigen Reden und stachelte die Junge an, sich meinen Wünschen zu fügen. — Dann kleidete ich mich bis aufs Hemd aus und zeigte ihr meine Lunte, steif wie ein Stößel und glühend heiß.

»Donnerwetter!« sagte Betsy. — »Versteck sie nicht, Molly, ich wollte, er würde mir in die Möse fahren und nicht dir« — und nun bückte sie sich, küßte ihn und zog mich an ihm zu sich heran. — »Küß ihn, Molly«, sagte sie, »küß ihn, bevor er bei dir einläuft. — Oh, wow — wow — wow«, und nahm jetzt meinen Schwanz in den Mund, bis fast nichts mehr von ihm zu sehen war. Die Kleine stand da und glotzte. »Oh, wie gemein!« — »Gemein? Du dummes Ding — ein Schwanz ist was Schönes, egal, wo man ihn hinsteckt — egal, wie, und egal, wo. — Es dauert keine Woche mehr, Molly, dann denkst du genauso — dann wirst du ihn noch eine Woche, nachdem er in deiner Möse gesteckt hat, mit Vergnügen ablutschen. Oh — oh« — immer wieder nahm sie ihn in den Mund und küßte ihn bis hinunter zu den Hoden.

Ich setzte mich wieder, nahm die Kleine auf meinen nackten Schoß und legte ihr Fäustchen um meinen Schwanz. — Die ganze Zeit fuhr Betsy in ihrem lüsternen Geplapper fort. Dann zog ich die Kleine an mich, mit gespreizten Beinen, meine Beine zwischen ihren, und meine Lunte rieb sich zwischen ihren drallen Schenkeln. Ich faßte ihren rundlichen, kleinen Hintern und küßte sie; sie sträubte sich, wenn auch nur schwach. »Oh, jetzt nicht — oh, Betsy — das soll er nicht — das ist gemein — nicht« — und so weiter. Ich holte Wein und Likör heraus, die ich mitgebracht hatte. — Es war nur ein einziges Wasserglas im Zimmer, aber wir tranken alle drei daraus. Ich wollte nicht nach Gläsern läuten, sonst wäre das Zimmermädchen hereingekommen und hätte gesehen, wie jung dieses Gör noch war. Der Likör schmeckte ihr offenbar, denn sie nahm reichlich, wurde gesprächig und lachte. — Zwar hatte sie meine Berührungen über sich ergehen lassen, aber bis zu diesem Zeitpunkt hatte sie mich nur verschreckt angestarrt, hatte mich nicht aus den Augen gelassen und immerzu gesagt: »Oh Betsy, nicht, laß das! — Oh, ich bin — erstaunt.« — Jetzt fühlte sie sich wohler.

In froher Erwartung der bevorstehenden Freuden genoß ich die Unterhaltung mit ihr. — »Eine Männerhand hat sich zwischen deinen Schenkeln noch nie zu schaffen gemacht, nicht wahr, Liebes?« — »Nein, Sir.« — »Und hast du noch nie einen Finger in deine Möse gesteckt?« — »Herrgott«, sagte Betsy, »einen Finger könnte man da gar nicht hineinbekommen. Neulich abends habe ich es versucht, nicht wahr, Molly?« — »Nein.« — »Ach, du kleine Lügnerin. — Natürlich habe ich es versucht! Und dann habe ich ihr den Unterschied gezeigt und gesagt, daß sie überhaupt keine Lustgefühle haben kann, solange ihr Loch nicht so groß ist wie meines; und sie hat mir die Finger reingesteckt und gefühlt.« — »Oh — o-oh — o-oh Betsy, das habe ich nicht getan.« — »Doch, hast du, du kleiner Dummkopf, fast die ganze Hand hast du reingeschoben.« — »Oh, du Biest, du hast gesagt, du wolltest lieber tot umfallen, als jemandem etwas davon erzählen«, stieß die Kleine völlig entgeistert hervor. — Betsy lachte. — »Einem anderen Mädchen würde ich es auch nicht erzählen. Aber einem anderen Mann? Dem macht das nichts aus. Er ist ein Mann und wird dafür sorgen, daß deine Möse so wird wie meine. — Oh, dir wird dein kleiner, heißer Arsch noch wackeln, wenn sein Sack erst mal vor deiner Tür hängt. — Und morgen wirst du mich in den höchsten Tönen loben, wenn du dein neues Kleid und deine Krinoline bekommst — und du wirst noch darum betteln, daß er dir immer wieder seinen Schwanz reinsteckt.«

»Laß deine Möse sehen, Molly«, sagte ich versuchsweise. Ich drängte sie auf das Sofa und ging vor ihr auf die Knie. Sie wehrte sich heftig. Betsy packte ihre Arme und zog sie nach hinten, während ich ihre Beine auseinanderdrückte — der kleine rosarote Einschnitt weitete sich, aber vor lauter Erregung konnte ich bei diesem Handgemenge meine Neugier nicht befriedigen und ließ deshalb zunächst wieder von ihr ab. Wir tranken weiter und unterhielten uns, bis meine Begierde mich ganz wild darauf machte, endlich anzufangen.

Was für seltsame Launen und Schrullen mir doch bei Frauen immer wieder in den Sinn gekommen sind, und meist ganz unversehens! Ich frage mich, ob auch andere Männer solche plötzlichen Einfälle haben. — Mir kam jetzt ein solcher. Ich nahm einige Shillingstücke aus der Tasche und setzte mich mit dem Rücken zum Kamin auf den Fußboden. — »Mach die Beine breit, Betsy«, sagte ich, »und setz dich auf das Sofa. Dann ziele ich mit Shillingen nach deiner Möse. Jedes Mal wenn ich treffe, gehört der Shilling dir — wenn er daneben geht, habe ich noch drei Würfe, und dann gehört er dir.« — Betsy brach in schallendes Gelächter aus, zog die Beine an und spreizte die Schenkel, eine breite Spalte wurde sichtbar, in die eine halbe Krone gepaßt hätte. Ich zielte mit den Shillingstücken nach ihrer Möse — etwa jedes zweite traf, und Molly mußte sie aufsammeln. — Das Mädchen stand da, sah zuerst mich an, dann Betsy, und sagte immer wieder: »Ihr seid wirklich gemein!« — Verblüffung in ihrem Blick, ihrem Gebaren und ihrer Stimme, aber die Shillingstücke hob sie prompt auf und gab sie entweder mir oder Betsy. — Schließlich lachte auch sie und verdeckte ihr Gesicht mit der Hand. — »Sie sind mir einer!« meinte sie.

»Jetzt laß mich mal nach deiner werfen, Liebling«, sagte ich. — »Laß ihn«, rief Betsy, »sonst bekomm ich die ganzen Shillinge.« — Das Mädchen schrie auf, weigerte und wehrte sich, bis Betsy die Geduld verlor. Also tranken wir noch mehr Wein. Schließlich: »Jetzt werde ich mir deine Möse einmal ansehen.« Der Wein, die schlüpfrigen Unterhaltungen und unsere Kniffe hatten das Mädchen ordentlich warm gemacht, aber noch immer gab es Verzögerungen, und sie sträubte sich. — Betsy erklärte, sie werde sich nicht für dumm verkaufen lassen — sie, Molly, sei hergekommen, um etwas zu tun, und das solle sie jetzt auch tun. — Wenn sie nicht wolle, könne sie verschwinden. — Abhauen und zusehen, wo sie unterkommen würde. — »Leg dich die ganze Nacht auf die Treppe, wenn's dir Spaß macht, zu mir nach Hause kommst du nicht — *du weißt schon*«, fügte sie mit vielsagendem Ton hinzu, was ich damals nicht verstand. — Noch ein wenig Überredung, und sie legte sich nackt auf das Bett; ihre Beine hingen über die Bettkante nach unten. Sie lag auf der dem Gasleuchter abgewandten Seite des Bettes, Betsy hatte sie nach dieser Seite gedrängt.

Eine halbe Minute lang weidete ich mich an ihrem Anblick, wie sie mit ihren wunderbar prallen

Schenkeln dalag, und nie hätte ich geglaubt, daß sie noch so jung war, wären da nicht die unbehaarte Möse und die jugendlichen Gesichtszüge gewesen. Sie war, das hatte sie erzählt, auf dem Land geboren und von klein auf an die Feldarbeit gewöhnt. Solche Arbeit fördert schon früh die Entwicklung der Figur und daher auch der Schönheit. Doch schon bald begann ich, ihre Jungfräulichkeit zu untersuchen.

Mollys Unberührtheit nachgeprüft. — Zu dritt auf dem Bett. — Molly weist mich zurück. — Betsy in Wut. — Mein Schwanz zeitweilig in Betsy. — Molly überzeugt. — Ich besteige sie. — Beben und Geschrei. — Das Kopfkissen. — Der erste Streich. — Die blutigen Folgen. — Der zweite Streich. — Betsy enttäuscht. — Der dritte Streich. — Mollys Erguß. — Nachtwerk eines Schwanzes. — Zu dritt im Bett. — Drei Wochen mit Molly. — Meine erotischen Launen. — Schwierige Stellungen. — Betsys Beistand. — Molly auf Betsy. — Ich vögele Betsy. — Molly eifersüchtig. — Betsy wichst sich. — Plötzliches Verschwinden der beiden. — Die Gründe hierfür Monate später. — Die Waschfrau im Kittchen. — Der Priester mischt sich ein.

Ich hatte Betsy mißtraut und geglaubt, sie würde mich im Hinblick auf die Jungfräulichkeit übers Ohr hauen — trotz all ihrer Beteuerungen und obwohl ich ihr gesagt hatte, ich würde ihr, falls ich nicht zufrieden wäre, nur das geben, was das Vögeln mit ihr kostete, sowie ein kleines Geschenk für das Mädchen: das fiel mir jetzt wieder ein, denn ich kannte das Zimmer, wußte, wie die Möbel darin standen und wo sich der Gasleuchter befand. Weil ich mich nicht täuschen lassen wollte und um genau hinsehen zu können, hatte ich eine Kerze mitgebracht, die ich jetzt anzündete. Ich stand direkt am Bett, Betsy gleich neben mir. — Ich packte das eine Bein des Mädchens, Betsy das andere. — »Mach die Schenkel auf und laß ihn nachsehen, du hast gesagt, du würdest ihn lassen — du hast es mir versprochen — komm, sei lieb jetzt«, sagte sie.

Die Beine des Mädchens öffneten sich weit — ich gab Betsy die Kerze und zog mit der freien

Hand die Lippen der kleinen Möse auseinander; sie war von zartem Rosarot, und nur auf dem Hügel zeigten sich ganz leichte Spuren von dunklem Haar. — Erregt, wie ich war, mit einem Schwanz, der zuckte, als wollte er explodieren und sich ohne jegliche Berührung entladen, sah ich, daß in diese Möse nie etwas Größeres als ein Finger eingedrungen war. Einer plötzlichen Regung nachgebend, die mich angesichts unbehaarter Mösen immer wieder überkam, berührte ich sie mit dem Mund und leckte sie ein bißchen. — Das Wasser lief mir im Munde zusammen und tropfte sogleich heraus. — Das Mädchen sträubte sich, als sie meine Zunge spürte, und schloß die Schenkel um meinen Kopf. Der Speichel hatte sich über ihre Möse verteilt — ich riß mir das Hemd vom Leib, schob Molly nun ganz auf das Bett und legte mich neben sie; Betsy kam auf die andere Seite.

Aber sie wollte sich von mir nicht besteigen lassen. Betsy redete abwechselnd in begütigendem und drohendem Ton auf sie ein, vergebens. — »Nein, — nein« — sie habe es sich anders überlegt. — Sie fürchte sich — es werde weh tun, das große Ding werde ihr weh tun — sie werde davon bluten. — Dann brach sie in Tränen aus und weinte. Ich ließ von ihr ab; Betsy beruhigte sie, aus Angst vor den Leuten im Haus, und nachdem sie das getan hatte, redete sie mit gedämpfter Stimme auf sie ein, ungefähr folgendermaßen.

»Du verdammtes, dummes Ding. Ich hatte Schwänze, zweimal so dick und länger als seiner, in mir drin, da war ich noch nicht mal in deinem Alter. Verdiene ich mir mein Auskommen etwa nicht mit Vögeln? — Beschaffe ich mir die Seidenstrümpfe und Seidenkleider nicht mit Vögeln? — Wovon willst du denn leben? — Wer soll dich denn aushalten, möchte ich mal wissen! — Wozu bist du denn hergekommen? — Hast du's mir denn nicht versprochen? — Hast du nicht gesagt, du würdest ihn lassen? — Hast du nicht gesagt, du würdest dich gern vögeln lassen, wenn es schöner sei als sich zu wichsen?«

Die Kleine gab keine Antwort. Sie war verstört und zitterte. »Na gut, geh nur, sieh zu, wie du nach Hause kommst« — und indem sie dies sagte, glitt sie vom Bett herunter und rollte das Hemd und den Unterrock des Mädchens, die ganz neu waren, zu einem Bündel zusammen. — »Die Sachen, die ich dir gegeben habe, behältst du natürlich nicht, ich will verdammt sein, wenn ich sie dir lasse.« Sie trat wieder an das Bett, zerrte dem Mädchen mit aller Gewalt Schuhe und Strümpfe von den Füßen und stopfte die Strümpfe in das Bündel mit dem Unterrock. — »So, jetzt kannst du gehen — zieh dein Kleid an und die Schuhe und verschwinde; du bist hier nicht erwünscht; mein Freund und ich, wir werden die Nacht über bleiben.«

Das Mädchen blickte völlig verstört drein. »Betsy, nicht — wohin soll ich denn gehen?« — »Geh zur Hölle scheißen, verfluchte Unzucht, ich kümmere mich keinen verdammten Furz darum, wohin du gehst.« — Das Mädchen schluchzte und wimmerte. — »Also gut, ich lasse ihn.« — »Hör auf zu flennen und mach nicht solchen Lärm. — Vielleicht ist jemand an der Tür, — laß es dir von ihm machen, — wenn nicht, hau ab — und dann . . . na, du weißt schon. — Weißt schon, was dir dann blüht« — und obwohl Betsy sie auf die unflätigste Weise beschimpfte (ich habe kaum ein Viertel von dem berichtet, was sie gesagt hat), tat sie es doch mit gesenkter Stimme.

Ich stieg wieder auf das Bett. Betsy tat dasselbe und bugsierte das Mädchen an seinen alten Platz. Erneut sagte das Mädchen, es würde ihr wehtun;

sie weigerte sich noch immer. — »Mach du es mit ihm, Betsy — laß du ihn.« — »Gott nochmal«, meinte Betsy, die sich wieder beruhigt hatte, »der könnte mich vögeln, bis mir der Saft *hier* steht, wenn er Spaß dran hat — komm, wir zeigen ihr, wie es geht — wie wär's mit einem Fick, mein Lieber« — sie zwinkerte mir zu — »sollen wir ihr zeigen, wie man es macht? und danach läßt sie dich dann, nicht wahr Molly?« — Molly gab keine Antwort.

Nackt, mit steifem Schwanz kniete ich zwischen Betsys Beinen, schob mich über sie und steckte ihr meinen Schwanz hinein. »Da, fühl mal, Molly.« — Sie griff nach der Hand des Mädchens und führte sie zwischen unsere Bäuche. — »Fühl mal, sein Schwanz steckt ganz drin — dreh dich ein bißchen zur Seite«, sagte sie zu mir. — Ich tat es, ohne daß sich die Verbindung löste. Sie kehrte ihren Arsch ein wenig Molly zu, hob dann ein Bein und umschlang damit meine Hüfte, so daß die Kleine sehen konnte, wie mein Schwanz eingezwängt in Betsys Möse lag. — »Sieh mal, da unten, Molly, dort, da sind nur noch seine Eier zu sehen.« Das Mädchen senkte den Kopf und berührte neugierig meinen Sack. — »Oh, fick, fick, ist das nicht wunderbar, Liebling?« sagte Betsy.

Wir streckten uns wieder aus, und Betsy begann jetzt ernsthaft zu vögeln, auf und ab. Sie glaubte, sie würde ihren Spaß bekommen, denn sie wollte es. — Aber ich ließ meinen Schwanz aus ihrer Möse gleiten, rammelte und stieß aber zum Schein weiter, so als wollte ich sie bis zu den Schultern durchvögeln. — »Bluffen«, flüsterte ich. Betsy war zwar enttäuscht, aber sie verstand, was ich meinte, und wir hoben und senkten uns, stießen und schoben mit aller Kraft — mein Schwanz war jetzt nicht mehr in ihr — und riefen schließlich: »Fick mich — Möse. — Oh, wunderbar — ah, mein Saft — kommt — oh, stoß zu — Lieber — fick mich.« Beide täuschten wir ekstatische Lust vor und ließen uns dann ruhig sinken, während das Mädchen nackt neben uns auf dem Bett saß und uns die ganze Zeit aufmerksam beobachtete.

»Jetzt laß du ihn«, sagte Betsy und redete wieder, mal begütigend, mal drohend, auf Molly ein. — Mein Schwanz war erschlafft, als mich das Mädchen endlich zwischen ihre Schenkel ließ — aber als ich mich über sie senkte, fuhr er sogleich hoch und war steif. Ich ging mit viel Umsicht zu Werke, rieb die Spitze an der Außenseite entlang, bis ich ihn in Stellung gebracht hatte. Sie zitterte. Ich drückte sie, tat dann einen gewaltigen Stoß und war auf dem richtigen Weg. — »Oh — ah — au«, schrie sie, »du tust mir weh — geh runter — ich will nicht — aua.« — Sie stieß gellende Schreie aus und sträubte sich heftig. »Pst, du verdammte kleine Heulsuse«, fuhr Betsy sie an und drückte ihr ein Kissen auf das Gesicht. Ich preßte meinen Kopf auf das Kissen, ihr Gesicht konnte ich nicht sehen, aber ich hörte sie jammern. — Ich war noch nicht in ihr und bekam Angst wegen des Lärms, den wir machten, aber in der Erregung dachte ich nur an mein Werk. — »Pst, man hört uns«, waren Betsys letzte Worte, die ich vernahm. Dann spürte ich mein Sperma kommen, und mit einer heftigen Anstrengung, indem ich ihren kleinen, fetten Hintern mit aller Gewalt packte, drang mein Schwanz in sie ein und verströmte mein Sperma entlang dem ganzen Weg hinauf. Ich fühlte, wie sich das Jungfernhäutchen um meinen Schwanz spannte, bevor er es mit einem wilden Stoß zerriß.

In einer Minute war alles vorüber. »Oh, nicht«, hörte ich in gedämpftem Ton. — »Hast du's ihr gegeben?« fragte Betsy. — »Ja — ja.« — Sie zog das Kissen weg, und da lag ich nun, die kleine Nackte, bebend, aber ruhig, in meinen Armen, mein Schwanz bis zur Wurzel in ihr. Ich ließ ihn dort, obwohl er zu schrumpfen begann, sorgte mit sanften Stößen dafür, daß er halbwegs steif blieb. Dann zog ich ihn ein Stück weit heraus, das Mädchen zuckte zusammen und murmelte: »Oh, nimm ihn raus, du tust mir weh« — das machte mich wieder vollends steif. ——»Ich vögele sie noch mal. — Ich mache es noch einmal«, sagte ich zu Betsy, die sich auf die Seite drehte, um besser sehen zu können, und nach ein paar Minuten köstlich verlängerter Freuden spermatisierte ich die kleine jungfräuliche Ritze zum zweiten Mal.

[Von ein oder zwei Episoden abgesehen, war dies, soweit ich mich erinnere, das letzte Mal, daß ich es tat, ohne die Möse zu verlassen, denn ich gelange jetzt in ein Lebensalter, in dem mir eine Pause zwischen zwei Ficks zur Gewohnheit geworden ist.]

Ich richtete mich auf und betrachtete das Mädchen kniend. Sie lag ganz ruhig da, die Schenkel weit geöffnet, eine Hand über dem Gesicht. — Nie habe ich eine blutigere Ansammlung von Schwanzsaft auf einer Möse gesehen. — Ihr Blut war bis auf die Bettdecke gelaufen und bedeckte auch meinen Schwanz fast bis zur Wurzel wie eine rote Krause. Meine Freude war grenzenlos. Sie blutete, wie ich glaube, mehr als jede andere Jungfrau ihres Alters, die ich seither besessen habe.

Betsy lachte vor sich hin. — »Na, Molly — jetzt bist du gevögelt, keine Frage, wie? — Wie gefällt es dir? — Hat doch gar nicht weh getan, oder?« — Das Mädchen gab keine Antwort. Sie lag da, die hübschen, rundlichen Schenkel gespreizt, die Augen mit dem Handrücken bedeckt. — Betsy stieg vom Bett herunter, holte ein Handtuch und legte es Molly unter den Hintern. »Da ist ja ordentlich was gekommen, du hast die Bettdecke schmutzig gemacht.« — Das Mädchen schloß die Beine über dem Handtuch, drehte sich auf die Seite und begann zu weinen. Betsy nahm sie in den Arm und gab mir das Handtuch. Ich wischte mir den Schwanz ab, und dann standen wir alle drei auf — das Mädchen hörte auf zu weinen; nackt setzten wir uns auf das Sofa, vor den Kamin, und begannen erneut zu trinken.

Unser Gespräch kreiste um das Vögeln, und wir hänselten die ehemalige Jungfrau, die, ohne zu antworten, mit nachdenklicher Miene bei uns saß, offenbar erstaunt und verwirrt über das, was geschehen war. — Schließlich warf sie Betsy einen fragenden Blick zu: »Was wird Mutter tun, wenn sie es herausbekommt?« — »Herausbekommt? wie soll sie es denn herausbekommen? — Du wirst es ihr ja wohl nicht erzählen, und deine Möse sieht sie sich doch wohl auch nicht an, oder?« — »Vielleicht findet sie es doch heraus!« — »Du kleines Dummköpfchen, das kann sie gar nicht — und wenn sie dich fragt, dann sag ihr, sie soll dich am Arsch lecken — und komm zu mir, ich sorge schon dafür, daß du so viel verdienst, wie du zum Leben brauchst.« — »Sie könnte es trotzdem herausbekommen«, sagte das Mädchen, schüttelte heftig den Kopf, so als spräche sie mit sich selbst, und blickte ins Feuer. — »Sag einfach, einer von den Jungen aus dem Hof hätte es getan — ach, ich erklär dir morgen, was du sagen sollst«, meinte Betsy.

Betsy hatte so viel getrunken, daß sie jetzt ziemlich beschwipst war. Das Mädchen saß zwischen uns auf dem Sofa, als Betsy mit der Hand herüberlangte und meinen Schwanz zu wichsen begann. »Ist der nächste auch für sie?« fragte sie. »Sieh mal Molly, der war's — ist er nicht hübsch? — Erzähl mal, was ist das für ein Gefühl, wenn er bei dir drin ist? — Es tat doch nicht weh, oder?« — »Es tut noch immer weh«, sagte das Mädchen mürrisch. — »Wasch sie, Molly.« — Aber davon wollte ich nichts wissen — ich wollte sie so, wie sie war, mir gefiel der Anblick der verschmierten Blutspuren auf ihrem Bauch und den Schenkeln ebenso wie die Vorstellung, daß ihre Möse jetzt voll war mit meinem Samen. »Mußt du nicht mal pinkeln?« — »Doch«, flüsterte das Mädchen. — »Dann tu's.« — »Nein.« — »Hör mal, du dummes Ding, du mußt; wir legen uns jetzt gleich alle hin, und bevor du schlafen gehst, mußt du. Sonst lege ich mich nicht mit dir hin, nachher pißt du uns in der Nacht noch voll.« — Das Mädchen pinkelte unter leisem Stöhnen — »oooohо« — ich vermute, weil das Pipi die Ränder ihres zerrissenen Jungfernhäutchens berührte.

Unter solchen unterhaltsamen und aufmunternden Gesprächen war einige Zeit vergangen, und mich verlangte noch einmal nach dem jungen Ding. Sie wollte nicht, meinte, sie würde sich nicht wieder weh tun lassen, aber wir überredeten sie, schafften sie auf das Bett, und noch einmal schob ich ihr meine Lunte hinein. Zuerst stieß sie kleine, gedämpfte Schreie aus, aber dann nahm sie meine Stöße ruhig hin. — »Ist es jetzt nicht schön?« — »Nein.« — »Macht es dir keine Freude?« — »Nein — nein — nein.« Mehr war aus ihr nicht herauszubekommen. Aber ich stützte mich auf die Ellbogen, um sie zu beobachten, während ich weitervögelte. Sie lag so ruhig da und hatte ihre Augen in einer Weise geschlossen, die mir unmißverständlich anzeigte, daß sie Lustgefühle hatte, auch wenn sie vielleicht nicht zum Erguß kam.

Wir wurden hungrig, wollten uns aber aus Angst vor neugierigen Fragen nichts von der Portiersfrau bringen lassen, aber schließlich taten wir es doch.

»Sie soll noch Wein holen«, sagte Betsy. Die Frau brachte ihn, außerdem etwas zu essen. Wir öffneten die Tür einen Spalt weit und nahmen die Sachen in Empfang. Wir leerten die Flasche, und Molly wurde schläfrig. Wir fragten sie nach ihrer Möse. — »Sie schmerzt, oh, sie ist so heiß, fühlt sich an, als stünde sie in Flammen«, sagte sie. — Wir lachten über ihre freimütigen Worte — ich befühlte sie von innen, Betsy ebenso. Wir besahen sie noch einmal genau, dann stiegen wir alle drei ins Bett, und ich vögelte das junge Ding noch einmal. Sie stöhnte, als ich meinen Schwanz hineinschob. — Betsy, die in ihrer ausgelassenen Art sehr amüsant war, zog die Decke nach unten und klopfte mir auf den Arsch, während ich vögelte. — »Ist das nicht schön, Molly?« Nach Luft ringend hauchte das Mädchen: »Jaha — ja«, und bei diesem Fick gab die zerrissene, erhitzte, gereizte kleine Möse, durch das lange Reiben, Dehnen und Stoßen meines Schwanzes zum Höhepunkt getrieben, ihre Säfte preis, ergoß sich, und so genoß sie in der ersten Nacht, in der männliches Sperma sie benetzte, zum erstenmal auch die Lust am Vögeln.

Danach schliefen wir alle ein. Als ich erwachte, waren die Lichter gelöscht, denn man hatte das Gas abgedreht. Ich lag außen, das Gesicht der leise schnarchenden Molly zugekehrt. Ich tastete nach ihrer klebrigen Möse, dann drehte ich sie auf den Rücken und drang in sie ein. — Sie stieß einen lauten Schrei aus, wußte nicht, wo sie war. — Noch einmal vögelte ich sie, ihr gefiel es, und sie sagte es mir in abgerissenen Wörtern, während ich ihre Möse dehnte.

Als ich wieder erwachte, war es heller Tag. Wir waren alle müde und durstig, tranken Wasser, pißten und legten uns wieder hin; noch zweimal vögelte ich die Kleine. — Wir bestellten uns das

Frühstück aufs Zimmer, nahmen es durch den Türspalt in Empfang. — Aus Angst vor der Bordellverwalterin wollte Betsy das Zimmer unbedingt vor mir verlassen. Deshalb ließ ich sie zusammen mit der Kleinen vorangehen und folgte ihnen ein wenig später. Ich hatte ihr die zehn Pfund gegeben, und auch der Kleinen einen gewissen Betrag, oder vielmehr gab ich ihn Betsy, damit sie ihn ihr aushändigte. Ich war leergevögelt. Wie viele Male ich es getan habe, weiß ich nicht, aber selten war ich geiler und besser bei Kräften gewesen. Das Mädchen gefiel mir so gut, daß mir der Schwanz stand, sobald ich nur meine Hand auf ihre Schenkel legte, und ich trennte mich von ihr in dem sehnlichen Wunsch, sie wiederzusehen.

Am übernächsten Tag traf ich sie beide wieder und erlebte einen köstlichen Abend. — Die Bordellwirtin hatte jetzt nichts mehr einzuwenden. Das Mädchen kam in ihrer gewöhnlichen Kleidung und sah älter aus als in ihrer Kostümierung, die ein Fehlschlag gewesen war.

Dieser Abend war zwar weniger erregend, dafür aber in seiner Ausschweifung genußreicher. Die Kleine erhob keine Einwände, und ein paar Stunden lang ergötzte ich mich an ihrem Anblick und erkundete mit Finger oder Schwanz ihre Möse. Welch köstliche Befriedigung, in die kleine, enge Röhre einzudringen und sie im Geiste mit ausgewachsenen, geräumigen Mösen zu vergleichen; den gezackten, rosaroten Spalt mit der offenen Pforte von Betsy zu vergleichen, die uns so manches von den Schwänzen, die sie gesehen und in sich gehabt hatte, und von allerlei amourösen Streichen erzählte, die so anstößig waren, daß die Kleine ihr gar nicht glauben wollte. Ich jedoch glaubte ihr. Welche Freude für mich, als sich das Mädchen erneut ergoß und zugab, daß es besser sei als Wichsen — selbst wenn Betsy es ihr besorgte. — »Man fühlt sich danach wohler«, sagte sie, »als wenn man es selber tut, nicht wahr Betsy?« — Es war ein Abend voller geistiger und körperlicher Genüsse für Molly und mich, und sogar für Betsy, die sich immer wieder wichste.

Abend für Abend, fast ohne Unterbrechung, trieb ich es jetzt mit Molly. — Eines Abend erklärte Betsy, es sei eine Schande, daß sie nicht auch mal an die Reihe käme, und mit Mollys Einwilligung vögelte ich sie, während Molly zuschaute. — Aber Molly schien zu glauben, sie habe ein Anrecht auf alles, was aus meiner Lunte kam.

Ich werde nun wählerischer in meinen Gelüsten, bin in meinen Genüssen mehr auf Abwechslung bedacht. Fortwährend fallen mir neue Stellungen ein. In den letzten Jahren habe ich mir die meisten Frauen hierin gefügig gemacht, und jene, die sich nicht fügen wollten, habe ich nicht mehr aufgesucht. Aber wenn eine Frau gern vögelt, dann findet sie an der Ausschweifung genausoviel Gefallen wie ein Mann. — In ihrer gewitzten Lüsternheit war Betsy ganz versessen auf ausschweifende Stellungen, und doch wahrte sie dabei eine gewisse, ihr eigentümliche, geistreiche Eleganz. Es war offenkundig, daß es ihr großes Vergnügen bereitete, Molly in Stellung zu bringen und ihr zu zeigen, wie sie sich bewegen sollte, wenn sie es mit mir trieb. — Es war ein lüsternes Spiel, fast wie eine Theaterprobe.

Ich wollte Molly nach Hundeart vögeln. — Aber wenn sie sich auf das Bett legte, lag sie zu niedrig, wenn sie sich kniete, zu hoch. Betsy, die uns beim Vögeln immer zusah, hatte einen Vorschlag bei der Hand. — Sie legte sich mit dem Rücken auf das Bett und ließ die Beine über die Bettkante nach unten baumeln. — »Wenn sie sich jetzt auf mich legt, hat ihre Möse genau die richtige Höhe.« — »Unsinn.« — Doch lachend schob ich Molly auf Betsy hinauf; sie waren beide nackt, lagen Bauch an Bauch, die Gesichter einander zugekehrt. — Betsy umschlang sie, schob ihre Fersen auf Mollys Hinterbacken und bewegte sich einen Augenblick lang ruckweise auf und ab, als wolle sie vögeln. »Jetzt kannst du zwei Mösen auf einen Blick sehen«, meinte Betsy. — Ich zog die Beine der Kleinen auseinander und sah nun zwei Mösen, die einander fast berührten. Hatte ich das je zuvor gesehen? — Ich weiß es nicht mehr.

An eine Fotzenreiberei dachte ich damals nicht (obwohl es mir später oft in den Sinn kam) — ich zog vielmehr Molly ein wenig zu mir herunter, bis ihre Möse in der richtigen Höhe war, stieß meinen Schwanz ziemlich tief hinein, und während ich mit einiger Mühe ihre Beine neben meinen Hüften hielt, begann ich zu vögeln. — Nachdem ich Molly in diese Stellung gebracht hatte, nahm Betsy die Beine hoch. Ich schob eine Hand zwischen die Bäuche der beiden und konnte nun mit den Knöcheln die behaarte Umgebung von Betsys Spalte fühlen, während ich mit den Fingern Mollys Klitoris streichelte. So vögelte ich sie und ergoß mich. Danach schob ich Molly höher auf Betsy hinauf, bückte mich und sah, wie das Sperma aus ihrer Möse auf die von Betsy tropfte.

Betsy, die jeden Stoß gespürt und meinen baumelnden Sack fast zwischen ihren Beinen gefühlt hatte, während ich Molly stieß, war heftig erregt; als sie nun den Saft auf ihre Möse tropfen spürte, schob sie Molly beiseite, schloß die Augen und begann zu wichsen. — »Ein bißchen Spaß müßt ihr auch den anderen lassen, meine Lieben«, sagte sie. — Molly und ich sahen zu, wie sie sich rieb. »Laß mal deinen Schwanz fühlen«, sagte sie plötzlich; ich trat näher an sie heran, und sie ergriff ihn. — »Der ist klebrig. Überall der Mösensaft.« Sie atmete schwer, drückte ihn heftig — »Oh, ah, mein Gott.« Als sie meinen Schwanz berührte, kam ihr die eigene Phantasie zu Hilfe, und sie ergoß sich. Es ist erstaunlich, was für ungelenke Haltungen und was für schwierige, unbequeme Stellungen Männer und Frauen einnehmen, um sich beim Vögeln Abwechslung zu verschaffen.

»Wichst du dich oft?« fragte ich sie. — »Ja, das tut sie«, meinte Molly, »es gefällt ihr.« — »Halt den Mund«, fuhr Betsy sie an, »ich wichse, wenn ich nicht zum Vögeln komme, und in letzter Zeit war nicht viel Gelegenheit, da war ich jeden Abend mit euch zusammen — aber neulich abends habe ich einen Polypen versorgt.« — »Wo hast du es mit ihm gemacht?« — »Vor einer Ladentür«, sagte Betsy ungerührt. — »Das glaube ich nicht.« Aber Molly versicherte, sie habe Betsy und den Polizisten dabei gesehen. Die Kleine machte also schon hübsche Fortschritte auf dem Weg, den sie einschlagen würde.

Ich versuchte, in Erfahrung zu bringen, wo sie wohnte, konnte aber aus keinem der beiden Mädchen etwas herausbekommen. Ich wollte Molly allein, auch um Geld zu sparen; denn sonst mußte ich für das Zimmer doppelt bezahlen und außerdem noch Betsy und Molly. Daß das Mädchen mit Betsy nach Hause ging und daß sie eine Mutter hatte, erfuhr ich nach und nach aus unseren Gesprächen, vor allem wenn Betsy mit der Lappenmöse dem Wein kräftig zugesprochen hatte; aber wo sie wohnte, das blieb ein Geheimnis, und als ich Betsy schließlich danach fragte, entgegnete sie: »Darum kümmerst du dich besser nicht — sonst bekommst du vielleicht mehr Ärger, als dir lieb ist.« — Also hörte ich auf, Fragen zu stellen.

Es war fast ein Monat vergangen, als Betsy erklärte, das Mädchen würde zu seiner Mutter zurückkehren. »Sie muß drei Tage zu Hause bleiben, dann hole ich sie wieder her, aber sie muß früh heimgehen.« Damit war ich einverstanden. Als ich eines Abends zu einer Verabredung in das Hotel kam, sagte mir die Verwalterin, Betsy sei dagewesen, um mir ausrichten zu lassen, daß sie mich bald treffen würde, aber nicht an diesem Abend; doch auch nachher begegnete ich ihr nicht, und es vergingen mehrere Monate, bis ich Betsy wiedersah. Sie sah sehr heruntergekommen und angegriffen aus. — Wir begaben uns in ein Stundenhotel, und dort erzählte sie mir alles, was geschehen war.

Molly war die Tochter einer Waschfrau, einer Freundin von Betsy; die Mutter hatte ihrer Tochter erlaubt, viel mit Betsy zusammen zu sein, obwohl sie wußte, wie Betsy ihren Lebensunterhalt verdiente. Das Mädchen wuchs heran, bekam seine Regel und wollte vögeln. — »Vögeln würde sie ohnehin bald irgend jemand, das wußte ich. — Vielleicht irgendein dreckiger Gemüsehändler. Die Jungen hatten schon an ihr herumgespielt und sie an ihnen, und weil du eine Ungebrauchte wolltest, dachte ich, warum soll ich mir die paar Pfund für die Jungfräulichkeit entgehen lassen?« — Und so verlockte sie das Mädchen dazu. Das erwies sich als ziemlich leicht, die Kleine war nicht abgeneigt, sehnte sich nach einem Schwanz und einem Seidenkleid; aber Betsy wußte nicht, wie sie sie von zu Hause wegholen sollte. Gerade da betrank sich die Mutter, legte sich mit einem Polizisten an, beleidigte ihn und wanderte prompt für einen Monat ins Kittchen. — Betsy erbot sich, das Mädchen bei sich aufzunehmen, bis sie aus dem Gefängnis zurückkehrte, und brachte sie nun dazu, meinen Schwanz zu kosten.

Nachdem ich Molly zum letzten Mal gehabt hatte, war die Mutter nach Hause zurückgekommen, hatte Betsy wenig später gesagt, ihre Tochter sei verführt worden und sie, Betsy, sei an allem schuld. Betsy leugnete — und Molly leugnete ebenfalls, aber es endete in einem Streit. Wieder betrank sich die Mutter und griff Betsy an. Die ganze Nachbarschaft erfuhr von der Sache und geriet in Harnisch. Betsy mußte ihre Behausung aufgeben und schließlich auch das Viertel verlassen. — Sie hatte sogar Angst, ihren alten Spazierweg auf dem Strand aufzusuchen — wegen der Mutter. Seither waren Molly und ihre Mutter fortgezogen, sie wußte nicht, wohin.

Betsy glaubte, ein Priester sei schuld gewesen, denn Molly hatte geschworen, daß sie ihrer Mutter nie etwas gesagt hatte. Ein Arzt, zu dem sie ihre Tochter gebracht hatte, hatte ihre Möse untersucht und gesagt, wenn kein Mann in sie eingedrungen sei, dann müsse sie sich etwas hineingesteckt haben, das genauso groß gewesen sei. Molly hatte weiter heftig bestritten, irgend etwas von der Sache zu wissen oder daß ihre Möse größer als früher sei, hatte aber zugegeben, daß sie sich Sachen hineingeschoben hatte. Sie war katholisch. Die Mutter schickte sie zur Beichte. Das Mädchen wollte Betsy nicht erzählen, was sie dem Priester gesagt hatte; sie meinte, dann würde sie in die Hölle kommen, und erklärte ihr nur in unbestimmten Ausdrücken, daß der Priester sie *danach* nie gefragt habe und daß sie darauf geachtet hatte, sich nicht zu verplappern. Dennoch, so erklärte Betsy, nach dem, was die Mutter preisgegeben hatte, zu urteilen, hatte der Priester sie offenbar davor gewarnt, ihrer Tochter den Umgang mit Betsy weiter zu gestatten. Während Molly bei Betsy wohnte, hatten die beiden anscheinend ausgiebig über Priester gesprochen und darüber, was Frauen diesen heiligen Männern bei der Beichte zu sagen pflegten — und Betsy meinte, der Priester habe die Sache selbst vielleicht nicht angesprochen, habe gegenüber der Mutter aber wohl doch genug angedeutet, um sie auf die Spur zu bringen.

An diesem Abend vögelte ich Betsy, danach jedoch nie wieder. Ich gab ihr, was ich konnte, um sie für den Ärger und ihren Verlust zu entschädigen, denn ich hielt die Geschichte für wahrscheinlich. Wenig später verlor ich sie aus den Augen, und Molly habe ich nie wiedergesehen.

*H*l*n M***w**d. — Unsere erste Begegnung. — Ihre körperliche Vollkommenheit. — Finanzielle Differenzen. — Ich halte mein Versprechen. — Nach einem Jahr. — Wir schließen Freundschaft. — Ungezügelte sexuelle Vergnügungen. — Ich sehe sie wieder. — Neugier und offene Worte. — Das Vertrauen wächst. — Vögeln auf Kredit.*

Eines Abends begegnete ich in den A*g**l Rooms H*l*n M***w**d und war ihr sofort verfallen. Mein geübtes Auge, meine Erfahrung in der Beurteilung von Frauen und mein Instinkt sagten mir, was ich unter ihren Röcken finden würde, und ich sollte mich nicht täuschen. Ich habe in meinem Leben viele herrliche Frauen besessen, aber nie eine herrlichere, in jeder Hinsicht so vollkommene Schönheit.

Sie war groß, aber nicht hochgeschossen und besaß dichtes, kastanienbraunes Haar von einem bezaubernden Ton und Augen, in denen sich Grau, Grün und Nußbraun auf unbeschreibliche Weise mit einem Ausdruck höchster Sinnlichkeit mischten, aber ohne ordinäre Lüsternheit und zu jedem Mienenspiel fähig. Eine zarte Stupsnase, das Antlitz ein reines Oval, Haut und Teint von vollkommenster Tönung und Transparenz — das war H*l*n M. Nichts reichte an die Schönheit ihres Kopfes heran, wenngleich es ihren Zähnen ein wenig an Glanz gebrach, — aber auch sie waren ziemlich gut und nicht verfärbt.

Sie hatte schön gewölbte Füße, vollkommen bis in die Zehenspitzen; Schenkel, die von der Möse bis zu den Knien eng aneinanderlagen, herrlich in ihrer säulenhaften Schönheit; ein großes Gesäß mit Grübchen, eine schmale Taille, volle, feste Brüste, kleine Hände und Arme, die in ihrer Rundung vollkommen geformt waren. Überall war ihre Haut von einem ganz zarten, cremefarbenen Ton und vollkommen glatt. Alabaster oder Elfenbein schmeicheln der Hand nicht mehr, als es jedes Fleckchen ihrer Haut, von den Wangen bis zu den Zehen, tat.

Kurzes, dichtes, gekräuseltes, doch seidenweiches braunes Haar bedeckte den unteren Teil ihres Hügels und ließ sich zu jener Zeit weiter unten nur neben den Lippen der Möse sehen; so daß die Lippen bis fast zum Loch ihres Hinterns frei waren; eine schöne, kleine Klitoris, ein bloßer Knopf, ragte aus ihrer Spalte hervor; die inneren Lippen waren dünn, schmal und zart, der Mund der Vulva klein, der Zugang eng und doch von herrlicher Geschmeidigkeit, und wenn sie sich auf den Rücken legte und die Schenkel spreizte, kam eine herrliche, jugendliche, rosarote Möse zum Vorschein, ein wollüstiger Anblick, bei dem auch ein Sterbender noch einen steifen Schwanz bekommen hätte.

Sie hielt sich gut, sehr gerade, aber unverkrampft; wollüstige, hinreißende Wellenbewegungen durchliefen ihren Körper, wenn sie einherschritt; alles an ihr, jede Bewegung war anmutig, auch wenn sie sich zum Pissen hinhockte — und alles in allem genommen, war sie eines der herrlichsten Geschöpfe, die Gott je zur Freude des Mannes gemacht hat. — Bei aller Anmut und trotz ihrer wohlgerundeten, zarten Figur war sie eine kräftige, starke Frau und besaß doch die süßeste Stimme — sie war wie Musik.

Vieles hiervon erkannte ich auf den ersten Blick, vollständiger allerdings, als sie sich auszog. Nun ging der süßeste Duft wie frische Milch oder Mandeln von ihr aus, und kaum hatte sie sich hingelegt, da machte ich mich über ihre Möse her, leckte und saugte sie in rasendem Entzücken. Ich hätte sie fressen können. Noch nie hatte ich solches Entzücken beim Punzenlecken erlebt. Eine Dirne hatte ich bei der ersten Begegnung kaum je zuvor geleckt, meistens tat ich es bei ihnen überhaupt nicht.

Während ich mit ihr in einer Droschke nach Hause fuhr, erlaubte ich mir einige Freiheiten, aber sie wies mich zurück. — »Warten Sie, bis wir da sind, im Wagen mag ich so etwas nicht.« — Gleich bei der Ankunft fragte ich sie, wieviel ich ihr schuldig sein würde. — Nein, weniger als fünf Pfund bekomme sie nie. — »Warum haben Sie das nicht gleich gesagt, dann hätte ich Sie gar nicht dort weggeholt. — Ich gebe Ihnen zwei Sovereigns, hier ist das Geld. Tut mir leid, daß ich Ihre Zeit vergeudet habe.« — Ich schickte mich an zu gehen. — »Bleiben Sie! Gehen Sie noch nicht!« — Ich sah in meine Geldbörse und gab ihr, was ich entbehren konnte — es war etwas mehr als der Betrag, den ich genannt hatte — und versprach, ich würde ihr das, was zu den fünf Pfund fehlte, an einem der nächsten Tage bringen. Dann vögelte ich sie. — »Nicht so hastig«, sagte ich, denn sie stieß mir ihre Möse so heftig entgegen, wie es Frauen tun, die entweder sehr geil sind oder den Mann loswerden wollen. Das ärgerte mich, aber, mein Gott, welches Entzücken, als ich mein Sperma in diese schöne Möse goß, als ich diesen himmlischen Körper küßte und seinen Duft einsog, als ich in diese wollüstigen Augen blickte. Auf der Stelle packten mich zugleich Liebe und Verlangen, als mein Schwanz sein Lebenselixier unter Zuckungen in ihren Schoß entlud. — Aber *ich* hatte *ihr* kein Vergnügen bereitet. — Sie war kurz angebunden und hatte es eilig; in einem anderen Zimmer des Hauses wartete schon ein anderer Mann auf sie, wie sie mir später erzählte.

Was diese Frau an sich hatte — woher ihre besondere Anziehungskraft rührte, vermag ich nicht zu sagen, aber sie weckte in mir den Wunsch, ihr mein Herz zu öffnen, und schon bald erzählte ich ihr von meinen amourösen Streichen, meinen ausschweifendsten Neigungen und meinen tadelnswertesten Gelüsten (falls es solche gibt); Dinge, die ich immer für mich behalten, keiner anderen Frau offenbart hatte, erzählte ich *ihr* sehr rasch. Ich konnte nicht anders, so, als wäre es mir vom Schicksal bestimmt, ihr alles zu erzählen, alles, was ich mit Frauen und Männern getan hatte, alles, was ich mit *ihr* gern tun wollte — ein Schwall ausschweifender Geständnisse, die ich nicht bei mir behalten konnte. Ich entleerte meinen Körper und meine Seele in sie. Sie hörte zu, wirkte aber unwillig. Sie mochte mich nicht.

Und sie glaubte mir nicht. Zwei Tage später brachte ich ihr das versprochene Geld, sie hatte nicht damit gerechnet; jetzt ließ sie sich zu der Frage herab, ob sie mich wieder treffen solle. — Nein. Sie sei für mich viel zu teuer — nicht, daß sie es nicht wert sei. — Sie sei noch viel mehr wert — aber wo nichts sei, da könne man nichts holen. — Ich hätte nicht das Geld und könne sie nicht mehr treffen. — »Nun gut«, erwiderte sie sehr gelassen, und wir trennten uns. Als ich mich von ihr losriß, ergriff mich eine schmerzliche Sehnsucht nach dieser schönen Gestalt, danach, diese köstliche Möse zu betrachten, zu beschnuppern, zu küssen, zu lecken und zu vögeln, und *ihr* Lust zu bereiten, sofern ich dazu imstande war. Zwar sah ich sie nachher in den A*g**l Rooms wieder — und suchte dieses Etablissement sogar eigens auf, um sie zu sehen, aber ich hielt mich von ihr fern. Dabei kam mir zu Hilfe, daß ich glaubte, ich sei ihr zuwider — warum, das wußte ich nicht, und es verging ein ganzes Jahr, bevor ich ihre Reize wieder in meinen Armen hielt.

Als ich sie an jenem Tag verließ, konnte ich an nichts anderes denken als an sie, besuchte eine Frau, die ich kannte; aber während ich sie vögelte, schloß ich die Augen und stellte mir vor, sie sei H*l*n M. — »Du nennst mich H*l*n«, meinte sie. »Du kennst wohl eine Frau, die so heißt.« — Ich sagte ihr, es sei der Name meiner Schwester. Es war nicht das einzige Mal, daß mir so etwas widerfuhr, und in eben dieser Weise: ich vögelte eine bestimmte Frau und dachte dabei an eine ganz *andere.*

Als ich sie das nächste Mal besaß, war ihre Schönheit noch vollkommener; sie hatte mehr Haar auf ihrem Hügel und einen dichten Busch gleich über der Öffnung ihrer Kerbe. — Ihre Glieder waren voller und noch hübscher. Ich sagte ihr ganz offen, wieviel Geld ich ausgeben könne und daß ich Frauen nie belügen oder ihnen gegenüber wortbrüchig würde. Anscheinend fing sie an, mir Glauben zu schenken, aber es ist schwierig, eine Dirne zu ergründen; und jeder Frau, die längere Zeit auf den Strich gegangen ist, fällt es schwer, irgendeinem Mann zu glauben. — Aber mit der Zeit änderte sich manches, ich traf sie jetzt häufiger zu meinem Vergnügen, und nur sie; wenn mich gelegentlich eine Laune ankam und ich beiläufig einmal eine andere Frau vögelte, erzählte ich ihr fast immer davon, aber das war zu einer Zeit, als ich sie schon ein Jahr lang kannte. — Wenn sie mich etwas fragte, worüber ich nicht sprechen wollte, erklärte ich ihr, ich würde sie entweder belügen oder den Mund halten. — So verliefen unsere Begegnungen sehr angenehm, ich schwelgte in ihrer Schönheit, und obwohl ich nicht mehr der Jüngste war, habe ich sie oft dreimal innerhalb einer Stunde gevögelt. — Schließlich kam es dahin, daß sie sich mit mir ergoß und Gefallen an mir fand, was mein Entzükken nur steigerte; denn der Frau Lust zu schenken ist mir in späteren Jahren eine fast ebenso große Freude wie mein eigenes körperliches Vergnügen an ihr.

Aber es sollte nicht lange dauern, bis sie sich meinen erotischen Launen fügte. Sie selbst, ihr ganzes Denken und ihre Phantasie waren erfüllt von solchen Launen, und es verlangte sie nach vielen von ihnen — ich glaube, nach den meisten. — Schon als kleines Kind war sie wollüstig und lüstern gewesen, aber vor *mir* verbarg sie ihre Begierde und erfüllte nur von Zeit zu Zeit einige wenige meiner Wünsche — gleichsam als höchste Gunstbezeugung. Aber im gleichen Augenblick, da sie sich verweigerte, sehnte sie sich selbst danach, und nachts oder am Morgen, wenn sie, zahllose Bilder der Verworfenheit vor Augen, allein im Bett lag, vollbrachte sie dies alles in Gedanken, während ihre hübschen Finger die zarte Klitoris rieben, denn sie war die Sinnlichkeit in Person und masturbierte seit ihrer Kindheit. Erst als ich sie schon drei oder vier Jahre kannte, als sie in unseren wollüstigen Unterhaltungen ihre geheimsten, innersten Wünsche fast unabsichtlich offenbart hatte, setzte sie jene possierlichen Launen mit mir zusammen in die Tat um, auf die sie sich mit keinem anderen Mann eingelassen hatte. — Jetzt studierten wir die Ausschweifung in all ihren Spielarten, denn ich hatte ihr alle lächerlichen Ideen hinsichtlich des sündhaften Gebrauchs ihres Körpers, hinsichtlich der Unzulässigkeit oder Schandhaftigkeit bestimmter sexueller Handlungen ausgetrieben. — Sie war mit mir der Meinung, daß Männer und Frauen Möse, Schwanz und Arschloch, Achselhöhlen, Füße und Finger und alle anderen Teile des Körpers gebrauchen dürfen, um einander sexuelle

Lust zu schenken und Zuneigung beim anderen zu finden — daß nichts, was sie miteinander tun, böse ist, daß alles, was sie tun, nur sie selbst etwas angeht, und daß es sowohl schicklich als auch naturgemäß ist, alle sexuellen Instinkte zu befriedigen.

[Man wird dies im weiteren sehen, wenn die lustvollen Vergnügungen, die wir genossen, beschrieben werden — es gibt nichts, was ich mit einer anderen Frau getan habe, das ich nicht auch mit *ihr* getan hätte. Ein Einfall brachte den nächsten hervor, und oft nahmen erotische Projekte in uns beiden nach und nach Gestalt an.]

Sie sagte, dergleichen hätte sie mit keinem anderen Mann jemals getan — nicht einmal mit dem Mann, den sie einst liebte und der sie ausgehalten hatte; auch nicht mit denen, nach denen es sie verlangt hatte — denn sie hatte starke Vorlieben —, und nie hätten ihr Männer irgendwelche außergewöhnlichen Lustbarkeiten vorgeschlagen. Ich glaube, daß sie sich ihnen einzig und allein mit mir überließ, denn in unserem sinnlichen Temperament waren wir einander gleich. In der Ausschweifung war sie mir ebenbürtig, und außerdem wußte sie, daß ich nicht die geringste Chance hatte, unsere erotischen Possen vor einem anderen Mann oder einer anderen Frau auszuplaudern.

Viele, die unsere sexuellen Vergnügungen nicht selbst ausprobiert haben, werden sie tierisch nennen. Das sind sie aber nicht. Und wenn sie es wären? — Wie steht es mit all den Körperfunktionen von Mann und Frau, wie steht es mit Kauen, Schlucken, Spucken, Schneuzen, Urinieren, Furzen? — Wie steht es mit dem Geschlechtsverkehr? Ist er bestialisch? — Gewiß, auch die Tiere machen es. — Vielleicht wird man ihn natürlich nennen, aber er ist ein rein tierischer Akt, wenngleich er mir nicht sonderlich bestialisch erscheint. — Wie steht es mit der Möse einer Frau? — Man betaste sie, wenn sie nicht gerade frisch gewaschen ist, oder wenn der Schwanz sie gerade verlassen hat und sie innen und außen von Samenklumpen bedeckt ist. Ist das bestialisch oder nicht? Wie steht es mit der Verbindung zweier Zungen, der Vermischung des Speichels, dem Aneinanderkleben zweier Münder beim Vögeln? — Bestialisch? Aber es ist nichts Schlimmes dabei, so wird man sagen, es ist natürlich. — So weit, so gut. — Aber auch andere erotische Vergnügungen sind nicht minder natürlich und durchaus nicht bestialischer. — Ist es denn schlimmer, wenn ein Mann die Klitoris einer Frau leckt, um ihr Vergnügen zu bereiten, oder wenn sie zu dem gleichen Zweck an seinem Schwanz lutscht, sofern beide Vergnügen dabei finden, einander Vergnügen zu bereiten? So auch, wenn der Mann das Hinterloch der Frau mit dem Finger zupropft, während sie miteinander verkehren oder während er sie minettiert; dasselbe gilt auch für andere Reizmittel und Einfälle; sie alle sind gleichermaßen natürlich, auch wenn viele keinen Gefallen daran finden. — Alle sind zulässig, wenn sich ein Paar ihrer zum gegenseitigen Vergnügen bedient, *und sie sind nicht bestialischer als der einfache menschliche Geschlechtsakt*, der den Zauber des Lebens ausmacht — das eigentliche Ziel des Lebens — dem sich alle hingeben, soweit es ihre körperlichen Kräfte nur erlauben — und den man doch nicht für *bestialisch* hält.

In allen Akten der *Liebe* und der *Lust* — es sind dies zwei Begriffe von annähernd, wenn auch nicht völlig gleicher Bedeutung — spielt die Phantasie eine äußerst wichtige Rolle. Alle menschliche Zuneigung erwächst aus dem Geschlechtsakt und seinen Präliminarien. — Der stupide Dummkopf, für den die Frau nicht mehr ist als ein Stück warmes

Fleisch mit einem Loch zum Ficken — der Mann, der keinerlei Phantasie besitzt — der unfähig ist zu raffiniert ausgezierten sinnlichen Genüssen, der fickt, wenn der Samen seinen Schwanz unruhig macht, und nur dann an seine Frau denkt — der sich von ihr abkehrt, sobald er fertig ist — er ist das Tier — *denn er tut genau das, was das Tier, die Bestie auch tut und nichts anderes.* — Paare, die mit Phantasie gesegnet sind, die durch verschiedene Anreizungen, zu denen ein Tier gar nicht imstande ist, das Vögeln auf eine geistige Höhe heben, es zu einem Sinnentraum machen, die Lust und Liebe in ihrer sinnlichen Erhöhung vergeistigen und in poetische Raserei verwandeln — *sie sind keine Tiere.* Das Paar, das den Koitus auf den bloßen Vollzug herunterbringt, mit der einzigen unausweichlichen Folge, daß der Samen in der Möse liegt und der Schwanz schrumpft und naß und schlaff herausgleitet — dieses Paar begibt sich sofort auf die Ebene der *Tiere* und jene Dummköpfe, die unfähig sind, mehr zu tun als Pferd, Schwein und Hund, die brunsten und das Weibchen bespringen, wie jedes andere Tier, ob Laus oder Elefant — sie sind die *Tiere*, und nicht diejenigen, die dem Eros huldigen, die durch ihre Phantasie und durch fein gestufte Präliminarien das Vögeln auf eine fast himmlische Höhe heben.

H*l*n und ich, wir spotteten nach einiger Zeit über die rohen Vorstellungen jener tierischen Trottel, die alles für bestialisch halten, außer wenn ein Schwanz in eine Möse gesteckt wird — *dabei tun die Tiere genau dies und sonst nichts* —, und vergnügten uns erotisch, wie es uns gefiel. Ich ganz und gar um der Liebe und der Lust willen, sie aus demselben Grunde und vielleicht auch ein wenig wegen des Geldes — darin sind alle Frauen gleich —, aber schließlich gab auch sie sich allein aus Liebe den

Freuden der Wollust hin, zu unser beider Befriedigung.

Erneut lockte mich die Anziehungskraft von H*l*n M***w**d, und ich ergötzte mich an ihren wollüstigen, kostspieligen Reizen. Sie machte mir Komplimente wegen der Menge an Lebenselixier in mir und schien meine Umarmungen zu genießen. — Als ich dies letztere zur Sprache brachte, meinte sie kurz angebunden: »Das habe ich nicht gesagt!« — Danach ging ich manchmal zu den A*g**l Rooms, nur um sie zu sehen; aber sie verließ den Kreis ihrer Bewunderer, kam zu mir und fragte mich sogar, ob ich sie besuchen wolle. Ich weigerte mich. »Du bist der seltsamste Mann, den ich je hatte, aber ich unterhalte mich gern mit dir. Komm doch zu mir, morgen, du kannst so lange bleiben, wie du magst.« Gegen meinen Willen gab ich meiner Faszination nach und verabredete mich mit ihr für einen späteren Tag. Noch an dem vereinbarten Tag glaubte ich, ich würde nicht zu ihr gehen. — »Sie ist doch nur eine Dirne.« Aber auch ihnen gegenüber halte ich Wort, und ich ging zu ihr.

Es war kalt draußen; in ihren Zimmern brannten große Feuer, sie war nur leicht bekleidet, wie es Kourtisanen geziemt, deren Reize man ohne viel Umstände betrachten und betasten können soll. — Vor dem Kamin streichelte ich ihre parfümierte Spalte, während die wohlige Wärme auf ihren hübschen Schenkeln und dem Bauch spielte. »Es ist kalt, ich wollte, du ließest mich zu dir ins Bett.« — »Nun gut.« — Binnen drei Minuten lagen wir mit verschlungenen Gliedern zwischen den Laken — ich schwieg, dachte an ihre vielfältigen Reize, betastete die feuchten Falten, flocht meine Finger in die weichen Locken ihres Hügels, küßte in freudigen Gedanken an den Höhepunkt ihre Lippen. Ich weiß nicht, woran sie dachte, aber seltsamerweise streichelte sie mich am ganzen Körper, was sie vorher noch nie getan hatte, und widmete sich dann mit Berührungen, die ich nur von ihr kannte und die ich später noch mehr schätzen lernte, meinem Schwanz. Bald war meine glühende Rute tief in ihrer warmen, schlüpfrigen Möse versenkt, und unter wilden Stößen strömte mein Sperma in sie. Bald darauf vögelten wir noch einmal, aber es störte mich, daß sie nach jeder Tränkung, die ihr meine Lunte zuteil werden ließ, aufstand und sich wusch.

Als ich die Reize ihrer Scham näher erkunden wollte, zierte sie sich, wehrte mich ab und sagte hastig: »So, jetzt ist es genug« — schloß die Schenkel und zog die Decke hoch. Nachgiebig war sie nicht, vielmehr stets darauf bedacht, ihren eigenen Willen durchzusetzen. — Da sagte ich: »Ich werde mir ein Glas Sekt genehmigen.« — »Ich mag keinen.« — »Dich hat ja auch niemand gefragt.« Aber ich nahm mir eines. Sie wurde neugierig, wollte etwas über mich erfahren. »Frage mich nicht, ich werde dich doch nur belügen.« — »Ich will gar nichts wissen.« — »Warum hast du dann gefragt?« — »Bloß, um etwas zu sagen, — du bist der seltsamste Mann, den ich je hatte.« — Wieder kuschelten wir uns in dem warmen Bett zusammen, in ergötzlicher Stille streichelte ich ihren schönen Körper überall, spielte mit den elfenbeinernen Erhebungen ihrer Brüste, ließ meine Hand über ihren weichen Bauch und ihren Hintern wandern und zwischen ihre glatten Schenkel gleiten, bis ich den weichen, seidigen Saum und darunter den lieblich duftenden Busch spürte. Dann tauchte ein Finger tief hinab durch den Busch und krümmte sich aufwärts, befeuchtete sich im warmen Zugang zu ihrem Schoß, kehrte dann zurück zu der süßen kleinen Klitoris und kitzelte sie. Wieder griff sie nach meinem Schwanz, bearbeitete ihn, pressend und daran auf- und abgleitend, mit ihren einfühlsamen Bewegungen, und schon richtete er sich zu voller Kraft auf. — Ohne ein Wort zu sagen, schlug sie plötzlich die Bettdecke zurück und betrachtete mit ernster Miene die Erektion, wobei sie die rubinrote Spitze abwechselnd entblößte und wieder bedeckte. Dann ging alles ganz schnell. »Fick mich«, sagte sie. In sexuellen Dingen war sie sehr direkt. Ich dachte, sie wolle wieder möglichst schnell fertig und mich los werden, aber diesmal war es ein Ansturm von Erregung, der sie so heftig und ungeduldig auf Befriedigung drängen ließ. Wie ich später herausfand, strebte sie stets ungeduldig zum Erguß, sobald die sinnlichen Empfindungen bei ihr einsetzten. Damals wußte ich noch nicht, welche physische Kraft sie besaß und daß sie ohne weiteres einen Erguß nach dem anderen haben konnte, ohne zu ermüden.

Tatsächlich vögelte ich sie sofort, sie vereinigte ihre Zunge mit meiner und genoß meinen Schwanz in stiller Wonne, auf eine Weise, die mich mit Freude über meine Leistung und darüber, daß ich sie ergötzt hatte, erfüllte. Nach dieser Tränkung ließ sie meinen Schwanz nicht herausgleiten, sondern behielt ihn in ihrer köstlichen Scheide, die meinen Samen ganz austrank; sie schnürte mich mit ihrer Möse ein, bewegte sie sanft auf und ab, wie in der Absicht, meinen sexuellen Genuß zu verlängern. Das hatte sie, soweit ich wußte, noch nie getan, aber vielleicht hatte ich diese wollüstigen Einzelheiten in ihrer Art, zu verkehren, vor lauter Erregung nicht bemerkt. »Liebe, dieses Mal bist du mit mir zusammen gekommen.« — »Dieses Mal? Jedesmal, wenn du mich gevögelt hast, bin ich mit dir gekommen.« — »Wirklich?« — »Hast du es denn nicht bemerkt?«

Kurze Zeit später stand ich auf. — »Gehst du schon?« — »Ja — ich kann jetzt nicht mehr.« — »Wetten, daß ich ihn nochmal hinbekomme.« — Aber ich hatte keine Zeit mehr und sagte der wollüstigen Sirene deshalb Adieu. — »Wann sehe ich dich wieder?« — Ich wollte nichts versprechen. — »Komm übermorgen am Nachmittag.« — »Ich kann nicht, und wenn ich komme, mußt du mir Kredit geben.« — Sie überlegte einen Augenblick und meinte dann: »Du bekommst Kredit bei mir.« — Ich ging an jenem Tag tatsächlich zu ihr, und sie hätte mir das Geld gestundet, aber ich bezahlte sie — ich hatte das Geld und wollte keine Schulden machen. — Dann vergingen zwei oder drei Monate, bevor ich ihre Reize wieder in Armen hielt.

Wir fassen Zutrauen zueinander. — Wollüstige Hingabe. — Meine empfindliche Lunte. — Meine Ejakulationen. — H's Vorliebe für große Schwänze. — Ein großer in ihr. — Ich nach dem großen. — Unser beider Vergnügen an einer spermalisierten Vagina.

H*l*n und ich, wir verstanden einander jetzt besser (wenn auch noch nicht vollkommen). Sie wußte, daß ich mich nicht so leicht täuschen ließ, verzichtete deshalb auf die Listen und Schliche ihres Gewerbes, behandelte mich wie einen Freund; und da ihr in ihrer Lage dauerhafte Freundschaften zu anderen Männern verwehrt waren, da sie für Frauen wenig übrig hatte und da der Mensch jemanden braucht, mit dem er über sich sprechen kann, wurde ich für sie so etwas wie ein Vertrauter. Sie bewohnte damals ein zauberhaftes, gut eingerichtetes, kleines Haus, vollgestopft mit Annehmlichkeiten, das ihr selbst gehörte. Manchmal speiste ich dort mit ihr. Sie war überaus reinlich; auf dem Dielenfußboden in ihrer Küche hätte man essen können, und so war es im ganzen Haus. Sie war eine hervorragende Köchin und kochte meistens selbst; es machte ihr Spaß, sie war eine Feinschmeckerin. Was für ein herrlicher Anblick, wenn sie am Tisch saß, bis auf das Kleid vollständig angezogen, mit nackten Armen, die Brüste unter der von Spitzenarbeit durchbrochenen Bluse sichtbar, mit ihrer herrlichen Haut und dem wundervollen Teint; wie sie dann aß, meinen Wein trank und von Zeit zu Zeit in die Küche hinunterging. Wir aßen und tranken mit Genuß, voll lüsterner Erwartung — wir beide, denn auch sie wollte vögeln. — Ab und zu streichelte ich ihre Schenkel und die Ritze, küßte sie, ließ meinen Schwanz sehen, der ganz erpicht darauf war, noch während unseres Dinners ans Werk zu gehen.

Nachher vertagten wir uns in ihr Schlafzimmer und verbrachten den Abend mit wollüstigen Vergnügungen — bei der Befriedigung unserer erotischen Wünsche hatten wir damals kaum noch Skrupel. — Wenig später gar keine mehr. — Wie genoß sie es, wenn ich ihr die Punze leckte; und wenn sie sich dann nach einiger Zeit ihren Empfindungen überließ, stieß sie hervor: »Ah — mein Gott — ah — fick mich« — und was ihr sonst in den Sinn kam, während ihr Bauch und ihre Schenkel bebten; sie zwängte meinen Kopf zwischen den Beinen ein, griff mir in die Haare, und wenn sie sich ergoß, hob sich ihre süße Möse meinem Mund entgegen, bis ich von ihr abließ, weil meine Zunge erlahmt war und schmerzte. Manchmal drückte ich ihr ganz sanft meinen Daumen ins Arschloch, was ihr nach einiger Zeit sehr zusagte. Welch überirdisches Vergnügen, wenn ich ihr dann meinen Schwanz hineinschob, ihre elfenbeinernen Hinterbacken packte, ihre Zunge mit der meinen suchte, wenn sich unser Speichel vermischte und ich ihre Möse mit Sperma überflutete. — Nie empfand ich mit einer anderen Frau größere Lust, und nur mit wenigen ebenso große.

Wenn wir ausruhten, sprachen wir über ihre Ausschweifungen und meine — über die Schliche der Frauen. — Wir malten uns lasterhafte Möglichkeiten aus, entwarfen wollüstige Stellungen, offenbarten einander sonderbare Gelüste, ersannen Verbindungen der Lust zwischen Männern und Frauen oder zwischen zwei Frauen — denn beide waren wir eine Beute des Eros. In der Geilheit waren wir wie füreinander geschaffen, und bald sollten uns alle Lustbarkeiten zulässig erscheinen; wir hatten keine Skrupel mehr, keine Vorurteile, waren Philosophen der sinnlichen Begierde und stillten sie ohne jeden Gedanken an den Anstand.

Eines Tages erzählte ich ihr wieder von der Empfindlichkeit meiner Lunte, daß mir die Reibung beim Vögeln in einer trockenen Möse manchmal wehtat, daß mein Schwanz danach zuweilen geschwollen und unnatürlich stark gerötet war. Französische Freudenmädchen — mehr als andere — waschen sich die Möse, wie ich herausfand, häufig mit astringierenden Mitteln, die mein Schwanz in ihnen sofort entdeckte; deshalb bat ich H., wenn wir verabredet waren, ihre Möse nach dem Morgen nicht mehr zu waschen, denn ihre natürliche Feuchtigkeit war meinem Penis sehr viel angenehmer. — Auch Speichel kann sich mit der natürlichen Schlüpfrigkeit an der Innenwand der Vagina durchaus nicht messen. — Aber weil sie so sehr auf Reinlichkeit bedacht war, fiel es mir nicht leicht, sie zur Erfüllung meiner Bitte zu bewegen.

So kam es, daß sie mich eines Tages fragte, ob ich jemals eine Frau besessen hätte, die vorher schon gevögelt und ihre Punze nicht gewaschen hatte. Sie wußte damals von meinem Abenteuer mit dem Seemann, von dem bei Lord A. und bei Sarah F**z*r — aber nichts von dem, was sich kurz zuvor bei N**l*e L**l*e zugetragen hatte. Ich antwortete auf ihre Frage mit Nein — abgesehen von den genannten Ausnahmen. — »Ich wette, doch, — ohne es zu merken.« Und nun erzählte sie mir, daß sich die Frauen dort, wo sie früher gelebt hatte, ihre Mösen nach einem Stoß bloß abwischten und gleich danach einen anderen Mann nahmen, und daß es nicht aufgefallen sei; sie selbst war einmal von einem Mann gevögelt worden, der zusammen mit einem Freund gekommen war, und dieser Freund hatte nachher darauf bestanden, sie sofort anschließend zu stoßen.

Wenig später unterhielten wir uns über das Vergnügen, in einer gut geschmierten Möse zu vögeln, und stimmten darin überein, daß der zweite Fick schöner sei, wenn die Möse ungewaschen ist. Ich zermarterte mir das Gedächtnis und erinnerte mich einiger Fälle, in denen ich einen solchen Verdacht gehabt hatte. H*l*n, die sich zu dieser Zeit ihre Büchse immer wusch, sagte wieder, es sei bestialisch. — Ich entgegnete, wenn es für mich und für die Frau angenehmer sei, dann sei nichts Bestialisches daran; und selbst wenn es bestialisch sein sollte, so sei mir das gleichgültig; das Vögeln sei seiner Natur nach ein rein tierischer Akt, nur sei er beim Menschen dank seines Gehirns mit stärkeren Lustgefühlen verbunden. »Warum also nachher waschen, wenn es beiden anders besser gefällt?«

Etwa um diese Zeit stellte ich fest, daß mir nicht mehr ganz so viel Sperma zur Verfügung stand wie zu Beginn meiner mittleren Jahre; ich prüfte das, indem ich über einem weißen Blatt Papier wichste, und wollte nun sehen, was ein junger Mann von sich gab, wieviel und wie es beschaffen war. Wir plauderten hin und wieder darüber, und eines Tages sagte sie mir, sie habe da einen Mann, ungefähr fünfunddreißig Jahre alt, der sie heimlich besuchte, aber nur gelegentlich; ein ehemaliger Liebhaber, der ein Vermögen für sie ausgegeben hatte (ich habe unterdessen seinen Namen erfahren, kenne seine Familie und weiß, daß sie mir die Wahrheit sagte). Sie überließ sich ihm immer noch — aus Dankbarkeit. Er war sehr arm, aber ein Gentleman, und war ihr jetzt in mancher Hinsicht behilflich. Mir fiel ein, daß sie ihn vielleicht auch deshalb mochte, weil er, wie sie erzählt hatte, einen großen Schwanz besaß. Wie ich feststellen konnte, hatte sie eine Vorliebe für große Schwänze und schilderte diejenigen unter ihren ehemaligen

Verehrern, die einen solchen besaßen, in begeisterten Worten. Dieser Mann nun ergoß sich ausgiebig; ich äußerte den Wunsch, das zu sehen, und etwas später verabredeten wir, daß ich diese Mösensonde und wie er sich ihrer bediente, sehen sollte, und anschließend ihre Möse selbst. Aber es dauerte einige Zeit, bis es dazu kam. In vielen Gesprächen gab sie zu, daß ihr ein großer Schwanz nicht mehr sinnliche Lust verschaffe als einer von mittlerer Größe. »Aber die Vorstellung, weißt du, die Vorstellung, daß er groß ist — und er läßt sich so gut anfassen!«

Eines Nachmittags war ich, wie verabredet, in ihrem Schlafzimmer; er sollte sie im Zimmer nebenan nehmen. Sie verrückte das Bett dort so, daß ich, wenn die Tür nur ein kleines bißchen geöffnet war, durch den Spalt an der Seite der Türangeln alles genau beobachten konnte. Wir waren beide unbekleidet; genüßlich beschrieb sie mir seinen Schwanz und schärfte mir immer wieder ein, ich solle mich ganz ruhig verhalten. — Wir hörten ein Klopfen an der Haustür. »Das ist er«, sagte sie und ging hinunter. — Es verging einige Zeit; lauschend stand ich auf dem Treppenabsatz, bis ich ein Husten hörte — ihr Zeichen —, worauf ich zurück in das Zimmer ging und die Tür hinter mir schloß. Ich wartete, bis sie oben waren und ich sie in dem hinteren Zimmer hörte. Nun öffnete ich meine Tür einen Spalt weit und wartete, bis ich ein zweites Husten vernahm. Dann schlich ich im Hemd und ohne Schuhe an ihre Tür, die ein wenig offen stand.

Sie saßen auf der Bettkante, sie im Unterhemd, er im Hemd, und streichelten einander die geheimen Partien. Er saß halb mit dem Rücken zu mir, ihre Hand hielt sein großes Instrument, das nicht ganz steif war; aber unter ihren Handbewegungen schwoll es bald zu nobler Größe. Dann wollte er sie lecken, und sie fügte sich; als Vorspiel schätzte sie dieses Vergnügen sehr. Er kniete sich auf das Bett, obwohl er sich lieber auf den Boden gekniet hätte. Aber sie setzte ihren Willen durch, um sicherzugehen, daß er mir weiterhin seinen Rücken zukehrte. Er war so versunken in seine Beschäftigung, daß ich, als ihre Lust näherkam, die Tür weiter aufstieß (die Angeln waren geölt) und nun um den Türpfosten spähte — ich erblickte seinen Sack, sah, daß sein Schwanz groß und steif war — ich hielt mich kaum einen halben Meter hinter ihm. — Aber er bemerkte nichts, alles war still, bis auf das Schmatzen seiner Zunge an ihrer Möse und ihr Gemurmel. Als sie sich einmal ergossen hatte, legte er sich neben sie, küßte sie und streichelte ihre Möse, wobei sein nobler Pego neben ihrem Schenkel emporragte — währenddessen schob sie die Vorhaut auf und ab und warf einen Blick zur Tür. Nachdem sie dieses Getändel mir zuliebe in die Länge gezogen hatte, vögelte er sie. Als er auf ihr war, zog sie ihm sein Hemd bis über die Taille hoch, so daß ich die Bewegungen der beiden genau sehen konnte. Ich hörte jeden Seufzer und jedes Murmeln, sah jeden Stoß und jedes Aufbäumen, ein köstlicher Anblick; aber sein Arsch war behaart, was mir nicht gefiel.

Dann sagte sie: »Zieh ihn heraus, er wird sich fragen, warum ich so lange wegbleibe; geh leise nach unten, ich komme gleich.« Er zog sich aus ihr zurück, sie erhoben sich, und ich schlich in mein Zimmer zurück. Sie hatte ihm gesagt, um mit ihm zusammen zu sein, müsse sie den Mann hintergehen, der sie aushielt; er wußte, daß sich ein anderer Mann im Hause aufhielt, aber da er heimlich gekommen war, freute er sich, sie ohne Bezahlung vögeln zu können — denn er liebte sie innig —, und ahnte oder wußte nichts davon, daß er mit seinen unzüchtigen Lustbarkeiten dem Vergnügen eines anderen Mannes dienstbar gewesen war.

Auf dem Bett in meinem Zimmer dann ließ sie ihre geheimen Reize sehen — eine Möse, die von seinem Samenopfer überfloß. — Der Anblick ergötzte mich, meine Lunte war schon lange steif; das Zusehen hatte mir fast so viel Vergnügen gemacht, wie wenn ich sie gevögelt hätte, und nun überkam mich mit einer an Raserei grenzenden Heftigkeit das Verlangen, sie zu vögeln, mein Sperma in dem seinen bei ihr zurückzulassen. »Ich werde dich vögeln — ich vögele jetzt da hinein«, rief ich, vor wollüstiger Begierde zitternd. — »Du Tier — laß das!« — »Ich tu's.« — »Nein.« Aber sie rührte sich nicht und hielt ihre Beine gespreizt, während sie sagte: »Nein, nein.« — Ich sah ihr ins Gesicht, erkannte die übermächtige Wollust, sah, daß es auch sie danach gelüstete, daß sie sich nur schämte, es zu sagen. »Bist du eben gekommen?« — »Ja.« — »Ich vögele dich jetzt.« — »Du Tier.« — Und schon tauchte mein Schwanz in sie ein. — »Ah«, seufzte sie wollüstig, als mein Sack sich an ihren Hintern schmiegte. Ich hob ihre Schenkel und umklammerte sie und vögelte rasch, denn mein Verlangen war heftig. »Was sind wir für Tiere«, stieß sie wieder hervor. — »Ich bin in seinem Sperma, Liebling.« — »Ja-ha, wir sind Tiere.« Für meinen Schwanz war die Schlüpfrigkeit köstlich. »Kannst du seinen Saft spüren?« — »Ja, Liebe, mein Schwanz steckt mitten drin. Ich komme in seinen Saft.« — »Ja-ha — sein Saft. Ah — Tiere.« — Alles was ich soeben gesehen hatte, schoß mir wieder durch den Kopf. — Sein Schwanz, seine Eier, ihre herrlichen Schenkel machten mich rasend vor Lust. — »Ich komme — und du, H*l*n?« — »Ja-ha — stoß zu — fester — ah.« — »Saftmöseficken«, stießen wir in unserem geilen Duett hervor — ihre Möse griff zu — mein Schwanz zuckte, schleuderte sein Sperma hervor, und ich sank auf ihre Brust, immer noch ihre Schenkel haltend und sie küssend.

Als wir zu uns kamen, waren wir beide froh. — »Mach dir nichts draus, H*l*n, wenn wir Tiere sind — warum sagst du das, wenn es dir doch gefällt.« — »Das tut es gar nicht.« — »Du schwindelst, es hat dir gefallen.« — Später gestand sie, daß das Ausschweifende unseres Treibens erheblich zu ihrer Lust beigetragen hatte — für mich war die Geschmeidigkeit ihrer Vagina geradezu himmlisch. — Ich war ganz versessen darauf, alles noch einmal zu sehen, aber die Umstände ließen es nicht sogleich zu. Am nächsten Tag jedoch nahmen er und ich sie wieder nacheinander. »Geh zu ihm hinunter«, sagte ich, »wasch dich nicht und laß dich auf dem Sofa noch einmal von ihm vögeln.« — Dieser Einfall behagte ihr, er vögelte sie zum zweiten Mal und glaubte dabei, er versenke sich in das, was er selbst in ihr zurückgelassen hatte. Als sie wieder heraufkam, nahm ich sie noch einmal, ich war an diesem Tag gut bei Kräften. — Jetzt kam auch sie auf den Geschmack an dieser Art von Schlüpfrigkeit, es stachelte ihr Verlangen heftig an — sie war brünstig; nachdem sie sich gewaschen hatte, leckte ich sie und dachte immerzu daran, daß hier zwei Schwänze hineingefahren waren, und eine halbe Stunde später wichste sie sich selbst. Währenddessen: »Ah, ich wollte, da drinnen wäre noch der Saft von einem dritten Mann.« — »Du Tier — ah — ich auch«, erwiderte sie, während sie sich ergoß und mich aus wollüstigen Augen ansah.

Nachher sprachen wir oft hierüber und waren beide der Meinung, daß die Lust am Koitus gesteigert wird, wenn man nach einem anderen Mann zum Stoß ansetzt; und sofern es möglich war, machten wir es später auch so — mit ihrem Freund und anderen. Manchmal allerdings behauptete sie, sie lasse es nur zu, um *mir* einen Gefallen zu tun; aber *ihre* Erregung beim Vögeln strafte sie Lügen. Es gefiel ihr genauso gut wie mir und entwickelte sich bei ihr zu einem Verlangen, das sie immer wieder überkam.

Die Nationalität der Frauen, die ich gevögelt habe. — Die Schönheit der Möse. — Ihre Eigenschaften beim Vögeln. — Ahnungslosigkeit über diesen Punkt. — Das Alter der Frauen, die ich gevögelt habe. — Wie der Anblick der Möse auf den Mann wirkt. — Physiognomie der Möse. — Ihre Klassifikation.

Auf meinen Reisen in die verschiedenen Weltgegenden habe ich es nie versäumt, mir die Frauen der verschiedenen Länder, durch die mich mein Weg führte, zu nehmen, außerdem auch viele Frauen aus den Provinzen, Landschaften und Nationalitäten, die in manchen Fällen sogenannte Reiche bilden. So sind Frauen aus Kroatien, aus der Steiermark und aus Dalmatien, aus Wien und aus Pest, obgleich allesamt zum österreichischen Kaiserreich gehörig, physisch völlig verschiedene Typen. — Eine Frau aus Dalkarlien und eine aus Göteborg unterscheiden sich ganz erheblich voneinander, und doch stammen beide aus dem Königreich Schweden. — In Großbritannien sind Engländerinnen, Irinnen, Schottinnen und Waliserinnen von unterschiedlichem Typus, und große Unterschiede im Gesichtsausdruck und in der Körpergestalt bestehen sogar zwischen einer Frau aus Yorkshire und einer aus Devonshire — die doch beide Engländerinnen sind.

Ich habe die sexuellen Schätze all dieser schönen Geschöpfe in ihren Hauptstädten und vielen großen Städten gekostet, nicht nur in Europa, sondern auch in Gegenden und Ländern jenseits so manchen Ozeans. Im Ausland habe ich nach Abwechslung in Rasse und Stamm gesucht und dazu die besten Freudenhäuser aufgesucht, in denen Frauen unterschiedlicher Nationalitäten gehalten werden, um die Reisenden mit ihren unterschiedlichen Vorlieben und Sprachgewohnheiten zufriedenzustellen. Auf diese Weise habe ich Frauen aus allen Teilen der Welt besessen, auch aus solchen, in die ich nie einen Fuß gesetzt habe. So sehr sie sich in Gesichtsausdruck, Gestalt und Hautfarbe voneinander unterscheiden, alle vögeln im Grunde auf die gleiche Weise, ihre Liebkosungen, ihre Kunstgriffe und Schliche sind nahezu die gleichen, und doch übte die Abwechslung einen großen Reiz auf mich aus, und stets bereitete es mir ein wollüstiges Vergnügen, einer Frau von mir unbekanntem Typus oder Volksstamm die Huldigung meines Priapus darzubringen.

Wenn ich meine Tagebücher und Aufzeichnungen durchsehe, stelle ich fest, daß ich Frauen aus siebenundzwanzig verschiedenen Kaiserreichen, Königreichen oder Ländern und von achtzig oder mehr verschiedenen Nationalitäten besessen habe, darunter alle europäischen, Lappländerinnen ausgenommen. Ich habe Negerinnen, Mulattinnen, Kreolinnen, Halbblutinderinnen, Griechinnen, Türkinnen, Ägypterinnen, Hindu-Frauen und andere mit unbehaarter Möse ebenso liebkost wie die Squaws der wilden Stämme in Amerika und Kanada. — Ich bin erst ******* Jahre alt, und diese Vielfalt überrascht mich selbst. Möge mir noch ein langes Leben beschieden sein, auf daß ich immer wieder meine Wahl treffen und die Vielfalt derer, die mich bezaubern, vermehren kann.

Selbstverständlich hatte ich Frauen aus den meisten Landstrichen des Vereinigten Königreichs, aber weniger Irinnen als andere; ich habe nämlich festgestellt, daß sie unter allen Dirnen, die ich besaß, im allgemeinen die gemeinsten, verworfensten, ordinärsten und schmutzigsten waren, die immerzu schmeichelten, logen und betrogen.

[Im Manuskript sind die Namen der verschiedenen Orte, an denen ich die Frauen besaß, wie auch die Daten meist angegeben; nähme ich sie hier mit auf, würde ich zuviel preisgeben.]

Bis heute habe ich — und mit aller Sorgfalt habe ich versucht, mich ihrer Zahl zu vergewissern — etwa zwölfhundert Frauen gevögelt, habe die Mösen von gewiß dreihundert weiteren gestreichelt, von denen ich hundertfünfzig nackt sah. Meine Bekanntschaft mit den übrigen begann und endete meist auf der Straße, mit jener einfühlsamen Manipulation, die man als »Abfingern« bezeichnet. Zahlreiche Begebenheiten, die mit diesen flüchtigen sexuellen Vergnügungen in Verbindung standen, wurden schon kurz geschildert, und bei der Durchsicht meiner Papiere finde ich nur wenige andere, die erwähnenswert sind, obgleich mir einige zu ihrer Zeit neuartig erschienen. Aber sie sind vermutlich größtenteils von der Art, wie sie jeder Mann mit liebeshungrigem Temperament, der sich in seinem geheimen Leben ähnlich verhalten hat wie ich, selbst erlebt hat. Also fort und in die Flammen mit diesen kurzen Geschichten über das amouröse Fingerspiel &c. &c.

Mein Sinn für das Schöne an allen Dingen, der mich heute mehr denn je eher auf die Figur als auf das Gesicht einer Frau achten läßt, hat mir gezeigt, daß manche Mösen, verglichen mit anderen, von ausgezeichneter Schönheit sind. Wenn ich mir eine Frau zum erstenmal auswählte, war dies wohl nicht unbedingt ausschlaggebend, wenngleich ich auch bei dieser ersten Wahl schon eine gewisse Ahnung gehabt haben muß — aber viele Jahre hindurch war dieser Gesichtspunkt dann bis zu einem gewissen Grad entscheidend dafür, ob ich mir eine Frau für eine zweite Nacht nahm oder nicht (Dirnen). Wiewohl die Gründe, warum ich mir eine bestimmte Dame für die Vergnügungen einer zweiten Nacht aussuchte, durchaus vielfältig und schwer zu analysieren sind, verweilt meine Erinnerung doch stets besonders gerne bei jenen Frauen, bei denen mir der Anblick ihrer Mösen gefallen hat, während ich an die äußere Erscheinung von Frauen, deren Spalten es an Anziehungskraft fehlte und die mir häßlich erschienen, noch heute mit einem gewissen Widerwillen denke. Während vieler Jahre ist dieser Sinn für die Physiognomie der Möse durch Erfahrung und Überlegung herangereift, und wenn ich heute das Unterhemd einer Frau hebe, besteht mein erster Impuls darin, nachzusehen, ob ihre Möse hübsch ist oder nicht.

Ich bin, was Mösen angeht, zu einem wirklichen Kenner geworden, wenngleich meine Vorliebe für diesen Teil des weiblichen Körpers wahrscheinlich von anderer Art ist als bei anderen Männern. Mancher wird eine Möse häßlich nennen, die ich als schön bezeichne, und umgekehrt; so wie man unterschiedlicher Meinung darin sein kann, was an der Gestalt, am Antlitz, an der Hautfarbe einer Frau schön ist; oder auch an ihrem Stil beim Vögeln, an ihrem Betragen, ihrer Sprache oder an anderen Einzelheiten.

Schönheit oder Mangel an Schönheit findet man nicht nur an den äußeren Teilen der Möse, man bemerkt sie auch, wenn die runzligen Lippen, die sie bedecken, geöffnet werden. Manche Frau sieht sehr gut aus, wenn sie mit fast geschlossenen Schenkeln auf einem Bett liegt und das Haardreieck — gleich, von welcher Farbe — den oberen Teil jener Spalte überschattet, die an der Unterseite des Bauches ihr Geschlecht bildet; öffnet man jedoch die Außenwerke, so wirkt ihre Vulva recht unansehnlich, große Nymphae ziehen sich von einer stark vorspringenden Klitoris nach unten, und der

Eingang zur Straße der Wonne sieht breit und zerklüftet aus. — Andere Mösen mit kleinen, zarten inneren Lippen, die nahtlos in die umgebende Hautfläche übergehen, bevor sie die klein erscheinende Öffnung am unteren Ende erreichen, sind hübsch, und unter dem kleinen roten Knopf der Klitoris verlocken sie den Schwanz zum Eintritt. — Der Zauber der Farbe trägt ebenfalls zum Gesamteindruck bei. Das zarte Korallenrot einer sehr jungen Jungfrau ist weitaus gefälliger als das dunkle Bläulichkarmin — die Farbe vieler reifer, vielgevögelter oder vielgewichster Büchsen und solcher, die mehrere Kinder hindurchgelassen haben.

Die Redensart, daß im Dunklen alle Frauen gleich sind, zeugt von großer Ahnungslosigkeit. Sie besagt, daß alle Mösen gleich viel Lust spenden, ein Irrtum, auf den ich bereits hingewiesen und um dessentwegen ich mich schon mit mehreren Männern gestritten habe. Die Lustempfindungen, die verschiedene Mösen dem Mann beim Koitus spenden, unterscheiden sich sehr stark. In Dutzende von Frauen bin ich, so scheint es, nie richtig eingedrungen und habe sie nie genossen. In einigen war mein Schwanz wie verloren, in anderen fühlte er sich durch irgend etwas aufgehalten. In manchen schien er sich unregelmäßig zu bewegen, stieß hier und da auf Hindernisse, so als würde sich die Möse seinen Sondierungen widersetzen, und wenn ein behaglicher Platz für die Spitze gefunden war — darin liegt ja die ganze Lust des Mannes —, dann ging er beim nächsten Stoß verloren und ließ sich nur schwer wiederfinden. In anderen stieß mein Schwanz auf das Ende, bevor er auch nur zur Hälfte eingetaucht war. Manchmal führt eine hübsch aussehende, kleine Öffnung in einen geräumigen Kanal im Inneren, und es fehlt an jenem sanften Druck auf den Schwanz, wenn er in den

Falten einer solchen Möse ruht. Ich habe einige Frauen besessen, in deren Mösen ich neben meinem zu voller Größe angeschwollenen Schwanz, der groß genug schien, jede Möse auszufüllen, einen Finger stecken konnte, und trotzdem nahm sich die Vagina wie ein Kellergewölbe aus.

Es gibt Mösen, die mir vollkommen entsprechen, in denen sich mein Schwanz vom Augenblick des Eintritts bis zum Verlassen in wollüstigem Entzücken ergeht; in denen er gar nicht in die Irre gehen kann, ob er nun bewegungslos in ihren schlüpfrigen Falten ruht, ob die Stöße lang oder kurz, rasch oder langsam sind. Solche Mösen wecken in mir das Gefühl, daß ich einen Engel in meinen Armen halte. Andere verrichten ihr Werk beim Koitus auf so unbequeme Weise, daß ich fast froh bin, wenn der Orgasmus vorbei ist, und sobald mein Schwanz eine solche Frau verläßt, wird sie mir gleichgültig. Solche Erfahrungen müssen auch andere gemacht haben.

Entweder gevögelt, gestreichelt oder gesehen habe ich die Mösen eines Kindes in seiner Wiege und von weiblichen Wesen jeden Alters zwischen sechs und fünfzig, in allen Größen und Entwicklungsstufen und in Farben, die von blassem Korallenrot bis zu tiefblauem Karmin reichten. — Ich habe solche ohne Haar oder mit ganz wenigen Haarstoppeln gesehen, aber auch solche mit Büschen, die fünfzehn Zentimeter lang waren und vom Steißknochen bis zum Nabel reichten. Man sollte annehmen, daß ich übersättigt wäre, daß mich alle Neugier verlassen und dieses weibliche Attribut allen Reiz für mich verloren hätte.

Und doch erfreut mich der Anblick dieses Geschlechtsorgans wie eh und je, manchmal glaube ich sogar, mehr als früher, so wenig innere Schönheit es besitzen mag, so wenig es — aus der Sicht des Künstlers — die Schönheit der weiblichen Gestalt in jenen Teilen, wo sie angesiedelt ist, steigern mag. — Dennoch, auch wenn es mir bei einer schönen Frau zuweilen häßlich erschien, besitzt es für mich noch immer einen Reiz, der mir das Verlangen einflößt, die Möse jeder jungen Frau, der ich begegne, zu betrachten.

Es ist dies die Rückwirkung des Genusses, den mir das Eindringen in die Möse bereitet, auf das Gehirn, ein Widerschein jener intensiven geistigen und körperlichen Lust am Vögeln, einer Lust, die zu Zeiten noch die unansehnlichste Frau anbetungswürdig und ihre Möse zu einem Kleinod macht, vor dem alle Schätze Golkondas verblassen.

Es gibt keinen köstlicheren, sinnlich erregenderen Anblick als den einer wohlgeformten Frau, die mit geschlossenen Beinen dasitzt oder daliegt, die Möse zwischen den Schenkeln verborgen und nur angedeutet von dem dunklen Fleck aus gekräuseltem Haar auf ihrem Hügel, das nahe der Kuppe des Venustempels dichter wird, so als wollte es ihn verbergen. Wenn sich dann ihre Schenkel und mit ihnen die Spalte unter ihrem Bauch langsam öffnen, zeigt sich die Wölbung der Lippen, die zarte Klitoris und die Nymphae kommen zum Vorschein, das verlockende Rot der ganzen Partie wird sichtbar, alles gesäumt von krausem, weichem, lockigem, glänzendem Haar, während dieses und alles andere wiederum von der glatten Elfenbeinhaut des Bauches und der Schenkel eingefaßt wird, so daß es aussieht wie ein Juwel in einer Schatulle. Es gibt kein köstlicheres Bild, auf dem die Augen eines Mannes verweilen könnten.

Wenn sich dann die Schenkel für die Umarmung des Mannes weiter spreizen und die Möse selbst sich in ihrer ganzen Länge und Breite zeigt, rot und schimmernd in Feuchtigkeit und Lust, wenn alles sichtbar wird, ausgenommen das untere Ende, wo die Pforte für den Schwanz liegt, die von den Hinterbacken zum Teil eingezwängt wird; die, weil sie im Schatten liegt, ein dunkleres Rot aufweist und von der Verborgenheit und Tiefe des Ganges kündet, den der Schwanz ergründen soll; wenn er eintritt, sich versteift, sich unter Zuckungen verströmt, um dann schrumpfend wieder hinauszugleiten, während ihre Besitzerin unter der Lust, die sie empfängt und spendet, fast die Besinnung verliert — gibt es auf dieser weiten Welt irgend etwas, das mit einer Möse vergleichbar wäre? Wie sollte ein Mann seine Neugier, sein Verlangen nach ihr — und wie sollte sie ihren Reiz für ihn jemals verlieren?

In solchen Augenblicken kreisen Visionen von Schönheit und vergangener, gegenwärtiger und künftiger Lust in meiner Phantasie. Meine Augen erfassen die ganze Region vom Anus bis zum Nabel, die Möse scheint mit seraphischer Schönheit ausgestattet, und ihre Besitzerin ist mir wie ein Engel. Noch heute kann ich Mösen mit dem ganzen Genuß meiner jungen Jahre betrachten, und obwohl ich vierzehnhundert gesehen habe, sehne ich mich danach, weitere vierzehnhundert zu sehen.

Über die Physiognomie der Mösen und ihre Fähigkeit, Lust zu spenden, weiß ich soviel wie die meisten Männer. Physiognomisch lassen sie sich in sechs Kategorien einteilen, aber eine bestimmte Möse kann auch Merkmale von zwei oder mehr Kategorien aufweisen, vor allem hinsichtlich ihrer Entwicklungsstufe, ihrer Klitoris und der Nymphae. Ich teile sie folgendermaßen ein. — Scharf geschnittene Mösen. — Gerade geschnittene Mösen mit Streifen. — Lappenmösen. — Mösen mit mageren Lippen. — Mösen mit vollen Lippen. — Hängemösen.

Scharf geschnittene Mösen. — Sie ähneln einem Schnitt durch eine Orange; das Fleisch auf beiden Seiten ist prall, dick, leicht nach innen gewölbt und bildet eher eine Fettwulst als Lippen, obwohl man zuweilen auch eine Neigung zur Lippenbildung sieht. Manchmal sieht man weder die Klitoris noch die inneren Lippen, aber bei allen scheint die Haut dort, wo sich die Polster nach innen wölben und aufeinandertreffen, stärker gerötet, und es zeigt sich ein ganz schmaler, korallenroter Streifen, nicht mehr als ein versteckter Hinweis auf die roten Innenflächen. Diese Art von Möse ist bei Mädchen bis zum Alter von vierzehn Jahren am schönsten, bevor das Haar darauf zu sprießen beginnt, aber man sieht sie auch bei sehr viel älteren Frauen. Die Fleischwülste sind fest, aber geschmeidig, das Polster des Hügels ebenso. Die Mösen dieser Kategorie verändern sich im allgemeinen mit fortschreitendem Alter, aber ich habe sie auch bei einer Fünfunddreißigjährigen gesehen. Wo man bei erwachsenen Frauen diesen Mösen begegnet, ist zumeist viel Platz zwischen den Schenkeln, so daß der Mann seine Hand bequem zwischen sie schieben und die Vulva ganz umfassen kann. Vielleicht ist der Abstand der Schenkelknochen schon am Becken sehr groß, aber auch bei kleinen Frauen habe ich solche breiten Mösen gesehen und befühlt.

Gerade geschnittene Mösen mit Streifen. — Diese Mösen ähneln in vielem den zuerst genannten, aber die Nymphae sind etwas stärker entwickelt, die Klitoris ebenfalls — nicht sehr stark, aber doch so, daß sie zwischen den äußeren Lippen einen sichtbaren, roten Streifen bilden, der die äußeren Lippen zu öffnen scheint. Manchmal zeigt sich das Rot in größerem Umfang nur, wenn die Schenkel gespreizt werden — bei anderen auch dann, wenn sie geschlossen sind. — Bei einigen schiebt sich die kleine Klitoris (keine häßliche, große) unter dem Haar, das über der Spalte sehr dicht sprießt, ein wenig nach vorn, während sich die Nymphae zwei Zentimeter weiter unten dem Blick entziehen, es sei denn, die Schenkel sind weit geöffnet. Ich habe diese Möse bei Frauen bis dreißig gesehen, und für mich ist sie gewiß die köstlichste, erlesenste, schönste und verlockendste von allen. Fast immer habe ich sie bei den am schönsten gebauten, rundlichen, besonders hübschen Frauen gefunden. — Es ist dies tatsächlich die einzige Kategorie von Mösen, die man als schön bezeichnen kann. Vielleicht ist die Möse in Wirklichkeit kein schönes Ding, aber die sexuellen Instinkte machen ihren Anblick für den Mann erregend und reizvoll.

Lappenmösen. — Sie haben stark ausgeprägte Lippen, die Klitoris steht vor und die Nymphae hängen fast über die ganze Länge des Spalts bis hinab zur Vagina hervor. — Frauen um die vierzig haben meist diese Möse, und wenn sie viel gevögelt oder gewichst haben, dann ist sie tief dunkelrosa oder karmin gefärbt. Ich habe Frauen gesehen, bei denen sie blaurot war. Ich habe auch gesehen, daß die Nymphae zwischen den äußeren Lippen heraushingen oder vortraten, oft anderthalb, aber auch bis zu drei Zentimeter weit. Es war so abstoßend für mich, daß ich darüber einmal alles Gefallen an einer wirklich wohlgeformten, hübschen Frau von fünfunddreißig Jahren verlor, die ich kennengelernt hatte. Viele französische Dirnen in den Bordellen bekommen mit der Zeit solche Mösen, vermutlich durch exzessiven Geschlechtsverkehr. Oft entwickeln sie sich auch bei Frauen, die Kinder hatten. — Mir erscheint diese Möse fast so häßlich wie die Hängemöse. [Jahre, nachdem ich dies niederschrieb, hatte ich ein Mädchen, das noch keine sechzehn Jahre alt war und wie vierzehn aussah und das neben einer sehr großen Klitoris auch Nymphae besaß, die zwischen den äußeren Lippen drei Zentimeter weit heraushingen. Auf der einen Seite war die innere Lippe viel größer als auf der anderen, und ihre Vagina hätte den Schwanz eines Riesen verschlungen. Ich traf und vögelte sie ein zweites Mal, aus bloßer Neugier.]

Mösen mit mageren Lippen. — Bei ihnen sind die Nymphae manchmal sichtbar, manchmal auch nicht. Arme, schmächtige, ziemlich junge, halb verhungerte Frauen mit dünnen Schenkeln und armseligen Kaninchensteißen haben Mösen von dieser Art. Diese Möse ist nicht direkt häßlich, außer wenn die Nymphae zu sehr vorstehen, was häufig der Fall ist, denn viele dieser armen, dünnen Frauen haben Kinder bekommen, und die Spuren davon sieht man auf ihren armseligen, flachen Bäuchen, die eingefallen zwischen den hervorstehenden Hüftknochen hängen — (Frauen mit dieser Art von Möse geben sich meist züchtig, bedecken ihre Spalte mit der Hand, erklären, sie ließen sich nicht gern betrachten, und kichern dabei affektiert. Ich vermute, sie sind sich des Mangels an Schönheit in diesen Partien bewußt.)

Mösen mit vollen Lippen. — Man findet sie meist bei erwachsenen Frauen; sie treten hervor wie eine der Länge nach geteilte Wurst, verlieren sich dann in den fleischigen Partien zu beiden Seiten unter dem prallen, dicht behaarten Mons veneris oder Hügel. Dralle, wohlgenährte Frauen besitzen sie, und sie sehen gut und hübsch aus zwischen den breiten, weißen Schenkeln, darunter die großen, runden Hinterbacken. In meiner Jugend und noch lange danach waren mir diese Mösen die liebsten. Mary, eine meiner ersten Lieben, und Louisa Fisher besaßen solche Mösen in vollkommener Ausprägung. — Ich vermute, sie üben auf sehr junge

Männer den größten Reiz aus, denn so wie sie aussehen, stellen sich alle Jungen, ehe sie das Geschlecht einer Frau zu Gesicht bekommen haben, eine Möse vor — daran erinnere ich mich noch sehr genau. Im ganzen gesehen macht diese Möse einen Eindruck von Geräumigkeit. Frauen mit dieser Art von Möse lassen meist gern zu, daß man sie betrachtet und betastet, und lächeln den Mann, während die Untersuchung vonstatten geht, wollüstig an, als wären sie stolz auf ihre Kerbe, und es gefällt ihnen, wenn Männer sie betrachten und zu würdigen wissen.

Hängemösen. — Die äußeren Lippen dieser Mösen sind wie dünne Wursthälften und scheinen fast vom Unterleib herabzuhängen, so daß zwischen der Außenseite der Lippen und der Innenseite der Schenkel eine Furche bleibt. Dies ist die häßlichste Möse von allen — und noch häßlicher wird sie, wenn die Nymphae weit hervortreten, was oft der Fall ist. Sie sehen aus, als litten ihre Besitzerinnen an Schwindsucht. Das Haar auf diesen Mösen wirkt, wie ich festgestellt habe, oft wirr und schütter — und wenn es etwas dichter steht, dann wirkt der Busch kränklich, lang und wenig gelockt. — Mehrmals sah ich mich, wenn ich an eine Frau mit einem solchen häßlichen Genital geraten war, nicht imstande, sie zu liebkosen. — Hängemösen und Mösen mit mageren Lippen findet man zumeist bei mageren, schmächtigen, schlecht genährten, nicht allzu jungen Frauen, bei armen, kleinen, schmalärschigen Näherinnen, deren Steißknochen man ertasten kann. Ich glaube, bei ihnen liegt es vor allem am Nahrungsmangel und häufig an ihrem kränklichen Zustand. — Bedürftige Huren mittleren Alters — jene, die Schleier tragen und sich für dreißig auszugeben versuchen, während sie eher auf die fünfzig zugehen — besitzen sie oft.

In jungen Jahren habe ich mich häufig von ihnen täuschen lassen, aber heute gehe ich keiner Frau nach, die einen Schleier trägt.

In allen Kategorien der Schönheit kann man auch den einen oder anderen Makel finden, denn die Möglichkeiten, wie sich äußere Lippen, Klitoris, Nymphae, Hügel und Haar zueinander fügen, sind nach Quantität, Größe und Form unendlich vielgestaltig. Man findet nicht zwei Mösen, die einander völlig gleich wären, daher auch der Reiz der Abwechslung und das immer wiederkehrende Verlangen nach neuen Frauen beim Mann. Immer übt das Neue einen Reiz auf uns aus, dies ist uns angeboren.

Ein müßiger Tag am Stadtrand. — Brot und Käse im Gasthaus. — Kit, die Tochter des Schaustellers. — Auf der Landstraße. — An den Pfosten eines Feldgatters gelehnt. — Auf Stroh in einem Holzverschlag. — In einer Scheune. — Ein masturbierender Müllerbursche.

An einem schwülen, dunstigen Morgen Ende Oktober mußte ich mich zu einem Gerichtstermin in den äußersten Osten von London begeben. Lästigerweise hatte man mich als Zeuge im Prozeß eines Freundes gegen einen Bauern geladen, dessen Karren den Wagen meines Freundes beschädigt hatte, als ich mit ihm unterwegs war. Bei meiner Ankunft stellte ich obendrein auch noch fest, daß die Verhandlung verschoben worden war. Die Benachrichtigung hiervon hatte mich nie erreicht.

In der Nähe lag ein ärmliches Dorf, ein paar Meilen von der Themse entfernt, in einer ländlichen Umgebung. Da ich nichts weiter zu tun hatte und noch nie in der Gegend gewesen war, schlenderte ich herum, besah die Kirche und anderes. Ich wurde hungrig — denn ich war früh von zu Hause aufgebrochen — und betrat ein kleines Gasthaus, vor dem drei oder vier Schaustellerwagen standen. Drinnen an der Theke tranken der Schausteller und seine Frau Bier und rauchten; bei ihnen war ein hübsches, dralles Mädchen mit hellen Haaren und einem blühenden Gesicht, vielleicht siebzehn Jahre alt, und ein sehr viel jüngeres Mädchen. Es amüsierte mich, ihnen zuzuhören, wie sie über den Jahrmarkt sprachen, zu dem sie wollten, und über »Jack«, auf den sie warteten und der unterwegs war, um einen Esel zu kaufen. — »Ich bleib nicht länger, der hätte längst vor uns hier sein müssen. — Du wartest noch 'n bißchen auf ihn, Kit, 'ne Stunde oder so, und wenn er nicht aufkreuzt, dann kommst du nach — laß ihm 'ne Nachricht da, dann weiß er, wo er uns heute abend findet, und du holst uns ein, bevor wir nach **** kommen, da machen wir zwei Stunden Halt und futtern was.«

Ich hatte Brot und Käse bestellt, dazu Ale. In einem Dorfgasthaus ist dieses Bier, das aus irgendwelchen kleinen Brauereien auf dem Lande stammt, manchmal sehr gut. Auch eine Morgenzeitung war vorhanden. Mit ihr setzte ich mich in das Klubzimmer, das an dem einen Ende einer langen Schanktheke lag, am anderen Ende war der Schankraum. Die Türen der beiden Stuben standen weit offen — ich hatte mich mit dem Rücken zum Fenster gesetzt, um besser lesen zu können, und auch weil es mich belustigte, durch die offene Tür das lautstarke Palaver des Schaustellers und seiner Familie mitanzuhören und ab und zu einen Blick auf die Tochter zu werfen, deren kräftige Beine und deren wohlgenährtes, gebräuntes, aber hübsches Gesicht mich zu Mutmaßungen über die Schönheit ihrer verborgenen Reize angeregt hatten. Als sie sich nun ihrer Mutter zuwendete, sich bückte und ich an ihren Bewegungen deutlich erkennen konnte, daß sie sich an ihren Strumpfhaltern zu schaffen machte, begann mein Schwanz zu schwellen. Außer mir und ihren Eltern war niemand da, der etwas sehen konnte, es war also nichts weiter dabei. Aber Frauen dieser Klasse macht es auch nichts aus, die Strumpfbänder in aller Öffentlichkeit zu befestigen, sie wenden sich dazu einfach von den in der Nähe Stehenden ein wenig ab. Die Entblößung eines schönen Beins ist für mich immer erregend, augenblicklich denke ich an die Möse der Frau — so auch diesmal.

Während ich aß und trank und hin und wieder meinen Blick nach dem anderen Ende des Schanktisches schweifen ließ, sagte der Schausteller: »Verdammt, hab jetzt genug Zeit hier verplempert, bleib du hier und warte noch 'ne Stunde auf Jack.« Dann gingen er, die Frau und das Kind hinaus. »Setzen Sie sich nur, Fräulein«, sagte der Wirt hinter der Theke. Das Mädchen lenkte seine Schritte sogleich nach dem Klubzimmer. — »Da nicht«, rief der Wirt, »das ist das Klubzimmer, auf die andere Seite.« Aber das Mädchen war schon im Raum, als er ihr das sagte. — »Nur keine Bange, setzen Sie sich, Fräulein, ich gehe gleich.« — »Danke, Sir«. Sie ließ sich erfreut nieder. — Der Wirt kam, entschuldigte sich und wollte sie hinausschaffen; aber ich sagte, sie könne bleiben, ich würde ohnehin bald aufbrechen. Da zog er sich zurück. Nach kurzer Zeit hatte ich eine Unterhaltung angeknüpft, schon wenig später aß sie mit mir Brot und Käse und trank von dem Ale, das ich großzügig bestellte, und gepackt von dem, was man zuweilen die »sündhafte Gier des Fleisches« nennt, betrachtete ich ihr frisches, hübsches Gesicht. Mein Schwanz richtete sich auf und war so ungebärdig, daß ich ihn in eine bequemere Lage zwischen meiner Hose und meinem Bauch schieben mußte. — Niemand kam herein, es war nicht die Zeit der Klubzimmergäste, auf dem Dorf versammeln sich die Zechbrüder hier eher am Abend.

Ob das Ale gut sei? — »Sicher doch. Wir trinken sonst das billige. Und Vater trinkt Bier.« — Es machte ihr Spaß, sich mit einem Gentleman zu unterhalten. Sie aß und trank völlig ungezwungen und ganz ohne jene Geniertheit, der ich bei Dienstmädchen, die ich zum Essen einlud, so oft begegnet bin. Sie erzählte mir alles über die Vorstellung; sie schlafe mit ihrer Schwester zusammen im letzten Wagen. — »Mutter und Vater schlafen in dem anderen — das ist der größte.« — »Und Bruder

Jack schläft nicht bei Ihnen?« — Ihr gerötetes Gesicht wurde noch röter, sie war verlegen. — »Natürlich nicht — ist gar kein Platz, außer wenn wir auf Jahrmärkten sind.« — Nun erfuhr ich, daß Jack gar nicht ihr Bruder war. Eine weitere Flasche Ale öffnete ihr den Mund noch mehr, während ich mir Gedanken darüber zu machen begann, wie ich ihren unteren Mund öffnen könnte. Ich erfuhr, daß Jack so etwas wie ein Geschäftspartner war, er war ihr Vetter — kümmerte sich um die Pferde — war tags zuvor losgezogen, um einen Esel zu kaufen. Sie fragten sich, warum er noch nicht wieder da war, aber manchmal blieb er fast eine ganze Woche weg, wenn sie zu tun hatten. — »Jack, ist dein Schatz.« — »Und wenn's so wäre?« — »Er schläft mit dir, wenn ihr auf einem Jahrmarkt seid.« — »Tut er nicht!« — »Doch.« — »Nein.« — »Doch.« — »Und wenn er's täte? Wir heiraten demnächst, und Papa weiß es«, sagte sie schließlich und lachte laut auf.

Wenn ich mit einer Frau allein bin, bekomme ich fast immer etwas über sie heraus. »Ich wollte, ich wäre Jack, dann würde *ich* dich heiraten.« — »Och, was sind Sie für ein Lügner!« sagte sie mit herzhaftem Lachen. — »Wo ist euer nächster Jahrmarkt, ich komme hin und schlafe mit dir.« — »Oh, wollen Sie sich über mich lustig machen, ich muß jetzt gehen.« — »Nein, gib mir einen Kuß.« — »Kommt nicht in Frage, ich muß gehen.« — »Verdammt, ich würde einen Sovereign geben, um mit dir zu schlafen«, stieß ich hervor und hätte sie in diesem Augenblick fast vergewaltigen können. — »Nein, so nicht, Sir, bitte«, hieß es, als ich nach einem Kuß, den sie gestattet hatte, versuchte, sie zu streicheln. Dann versetzte sie mir plötzlich einen Stoß — einen sehr kräftigen — und wandte sich lachend nach der Tür. »Sieh mal«, rief ich in rasender Begierde und zog meine glühende, steife Lunte hervor. — »Oh, Sie sind ja einer!« — Sie trat an die Theke, warf aber noch einen langen Blick auf meinen Mösenrammer und lachte, bevor sie hinausging. Ich glaubte fest, daß ich sie geil gemacht hatte.

Ich war erfrischt und wollte mir die Gegend ansehen, also bezahlte ich und zwinkerte dem Mädchen im Weggehen zu — sie lächelte in einer Weise zurück, wie es Frauen tun, die man durch lüsterne Unterhaltungen und den Anblick eines steifen Schwanzes ergötzt hat. — Im Grunde freut sich jede Frau, wenn ein Mann danach verlangt, sie zu vögeln, gleichgültig, ob er dieses Verlangen vorsichtig durchblicken läßt oder ganz direkt zum Ausdruck bringt. — »Guten Morgen, Miss«, verabschiedete ich mich äußerst höflich. — »Guten Morgen, Sir.« Ich trat nach draußen.

Ich schlenderte eine Landstraße entlang, ebene Felder, dazwischen breite Gräben, hohe, unbeschnittene Hecken, die, soweit das Auge reichte, große Ackerflächen und gelegentlich eine Weide eingrenzten. In großen Abständen hier und da verstreut ein oder zwei ärmliche Häuser, ein heruntergekommenes Gehöft oder eine Scheune. Kaum Feldarbeiter auf der Straße, und ungefähr alle fünf Minuten zeigte sich ein Fuhrwerk. Selten habe ich eine langweiligere Gegend gesehen, es war geradezu der Inbegriff der Langeweile. Kein Lüftchen regte sich in Baum oder Hecke, alles war still, trostlos, aber es gefiel mir, denn ich kannte die Gegend nicht. So ging ich rauchend meines Weges, vor mich hinsingend und ab und an Halt machend. Zuletzt fragte ich einen vorüberkommenden Landarbeiter, wie weit es bis **** sei.

Aus der Ferne drang das Geräusch rascher, schwerer Schritte an mein Ohr; Schritte von jemandem, der viel schneller ging als ich. Sie kamen immer näher, und als ich mich umdrehte, war es die Tochter des Schaustellers.

Sie lächelte über das ganze Gesicht, ich ebenfalls. — »Ach, Sie sind es, Fräulein, wo ist denn Jack?« waren meine ersten Worte. — »Oh, der ist nicht aufgetaucht.« — »Und jetzt haben Sie gar keinen Bettgenossen, — da wird Ihnen kalt werden.« — »Bestimmt nicht«, entgegnete sie lachend. —»Ich werde mit Ihnen schlafen.« — Sie darauf mit gutmütigem Grinsen: »Jetzt hören Sie aber auf, ja?« — »Schon gut, und ein neues Kleid schenke ich Ihnen auch.« — »Ach herrje — wer denkt denn an so was?« und wieder lachten wir beide herzlich. In ihren Augen lag ein neckisches, zugleich aber auch wollüstiges Blitzen; es überzeugte mich davon, daß sie langsam warm wurde. — »Ja, ich würde es dir schenken, wenn ich dich zehn Minuten allein haben könnte.« — »Na, das nenn' ich großzügig.« — »Jawohl, und den bekommst du umsonst.« Ich zeigte auf meinen Schwanz, worauf sie schallend lachte. »Geh nicht so schnell, sonst verliere ich dein hübsches Gesicht zu bald aus den Augen.« — »Ich muß doch die anderen einholen.« — »Du machst dir die Schuhe kaputt, und gleich fängt es an zu regnen. Ich wollte, ich wäre ein Schuh von dir.« — »Ein Schuh von mir?« Sie sah mich verblüfft an. — »Ja, dann würde ich nach oben schauen und endlich das sehen, wonach ich mich so sehne. Läßt du mich?« — »Nichts da, Sie gemeiner Kerl!« Wieder lachte sie und sprach vor sich hin: »Ein Schuh von mir — ha — ha — ha, ein Schuh von mir.« Noch zwei oder drei Minuten solchen Geplänkels, und ich hatte ihr ein halbes Dutzend Küsse geraubt.

Als meine Andeutungen immer dreister wurden, begann ihr wohl die Ritze zu jucken, denn auch sie schlug jetzt einen spitzeren Ton an; wir gingen langsamer und sahen einander immer wieder an. — Wir hörten einen Peitschenknall und eine Männerstimme, die ein Pferd lautstark antrieb; nach dem Sommer standen die Hecken dicht und hoch, sie versperrten uns den Blick. »Die geben es ihm aber!« sagte sie. Ein Feldgatter war in der Nähe, wir gingen darauf zu und sahen vor uns in dem Feld eine Grube, in die ein Wagen und zum Teil auch das Pferd hineingerutscht waren; der Mann schlug auf das Tier ein, damit es das Fuhrwerk wieder herauszog, was ihm unter heftigen Mühen auch gelang. Ich stand dicht neben ihr und legte einen Arm um ihre Hüfte. »Schluß jetzt!« — aber ein Dutzend Küsse ließ sie sich doch gefallen und gab mir einen zurück. Entflammt von den Liebkosungen, die ich ihrer drallen Figur hatte zuteil werden lassen, legte ich eine Hand von außen auf ihr Kleid, raffte es zusammen und drückte es gegen ihre Möse. »Er steht mir, seit ich dich zuerst gesehen habe — komm doch.« — »Schluß jetzt, nein!« — aber sie blieb an dem Gatter stehen. Der Mann und das Fuhrwerk waren verschwunden; die Hecke verbarg uns teilweise; ich stand da, küßte sie, bat sie, mich zu lassen, während sie entgegnete: »Nein, nichts da«, aber ohne sich zu regen. — »Du bekommst von mir zwei Sovereigns.« Ich hätte ihr mehr gegeben, denn ich war ganz verrückt vor Begierde. — Hierauf gab sie keine Antwort. — Gold, allmächtiges Gold!!

Wie ich es immer mache und immer gemacht habe — ich frage mich, ob alle Männer es so machen —, zog ich nun meinen Schwanz hervor und nötigte sie, ihn anzufassen. »Da kommt jemand — steck ihn weg«, flüsterte sie angstvoll. Tatsächlich waren jetzt laute Schritte zu hören, und bald kamen mehrere Feldarbeiter vorüber; wir lugten über das Gatter, bis sie in der Ferne verschwunden waren.

Wieder zeigte ich ihn, und sie streichelte ihn schüchtern und verschämt, sagte aber: »Ich tu das nicht.« — Gerade hatte ich ihr meine Hand zwischen die Schenkel geschoben. — »Nicht! Da kommt ein Wagen.« Sie hatte recht, und noch einmal mußte ich meine Maschine verbergen. — Ein offener Wagen, in dem mehrere Damen saßen, rollte vorüber, das einzige elegante Gefährt, das ich bisher gesehen hatte. Wieder küßte ich sie und holte mein Werkzeug hervor. »Wenn du mich nicht läßt, wird es mir einfach so kommen.« — »Ich will nicht — hier geht es nicht — nein.« — »Doch, es geht — laß mich sie nur mal schön streicheln, Liebling.« Im nächsten Moment berührten meine Finger ihre Klitoris. »Nein—oho—nein, man wird uns erwischen — es kommt bestimmt jemand vorbei.« — Ich wichste sie mit aller Kraft, mein Schwanz stand hervor und zuckte, und sie sehnte sich danach, gevögelt zu werden.

Ich war nun sicher, daß ich sie bekommen würde und daß es ihre Möse nach meinem Saft dürstete; so trat ich nun rasch auf die lange, gerade Straße — keine Menschenseele war zu sehen. Und rasch zurück. »Niemand da.« — »Nein, hier will ich nicht.« Aber ich schob sie sanft, ohne auf Widerstand zu stoßen — denn sie wollte vögeln —, mit dem Rücken gegen den Gatterpfosten, wo der Boden etwas höher war als in der Mitte der Einfahrt. Sie war ziemlich klein, die unbeschnittene Hecke um den Pfosten verdeckte uns — und nach kurzer Zeit steckte mein Schwanz in ihr. Sie war jung, stark und geil, meine Säcke waren voll, und in drei oder vier Minuten hatte ihre Möse alles, was ich ihr geben konnte. Noch lange verharrten wir in lustvoller Verbindung, ich hielt ihre festen nackten Hinterbacken umschlungen, und sie zog mich, nachdem sie sich ergossen hatte, fest an sich. Wir küßten uns immer noch, mein Schwanz verweilte in ihr, bis sie plötzlich hervorstieß: »Da kommt ein Mann.« — Wir lauschten, Schwanz und Möse noch immer vereint. — »Ich glaube, es ist Jack — ja, er ist es. — Oh, paß auf, daß er dich nicht sieht.« — Mein Schwanz fuhr heraus, ihre Röcke fielen, sie trat auf die Straße hinaus und ging weiter, während ich über das Gatter stieg und mich mit heraushängendem Schwanz hinter der Hecke versteckte. Ich wollte keine Szene.

Mit raschen, schweren Schritten ging ein Mann vorüber, hastig kletterte ich wieder über das Tor, lugte hinter der Hecke hervor und sah ihn schon weit vor ihr. Sie hatte sich an einem Graben hingehockt und pinkelte. — Es war nicht Jack gewesen. Ich trat zu ihr. — »Hatte ich einen Bammel!« meinte sie. — »Du hast deine Möse gewaschen.« — »Hab doch gar kein Wasser.« — »Du hast gepinkelt, laß mal fühlen« — sie wollte nicht. Wir setzten unseren Weg fort, immerzu redete ich auf sie ein, erging mich in Schlüpfrigkeiten, so gut ich mich darauf verstand, bis ich nach ungefähr einer Stunde in der Ferne Häuser und Rauch sah. — »Da drüben macht Papa Rast.« — »Komm wir machen es nochmal.« — »Jetzt geht es nicht mehr«, sagte sie und sah mich dabei an, als habe sie nur diesen einen Wunsch. Immer mehr Menschen, offenbar lauter Bauersleute, begegneten uns. Die neugierigen Blicke wurden häufiger. Man sieht ja nicht alle Tage einen Gentleman und eine stämmige Schaustellerfrau auf einer Hauptstraße nebeneinander hergehen. Einen Zylinder, jene Kopfbedeckung, die mehr als jedes andere Kleidungsstück des Mannes von der sozialen Stellung seines Besitzers kündet, trug ich allerdings nicht.

Wir bummelten, ich versuchte sie zu überreden. Sie hatte Angst, meinte, es sei unmöglich, aber wir traten an ein anderes Feldgatter. Es führte auf eine Weide; in der Nähe waren Kühe, aber nicht auf diesem Feld. Ein wenig abseits an einer Hecke war ein Holzverschlag errichtet, halb offen, aber mit einer Tür, anscheinend für Schafe gedacht, ein windschiefes Ding, das nicht von Zimmerleuten, sondern von Landarbeitern zusammengehämmert worden war. Mir kam der Gedanke, daß es unseren amourösen Bedürfnissen dienlich sein könnte; ich stieg also über das Gatter — denn auch dieses war verschlossen — und öffnete die Tür des Schuppens, die mit einem groben Schnappschloß versehen war. Drinnen lagen ein Mühlstein und eine große Walze. Hinter einer Tür im Inneren erblickte ich Stroh. Ich öffnete sie und wäre fast von einem Kalb umgerannt worden, das an mir vorbei auf die Weide stürmte — es war lahm, humpelte aber doch sehr rasch zu einer Hecke, die das Grundstück von einer Weide trennte, auf der Kühe grasten. Der Schreck war mir in die Glieder gefahren, als ich die Tür öffnete. Jetzt sah ich, daß wir hier ungestört vögeln konnten, trat wieder hinaus und winkte ihr zu. Gelenkig wie ein kleiner Junge kletterte sie über das Gatter, ließ ihre prallen Beine und die schmutzigen Unterröcke sehen, und war im Nu in dem Schuppen. Aus Angst, das Tier könnte sein Lager beschmutzt haben, schüttete ich sauberes Stroh auf, das ich vorn in einer Ecke neben dem Eingang fand; sie war sofort bereit, legte sich hin, und ich schlug ihre Röcke hoch — es war das einzige, wogegen sie etwas einzuwenden hatte und was sie nicht wollte —, aber ich sah die prallen Schenkel, das wenige helle Haar auf dem fleischigen Hügel und den immer wieder anbetungswürdigen Spalt an ihrem Leib. Dann zog ich ihre Beine auseinander. — »Nein, laß das.« — Ich bestand darauf und streichelte ihre Möse, die von meinem Sperma noch weich und schlüpfrig war, und in der nächsten Minute vögelten wir, ich mit jener Lust, die alles Neue und eine hübsche, junge, geile Möse mir stets bereiten. — »Horch«, sagte sie, unterbrach meine Stöße und hätte beinah meinen Schwanz herausgleiten lassen. Aber es war niemand da, wir hatten die Tür absichtlich offen gelassen — ich war kurz vor dem Erguß. »Beeil dich, ich habe solche Angst.« — »Willst du es denn?« — »Ja, beeil dich, ich bin bald so weit« — und wenig später stand ihr die Möse (wie manche Französinnen sagen), wetzte sich und saugte an meinem Schwanz, der seinen Saft hervorschleuderte, während ihre Möse sich fest um ihn schloß und ihre Säfte verströmte. Zwei Minuten später war sie wieder auf der anderen Seite des Gatters, und nachdem ich die Schuppentür verschlossen hatte, folgte ich ihr. »Laß uns lieber nicht zusammen nach **** gehen«, meinte sie. »Papa ist dort.« — »Na gut, hier sind zwei Sovereigns.« Sie betrachtete sie sehnsüchtig, dann zornig. »Ich weiß, was du von mir denkst, aber es stimmt nicht.« — »Ich weiß, nimm sie trotzdem.« — »Danke schön.« Bevor sie sie einsteckte, spuckte sie darauf. — »Wie alt bist du?« — »Gerade siebzehn geworden.« Das hatte sie mir schon gesagt. — »Seit wann vögelt dich Jack?« — Sie lief rot an. — »Genau seit einem Jahr, an meinem Geburtstag.« — »Der wird dich nicht heiraten.« — »Doch, zu Weihnachten; ich hoffe bloß, daß du mir nichts angehängt hast.« Nachdem wir uns zum erstenmal gepaart hatten, ließ sie zu, daß ich ihr die anstößigsten Dinge sagte, und ich genoß das sehr, sie selbst aber war nicht im geringsten ausfallend. — Noch einmal wollte ich ihre Möse streicheln. — »Nicht, meine Schenkel sind naß.« — Dann machte sie sich allein auf den Weg.

Ich bummelte ein wenig herum, bis sie außer

Sicht war, und machte mich dann auf den Weg zum Dorf. Vor einem Gasthaus standen die Wagen, und Daddy saß da und rauchte seine Pfeife. Als ich mich neben ihn setzte und ein Glas Ale bestellte, sah er mich prüfend an. Ich knüpfte ein Gespräch an und unterhielt mich mit ihm über Schaustellerei und Jahrmärkte. — »Sind Sie nicht der Herr, der auch in **** war?« fragte er. — Ich bejahte, er trank ein Ale mit mir zusammen und erzählte mir eine Dreiviertelstunde lang von den Lebensgewohnheiten seines Standes. Ich sah Kit zwischen den Schaustellerwagen und dem Wirtshaus hin- und hergehen und zwinkerte ihr bei einer Gelegenheit zu, worauf sie mit einem halben Lächeln antwortete. Schließlich machten sie sich alle mit den Wagen auf den Weg. Kit ging neben dem zweiten her und nickte mir im Fortgehen zu. Ich fragte mich, ob sie sich die Möse gewaschen hatte, ob sich mein Sperma in ihr aufgelöst hatte und ob ich ihr *etwas angehängt* hatte. — Für mich war es ein herrlicher Tag gewesen.

Sieben Meilen hatte ich zu Fuß zurückgelegt, war hungrig, bestellte mir in dem Gasthaus ein sehr zähes Stück Rindfleisch, erinnerte mich voller Zufriedenheit meiner morgendlichen Unternehmungen und dachte nun an den Heimweg. Der Wirt meinte, es sei ein Zweisitzer da, aber ein Mann, der wie eine Mischung aus Bierjunge, Stallknecht und Kutscherjunge aussah, erklärte, er stehe nicht zur Verfügung. »Ich muß doch Mrs. **** zum Bahnhof von **** bringen.«

Der Einspänner, alt, staubig und verblichen, war zu einem Gutshof bestellt — an der Straße, auf der ich gekommen war, hatte ich ein solches Haus nicht gesehen — und sollte von dort zu einem Bahnhof an einer Nebenstrecke fahren. Zeit hatte ich genug, also erklärte ich, ich würde mit ihm fahren, soweit er mich bringen könne — und gegen drei fuhren wir los. — »Gehen Sie diesen Weg an der Mühle vorbei, dann nach rechts und wieder geradeaus, da liegt der Bahnhof gleich vor Ihnen, Sir«, sagte der Kutscher, als ich aus dem Wagen stieg. Ich folgte seinen Hinweisen und gelangte bald von der Hauptstraße auf einen Feldweg, auf dem ich gemächlich entlangwanderte, rauchend und an die Kleine mit dem festen Hintern und der engen Möse, die ich gevögelt hatte, denkend, bis mir der Schwanz wieder stand und ich erneut in einen Zustand von Geilheit geriet.

Was man vom Unglück sagt, gilt oft auch von Glücksfällen: einer kommt selten allein. — Nach einem längeren Marsch durch die Felder erblickte ich Verschläge und Feldgebäude und dann einen größeren Schuppen. — Der Dunst war verschwunden, der Himmel hatte sich zugezogen, und es begann zu regnen; da ich keinen Schirm dabei hatte, betrat ich den Schuppen, und sofort fiel mein Blick auf einen wohl nicht einmal sechzehn Jahre alten Jungen; über und über mit Mehl bedeckt, wie ein Müllerbursche — und er war auch einer —, saß er gegen einen Haufen Strohmatten gelehnt auf dem Boden und wichste.

Ich war verblüfft und starrte ihn an. Sobald er mich erblickte, versteckte er seine Lunte. Meine erotischen Gelüste loderten (trotz der beiden vorausgegangenen Belustigungen) sogleich wieder auf.

Es ist seltsam, daß der Anblick eines steifen Schwanzes heute meinen eigenen steif werden läßt, und ohne an irgendwelche Folgen auch nur zu denken, sagte ich: »Mach weiter, ich gebe dir fünf Shilling, wenn ich zusehen kann, wie du dich wichst.« — »Verzeihung, Sir«, sagte er einfältig und erhob sich. — »Sei kein Dummkopf, ich gebe dir fünf Shilling.« Ich nahm eine Handvoll Silbergeld aus der Tasche. — Er sah es und grinste. — Ich redete auf ihn ein; es verlangte mich, seine Lunte zu sehen; zu sehen, wie er sich wichste; erotische Wünsche schossen mir durch den Kopf; ich ermunterte ihn mit schlüpfrigen Reden, das Geld lockte ihn. Er gab jetzt einsilbige Antworten. — »Ja.« — »Nein.« — »Weshalb sind Sie hier?« — »Kenn' Sie Meister *** von der Mühle?« Nachdem er sich vergewissert hatte, daß ich fremd war, meinte er dreist: »Dann ge'm Sie mal erst die Moneten.« — »Nein, erst wenn ich dich gesehen habe.« — »Sie erzählen nichts weiter?« — »Nein.« — »Dann sehen Sie aber noch mal nach, ob jemand in der Nähe ist; und danach geben Sie's mir auch, ja?« — Es war völlig ausgeschlossen, daß sich jemand in der Nähe aufhielt, denn es regnete jetzt in Strömen und donnerte, aber ich spähte hinaus. Während ich ihm den Rücken zukehrte, holte er seinen Schwanz hervor und begann zu wichsen. Ich wollte die Arbeit übernehmen. »He, laß mich es tun, dann bekommst du den hier.« Ich zeigte ihm einen halben Sovereign. — »Nimm.« — Er steckte ihn ein. Ich glaubte schon, er würde mich übers Ohr hauen, aber er tat es nicht. Ich ergriff seinen Schwanz und wichste ihn, wobei ich die ganze Zeit über Mösen sprach. — Ja, zwei oder drei habe er gevögelt. — »Aber ist schwer dranzukommen.« — »Dann: Oh — ah — es kommt mir«, und stoßweise schoß eine erstaunliche Menge des mösenbesänftigenden Gleitmittels hervor. Ich rieb ihn weiter, bis sein Schwanz schrumpfte, und staunte über seine jugendliche Kraft. Er schien von der Übung entzückt. Auf meine Frage dann: »Ja, manchmal mache ich es. Heute haben sie mir einen halben Tag freigegeben — sie haben zu wenig Wasser. Ich habe gesagt, ich würde hier auf einen anderen Burschen warten, der wird sicher bald kommen.« So rasch ich konnte, verließ ich ihn, erstaunt über meine eigene Unbesonnenheit, rannte durch den Regen zum Bahnhof, und kam dort zwar völlig durchnäßt an, aber den Zug hatte ich zum Glück nicht verpaßt.

Ich beende hier die Erzählung der Begebenheiten in ihrer chronologischen Reihenfolge. Viele andere Episoden von sehr unterschiedlichen Lustbarkeiten, von normalen und abnormen Launen und Einfällen hätten hier erzählt werden können, aber auch wenn die Schauplätze, die Teilnehmer und die Akteurinnen wechseln, so gleichen doch die sinnlichen Vergnügungen anderen, die anderswo schon geschildert wurden, und sie in dieser Erzählung zu wiederholen, wäre ermüdend.

Ich breche mit der Vergangenheit, meine Liebeskarriere ist zu Ende, mein geheimes Leben ist abgeschlossen. Meine Anschauungen bleiben die gleichen. Meine Taten hinterlassen in mir kein Bedauern — einige wenige vielleicht ausgenommen. Wäre ich jung genug, um im gleichen Sinne fortzufahren, so wollte ich, daß mir alles dies noch einmal wiederführe. Aber Alter, Pflicht und Neigung lassen es nicht zu — Eros adieu.

Unter dem Titel VIKTORIANISCHE AUSSCHWEIFUNGEN ist diese Auswahl aus den Aufzeichnungen eines englischen Gentleman, der sich selbst WALTER nennt, am 6. Dezember 1986 als vierundzwanzigster Band der ANDEREN BIBLIOTHEK erschienen.

Ursprünglich wurden die autobiographischen Schilderungen Walters mit dem Titel MY SECRET LIFE ohne Jahresangabe und mit dem Vermerk »Amsterdam. Not for Publication« um das Jahr 1890 als Privatausgabe in elf Bänden auf insgesamt über 4200 Seiten gedruckt. Das Pseudonym »Walter« ist bis heute nicht gelüftet worden. Von der Originalausgabe wurden, so schätzt man, zwischen sechs und zwanzig Exemplare hergestellt. Ein erster vollständiger, 2359 Seiten umfassender Nachdruck in englischer Sprache erschien 1966 bei Grove Press in New York. Unsere Ausgabe kann angesichts dieses Textmassivs nur eine Auswahl sein — sie ist gekürzt, jedoch nicht gereinigt oder geglättet, gibt die ausgewählten Kapitel und Abschnitte vollständig wieder und will ein möglichst umfassendes Bild dieser Aufzeichnungen bieten. Auswahl und Übersetzung besorgte Reinhard Kaiser.

Der Text von Steven Marcus, der diesen Band einleitet, wurde der deutschen Version seines Buches THE OTHER VICTORIANS, New York: Basic Books 1974, (zuerst 1964), entnommen, die 1979 unter dem Titel UMKEHRUNG DER MORAL bei Suhrkamp in Frankfurt erschien. Die Übersetzung stammt von Angela Praesent und Ann Anders.

Die zeitgenössischen Photographien, die diesem Band beigegeben sind, zeigen die Schauseite der viktorianischen Ära.

Sie sind am Ende der Lektüre einer ERFOLGSAUSGABE der ANDEREN BIBLIOTHEK angelangt. Diese ERFOLGSAUSGABE wurde auf modernen Produktionsanlagen hergestellt und unterscheidet sich deutlich vom Erstdruck.

Was ist die ANDERE BIBLIOTHEK?

Die ANDERE BIBLIOTHEK ist, wie die Frankfurter Allgemeine Zeitung schrieb, »eine Buchreihe, die ihresgleichen sucht«. In ihr erscheinen seit Anfang 1985 »ebenso gute wie schöne Bücher«, Monat für Monat ein Band; ausgewählt und herausgegeben von Hans Magnus Enzensberger unter dem Motto: »Wir drucken nur Bücher, die wir selber lesen möchten.«

In der ANDEREN BIBLIOTHEK wurden bedeutende literarische Entdeckungen wie der Roman »Die letzte Welt« von Christoph Ransmayr oder die Erzählungen »Fromme Lügen« von Irene Dische vorgestellt. Isaak Babels berühmte Erzählungen sind in der ANDEREN BIBLIOTHEK ebenso zu finden wie die frivolen »Blitzlichter« der Brüder Goncourt (in der brillanten Übersetzung von Anita Albus) oder Seumes »Spaziergang nach Syrakus im Jahre 1802«.

Die ANDERE BIBLIOTHEK ist längst auch zum Liebhaberobjekt für Sammler, Bibliophile und leidenschaftliche Leser geworden. Sie wird von Franz Greno kunstvoll ausgestattet und in der handwerklichen Tradition Gutenbergs nach den Regeln der »Schwarzen Kunst« in der Nördlinger Buchdruck-Werkstatt gedruckt. Jeder Band bietet individuelle Typographie. Es wird eigens für die ANDERE BIBLIOTHEK entwickeltes holz- und säurefreies Papier der Papierfabrik Niefern verwendet.

Jeder Band der ANDEREN BIBLIOTHEK wird im Buchdruckverfahren vom Original-Monotype Bleisatz auf der Condor-Schnellpresse gedruckt; wenn die Erstauflage fertiggestellt ist, wird der Bleisatz eingeschmolzen.

Die limitierte Buchdruck-Ausgabe der ANDEREN BIBLIOTHEK ist in zwei Varianten erhältlich:

1. Normalausgabe

Hiervon werden in der Regel zwischen acht- und zwölftausend Exemplare aufgelegt.

Ausstattung: Solider, schöner Einband mit eigens gefertigten Überzugspapieren, bewährter Fadenheftung, Lesebändchen, Rückenschild mit goldener, geprägter Schrift. Die Buchbindearbeiten besorgt G. Lachenmaier in Reutlingen.

2. Leder-Vorzugsausgabe

Die Leder-Vorzugsausgabe ist numeriert und auf 999 Exemplare limitiert.

Ausstattung: Flexibler Einband aus lindgrünem, rein pflanzlich gegerbtem, ostindischem Ziegenleder – von Hand ausgeführt bei G. Lachenmaier in Reutlingen. Fadenheftung, Lesebändchen, Rückenschild mit goldener, geprägter Schrift. Im Kolophon numeriert.

Die Bände beider Ausgaben sind sowohl einzeln als auch im Abonnement in jeder guten Buchhandlung erhältlich.
Der Verlag erteilt gern weitere Auskunft:
Eichborn Verlag, Hanauer Landstraße 175,
D-6000 Frankfurt am Main, Tel. 069/405878-0,
FAX 069/405878-30.

Federspiel/Weiss
Arbeit. Fünfzig deutsche Karrieren *(Okt. '90)*

Bernard de Fontenelle
Totengespräche *(Nov. '90)*

Edward Gibbon
Verfall und Untergang des Römischen Reiches

George Gissing
Zeilengeld · *Roman*

Griechische Märchen
Gesammelt und übersetzt von Johann Georg von Hahn

Sadeq Hedayat
Die blinde Eule
Ein Roman und neun Erzählungen

Alexander Herzen
Briefe aus dem Westen

Erika von Hornstein
Flüchtlingsgeschichten
43 Berichte aus den frühen Jahren der DDR

Alexander von Humboldt
Ansichten der Natur

Gyula Illyés
Die Puszta
Nachricht von einer verschwundenen Welt

Wsewolod Iwanow
Die Rückkehr des Buddha
Erzählungen

Maurice Joly
Ein Streit in der Hölle
Gespräche zwischen Machiavelli und Montesquieu über Macht und Recht (Jan. '91)

Ryszard Kapuściński
Der Fußballkrieg
Berichte aus der Dritten Welt (Nov. '90)

Søren Kierkegaard
Der Augenblick

Dezsö Kosztolányi
Anna
Ein Dienstmädchenroman

Henri Joseph du Laurens
Mathieu oder Die Ausschweifungen des menschlichen Geistes
Roman

Claude Lévi-Strauss
Die eifersüchtige Töpferin

Bernard Lewis
Die Assassinen
Zur Tradition des religiösen Mordes im radikalen Islam

Lu Xun
Die große Mauer
Erzählungen, Essays, Gedichte

Lukian von Samosata
Lügengeschichten und Dialoge

Judith Macheiner
Das grammatische Varieté
oder Die Kunst und das Vergnügen, deutsche Sätze zu bilden (Febr. '91)

Märchen aus Hundert und Einer Nacht

R. W. B. McCormack
Tief in Bayern.
Eine Ethnographie (März '91)

Nancy Mitford
Englische Liebschaften
Roman

Norwegische Märchen

William Pfaff
Die Gefühle der Barbaren
Zum Ende des amerikanischen Jahrhunderts

Boris Pilnjak
Mahagoni · *Erzählungen*

José Maria Eça de Queirós
Treulose Romane. Basilio *und* Alves & Co.

Guillaume Raynal und Denis Diderot
Die Geschichte beider Indien

Die Amouren des Marschalls von Richelieu

Boris Savinkov
Erinnerungen eines Terroristen

W. G. Sebald
Schwindel. Gefühle. *Prosa*

Sizilianische Märchen

Josef Škvorecký
Feiglinge · *Roman*

William Makepeace Thackeray
Barry Lyndon · *Roman*

Karl August Varnhagen von Ense
Journal einer Revolution
Tagesblätter 1848/49

Verschollene Märchen

Wegzeichen
Zur Krise der russischen Intelligenz

Neuerscheinungen April – September 1991

Volker Erbes
Die Spur des Schwimmers
Roman (April '91)

Karl Schlögel
Das Wunder von Nishnij oder Die Rückkehr der Städte
Berichte und Essays (Mai '91)

Gabriele Goettle
Deutsche Sitten
Erkundungen in Ost und West (Juni '91)

Tudor Arghezi
Der Friedhof
Roman (Juli '91)

Luftfracht
Internationale Poesie 1940–1990.
Ausgewählt von Harald Hartung (August '91)

Luis Martín Santos
Schweigen über Madrid
Roman (September '91)

Von folgenden (in der limitierten Erstausgabe vergriffenen) Bänden der Anderen Bibliothek sind Erfolgsausgaben lieferbar:

Die Andere Bibel
Ediert von Alfred Pfabigan

Irene Dische
Fromme Lügen
Sieben Erzählungen

Mohamed Choukri
Das nackte Brot

Edmond & Jules Goncourt
Blitzlichter aus dem
19. Jahrhundert

Europa in Ruinen
Augenzeugenberichte aus den Jahren 1944–1948

Nancy Mitford
Englische Liebschaften
Roman

Nancy Mitford
Liebe unter kaltem Himmel
Roman

Gustav Radbruch und Heinrich Gwinner
Geschichte des Verbrechens

Christoph Ransmayr
Die letzte Welt · *Roman*

Johann Gottfried Seume
Spaziergang nach Syrakus im Jahre 1802

Isaac B. Singer
Wahnsinnsgeschichten

Wasserzeichen der Poesie
oder Die Kunst und das Vergnügen, Gedichte zu lesen

Rolf Vollmann
Shakespeares Arche
Ein Alphabet von Mord und Schönheit

Walter
Viktorianische Ausschweifungen

Ausführliches Gesamtverzeichnis der Anderen Bibliothek bitte beim Verlag anfordern: Die Andere Bibliothek.
Eichborn Verlag · Hanauer Landstraße 175 · D-6000 Frankfurt 71
Telefon (0 69) 4 05 87 80 · Fax (0 69) 40 58 78-30